Geschlecht und Gesellschaft
Band 41

Herausgegeben von
B. Kortendiek, Duisburg-Essen, Deutschland
I. Lenz, Bochum, Deutschland
H. Lutz, Frankfurt/Main, Deutschland
M. Mae, Düsseldorf, Deutschland
S. Metz-Göckel, Dortmund, Deutschland
M. Meuser, Dortmund, Deutschland
U. Müller, Bielefeld, Deutschland
M. Oechsle, Bielefeld, Deutschland
B. Riegraf, Paderborn, Deutschland
P.-I. Villa, München, Deutschland

Geschlechterfragen sind Gesellschaftsfragen. Damit gehören sie zu den zentralen Fragen der Sozial-und Kulturwissenschaften; sie spielen auf der Ebene von Subjekten und Interaktionen, von Institutionen und Organisationen, von Diskursen und Policies, von Kultur und Medien sowie auf globaler wie lokaler Ebene eine prominente Rolle. Die Reihe „Geschlecht & Gesellschaft" veröffentlicht herausragende wissenschaftliche Beiträge aus der Frauen- und Geschlechterforschung, die Impulse für die Sozial- und Kulturwissenschaften geben. Zu den Veröffentlichungen in der Reihe gehören neben Monografien empirischen und theoretischen Zuschnitts Hand- und Lehrbücher sowie Sammelbände. Zudem erscheinen in dieser Buchreihe zentrale Beiträge aus der internationalen Geschlechterforschung in deutschsprachiger Übersetzung.

Herausgegeben von

Dr. Beate Kortendiek,
Universität Duisburg-Essen

Prof. Dr. Michael Meuser,
TU Dortmund

Prof. Dr. Ilse Lenz,
Ruhr-Universität Bochum

Prof. Dr. Ursula Müller,
Universität Bielefeld

Prof. Dr. Helma Lutz,
Johann-Wolfgang-Goethe Universität
Frankfurt/Main

Prof. Dr. Mechtild Oechsle,
Universität Bielefeld

Prof. Dr. Birgit Riegraf,
Universität Paderborn

Prof. Dr. Michiko Mae,
Heinrich-Heine Universität Düsseldorf

Prof. Dr. Paula-Irene Villa,
LMU München

Prof. Dr. Sigrid Metz-Göckel,
TU Dortmund

Koordination der Buchreihe:
Dr. Beate Kortendiek,
Netzwerk Frauen-
und Geschlechterforschung NRW,
Universität Duisburg-Essen

Michiko Mae · Britta Saal (Hrsg.)

Transkulturelle Genderforschung

Ein Studienbuch zum Verhältnis
von Kultur und Geschlecht

2., vollständig überarbeitete
und erweiterte Auflage

Herausgeber
Univ.-Prof. Dr. Michiko Mae
Dr. Britta Saal
Heinrich-Heine-Universität
Düsseldorf, Deutschland

ISBN 978-3-531-19437-0   ISBN 978-3-531-19438-7 (eBook)
DOI 10.1007/978-3-531-19438-7

Die Deutsche Nationalbibliothek verzeichnet diese Publikation in der Deutschen Nationalbibliografie; detaillierte bibliografische Daten sind im Internet über http://dnb.d-nb.de abrufbar.

Springer VS
© Springer Fachmedien Wiesbaden 2007, 2014
Das Werk einschließlich aller seiner Teile ist urheberrechtlich geschützt. Jede Verwertung, die nicht ausdrücklich vom Urheberrechtsgesetz zugelassen ist, bedarf der vorherigen Zustimmung des Verlags. Das gilt insbesondere für Vervielfältigungen, Bearbeitungen, Übersetzungen, Mikroverfilmungen und die Einspeicherung und Verarbeitung in elektronischen Systemen.

Die Wiedergabe von Gebrauchsnamen, Handelsnamen, Warenbezeichnungen usw. in diesem Werk berechtigt auch ohne besondere Kennzeichnung nicht zu der Annahme, dass solche Namen im Sinne der Warenzeichen- und Markenschutz-Gesetzgebung als frei zu betrachten wären und daher von jedermann benutzt werden dürften.

Lektorat: Dr. Cori Mackrodt, Daniel Hawig

Gedruckt auf säurefreiem und chlorfrei gebleichtem Papier

Springer VS ist eine Marke von Springer DE. Springer DE ist Teil der Fachverlagsgruppe Springer Science+Business Media.
www.springer-vs.de

Inhalt

Vorwort zur zweiten Auflage 7

Einleitung 9

I Transkulturalität und Genderforschung

Kultur in Bewegung. Zur Begrifflichkeit von Transkulturalität 21
Britta Saal

Auf dem Weg zu einer transkulturellen Genderforschung 49
Michiko Mae

II Das Verhältnis von Kultur und Geschlecht in transkulturellen Perspektiven

Von Malinche zu Frida Kahlo: Territorium und Gender
am Beispiel Mexikos 73
Vittoria Borsò / Vera Elisabeth Gerling

Gender – Race – Kultur in den U.S.A. Grenzen und Vernetzungen 101
Elisabeth Schäfer-Wünsche / Nicole Maruo-Schröder

Die symbolische Ordnung der Moderne, kulturelle Identität
und Gender im arabisch-islamischen Raum 129
Susanne Kröhnert-Othman

Gender-Entwürfe und islamische Erneuerungsbewegungen im Kontext
translokaler institutioneller Vernetzungen.
Beispiele aus Afrika 155
Dorothea E. Schulz

Muslimische Religiosität als Prozess.
Islamische Identitäten junger Männer in Deutschland und Frankreich 185
Nikola Tietze

Neue Männer – neue Frauen? Zur Entstehung transkultureller
Deutungsräume im Privaten im postsowjetischen Russland 205
Martina Ritter

Feminismus in China im Kontext von Postsozialismus und
internationalem Feminismus 229
Nicola Spakowski

Menschenrechte und kulturelle Positionierungen in asiatischen
Frauennetzwerken. Zur Diffusion des Menschenrechtsdiskurses
in der reflexiven Moderne 251
Joanna Pfaff-Czarnecka

Japan zwischen Asien und dem Westen. Transkulturelle
Grenzüberschreitungen auf dem Weg zu einer machtfreien
Gendergestaltung 279
Michiko Mae

Autorinnen 303

Vorwort zur zweiten Auflage

Mit dem *Cultural Turn* und der neuen Bedeutung, die das Thema Kultur und kulturwissenschaftliche Fragestellungen dadurch gewonnen haben, geht auch eine Öffnung von Grenzen zwischen Disziplinen, Medien und Ländern einher. Die deutliche Zunahme an Literatur, die sich mit der Thematik der Inter- und Transkulturalität beschäftigt, wie auch der Erfolg der ersten Auflage des vorliegenden Buchs zeigt die Aktualität und auch Brisanz dieser Thematik.

Der Vielschichtigkeit kultureller und sozialer Differenzen wie auch der Praxis eines vielstimmigen interkulturellen Dialogs kann man nur gerecht werden durch eine multiperspektivische Sichtweise. Interkulturelle Kompetenz wird dabei als Möglichkeit verstanden, ein Bewusstsein für die eigene kulturelle Perspektivität zu entwickeln. Von einem solchen reflektierten Standort aus können dann in einem wechselseitigen kritischen Dialog eigen- und fremdkulturelle Konstruktionen erkannt, analysiert und kritisch diskutiert werden. Das gilt in besonderem Maß für die jeweils kulturell bestimmte Genderordnung. Da sich aber die Genderfrage gleichzeitig auch quer durch die verschiedenen Kulturen hindurchgehend stellt, ist über den interkulturellen Vergleich und Austausch hinaus die Einsicht in die transkulturelle Verfasstheit von Kultur von entscheidender Bedeutung.

Der vorliegende Band behandelt aus verschiedenen Disziplinen (Literatur- und Kulturwissenschaft, Sinologie, Soziologie und Sozialanthropologie) für neun exemplarisch ausgewählte Regionen mit unterschiedlichen kulturellen Kontexten – Südamerika (Mexiko), USA, arabisch-islamischer Raum, subsaharisch-islamisches Afrika, Europa (Deutschland und Frankreich), Russland, China, Südasien (Indien) und Japan – soziale und kulturelle Bedingungen und Probleme im Umgang mit Gender und den jeweiligen Geschlechterverhältnissen. Die Beiträge, die ursprünglich aus dem Seminar „Interkulturelle Kompetenz und Gender in der Globalisierung" im Rahmen des Verbundprojekts der *Virtual International Gender Studies* (VINGS) im Wintersemester 2003/04 an der Heinrich-Heine-Universität Düsseldorf hervorgingen, sind für die vorliegende zweite Auflage vollständig überarbeitet und aktualisiert worden. Der Beitrag zur Situation in China wurde für diese Auflage neu verfasst. Vollständigkeit in der Darstellung der Problemfelder eines so umfassenden und vielfältigen Forschungsgebiets wie der transkulturellen Genderforschung kann aber weder beabsichtigt noch erreicht werden.

Unser besonderer Dank gilt der aktiven Beteiligung aller Autorinnen sowie dem Springer VS Verlag, der diese zweite Auflage ermöglicht hat. Ebenfalls danken wollen wir den Rechteinhabern für die freundliche Genehmigung zum Abdruck der in diesem Buch enthaltenen Abbildungen.

Düsseldorf, im August 2013

Michiko Mae und Britta Saal

Einleitung

Die Genderforschung in eine Verbindung mit dem Paradigma der Transkulturalität zu bringen, eröffnet die Möglichkeit, sich mit der Kategorie Gender in ihrer diskursiven Koppelung mit Kultur und zugleich in einer globalen Perspektive auseinanderzusetzen. Auch wenn die transkulturelle Genderforschung nicht als ein eigenständiges und gänzlich neues Forschungsfeld zu betrachten ist, ist sie dennoch neu in dem Sinne, dass in stärkerem Maße als in der bisherigen Genderforschung Disziplingrenzen überschritten werden, indem die enge Verwobenheit der beiden Kategorien Kultur und Gender in den Vordergrund gerückt wird. Diese Verwobenheit kommt in vielfältigen Problemstellungen zum Ausdruck und ist in unterschiedlichen kulturellen Kontexten verschiedener geografischer Regionen anzutreffen. Die Verbindung von Kultur mit Gender kommt immer dann zum Vorschein, wenn die Genderordnung als der jeweils eigenen Tradition zugehörig und als eine wesentliche Grundlage der eigenen Kultur verstanden wird. Dort, wo sich Tendenzen zeigen, die traditionelle Genderordnung aufzubrechen, kann dies als Bedrohung der ‚eigenen' Tradition und Kultur empfunden werden. Genau diese Art von Verwobenheit der Kategorien Kultur und Gender in kulturellen Identitätsdiskursen gilt es als ein grenzüberschreitendes und kulturübergreifendes, das heißt als transkulturelles Phänomen zu erkennen.

Gleichzeitig kann in den Diskursen über Kultur und Gender beobachtet werden, dass Kultur einerseits als eigener, besonderer und abgegrenzter Bereich verstanden wird, andererseits aber dieses ‚Eigene' *de facto* durch die ‚andere' Kultur geprägt ist, weil es als ‚Eigenes' immer in Bezug auf ein ‚Anderes' formuliert wird. Darin ist ein zweiter grundlegender Aspekt von Transkulturalität zu erkennen, der direkt das Verständnis von Kultur betrifft: Kultur ist immer *Trans*kultur in dem Sinne, dass sie eben nicht eine abgeschlossene Einheit ist, sondern durch Austausch, Auseinandersetzung, Durchdringung etc. geprägt ist. Diese Erkenntnis der Nicht-Abgeschlossenheit, Offenheit und Dynamik von Kultur ist in vielen aktuellen kulturwissenschaftlichen Ansätzen zu dieser Thematik zu finden. Unser Ansatz einer transkulturellen Genderforschung, der die beiden genannten Aspekte von Transkulturalität berücksichtigt und mit neuen Erkenntnissen der Genderforschung verknüpft, scheint uns der aktuellen Situation im Globalisierungsprozess angemessen: Genderfragen können nicht losgelöst vom Kulturbegriff und damit auch nicht vom jeweiligen kulturellen Kontext gestellt und bearbeitet werden; sie benötigen vielmehr eine transkulturelle Perspektive, um ihren Gegenstand angemessen erfassen zu können.

Im ersten Teil dieses Sammelbandes wollen wir uns theoretisch mit der Begrifflichkeit von Transkulturalität auseinandersetzen und uns dem neuen Ansatz der transkulturellen Genderforschung annähern. Der zweite Teil des Bandes versammelt neun Beiträge, die aus verschiedenen disziplinären und auf verschiedene Kulturen gerichteten Perspektiven das Verhältnis von Kultur und Geschlecht behandeln. Im Unterschied zum Huntington'schen Modell, in dem die unterschiedenen Kulturkreise als homogene und nach außen abgegrenzte Einheiten betrachtet werden, wollen wir durch die Auseinandersetzung mit der Kultur- und Genderthematik aufzeigen, dass die unterschiedenen Kulturen und Kulturräume in ihrer hybriden und transkulturellen Verfasstheit gedacht werden müssen und dass sie sich im Prozess der Globalisierung in einer transkulturellen Dynamik weiter entwickeln. Durch die Verknüpfung von Kultur- und Genderforschung können innerhalb der einzelnen Kulturen funktional definierte Differenzsetzungen wie die gender-, ethnien-, schicht-, etc.-bezogenen Differenzen nach innen und nach außen in ihren wechselseitigen Verbindungen erkennbar werden. Um diese Differenzen anders denken und entsprechend handeln zu können, bedarf es einer Veränderung des Bewusstseins, durch die die transkulturelle Verfasstheit von Kultur erfasst werden kann. Die neun Beiträge, die auf eine solche Bewusstseinsveränderung abzielen, sollen dafür Beispiele sein. Die Autorinnen fokussieren dabei jeweils eine spezifische Genderproblematik, die für den Bezug zum jeweiligen kulturellen Kontext und für den Aspekt der Transkulturalität repräsentativ ist. Von diesen Untersuchungen ausgehend werden dann Möglichkeiten, aber auch Grenzen der interkulturellen Verständigung und der transkulturellen Dynamik thematisiert. Dabei geht es um die Sichtbarmachung transkultureller Verflechtungen und Durchdringungen, die die Grenzen der ‚eigenen' Kultur überschreiten, aber auch um die kritische Reflexion eines Kulturverständnisses, das die transkulturelle Verfasstheit von Kultur weitgehend unberücksichtigt lässt.

Die „Entdeckung der Neuen Welt" steht am Anfang der europäischen Expansion, des Kolonialismus und des eurozentrischen Blicks. Darauf nimmt der Beitrag von *Vittoria Borsò* und *Vera Elisabeth Gerling* Bezug, in dem die mexikanische Identitätssuche im Vordergrund steht. Sie wird behandelt im Spannungsfeld zwischen Malinche, der ersten Übersetzerin zwischen den Spaniern und der indigenen Bevölkerung, und der in der ersten Hälfte des 20. Jahrhunderts wirkenden Künstlerin Frida Kahlo. Eine wichtige Rolle spielt für die Autorinnen die Wechselbeziehung von Territorium und Gender, die sich in der Entsprechung von europäischen Wunschprojektionen auf die eingenommenen Territorien und von männlichen Wunschprojektionen auf den weiblichen Körper zeigt; Sprache und Blick dienen dabei als Machtinstrumente zur Akkulturation und visuellen ‚Durchdringung' der ‚Anderen'. Die Autorinnen zeigen auf, dass den Lateinamerikanern durch die Orientierung an europäischen Vorstellungen nationaler und kultureller Identität bis ins 20. Jahrhundert die eigenen kulturellen Traditionen als defizitär galten. Auf diese Weise war auch ihr Denken eurozentrisch und blieb kolonisiert. Diese paradoxe Situation wurde erst durch die postkolonialen Ansätze Ende des 20. Jahrhunderts und durch das transkulturelle Paradigma, das ebenfalls ein starkes Potential zur Revision der Kolonialgeschichte besitzt, aufgelöst. Durch diesen veränderten Blickwinkel hat sich auch die Einschätzung der Bedeutung der Malinche grundlegend geändert: galt sie zunächst als Verräterin der eigenen ‚reinen' Kultur, so wird sie nun in ihrer Tätigkeit als Übersetzerin gewürdigt und zur Mutter der (Mestizen-)Kultur Mexikos stilisiert; sie wird damit zum Sinnbild eines transkulturellen Subjekts. Im Werk Frida Kahlos wird die Thematik von Territorium und Gender schließlich überschritten: Ihre Bilder widersetzen sich allen offiziellen Kulturmodellen und stören damit auch den mexikanischen Identitätsdiskurs. Mit dieser „transgressiven Ästhetik des Hybriden" wird – so die Autorinnen – der Blick dezentriert, und die Position des Randes wird zur ‚Waffe', die effizienter wirkt als die Einnahme einer einfachen Gegenposition.

Ebenfalls im kolonialen Kontext bewegt sich der Beitrag von *Elisabeth Schäfer-Wünsche* und *Nicole Maruo-Schröder*, der die Verknüpfung von Gender, *Race* und Kultur in den USA behandelt. Ins Blickfeld gerückt werden die weiblichen Geschlechternormen des 19. Jahrhunderts, die vor allem durch die Kategorie *Race* entscheidend geprägt wurden: Die ‚weiße' Frau galt trotz (oder gerade wegen) ihrer Schwächlichkeit sowie Schutz- und Hilfsbedürftigkeit als Hüterin von Reinheit und Unschuld und verkörperte so das Ideal der *true woman*, während der ‚schwarzen' Frau durch die stereotypen Zuschreibungen von *Jezebel* einerseits und *Mammy* andererseits diese Form ‚wahrer Weiblichkeit' abgesprochen wurde. Die Autorinnen arbeiten heraus, wie solche stereotypen Zuschreibungen stets interessegeleitet sind und den Zweck der sozialen Ab- und Ausgrenzung verfolgen; ihre heute immer noch vorhandene Wirksamkeit wird erörtert in der Auseinandersetzung mit einem Benetton-Werbeplakat. Die ideologischen Grenzziehungen, die durch solche Zuschreibungen, aber auch durch Selbst- bzw. Identitätsentwürfe entstehen, können, so die Autorinnen, kritisiert und aufgebrochen werden durch ein neues Verständnis von Kultur als prozessualer Praxis sowie von Grenze als Schwelle; dabei berufen sie sich vor allem auf Ansätze von James Clifford, Homi Bhabha und Gloria Anzaldúa. Transkulturalität erweist sich hier als eine die *Gender Studies* bereichernde Betrachtungsweise, mit der sowohl Grenzen als auch (Zwischen-) Räume als durchlässig, offen und vor allem verhandelbar beschrieben und verstanden werden können.

Kulturelle Identitätsformulierungen im arabisch-islamischen Raum befinden sich in einem Dilemma, dessen verschiedene Dimensionen *Susanne Kröhnert-Othman* in ihrem Beitrag behandelt. Der Zusammenhang von kultureller Identität und Gender mit dem diskursiv festgeschriebenen, hierarchischen Machtgefüge zwischen Kulturen – der „symbolischen Ordnung der Moderne" – erhält dabei erhöhte Aufmerksamkeit. Grundlage dafür ist die Erkenntnis, dass durch kulturelle Homogenisierung und Abgrenzung geprägte Identitäts- und Alteritätsdiskurse durch *othering* eine neue symbolische Ordnung der globalen Moderne konstruieren. Diese erschwert es allerdings, die tatsächliche Verwobenheit bzw. Vielfalt der Moderne sichtbar zu machen. In ihrer Untersuchung stellt die Autorin dar, dass es in den Identitätsdiskursen in arabisch-islamischen Gesellschaften vor allem um die Suche nach Authentizität geht. Von konservativer Seite aus wird daher den Kritikern, die die dabei anzutreffende Vergangenheitsorientierung verurteilen, Kollaboration mit dem Westen vorgeworfen. Eine neue Dimension zeigt sich in den Entwicklungen des so genannten „arabischen Frühlings", in denen eine zunehmende öffentliche Präsenz von Frauen als Unterstützerinnen des politischen Islams zu erkennen ist. Der politische Aktivismus islamisch orientierter Frauen ist dabei in den Augen der Autorin weder als ein Kampf für Frauenrechte als Menschenrechte noch als ein islamischer Feminismus zu bewerten; vielmehr ist er ein Zeichen dafür, dass sich die identitäre Selbstvergewisserung von Kultur in Richtung Religion verschoben hat. Um diese ungleiche symbolische Ordnung zu verändern, bedarf es einer transkulturellen Perspektive, die nach Ansicht Kröhnert-Othmans ein noch einzulösendes Projekt der Wiederentdeckung von Gemeinsamkeiten und Ähnlichkeiten zwischen Kulturen und gesellschaftlichen Entwicklungen darstellt. Hilfreich sind dabei solche kritischen Stimmen, die auf uneingelöste oder gebrochene (Geschlechter-)Gleichheitsprojekte oder -traditionen im Westen und im arabisch-islamischen Orient hinweisen. An drei Beispielen – der Analyse eines persönlichen Berichts der afro-amerikanischen Soziologin und Schriftstellerin Angela Davis über ihre Begegnung mit ägyptischen Frauen zum Thema Sexualität, der Analyse der Biographie der ägyptischen Ärztin und Schriftstellerin Nawal El Saadawi und der Beschreibung der *Arab Image Foundation*, einem Internetarchiv arabischer Fotografie – wird herausgearbeitet, wie die Aspekte Transkulturalität, Gender und Alteritätskonstruktionen in ihrem Zusammenspiel analysiert werden können.

In ihrem Beitrag zu Afrika gibt *Dorothea Schulz* einen Einblick in die höchst komplexe Thematik zeitgenössischer islamisch-moralischer Erneuerungsbewegungen, die seit den 1980er Jahren im subsaharischen Afrika gleichzeitig mit den politischen Veränderungen zu beobachten sind. Das auffälligste Merkmal im Unterschied zu früheren Bewegungen dieser Art ist die aktive Beteiligung von Frauen, die allerdings gleichzeitig die Unterwerfung unter den Willen des Ehemannes und die Verwirklichung der Rollen Ehefrau und Mutter als erstrebenswerte Ziele und ethische Qualitäten betrachten. Die Autorin macht hier deutlich, dass, um dieser paradoxen Situation angemessen gerecht zu werden, westliche Interpretationsschemata, die dazu tendieren, nach Formen weiblichen Widerstandes gegen patriarchale Machtstrukturen zu suchen, oder die tendenziell das Erstarken eines islamisch-moralischen Diskurses als Zeichen ‚fundamentalistischer Trends' und als ‚Rückschritt' einer Gesellschaft deuten, zu kurz greifen. Neben der Widerlegung stereotyper Annahmen zum Geschlechterverhältnis im Islam geht es ihr daher auch um die kritische Reflexion solcher Ansätze, die dazu tendieren, Transkulturalität nur modernen Gesellschaften zuzuschreiben; ihr Augenmerk legt sie dabei vor allem auf die Geschichtlichkeit von Kultur und auf Translokalität. Die Autorin argumentiert anhand von Beispielen, die die historische Veränderlichkeit von Formen weiblicher religiöser Autorität in muslimischen Gesellschaften Afrikas belegen und die zeigen, dass auch in Afrika die kulturellen Inhalte und Institutionen seit Jahrhunderten durch Mobilität geprägt, im Wandel, inhomogen und inkonsistent sind. In einem Postskriptum nimmt die Autorin Bezug auf die aktuellen dramatischen Geschehnisse in Mali infolge des Militärputsches im März 2012, die darauf hinweisen, dass eine neue Phase des islamischen Erneuerungsdiskurses in Westafrika begonnen hat. Die extrem repressive, vorgeblich nach islamischen Rechtsvorschriften gestaltete Gesellschaftsordnung steht dabei konträr zu den zuvor im Beitrag diskutierten Bestrebungen der islamischen Erneuerung. Die Autorin stellt deutlich heraus, dass eine transkulturelle Genderforschung im 21. Jahrhundert auch die globalen Verschränkungen von wirtschaftlichen Interessen, die hinter solchen gewaltsamen Neuordnungen von Geschlechterverhältnissen stehen, im Blick haben muss.

Im Zentrum der Untersuchungen von *Nikola Tietze* stehen junge muslimische Männer in Deutschland und Frankreich, die sich aufgrund ihrer Situation sowohl als ‚Andere' als auch als ‚Gleiche' empfinden. Das besondere Spannungsfeld ergibt sich hier jedoch nicht allein aus dem Zusammentreffen verschiedener kultureller Lebenswelten, sondern vor allem aus der Situation, dass diese jungen Erwachsenen meist in Stadtteilen von Großstädten leben, die durch ein gehäuftes Vorkommen wirtschaftlicher und sozialer Probleme gekennzeichnet, ja stigmatisiert sind; dadurch wird ihre individuelle Verwirklichung deutlich erschwert. Die Autorin interessiert sich vor allem für die Frage, was in einer solchen gesellschaftlichen Situation die Identifikation mit dem Islam für diese jungen Männer aus Hamburg, Straßburg oder Paris, die alle damit beschäftigt sind, sich eine Lebenssituation als unabhängige Erwachsene aufzubauen, bedeutet. In ihren Interviews mit jungen muslimischen Männern stellt sie fest, dass ganz individuelle Verknüpfungen des Islams mit der jeweiligen Situation vorgenommen werden, und sie analysiert dabei vier verschiedene Formen muslimischer Religiosität: Ethisierung, Ideologisierung, Utopisierung und Kulturalisierung, zwischen denen auch ein Zirkulieren möglich ist. Bei den jungen Muslimen bilden sich individuelle Prägungen ihrer je eigenen Kultur heraus, die neben ihrer Neuartigkeit außerdem auf die Flexibilität, Prozesshaftigkeit und Dynamik von Kultur überhaupt verweisen. Damit wohnt auch dem Islam ein transkultureller Charakter inne, der in den subjektiven Bedeutungen, die er für die jungen Männer besitzt, zum Vorschein kommt.

Ebenfalls um neue individuelle Lebensentwürfe geht es im Beitrag von *Martina Ritter*. Sie beleuchtet die Entstehung transkultureller Deutungsräume im postsowjetischen Russland im Spannungsverhältnis zwischen Öffentlichkeit und Privatheit. Obwohl in der kommunistischen Gesellschaft der Sowjetunion ein angestrebtes Ziel die Gleichheit von Männern und Frauen war, wurde lediglich erreicht, dass die Frauen zwar in die Erwerbsarbeit integriert wurden, nicht aber die Männer in die Familienarbeit. Auf diese Weise hat sich in der Sowjetunion eine Hierarchie zwischen den Geschlechtern etabliert, die die Ausgangslage für die Neugestaltung der Gesellschaft im postsowjetischen Russland darstellt. Im heutigen Russland ist ein Transformationsprozess im Gang, dessen Auswirkungen im Privaten die Autorin anhand der Analyse von biographischen Interviews untersucht. In diesen Interviews reflektieren die Befragten ihre heutige Situation, die Gestaltung ihrer Privatsphäre und ihre Beziehungen. Dabei werden zwei Aspekte der Gestaltung des Privaten besonders deutlich: bei den Frauen die Verwandlung von Hausherrinnen in Hausfrauen und die damit verbundene Gestaltung des emotional aufgeladenen Heims und bei den Männern eine zunehmende Individualisierung und Rationalisierung ihres inneren Erlebens als ein Resultat ihrer starken Berufsorientierung. Das Aufeinandertreffen sowjetisch-russischer und westlich-globaler Deutungsmuster führt dazu, dass die alten Identitätskonzepte der Individuen nicht mehr zu den neuen Deutungsanforderungen und auch nicht mehr zu den eigenen Wünschen oder denen der PartnerInnen passen. Die Autorin legt dar, dass sich diese Neugestaltung gerade in der privaten Sphäre in neuen Selbstentwürfen zeigt. Privatheit wird so zum transkulturellen Raum, in dem diese neuen Deutungen ausgehandelt, in die neuen Selbstentwürfe integriert und in neuen sozialen Praktiken erprobt werden.

Im Rahmen einer Analyse der besonderen Merkmale des sich seit Mitte der 1980er Jahre herausbildenden chinesischen Feminismus weist *Nicola Spakowski* vor allem auf dessen Dynamik und Vielfältigkeit hin. Dabei kommt seine enge Verflochtenheit mit übergreifenden gesellschaftlichen Realitäten und Diskursen deutlich zum Ausdruck. Die sich zwischen Postsozialismus und Globalisierung diskursiv formierende ‚neue' chinesische Frauenbewegung erfuhr vor allem 1995 mit der Ausrichtung der vierten Weltfrauenkonferenz in China einen enormen Internationalisierungsschub. In der frühen Reformphase wurden in einer kritischen Abgrenzung zum Maoismus vor allem die so genannten Frauenprobleme, das heißt neu auftauchende Formen der Diskriminierung, sowie die Herausbildung eines Subjektbewusstseins, mit dem man sich gegen die maoistische Frauenpolitik der Gleichmacherei richtete, thematisiert. Die hier stattfindende „Entdeckung von Differenz" wurde fortgesetzt in der durch Transnationalität gekennzeichneten zweiten Phase. So eröffnete der im Rahmen der Weltfrauenkonferenz eingeführte Begriff *gender* rege Diskussionen, die von Übernahme über Kritik bis zur Unterscheidung eines ‚globalen' und ‚lokalen' Feminismus reichten. Wie die Autorin darlegt, führte dies schließlich zu einer Neubewertung der sozialistischen Erfahrung und Historisierung der neuen Frauenbewegung und somit zu einem „Diskurs der inneren Widersprüche". Bei all dem zeigt sich, dass für den chinesischen Feminismus Transkulturalität eine Chance darstellt, die eigenen Diskurse über die Auseinandersetzung mit anderen Diskursen – und in diesem Sinne grenzüberschreitend – herauszubilden, ohne dem Anpassungs- und Standardisierungsdruck des internationalen Feminismus nachzugeben. Der chinesische Feminismus reicht damit in seiner Vielfalt von der transkulturellen Reflexion bis zur kritischen Reflexion des Transkulturellen.

Der Beitrag von *Joanna Pfaff-Czarnecka* baut auf der Beobachtung auf, dass weltweit Frauenrechtsaktivistinnen, wenn sie auf Marginalisierung, Ungleichheit und Ungerechtigkeit hinweisen, zunehmend auf die Sprache des Rechts zurückgreifen – die Autorin sieht daher den Menschenrechtsdiskurs als einen globalen Bezugshorizont. Sie stellt die These auf, dass die Bezugnahmen auf diesen Horizont stets aus spezifischen kulturellen Positionen und lokalen Sichtweisen heraus geschehen und erörtert dies anhand verschiedener Formen kultureller Positionierungen in asiatischen Frauennetzwerken, die sich im Spannungsfeld scheinbar unvereinbarer, das heißt nach gängiger Norm als unvereinbar angesehener Wertvorstellungen bewegen. Dazu zählen 1) Positionen des feministischen Islams, die gegenüber der patriarchalen Haltung innerhalb der islamischen Glaubensgemeinschaft eingenommen werden, 2) zivilgesellschaftliche Positionen, die sich kritisch gegenüber offiziellen, aber bestimmte Gruppen benachteiligenden staatlichen Sanktionen äußern und 3) intellektuelle Positionen, die sich gegenüber verschiedenen Ausdrucksweisen ‚westlicher Dominanz' platzieren. Besonders interessant ist dabei, dass die Globalität des Menschenrechtsdiskurses gerade durch die lokalen Aneignungen hergestellt wird und dass dies nicht nur durch gemeinsame Wahrnehmungen und Anliegen, sondern gerade auch durch Kontroversen und Konflikte geschieht. In dieser Form von Globalität spielen, so die Autorin, Prozesse der Transkulturalität eine wichtige Rolle, die z. B. dann stattfinden, wenn die Werte der Menschenrechte mit asiatischen Werthaltungen konfrontiert werden und wenn asiatische Aktivistinnen in gesellschaftlichen Konfrontationen ihre reflektierten Positionen dazu zum Ausdruck bringen. Indem Menschenrechte und einheimische kulturelle Ordnungen nicht als Alternativen aufgefasst werden, gewährleistet eine solche durch transkulturelle Dynamiken geprägte Globalität, dass die weltweite Diffusion der Menschenrechte nicht zu kultureller Nivellierung führt; ein transkulturelles Kulturverständnis stellt dafür eine wichtige Voraussetzung dar.

Im letzten Beitrag wird von *Michiko Mae* der japanische Modernisierungsprozess als Modellfall für die in der Modernisierung konstitutive Wechselbeziehung der auf die Nation bezogenen Schlüsselkategorien Kultur und Geschlecht vorgestellt. Als zentralen Kern- und Bezugspunkt dieses Nexus von Nation, Kultur und Geschlecht in Japan sieht sie das Kaisersystem und die damit verbundene Familienstaatsideologie. Japan, zwischen Asien und dem Westen stehend, ist dabei gekennzeichnet durch eine spezifische Doppelgesichtigkeit: Das Land konnte zwar im 19. Jahrhundert dem Schicksal der Kolonialisierung entgehen, befand sich jedoch durch seine erzwungene Öffnung, die ungleichen Verträge und wegen des Bewusstseins seiner zivilisatorischen Unterlegenheit in einer ähnlichen Lage wie die Kolonisierten. Trotz dieser Erfahrung kolonisierte Japan seinerseits Anfang des 20. Jahrhunderts Taiwan, Korea und die Mandschurei und entwickelte einen eigenen Orientalismus gegenüber Asien. Auch diese expansionistische Politik wird durch die Verknüpfung des Kaisersystems – als Kern der Ideologie einer spezifisch japanischen Kultur – mit der Genderordnung, wie sie sich in der Familienstaatsideologie ausdrückt, begründet. Aufgrund dieser zentralen Funktion des japanischen Kaisersystems für den Nexus von Nation, Kultur und Geschlecht kommt, wie die Autorin herausarbeitet, dem Tokyoter Tribunal gegen Kriegsverbrechen an den *jūgun ianfu* (Zwangsprostituierten des japanischen Militärs während des Zweiten Weltkriegs) im Jahr 2000 eine besondere Bedeutung zu: Im gemeinsamen Kampf um Menschenrechte und Menschenwürde wurde hier – bei gleichzeitig bestehenden Differenzen zwischen japanischen und anderen asiatischen Frauen – grenzüberschreitende Solidarität und Empathie ermöglicht. Betroffene Frauen aus verschiedenen asiatischen Ländern brachen ihr Schweigen und erhoben öffentlich ihre Stimmen. Damit konnten sie zusammen mit japanischen Frauen „von ganz unten" das überkommene, auf den Kaiser bezogene ideologische Machtsystem aufbrechen. Das Tokyoter Tribunal setzte so eine transkulturelle Dynamik in Gang und war, der Autorin zufolge, ein erster Schritt zur Bildung einer transkulturellen Zivilgesellschaft in Japan. Das Tribunal kann somit als ein transkulturelles Projekt verstanden werden, durch das der Nexus von Nation, Kultur und Gender aufgebrochen wurde, der in Japan, wie auch in vielen anderen Ländern, bis heute eine machtfreie Gendergestaltung verhindert hat.

In allen Beiträgen wird erkennbar, wie Kultur und Gender in einem wechselseitigen Verhältnis zueinander stehen: Kultur definiert die Genderidentität, und das Genderverhältnis prägt eine Kultur. Eine auf die Transkulturalität bezogene Genderforschung hat das Potential, die identitätskonstituierende Macht dieser komplexen Wechselbeziehung aufzudecken und zu überwinden. Dazu soll mit diesem Band ein Beitrag geleistet werden.

Michiko Mae und Britta Saal

I
Transkulturalität und Genderforschung

Kultur in Bewegung.
Zur Begrifflichkeit von Transkulturalität
Britta Saal

1. *Cultural Turn* und neue Kulturbegrifflichkeit

In den letzten fünfzehn Jahren ist viel Bewegung in die Diskussionen um den Kulturbegriff gekommen. Vor allem die Disziplinen, die Kultur zum direkten Forschungsgegenstand haben wie z. B. die Ethnologie oder die Kulturanthropologie, aber auch allgemein die Geistes- bzw. Kulturwissenschaften, erfuhren im Rahmen des *cultural turn*[1] eine Ausweitung durch Konzepte und theoretische Ansätze, die sich gegen ein homogenisierendes und begrenzendes Kulturverständnis richten. Ein Kennzeichen dieser Ansätze ist eine neue Begrifflichkeit, die die Aspekte der Grenzüberschreitung und Grenzüberschneidung sowie den Prozesscharakter und die Dynamik von Kultur herausstellen soll: *Kreolisierung, Borderlands, Ethnoscapes, Hybridität, Dritter Raum (Third Space), culture's in-between, Traveling Cultures, Transnationalisierung, Deterritorialisierung, Multi-, Inter-, Cross-* und *Transkulturalität* oder *beyond culture*, etc. Was in all diesen Ansätzen im Vordergrund steht, ist das Bedürfnis nach einer Öffnung und Überschreitung der Grenzen von Kultur, von Kulturraumdefinitionen und zwischen Kulturräumen, um so der tatsächlichen Verfasstheit von Kultur eher gerecht zu werden. Raum, Bewegung, Geschichte(n) und Erfahrungen sowohl von Individuen als auch von Gemeinschaften werden zunehmend miteinander verknüpft und fordern auf diese Weise den herkömmlichen Kulturbegriff und die herkömmliche disziplinorientierte wissenschaftliche Forschungs- und Arbeitsweise heraus. Es gibt allerdings auch Skepsis gegenüber dieser „Vielstimmigkeit" (Conrad/Kessel 1998) des Kulturbegriffs, da damit eine gewisse Unschärfe einhergeht,[2] und die Forderung nach einer differenzierten Auseinandersetzung ist mehr als berech-

---

[1] Unter *cultural turn* wird die seit den späten 1980er Jahren zu beobachtende Wende hin zu einer stärkeren Ausrichtung der sozial- und kulturwissenschaftlichen Forschung auf Fragen der Kultur verstanden; der Beginn dieses Trends ist in der Ethnologie festzustellen. Mittlerweile wird sogar schon von mehreren *cultural turns* gesprochen (Bachmann-Medick 2006).

[2] Zur Kritik an einer unreflektierten Verwendung des Kulturbegriffs bzw. seines inflationären Gebrauchs siehe z. B. Lutter/Reisenleitner 1999 oder Algazi 2000.

tigt. Die Frage ist nun, gegen welches ‚herkömmliche' Verständnis von Kultur sich diese Ansätze eigentlich richten.

Der herkömmliche Kulturbegriff, wie er sich seit Ende des 18. Jahrhunderts etablierte, schließt zwei Bedeutungen ein. Er bezeichnet zum einen die sogenannte Hochkultur, wozu Theater, Oper, Literatur, klassische Musik, Bildende Kunst etc. zählen; dieser ‚enge' Kulturbegriff umfasst ausschließlich künstlerische Institutionen und hat Bedeutung vor allem für das Bildungsbürgertum bzw. für höhergestellte soziale Schichten. Diese Bedeutung von Kultur veränderte bzw. erweiterte sich im Rahmen des *cultural turn* hin zu einem alle menschlichen Erfindungen und Schöpfungen umfassenden anthropologisch fundierten Kulturbegriff. Kultur wird damit nicht mehr nur als ein Teilgebiet (Theater, Kunst etc.), sondern als Inbegriff der menschlichen Lebensform verstanden; die Entstehung der *Cultural Studies* ist direkt auf diesen Wandel zurückzuführen.

Zum zweiten werden mit dem herkömmlichen Kulturbegriff – als Kulturen – Gruppen von Menschen bezeichnet, für die gemeinsame Wertvorstellungen und Denkmuster wie Sprache, Geschichte, Religion, ein ‚kulturelles Erbe' (beispielsweise die o. g. Hochkultur für Europa) gelten und die einen geopolitischen Raum für sich in Anspruch nehmen; solche Gruppen gelten als in sich homogen. Mit dem herkömmlichen Kulturbegriff werden also sowohl alle weltanschaulichen, religiösen, ethischen, künstlerischen, politischen und wissenschaftlichen Institutionen einer Gemeinschaft als auch eine solche Gemeinschaft selbst bezeichnet.

Der zweiten Bedeutung von Kultur, die sich auf Gruppen bezieht, wohnt eine besondere Problematik inne, die dann zum Vorschein kommt, wenn zum Zweck der Abgrenzung eine Homogenisierung des ‚Inneren' erfolgt und die Kultur auf diese Weise zu einer statischen, Veränderungen abwehrenden Einheit wird. Das problematische Ergebnis sind kulturelle Identitäts- bzw. Selbstbehauptungsdiskurse, in denen zum einen eine Verwischung des Unterschieds zwischen Kultur und Ethnie erfolgt, indem die gemeinsame Kultur in erster Linie mit der Herkunft begründet wird, und zum anderen unter Berufung auf die Besonderheit der eigenen Kultur eine Position der Überlegenheit oder eine Gegenposition meist gegenüber dem dominanten ‚Westen' eingenommen wird. Dieser Kulturalismus[3] resultiert letztlich aus einem statischen, ein- und abgrenzenden Kulturverständnis. Genau auf dieses Verständnis reagieren die eingangs genannten Ansätze mit ihrer neuen Begrifflichkeit, indem sie vor allem den Prozesscharakter, die Dynamik, die Offenheit und Durchlässigkeit von Kultur betonen.

---

3   Auch das Problem des Kulturalismus muss als Effekt des *cultural turn* angesehen werden; siehe dazu Lackner/Werner 1999. Zur kritischen Auseinandersetzung mit dem Kulturalismus siehe z. B. die Mitteilungen des Instituts für Wissenschaft und Kunst (IWK) 1997.

„Die zeitgenössischen Kulturen scheinen eine andere Verfassung angenommen zu haben als unsere Kulturbegriffe noch immer behaupten oder suggerieren", schreibt der Philosoph Wolfgang Welsch (Welsch 2000: 327). Diese Verfassung, die sich in zunehmenden Verflechtungen und somit in der Hybridisierung heutiger Kulturen zeigt, fasst Welsch zusammen in dem theoretischen Ansatz der Transkulturalität.[4] In Auseinandersetzung mit dem traditionellen Kulturbegriff, der als Generalbegriff,[5] Kollektivsingular und moderne Kategorie ab dem späten 17. Jahrhundert von Samuel von Pufendorf als vom Menschen gestalteter Kulturzustand im Unterschied zum naturgesetzlichen Naturzustand formuliert und Ende des 18. Jahrhunderts durch Johann Gottfried Herder in Bezug auf seine Wandelbarkeit und Historizität herausgestellt und auf die verschiedenen Völker der Erde bezogen wurde, diskutiert Welsch die neueren Kulturkonzepte der Multi- und Interkulturalität und stellt diesen das Konzept der Transkulturalität gegenüber.

In diesem Konzept der Transkulturalität werden allerdings zwei wichtige Aspekte nicht genügend berücksichtigt. Der eine betrifft die historischen und diskursiv konstruierten Ungleichheiten sowie die Machtverteilung in den unterschiedlichen transkulturellen Strukturen; diese Problematik wird vor allem in postkolonialen Ansätzen thematisiert.[6] Der zweite ausgesparte Aspekt betrifft die Dimension der Geschlechterverhältnisse bzw. die Problematik der Geschlechterungleichheit. Die Verwobenheit der Kategorie Geschlecht mit anderen Differenzierungskategorien wird in den letzten Jahren zunehmend unter dem Begriff der Intersektionalität diskutiert.[7] Klasse, Rasse (oder Ethnizität) und Geschlecht werden dabei als voneinander zu unterscheidende, aber miteinander in Wechselwirkung stehende gesellschaftliche Strukturzusammenhänge verstanden, „die auf

---

4   Welsch beschäftigt sich seit 1992 mit diesem Konzept.
5   Das heißt als Ausdruck, der nicht mehr lediglich auf spezifische Tätigkeitsbereiche bezogen wird (wie z. B. religiöse Kultur etc.), sondern der dem Substantiv Kultur eine absolute Bedeutung zuweist – nämlich als die Summe all jener Tätigkeiten, die den Menschen vom Tier unterscheiden (Welsch 2000: 328-329).
6   Einflussreiche Ansätze stammen z. B. von Edward Said (1978), Gayatri Spivak (1988), Homi Bhabha (1994), Stuart Hall (1994) etc. In deutscher Übersetzung findet sich in dem Sammelband Bronfen/Marius/Steffen 1997 eine Zusammenstellung der wichtigsten Texte postkolonialer Theoretiker zur anglo-amerikanischen Multikulturalismusdebatte. Gute deutschsprachige Einführungen in die postkoloniale Theorie bieten Castro Varela/Dhawan 2005 und Kerner 2012.
7   Der Begriff *intersectionality* ist in den USA seit den 1980er Jahren im Umlauf. Geprägt wurde er vor allem von der amerikanischen Soziologin und Schriftstellerin Angela Davis (Davis 1981) sowie der amerikanischen Juristin Kimberlé Crenshaw (Crenshaw 1989, 1991; siehe auch McCall 2005). Er erfährt Anwendung im aktivistischen und rechtspolitischen Kontext, indem darauf hingewiesen wird, dass verschiedene Formen der Diskriminierung (über Klasse, Rasse, Geschlecht) nicht als unabhängig voneinander, sondern – im Gegenteil – in ihrer Bezogenheit aufeinander aufgefasst werden sollen. Für die deutsche Diskussion siehe vor allem Knapp 2005.

ebenso unterschiedliche wie nachhaltige Weise die Ungleichheitsstruktur nahezu aller Gesellschaften prägen" (Klinger/Knapp/Sauer 2007: 20). Es ist ein Verdienst der Frauen- und Geschlechterforschung, die Überschneidungen der drei genannten Kategorien ins Bewusstsein gebracht zu haben; einen wichtigen Anteil daran hatte die antirassistische Kritik am Feminismus,[8] die stark beeinflusst war von den kritischen Ansätzen der *Black Feminists*.[9]

An genau dieser Stelle gibt es eine Verbindung zwischen den kritischen und richtungsweisenden postkolonialen und feministischen Denkansätzen, die für uns im Rahmen der transkulturellen Genderforschung von besonderer Bedeutung sind. Um einer globalen Betrachtung der inter- und transkulturellen Verflechtungen gerecht zu werden, wird im Folgenden, im Anschluss an eine kritische Auseinandersetzung mit Welschs Transkulturalitätskonzept, der Versuch unternommen, unter besonderer Berücksichtigung postkolonialer Ansätze zur kulturellen Identitäts- und Differenzproblematik zu einem etwas differenzierteren Verständnis von Transkulturalität zu gelangen. Dabei wird davon ausgegangen, dass der Begriff der Transkulturalität ein durchaus geeigneter und treffender zeitgenössischer Kulturbegriff ist, der jedoch an manchen Stellen der Revision und Modifikation bedarf.

2. Herders Kulturbegriff

Die Kritik an einem homogenisierenden und separatistischen Kulturverständnis, wie es im Begriff der ‚Kulturnation' zum Ausdruck kommt, ist durchaus berechtigt. Dieses Kulturverständnis ist jedoch nicht auf Herder zurückzuführen, sondern bildete sich erst im Laufe des 19. Jahrhunderts als Folge zunehmender Nationalisierung heraus. Da jedoch in den aktuellen Diskussionen um den Kulturbegriff, die sich oft auch auf Welschs Transkulturalitätskonzept beziehen, eine häufig sehr einseitige und auch fehlerhafte Interpretation Herders anzutreffen ist,[10]

---

8   Stötzer 2004 bietet aus dekonstruktivistischer Perspektive einen guten Überblick über die antirassistische Kritik am deutschen Feminismus.
9   Zum „Schwarzen Feminismus" siehe den in deutscher Übersetzung herausgegebenen Sammelband Joseph 1993.
10 Wie Anne Löchte in ihrer umfassenden Arbeit zu Herder zeigt, findet sich eine Fehlinterpretation Herders nicht nur bei Welsch, sondern gehört geradezu zur Herder'schen Rezeptionsgeschichte (Löchte 2005: 9-10). Interessant ist, dass Herder bis zum Ersten Weltkrieg aufgrund seiner Verurteilung des europäischen Kolonialismus, seiner Aufgeschlossenheit für die Rechte auch kleinerer Völker, seiner Friedensgesinnung und seiner ‚unmännlichen' Humanitätsidee nur eingeschränkt rezipiert wurde; erst danach, und vor allem in der nationalsozialistischen Germanistik, wurde Herders Volksgedanke sehr tendenziös vereinnahmt (ebd.: 75-76). Welschs Herderinterpretation, die Herder einen kulturellen Rassismus unterstellt, deckt sich – allerdings

soll hier zunächst etwas ausführlicher auf Herders Kulturverständnis eingegangen werden. Auf diese Weise kann später Welschs sehr verkürzende und einseitig vereinnahmende Herderinterpretation offengelegt werden. Für das inhaltliche Verständnis des Begriffs der Transkulturalität ist diese Fehlinterpretation zwar nicht ausschlaggebend, aber sie beinhaltet, wie sich zeigen wird, ein tendenziell separatistisches Argumentationsmuster, von dem wir uns abgrenzen wollen.

Herders Kulturbegriff beinhaltet durchaus positiv zu bewertende Aspekte. So weist Herder, obwohl er an die evolutionistische Sichtweise anknüpft, die ausdrückliche Maßstabsfunktion der europäischen Kultur zurück. In der europäischen Geistesgeschichte findet sich der Ursprung dieser kulturrelativistischen Position bei Michel de Montaigne 1580, die durch Herder eine theoretische Grundlage erhält und sich in der Folge immer weiter verbreitet, bis sie schließlich 1871 durch den Begründer der modernen Ethnologie Edward Burnett Tyler wissenschaftlich etabliert wird (vgl. Hansen 2000: 17). Kultur bei Herder bedeutet stetige Bildung, Erziehung und Aufklärung und damit Wandel.[11] Der Mensch wird aufgefasst als ein kulturelles Wesen, das sich fortwährend im Kulturzustand befindet. Dabei gilt die Natur als wichtige Bildungskraft von Kultur. Herders Ansicht nach bildet sich Kultur wie auch Geschichte unter dem Einfluss von Ort, Klima und Zeit heraus, und in gleichem Maße werden die Menschen durch die Kultur, in der sie aufgewachsen sind, geprägt und gestaltet. Auf diese Weise entstanden und entstehen, bedingt durch Geographie und Geschichte, weltweit unterschiedliche Völker mit jeweils spezifischen Eigenheiten.[12]

Für seine Theorie verknüpft Herder den Kulturbegriff mit einem von ihm neu etablierten, aufgewerteten Volksbegriff, in dem *jedem* Volk Kultur zugesprochen wird.[13] Damit wird der Kulturbegriff zwar zum einen tendenziell ethnisiert, es wird aber zugleich auch solchen Völkern Kultur zuerkannt, die bisher als kul-

---

mit umgekehrtem Vorzeichen – weitgehend mit der nationalsozialistischen Interpretation, die Herder als einen Vertreter kultureller Reinheit verortet (ebd.: 129). Womöglich ist es diese nationalsozialistische Vereinnahmung Herders, die Welsch dazu führt, Herders Kulturauffassung abzulehnen. Herder selbst wird damit allerdings Unrecht getan.

11 „[K]ein einzelner von uns ist durch sich selbst Mensch worden. Das ganze Gebilde der Humanität in ihm hängt durch eine geistige Genesis, die Erziehung, [...] mit der ganzen Kette des Geschlechts zusammen [...]. [...] Wollen wir diese zweite Genesis des Menschen, die sein ganzes Leben durchgeht, von der Bearbeitung des Ackers Cultur oder vom Bilde des Lichts Aufklärung nennen: so stehet uns der Name frei; [...]" (Herder 2002: 308-309).

12 Zu dieser Thematik siehe Herder 2002: Kap. 3-5. Herder spricht hier von einer „physisch-geographische[n] Geschichte der Abstammung und Verartung unsres Geschlechts nach Klimaten und Zeiten" (ebd.: 255).

13 „Welches Volk der Erde ists, das nicht einige Cultur habe?" Und weiter: „Der Unterschied zwischen aufgeklärten und unaufgeklärten, zwischen cultivierten und uncultivierten Völkern ist also nicht specifisch; sondern nur gradweise" (Herder 2002: 9 bzw. 309).

turlos galten. Herder erweitert damit den auf Europa und andere Hochkulturen begrenzten Kulturbegriff, nimmt aber noch keine Pluralisierung vor. Hier unterliegt Welsch eindeutig einem Fehlschluss, worauf später nochmals eingegangen wird. Für Herder bedeutet Kultur auszubilden letztlich das, was die Menschheit als Ganzes ausmacht und was zur Erlangung der menschlichen Glückseligkeit – dem von Herder definierten obersten Ziel der Menschheit – die Voraussetzung darstellt.

Herder wendet sich in diesem Zusammenhang ganz ausdrücklich gegen den Begriff der Rasse, da dieser in seinen Augen viel zu kategorisch die Unterschiede der verschiedenen Völker festschreibt. Der Rassebegriff wurde laut Herder „dem Menschengeschlecht zwischengeschoben" und lediglich um der wissenschaftlichen Übersichtlichkeit Willen eingeführt. Auf diese Weise „leitet [er] auf eine Verschiedenheit der Abstammung, die hier entweder gar nicht stattfindet oder in jedem dieser Weltstriche unter jeder dieser Farben die verschiedensten Racen begreift" (Herder 2002: 231). Daher betrachtet Herder den Rassebegriff als gänzlich ungeeignet zur Erfassung bzw. Darstellung einer physisch-geographischen Geschichte der Menschheit, um die es ihm vor allem geht.

Mit diesem Kulturverständnis formuliert Herder eine Gegenposition zum damaligen Kulturimperialismus im Rahmen des europäischen Expansionismus und Kolonialismus (vgl. Genthe 1902),[14] wobei er die kulturelle Überlagerung deshalb verurteilt, weil diese in der Regel mit Gewalt einhergeht und den Verlust von eigener Identität bewirkt: „Raubet man ihnen [den Völkern; B.S.] ihr Land, so hat man ihnen alles geraubet" (Herder 2002: 235). „Man denke nicht, daß die Kunst der Menschen mit stürmender Willkür einen fremden Erdteil sogleich zu einem Europa umschaffen könne" (ebd.: 256). Mit dieser Kritik an der europäischen Kulturüberlagerung sagt Herder jedoch nicht, dass jeglicher Einfluss und interkulturelle Kontakt vermieden würde. Für Herder dient vielmehr die Diversität der Menschen der geistigen Erziehung des Menschengeschlechts. Entscheidend ist allerdings die aktive, eigenständige und reflexive Verarbeitung der Kultur der Anderen (ebd.: 309). Man kann daher in der Tat sagen, dass Herder kulturelle Innovation durch „Anverwandlung der Fremdkultur" anstrebt (Kim 2004: 119).

Herder geht ganz grundsätzlich von der Einheit des Menschengeschlechts aus, das in den verschiedenen Regionen der Erde verschiedene Ausprägungen aufweist, ohne jedoch gänzlich voneinander unterschieden zu sein. Damit schafft er zum einen eine Basis für kulturrelativistische bzw. kulturpluralistische Positionen – auch wenn er selbst noch nicht so weit geht – und richtet sich zum an-

---

14 Theodor Genthe schreibt in seiner Dissertation von 1902: „Jedem Volk und jeder Eigenart desselben will Herder ein Recht gewahrt wissen, darum weiss er auch von den grossen Reichen, die durch Eroberungen und Unterjochung vieler und gänzlich verschiedener Völker entstanden, nichts Gutes nachzusagen" (Genthe 1902: 40).

deren gegen kulturellen Imperialismus, kulturelle Unterdrückung, Deportation (Sklavenhandel), gewaltsame Integration und Rassismus. Sein Ansatz ist jedoch auch geprägt durch eine doppelte Dialektik. Die eine – gewissermaßen vorhegelianische – Dialektik findet sich darin, dass Herder einerseits versucht, Gemeinsames und Verschiedenes zwischen den Menschen zusammen zu denken, wobei andererseits aber in diesem Ansatz auch eine Tendenz zur Universalisierung bzw. Totalisierung – im Hinblick auf das ‚Große Ganze' der Menschheit – zum Ausdruck kommt.

Die zweite Dialektik im Sinne einer – beabsichtigten oder unbeabsichtigten – Gegenbewegung betrifft die Ethnisierung des Kulturbegriffs. Einerseits dient Herders erweiterter Kulturbegriff zur Erklärung und Würdigung der verschiedenen, vor allem auch herabgesetzten oder unterdrückten Völkergruppen und damit zur Kritik an einem weit verbreiteten Eurozentrismus. Andererseits ist darin aber auch, wie die Geschichte der Herderinterpretation zeigt, die Saat für Separatismus, Kulturnationalismus und Ethnozentrismus gesät. Diese Kehrseite des Kulturrelativismus ist jedoch ganz ausdrücklich bei Herder noch nicht enthalten, da er als oberstes Ziel der Geschichte eine allgemeine und alle Menschen verbindende Humanität und Glückseligkeit betont; dabei verfängt er sich jedoch in der ersten Dialektik.

Trotz dieser Schwäche ist Herders Ansatz als ein Versuch zu bewerten, den europäischen Überlegenheitsanspruch und damit die eurozentrische Position in ihre Schranken zu verweisen. Es ist also nicht Herders Verständnis von Kultur, sondern vielmehr das eurozentrisch-universalistische Kulturverständnis, das den Imperial- und Kolonialmächten Europas im 19. Jahrhundert und bis weit in das 20. Jahrhundert hinein die Legitimationsgrundlage für ihren Machtanspruch verschaffte und *wogegen* Herder seine erweiterte Kulturauffassung stellt. Ich bewerte Herders Position daher als ein kritisches Unternehmen innerhalb der europäischen Denktradition, in dem versucht wird, mittels der Kategorie ‚Kultur' völkerspezifische Eigenheiten und die allgemeine menschliche Verbundenheit zusammen zu denken – ein Unternehmen, das gerade im interkulturellen und postkolonialen Kontext große Relevanz besitzt.

3. Welschs Transkulturalitätskonzept

Wie bereits erwähnt, versteht Welsch Transkulturalität im Sinne einer „neuen Struktur der Kulturen", die „über den traditionellen Kulturbegriff *hinaus*- und durch die traditionellen Kulturgrenzen wie selbstverständlich *hindurchgeht*" (Welsch 2000: 335-36). Die neue Struktur zeigt sich ihm auf der Makroebene in den „externen Vernetzungen der Kulturen", also deren Verbundenheit und Verflochtenheit, und damit ganz allgemein in „Hybridisierung" (ebd.: 336-37). Diese Durchdringungen und Verflechtungen finden sich in allen kulturellen Bereichen: von der Konsumkultur über Popkultur und Fußballclubs bis hin zur Medizin, von Alltagsformen ganz zu schweigen (Welsch 2010: 43-44). Auf der Mikroebene der Individuen offenbart sich die neue Struktur darin, dass wir „kulturelle Mischlinge" sind. Diese neue Art von kultureller Identität muss allerdings von der nationalen Identität unterschieden werden – Welsch spricht von der Notwendigkeit der „Entklammerung" dieser beiden Identitätsformen (Welsch 2000: 339-40). Die „interne Transkulturalität" ermöglicht es letztlich den Individuen, mit der „externen Transkulturalität" zurechtzukommen (Welsch 2010: 47).

Auch wenn es mit dem Transkulturalitätskonzept um einen neuen Kulturbegriff geht, der nicht mehr die traditionellen Einzelkulturen bezeichnet, spricht Welsch nach wie vor von Kulturen. Er betont, dass Transkulturalität als Diagnose, und zwar als „temporäre Diagnose" betrachtet werden muss, da sich der Kulturbegriff in einem „Übergangsprozess" befindet. Auch nach dem Übergang werden immer noch Kulturen bestehen, allerdings mit dem Unterschied, dass dann „die Bezugskulturen selbst schon Kulturen im Sinn der Transkulturalität sind" (Welsch 2000: 341, FN 37). Auf eine Formel gebracht, könnte man sagen: Ziel des Transkulturalitätskonzepts ist es, Kultur als Transkultur zu verstehen.

Den Vorteil des Transkulturalitätskonzepts gegenüber den Konzepten der Globalisierung und der Partikularisierung sieht Welsch vor allem darin, dass es sowohl den global-universalistischen als auch den lokal-partikularistischen Aspekten der gegenwärtigen Entwicklungen gerecht wird. Transkulturalität bedeute nämlich mitnichten eine zunehmende Homogenisierung der unterschiedlichen Kulturen, sondern vielmehr eine „neue Diversität":

> Die transkulturellen Netze sind [...] aus unterschiedlichen Fäden zusammengesetzt und auf unterschiedliche Weise gewebt. Daher wird [...] im Ergebnis erneut ein hoher Grad an kultureller Mannigfaltigkeit bestehen – er ist gewiss nicht geringer als derjenige, der traditionell zwischen den Einzelkulturen vorlag. Nur kommen die Unterschiede jetzt nicht mehr durch das Nebeneinander klar abgegrenzter Kulturen (wie bei einem Mosaik) zustande, sondern sie bestehen zwischen unterschiedlichen Netzversionen. Die Differenzierungsmechanik ist also komplexer geworden (Welsch 2000: 347).

Da es auf diese Weise zwischen den transkulturellen Netzen sowohl Unterschiede als auch Gemeinsamkeiten gibt, sind sie

> untereinander insgesamt anschlussfähiger, als die alten kulturellen Identitäten es je waren. Somit begünstigt der neue Typ von Unterschieden von seiner Struktur her eher Koexistenz

als Konflikt. Die transkulturell unterschiedlichen Formen sind von den alten Problemen der *separatistischen* Differenz frei (Welsch 2000: 348).

Gerade hier sieht Welsch die Transkulturalität mit Ulf Hannerz' Konzept der Kreolisierung verbunden (Welsch 2000: 341, FN 36). Hannerz weist darauf hin, „daß der kulturelle Austausch zwischen Ländern und Kontinenten sehr wohl zu einer anderen Art von kultureller Diversität führen könnte, die eher auf Verbindungen als auf Autonomie beruht" (Hannerz 1992: 266, FN 30).[15]

Für Welsch besitzt das Transkulturalitätskonzept sowohl einen deskriptiven Vorteil, da es eine adäquate Beschreibungsmöglichkeit der gegenwärtigen Situation bietet, als auch einen „rekommendativen", empfehlenden Vorteil, der die Möglichkeit zur Begegnung ohne den Verlust von Eigenheit beinhaltet:

> Die Empfehlung lautet, diese Perspektive der Transkulturalität einmal zu erproben [...]. Dann mag man entdecken, dass inmitten der angeblichen Uniformierungsprozesse zugleich neue Differenzierungen erfolgen und dass inmitten der Unterschiede auch Gemeinsamkeiten bestehen, die Anschluss- und Übergangsmöglichkeiten begründen (Welsch 2000: 350).

Damit wird Welsch weitgehend seiner Forderung nach einem verantwortungsbewusst gestaltenden Umgang mit Kulturbegriffen gerecht und man kann mit ihm den Begriff der Transkulturalität als „deskriptiv adäquat, normativ gerechtfertigt und vor allem pragmatisch weiterführend" (Welsch 2000: 344) bezeichnen. Transkulturalität ist damit der zeitgemäße Ausdruck für die de facto „hybride" Verfassheit von Kultur – diese Diagnose ist das Ergebnis der Entlarvung des kulturellen Homogenitätsmythos und der Erkenntnis, dass sich die heutigen Kulturen aufgrund der zunehmenden Migrationsbewegungen verändert haben.

Dennoch ist an dieser Stelle eine kritische Hinterfragung von Welschs Betonung der *neuen* Struktur der Kulturen[16] berechtigt. Welsch bemerkt dazu, dass die transkulturelle Verfassung von Kulturen zwar immer schon Fakt war, aber zugunsten einer nationalistisch motivierten kulturellen Reinheitsfiktion „übersehen" wurde (Welsch 2000: 342). Dennoch geht Welsch implizit davon aus, dass historisch traditionelle Gesellschaften in geringerem Maße durch Transkulturalität strukturiert waren und ist somit nicht vor der Tendenz und Gefahr gefeit, das ‚traditionelle' Kulturverständnis der Vergangenheit und traditionellen Gesellschaf-

---

15 Zitiert nach Welsch 2000: 347, FN 44.
16 Siehe dazu Welsch 2000: 336 FN 27: „Ich suche mit diesem Terminus [der Transkulturalität; B.S.] vielmehr der geschichtlich veränderten Verfassung *heutiger* Kulturen Rechnung zu tragen." Damit grenzt sich Welsch von Elmar Holensteins „transkulturellen Invarianzen" sowie von der „reziproken Anthropologie", der wechselseitigen Interpretation der Kulturen, wie sie die internationale Vereinigung ‚Transcultura' verfolgt, ab (ebd.).

ten zuzuordnen und Transkulturalität in erster Linie auf moderne bzw. zeitgenössische Gesellschaften zu beziehen (vgl. Schulz in diesem Band).

Des Weiteren beachtet Welsch nicht, dass es, auch wenn „heute vielfach die gleichen Probleme und Bewusstseinslagen in den angeblich so grundverschiedenen Kulturen" auftreten – genannt werden hier die Menschenrechtsdiskussionen, die feministische Bewegung oder das ökologische Bewusstsein (Welsch 2000: 337) –, gänzlich verschiedene *Perspektiven* auf diese „gleichen Probleme" gibt. Dieser Blick von den anderen Seiten aus ist dabei nicht einfach nur ein anderer, sondern meist ein durch die koloniale Vergangenheit, durch Gewalt und Unterdrückung geprägter Blick. Die gegenwärtigen Auswirkungen der kolonialen Vergangenheit finden sich allerdings nicht nur in den Gebieten der ehemals Kolonisierten, sondern auch in den Gebieten der ehemaligen Kolonialmächte.

Wenn es daher bei Welsch heißt: „Die Lebensform eines Ökonomen, eines Wissenschaftlers oder eines Journalisten ist nicht mehr einfach deutsch oder französisch, sondern – wenn schon – europäisch oder global geprägt" (Welsch 2000, 337), dann klingt das ein wenig so, als habe Welsch bei seiner Rede von Transkulturalität in erster Linie die Großstadt- und Metropolen-Kultur aus europäischer (und männlicher)[17] Sicht im Hinterkopf. Die hier vorherrschende Situation des ‚trans' bedeutet jedoch lediglich, dass kulturelle Vielfalt verwoben ist mit westlichen und ostasiatischen Technologiestandards und letztlich alles durchdrungen ist von der euro-nordamerikanischen Macht der Ökonomie. Indem Welsch den Machtaspekt nicht weiter beachtet, bleibt er hier einer eurozentrischen Perspektive verhaftet, die sich immer dann findet, wenn eine allgemeine Gesellschafts- bzw. Kulturanalyse andere Perspektiven nicht aktiv miteinbezieht.[18] Den Versuch, seine Beschreibung der neuen Kulturstruktur der Transkulturalität in den Rahmen ökonomisch-politischer Machtprozesse einzubetten, unternimmt Welsch in seinem Aufsatz von 2010. Hier schreibt er, dass die Hauptwirkkräfte der Makroebene stets Machtprozesse seien – allen voran die kapitalistische Ökonomie und politische Herrschaftsstrukturen – und Identitätsbildung daher oft „durch Zwang, Not und Armut" sowie „mannigfache[] Einschränkungen und äußere[n] Druck" gekennzeichnet" ist (Welsch 2010: 53). Allerdings bestehe letztlich für alle – auch für die „Privilegiertesten" – eine Begrenzung der Optionen zur Zusammenstellung des „Identitätsfächers", und es „ändert nichts daran, dass die Identitäten heu-

---

17 In seinem Aufsatz von 2010 fügt Welsch im ansonsten gleichlautenden Satz die weiblichen Formen ein: „Die Lebensform von Ökonom/-inn/-en, Wissenschaftler/-inn/-en und Journalist/-inn/-en ist nicht mehr […]" (Welsch 2010: 43).

18 An dieser Stelle sei an die „Minimalregel" des Philosophen Franz Martin Wimmer erinnert: „Halte keine philosophische These für gut begründet, an deren Zustandekommen nur Menschen einer einzigen kulturellen Tradition beteiligt waren" (Wimmer 2004: 51).

tiger Menschen [...] zunehmend transkulturell werden" (ebd.). Zweifellos: Identitäten werden zunehmend transkulturell. Jedoch sind die Aspekte der ungleichen Macht- und Genderverhältnisse mit dieser kurzen Bemerkung immer noch nicht genügend reflektiert, wovon später noch die Rede sein wird.

3.1 Die Interpretation Herders: Von ‚Kugeln' und ‚kulturellem Rassismus'

Es wurde bereits darauf hingewiesen, dass Welschs Interpretation von Herders Kulturbegriff eindimensional und daher auch fehleinschätzend ist und somit weder Herders Intention noch der doppelten Dialektik von Herders Kulturbegriff gerecht wird. Dieser Punkt der Kritik soll hier etwas genauer betrachtet werden.

Mit der Ausweitung des Kulturbegriffs auf alle Völker, was erst später ‚Ethnisierung' von Kultur genannt wurde, ging es Herder vor allem um die weit und groß gefasste, den gesamten Erdball umspannende Darstellung seiner Idee der evolutionistisch gedachten Kulturentwicklung der Menschheit. Im Einzelnen führt Welsch als Beleg für Herders Auffassung der Volksgebundenheit von Kultur das Zitat an „Die Cultur eines Volkes ist die Blüte seines Daseins" (Herder 2002: 524),[19] unterschlägt aber die Fortführung des Satzes: „[...] mit welcher es sich zwar angenehm, aber *hinfällig* offenbaret" (ebd.; Hervorh. B.S.). Damit spielt Herder weniger auf die Volkskulturalität, sondern vielmehr auf die *Veränderlichkeit* von Kultur an: „Eben daß die Blume erschien, zeigt, daß sie verblühen werde" (ebd.: 526). Des Weiteren ist kurz zuvor ausgeführt, dass Völker zusammen stehen,

> wie Zeit und Ort sie band: sie *wirken aufeinander*, wie der Zusammenhang lebendiger Kräfte es bewirkte. Auf die Griechen haben Asiaten und sie auf jene zurückgewirkt. [...] [W]ie hangen diese Dinge zusammen? Durch Ort, Zeit und die natürliche Wirkung lebendiger Kräfte (Herder 2002: 523; Hervorh. B.S.).

Hier ist ganz eindeutig nicht von kultureller Abgeschlossenheit, sondern explizit von kulturellem Austausch die Rede. Auch an anderer Stelle bemerkt Herder ausdrücklich, es sei unleugbar, dass beispielsweise Griechenland „Samenkörner der Kultur, Sprache, Künste und Wissenschaften *anders woher* erhalten" habe, obwohl die Griechen selbstverständlich daraus ganz eigenes erschufen (Herder 1984: 608-09; Hervorh. i. Orig.). Herder betont also neben der kulturellen Verschiedenheit vor allem auch den Wandel von Kultur. Was er damit im Blick hat, ist nichts weniger als die Erziehung des gesamten Menschengeschlechts.

Welsch unterstellt Herder weiterhin, er „stellte sich die Kulturen wie geschlossene *Kugeln* oder autonome Inseln vor, die mit der territorialen und sprach-

---

19 Siehe Welsch 2000: 329.

lichen Ausdehnung eines Volkes deckungsgleich sein sollten" (Welsch 2000: 330, Hervorh. B.S.). In dem von Welsch angeführten Herderzitat „Jede Nation hat ihren *Mittelpunkt* der Glückseligkeit *in sich*, wie jede Kugel ihren Schwerpunkt!" (Herder 1984: 617-18; Hervorh. i. Orig.) bedient sich Herder der Kugelmetapher jedoch nicht, um die kulturelle *Abgeschlossenheit* eines Volkes oder einer Nation zu beschreiben, sondern um damit die *Relativität von Glückseligkeit* herauszustellen. Herder beantwortet auf diese Weise die in seinen Augen überheblich und anmaßend anmutende Frage, „,*welches in der Geschichte wohl das glücklichste Volk gewesen?*'" sei; seiner Ansicht nach traf „unter gewissen Umständen [...] auf jedes Volk ein solcher Zeitpunkt [...]" zu (ebd.: 617; Hervorh. i. Orig.). Rhetorisch-kritisch fragt er schließlich:

> Und der *allgemeine, philosophische, menschenfreundliche Ton unsres Jahrhunderts* gönnt jeder entfernten Nation, jedem ältesten Zeitalter der Welt an *Tugend* und *Glückseligkeit* so gern ‚unser eigen Ideal?' ist so alleiniger Richter, ihre Sitten nach sich allein zu *beurteilen*, zu *verdammen*, oder schön zu *dichten*? (ebd.: 619; Hervorh. i. Orig.).

Die Kritik richtet sich damit deutlich gegen den eurozentrischen Blick. Es muss daher auch der Vorwurf, Herders Kulturkonzept tendiere zu „kulturellem Rassismus" (Welsch 2000: 331), zurückgewiesen werden. Welschs Interpretation greift hier ebenfalls zu kurz, da das zur Bestätigung dieser These angegebene Zitat[20] bei Herder in ganz anderem, nämlich dem o. g. Zusammenhang der Glückseligkeit steht, um zu verdeutlichen, dass es keinen neutralen Maßstab zum Vergleich von Glückseligkeit gibt. Herder wirft hier so manchem Zeitgenossen vor, einen solchen neutralen und allgemeingültigen Maßstab – „unser eigen Ideal" – anzunehmen, und nach diesem dann frühere und auch andere Welten zu beurteilen oder gar zu verdammen. Dem gegenüber betont Herder, dass das Gute deshalb auf der Erde „ausgestreut" und „verteilt" sei „in tausend Gestalten", weil *„eine* Gestalt der Menschheit und *ein* Erdstrich es nicht fassen konnte" (Herder 1984: 619; Hervorh. B.S.). Die etwas plakative Ausdrucksweise, dass man dem Andersartigen „Fühllosigkeit, Kälte und Blindheit" oder sogar „Verachtung und Ekel" entgegenbringe, benutzt Herder in erster Linie um zu verdeutlichen, dass jedes Volk nach seiner je eigenen Glückseligkeit strebt, die nicht an einem universalen Maßstab gemessen werden kann. Da diese Stelle für sich genommen in der Tat nicht besonders deutlich Herders kritischen Standpunkt gegenüber Kulturimperialismus zum Ausdruck bringt, sei ergänzend nochmals erwähnt, dass sich Her-

---

20   „Alles was mit meiner Natur noch *gleichartig* ist, was in sie *assimiliert* werden kann, beneide ich, strebs an, mache mirs zu eigen; *darüber hinaus* hat mich die gütige Natur mit *Fühllosigkeit, Kälte* und *Blindheit* bewaffnet; sie kann gar *Verachtung* und *Ekel* werden" (Herder 1984: 618; Hervorh. i. Orig.).

der hierzu, wie auch zum Rassebegriff, in den *Ideen* wesentlich deutlicher und direkter äußert.[21] Herder geht es also mitnichten um Separatismus oder gar kulturellen Rassismus, sondern um die Kritik der eurozentrischen Überheblichkeit und, damit einhergehend, um die Darstellung seiner Idee des durch Vielfältigkeit geprägten ‚Großen Ganzen'.

Um diesen Punkt der Kritik hier abzuschließen, sei noch einmal bemerkt, dass Welschs Kritik an einem separatistischen und homogenisierenden Kulturverständnis mehr als berechtigt ist, er aber für seine Kritik Herders Kulturbegriff einseitig vereinnahmt. Welsch berücksichtigt nicht die diesem innewohnende doppelte Dialektik, die, wie weiter oben schon dargelegt wurde, zwar die Gefahr der negativen Aspekte Homogenisierung und Separatismus enthält – die bei Herder jedoch noch nicht zum Ausdruck kommt –, aber eben vor allem auch die Kritik am Eurozentrismus und somit die Möglichkeit zu dessen Relativierung. Diese Dialektik sollte stets im Auge behalten werden, um weder in einen unverbindlichen und separatistischen Relativismus noch in einen tendenziell eurozentrischen Universalismus zu verfallen.

3.2 Das ‚Drei-Stufen-Modell': Von Multi- über Inter- zu Transkulturalität?

Der letzte hier genannte Kritikpunkt betrifft Welschs Darstellung des Verhältnisses der drei Kulturkonzepte Multi-, Inter- und Transkulturalität. Wenn Welsch die Transkulturalität vor allem als Diagnose verstanden wissen will, ist es nicht ganz einsichtig, warum er ein Dreistufenmodell – von Multi- über Inter- zu Transkulturalität – entwirft und darin die ersten beiden Konzepte zugunsten des letzteren verwirft. Dies ist aus mehreren Gründen problematisch. Ganz davon abgesehen, dass zu einer radikalen Zurückweisung von Multi- und Interkulturalität keinerlei Notwendigkeit besteht, wenn eine differenzierte kritische Auseinandersetzung und die Zuordnung der (jeweils begrenzten) Einsatzbereiche vorgenommen wird – doch davon später –, so beinhaltet diese Einschätzung das Problem, dass die hier vorgenommene Bewertung oftmals recht ungeprüft übernommen wird.[22] Erfreu-

---

21 Siehe den Abschnitt zu Herders Kulturbegriff.
22 So z.B. von Darowska/Machold 2010: 14: „Dabei haben wir uns hier gegen den Einsatz des Begriffs Interkulturalität entschieden, da dieser Kultur zum einen weiterhin als Einzelkultur fasst, [...] und sie zum anderen meist ethnisch-national bestimmt. [...] Weil der Begriff Transkulturalität im deutschsprachigen Kontext meist auf Wolfgang Welsch zurückgeht, bleibt dezidierte Begriffsarbeit in diesem Band ihm selber vorbehalten". Ein weiteres Beispiel ist Kimmich/Schahadat 2012: 8: „Das Konzept der Transkulturalität erlaubt es, sich programmatisch vom überkommenen Denkansatz der Interkulturalitätsforschung zu verabschieden. Während die Interkulturalitäts-Forschung Kulturen als ‚Inseln oder Sphären' (Welsch 1999: 96) begreift, in denen es lediglich an den kulturellen Außengrenzen zu Austauschprozessen oder eben auch,

licherweise gibt es aber auch zunehmend Beiträge, die den verwendeten Begriff der Transkulturalität ohne jeglichen Rückgriff auf Welsch und die damit einhergehende Ausschließlichkeit, sondern unter Berufung auf den deutlich früher geprägten Begriff der Transkulturation des kubanischen Anthropologen Fernando Ortiz verwenden und weiterführen (Schütze/Zapata Galindo 2007) oder zumindest auf Ortiz' Vorarbeit verweisen und auf Leerstellen in Welschs zwar theoretisch umfassenderen, aber auch zu stark verallgemeinernden Ansatz hinweisen (Koch 2008). Der Hauptproblempunkt im Rahmen von Welschs Argumentationsmuster ist jedoch die zunehmende Pauschalisierung in der Betrachtung der Kulturbegriffe, vor allem des Begriffs der Interkulturalität. So lehnt Welsch den interkulturellen Dialog mit der Begründung ab, dieser könne aufgrund diverser falscher Ausgangsbedingungen und damit einhergehender Widersprüchlichkeiten nicht funktionieren:

> Weil die Interkulturalisten die Kulturen von Grund auf wie Kugeln konzeptualisieren, kaprizieren sie sich auf das Verstehen eines ‚Anderen', von dem sie zugleich annehmen, dass es ob seiner Inkommensurabilität eigentlich nicht verstanden werden könne – so dass die Erfolglosigkeit des Unternehmens schlicht aus der Verfehltheit und Widersprüchlichkeit der Ausgangsvorstellung resultiert (Welsch 2010: 50 bzw. Welsch 2012: 152).

Geklärt wird hier weder, wer genau die ‚Interkulturalisten' sind, noch werden Beispiele für die ‚Kugel-Kultur-Konzepte' angeführt. Welsch verweist zwar kurz zuvor auf drei maßgebliche Vertreter der interkulturellen Philosophie – Franz Martin Wimmer, Andreas Cesana und Heinz Kimmerle. Jedoch liest man beispielsweise bei Wimmer Folgendes:

> Es gibt ebenso wenig rein statische wie es rein dynamische Gesellschaftszustände oder ‚Kulturen' gibt. [...] In der Mehrzahl verwendet, bezeichnet das Wort [‚Kulturen'] jene Besonderheiten von Gestaltungen in sehr allgemeiner Weise [...]. Wir sprechen in diesem Sinn von ‚chinesischer' oder von ‚abendländischer' Kultur und meinen damit eine innere Einheit von Verhaltens-, Denk-, Handlungsweisen [...]. Damit ist ein Bild angesprochen, das an geschlossene Ganzheiten erinnert: Als bestünden diese ‚Kulturen' [...] gleichsam isoliert und geschlossen nebeneinander. Dieses Bild, wenn es sich nicht um einen Popanz handelt, ist zu Recht kritisiert worden[23], insbesondere in den postkolonialen Debatten über die ‚Hybridität' von Kultur (Wimmer 2004: 44-45).

Nicht nur wird hier das ‚Kugel-Kultur-Konzept' verworfen, sondern es wird sogar deutlich differenzierter als bei Welsch versucht, Differenzen, Eigenheiten, Dyna-

---

in der populären Rhetorik Samuel Huntingtons, zu gewalttätigen Zusammenstößen (*clashes*) kommt, postuliert Transkulturalität eine Öffnung [...]."

23 Vgl. z. B. Holenstein 1998: 230: „Nicht die an einer platonischen Organismus-Vorstellung orientierte *Kugel*-Metapher [...] ist das angemessenste Modell für einzelne Kulturen, sondern das *Bastelei*-Bild [...]." Dieses Zitat wird so von Wimmer angeführt. Hervorh. i. Orig.

mik, Veränderung, Kreativität, Überschneidungen und Durchdringung zusammen zu denken. Auch wird von keinem der angeführten Philosophen von einer völligen ‚Inkommensurabilität' zwischen Kulturen ausgegangen, sondern ganz grundsätzlich von der Möglichkeit von Dialogen oder sogar Polylogen. Und der ghanaische Philosoph Kwasi Wiredu bemerkt hierzu, es gebe zwar einerseits eine enorme Sprachenvielfalt, aber es gebe gleichzeitig auch genügend Überschneidungen, die interkulturelle Kommunikation möglich machen (Wiredu 1996: 22). Betont wird allerdings, dass die „Entwicklung einer angemessenen Hermeneutik" eine schwierige, aber unabdingbare Aufgabe der interkulturellen Philosophie sei (Wimmer 2004: 17), die zwar scheitern kann, aber prinzipiell möglich ist. Differenzen und Überschneidungen gilt es also zusammenzudenken, und das notwendige Instrument dazu ist die Kommunikation bzw. der interkulturelle Dialog.

Welsch bemerkt an einer Stelle kurz: „Wenn schon, dann müsste man die multikulturellen wie die interkulturellen Fragen heute von vornherein anders, nämlich im Blick auf die gegenwärtige Durchdringung der Kulturen angehen" (Welsch 2000: 335). Nur leider vertieft bzw. reflektiert er diesen Punkt nicht weiter, sondern zieht es vor, die drei Konzepte als einander ausschließend zu betrachten. Bei seiner Ablehnung der Konzepte der Multi- und Interkulturalität geht Welsch in ganz ähnlicher Weise vor wie bei seiner Herderinterpretation und unterstellt den beiden Konzepten kurzerhand genau *den* „insel- oder kugelartig" verfassten, traditionellen Kulturbegriff, den er kritisiert, nur um beide dann gerade deshalb verwerfen zu können. Aber vor allem dem Konzept der Interkulturalität tut er damit Unrecht. Denn indem hier der *Zwischen*raum zwischen Kulturen neben der Erfahrung von Differenz vor allem als Ort des Austauschs und des Dialogs besondere Aufmerksamkeit erfährt, wird die Vorstellung von kultureller Homogenität durchbrochen.[24] Das oben angeführte Zitat von Welsch macht somit deutlich: Das ‚Kugel-Kultur-Konzept' ist eine Unterstellung, die mit den Ansätzen von Vertretern interkultureller Philosophie nichts zu tun hat. Mit seinem Dreistufenmodell betreibt Welsch vielmehr selbst einen ausschließenden, pauschalisierend vereinheitlichenden und undurchlässigen Separatismus von Kulturkonzepten, den er den Konzepten Multi- und Interkulturalität vorhält, der aber – nicht inhaltlich, sondern argumentativ – sein Konzept der Transkulturalität kennzeichnet.

---

24 Dennoch gilt es festzuhalten, dass es verschiedene Umgangsweisen mit dem Interkulturalitätsbegriff gibt. So hat das Konzept der Interkulturalität seine Popularität weniger über die Philosophie als vielmehr im Zusammenhang mit interkultureller Kompetenz und interkultureller Kommunikation in den Bereichen Psychologie, Pädagogik, Soziologie und Management gewonnen, wo der Kulturbegriff in der Tat sehr viel stärker an das traditionelle Verständnis von Kultur angelehnt ist und somit durchaus einer kritischen Auseinandersetzung bedarf. In der interkulturellen Philosophie wird dagegen mittlerweile einstimmig jegliche homogene Kulturauffassung zurückgewiesen.

Gibt es beim Konzept der Multikulturalität in der Tat die ethnozentrischen Gefahren der ‚Ghettoisierung' und der Höherbewertung der jeweils ‚eigenen' Kultur in Abgrenzung zu den ‚anderen' Kulturen, so wird bei der Interkulturalität nicht so sehr die jeweils einzelne Kultur, sondern die Vermittlung und Verständigung, also der Beziehungs- und Kommunikationsraum zwischen den als durchlässig, dynamisch und durchaus auch überlappend aufgefassten Kulturen betont. Im Vergleich zur Transkulturalität werden hier daher die kulturellen Unterschiede stärker berücksichtigt, da sie die Anknüpfungspunkte für den vielstimmigen Dialog darstellen. Die dabei bestehenden Gefahren der Essentialisierung und Homogenisierung können jedoch durch die Sensibilität für und die Zurückweisung von kulturalistischen Argumentationen vermieden werden. Doch auch das Konzept der Transkulturalität ist vor möglichen Gefahren, wie z. B. Uniformierung und Universalisierung, nicht gefeit, denen jedoch durch den Verweis auf neue Differenzen und Differenzierungsformen begegnet werden kann. Insofern kulturelle Spezifika wie auch Überschneidungen der Realität entsprechen und es in jedem Fall entscheidend ist, Kultur als plural, dynamisch und durchlässig zu verstehen, schließen sich die Konzepte Transkulturalität, Interkulturalität und Multikulturalität nicht aus, sondern erscheinen vielmehr als Ergänzungen innerhalb eines Begriffsgefüges.

4. Transkulturalität: Hybridität und temporäre Positionierungen

Wenn wir heute zum einen erkannt haben, dass es Transkulturalität eigentlich schon immer gab und wir zum anderen damit konfrontiert sind, dass wir (erst) heute diese Verfasstheit wahrnehmen bzw. bezeichnen (können), was uns dann als *Veränderung* der Verfasstheit *heutiger* Kulturen erscheint, dann stellt sich unweigerlich die Frage nach der Art des Raums zwischen dem ‚immer schon' und dem ‚heute' und was sich dort ereignet hat: Weshalb sehen wir das, was immer schon war, erst jetzt? Welschs kritische Auseinandersetzung mit dem europäischen modernen Kulturbegriff führt zwar in die Richtung dieses Zwischenraums, aber die Perspektive aus diesem Zwischenraum heraus kann durch die begriffliche Dekonstruktion des europäischen Kulturkonzepts allein nicht eingenommen werden. Diesen Zwischenraum könnte man im Anschluss an Homi Bhabha als „postkoloniale Geschichte" bezeichnen, die von den „westlichen Metropolen"[25] ausgeblendet wurde und immer noch wird:

---

25 Der Begriff ‚Metropole' bezeichnet bei Bhabha vorrangig den imperialen Nationalstaat.

Die westliche Metropole muß ihrer postkolonialen Geschichte, die von den in sie hineinströmenden Nachkriegsmigranten und Flüchtlingen erzählt wird, als einer einheimischen Narrative begegnen, die ihrer nationalen Identität inhärent ist; und der Grund hierfür wird in den gestammelten, trunkenen Worten von Mr. ‚Whisky' Sisodia aus den Satanischen Versen deutlich: ‚Das Problem mit den Eng-Engländern ist, daß ihre Gege-Geschichte in Übersee passiert ist, dada-daher wissen sie nicht, was Geschichte bedeutet' (Bhabha 2000: 9).[26]

Daraus folgt, dass die Revision bzw. Dekonstruktion des europäischen modernen Kulturbegriffs auf jeden Fall notwendig ist, aber als reine Begriffsarbeit in erster Linie die europäische Perspektive darstellt. Aus der postkolonialen Perspektive des Zwischenraums, der in und von der europäischen Geschichte verdeckten *mehrseitigen* Geschichte der Kolonialität, ist der europäische Kulturbegriff als solcher nicht das vorrangige Thema, sondern vor allem das damit verbundene Machtverhältnis. Damit zusammen hängt das Problem der Formulierung einer eigenen kulturellen Identität, die, meist an die Formulierung einer nationalen Identität gekoppelt, vor allem als Reaktion auf den modernen europäischen, ab- und ausgrenzenden, macht- und identitätsstiftenden Kulturbegriff zu sehen ist, dessen Struktur übernommen wurde.

Im Unterschied zu Welsch, der in erster Linie den Fokus auf die Durchlässigkeit von Kultur, die Vernetzung von (Netz-)Kulturen und die Anschlussfähigkeit zwischen diesen legt, hat der hier vorgeschlagene Transkulturalitätsbegriff neben dieser Durchlässigkeit und Vernetzung vermehrt auch die Aspekte Differenz und Identität im Blick, wie sie von postkolonialen Theoretikern wie Homi Bhabha und Stuart Hall reflektiert worden sind. Transkulturalität beinhaltet daher wesentlich Hybridität im Sinne von prozessualen Differenzen ohne Hierarchie (Bhabha) und Positionierungen im Sinne von temporären Einschnitten von Identität (Hall).

4.1 Hybridität: Prozessuale Differenzen ohne Hierarchie

Zu den von Homi Bhabha geprägten neuen Differenzkonzepten zählen insbesondere drei Begriffe, die ihm allesamt zur Beschreibung kultureller Phänomene in einer postkolonialen Welt dienen: Hybridität, Dritter Raum und kulturelle Differenz. Der Begriff der kulturellen Differenz – im Unterschied zu kultureller Vielfalt – bezieht sich dabei auf das produktive Potential differenter Perspektiven im Rahmen interkultureller Verhandlungen und Austauschprozesse, der Dritte Raum auf den Ort, wo diese Verhandlungen stattfinden, und die Hybridität auf die grundsätzliche Differentialität von Kultur. In jedem dieser drei Konzepte ist

---

26 Das Zitat im Zitat stammt aus Salman Rushdies Satanischen Versen.

es vor allem die Produktivkraft der Differenz, die den Kern von Kultur ausmacht und schließlich eine neue Lesart von Kultur ermöglicht.

Die größte Ähnlichkeit besitzt das Konzept der Transkulturalität mit dem Begriff der Hybridität. Hybridität bei Bhabha ist allerdings eine ausdrücklich diskursive Kategorie, mit der das Problem von kultureller Identität oder Reinheit auf einer vorempirischen bzw. vorhistorischen, diskursiven Ebene angegangen wird. Kulturelle Hybridität bezieht sich damit *nicht* auf die Vermischung verschiedener kultureller Elemente – in diesem Fall werden nach dem gängigen Verständnis von Hybridität die einzelnen Bestandteile als ‚rein' aufgefasst und die Mischung als ‚hybride', was eine Bewertung impliziert –, sondern kennzeichnet einen Ort der „Differenz ohne [...] Hierarchie" (Bhabha 2000: 5). Damit verweist Bhabha kritisch auf das Problem „der Herrschaftsausübung im *Namen* einer kulturellen Überlegenheit, die selbst erst im Moment der Differenzierung produziert wird" (ebd.: 53; Hervorh. i. Orig.). Kulturelle Differenz ist somit das, was im Moment der *Äußerung* von kultureller Differenz selbst entsteht. Differenz wird auf diese Weise dekonstruiert, ohne dass sie jedoch zum Verschwinden gebracht wird.

Hybridität bedeutet hier vor allem die prozessuale und kreative Neukonstruktion von Identitäten mit inhärenten Differenzen, Ambivalenzen und Widersprüchen (vgl. Bonz/Struve 2006: 144). Mit diesem Konzept der Hybridität geht es daher nicht um die Etablierung eines neuen Wahrheitsmoments und auch nicht um die Formulierung einer neuen epistemologischen Kategorie, sondern darum, ein strategisches Mittel zur Intervention in die Ausübung von Autorität zur Verfügung zu stellen. In dieser Sichtweise sind kulturelle Differenzen „nicht einfach *da*", und das Kulturelle ist nicht die „*Quelle* des Konflikts". Die Hybridität ist vielmehr eine diskursive Kategorie, mittels derer die Verleugnung der gewaltsamen kolonialen Konstruktion des Kulturellen als bewertende Differenzierungspraxis offengelegt und das Kulturelle als „*Ergebnis* diskriminatorischer Praktiken" aufgefasst wird (Bhabha 2000: 169; Hervorh. i. Orig.).

Der Begriff der Hybridität hat auf diese Weise, entgegen der herkömmlichen eurozentrischen Begriffsprägung,[27] eine Umwertung erfahren, indem ein Kategorienbruch begangen wurde: Der Begriff wurde dem Herrschaftsdiskurs der Kolonisatoren, in dem er negativ konnotiert war, entnommen und von der Seite der Kolonisierten aus neu, und zwar mit kreativem Potential, belegt. Jedoch hat der

---

27 Eine ausführliche Beschäftigung mit der historischen Bedeutungsentwicklung des Hybriditätsbegriffs findet sich in Ha 2005. Außerdem stellt Ha heraus, dass in der deutschen Rezeption des Begriffs eine Verkürzung auf den Aspekt der Vermischung vorgenommen wird, der dem subversiven Potential der Hybridität bei Bhabha nicht gerecht wird. Damit wird das Hybride zu einer „spätkapitalistischen Warenform", womit erneut – ganz entgegen Bhabhas Diktion – eine gewisse Form der Essentialisierung und Ausschließung einhergeht.

Begriff der Hybridität mittlerweile eine Eigendynamik entwickelt (siehe dazu Ha 2005), in der der Aspekt der Vermischung und damit die implizite Annahme eines vorgängig Unvermischten mehr im Vordergrund steht als das von Bhabha dekonstruierte Machtverhältnis in der Differenzsetzung.[28] Mit dieser Verkürzung wird jedoch der Erkenntniszuwachs im Hinblick auf den Kulturbegriff zurückgenommen. Um es daher nochmals zu betonen: Mit dem Begriff der Hybridität geht es Bhabha vor allem darum herauszustellen, dass Kultur sowohl durch Differenz gekennzeichnet ist als auch selbst eine diskursive Differenzkategorie ist.

Dieser Aspekt von Hybridität, der zum einen Differenz dekonstruiert und, damit einhergehend, Kultur als Differenzkategorie erfasst, indem er auf die Machtverhältnisse, die damit begründet werden, aufmerksam macht, spielt – neben der eingangs genannten Intersektionalität von Klasse, Rasse (Ethnizität) und Geschlecht – für das hier entwickelte Verständnis von Transkulturalität eine ausschlaggebende Rolle. Mit einem solchen Kulturbegriff, der soziokulturelle Gebilde als hybride, intersektionelle und in diesem Sinne transkulturelle Gebilde auffasst, verändert sich zwangsläufig der Umgang mit Identität und Differenz: Allzu einfache identitäre Zuordnungen, ob selbst- oder fremdbestimmt, verlieren an Kraft, da es einen fixen Ort der Zuordnung nicht (mehr) gibt, Differenzen verschwinden jedoch nicht. In diesem Zusammenhang wird oft ein „Utopieverdacht" gegenüber Bhabhas Hybriditätsbegriff geäußert:

> Obwohl deren theoretische Möglichkeiten unbestritten bleiben, tun sich angesichts von sehr präsenten sozialen, ethnischen und religiösen Unterdrückungen starke Zweifel auf an der Möglichkeit [...] einer sich auch in der breiten Öffentlichkeit durchsetzenden Anerkennung einer ‚international culture, based not on the exoticism of multiculturalism or the diversity of cultures, but on the inscribtion and articulation of culture's hybridity' (Mill 2005: 441).[29]

Solveig Mill plädiert daher für eine stärkere Miteinbeziehung des Transdifferenzansatzes.[30] Auch in diesem Ansatz wird Kultur als offen und prozessual gedacht, wobei Differenz ein erhöhtes Augenmerk erhält und unter Miteinbeziehung

---

28 Auch bei Welsch macht sich eine Tendenz zur Reduktion von Hybridität auf Vermischung bemerkbar, wenn er beispielsweise schreibt, dass wir alle „kulturelle Mischlinge" seien (Welsch 2000: 339). Auch spricht Welsch, wie bereits dargelegt, von einer neuen Diversität, versteht aber darunter eine „neue Art kultureller Vielfalt" (Welsch 2000: 347), also eine differenziertere Mannigfaltigkeit und nicht so sehr die diskursive Macht- und Herrschaftsdimension von Hybridität.

29 Das hier enthaltene Bhabha-Zitat bezieht sich auf die Textstelle Bhabha 1994: 39. In der deutschen Übersetzung findet sie sich in Bhabha 2000: 58.

30 Der Begriff Transdifferenz wurde 2000 von dem Amerikanisten Helmbrecht Breinig geprägt und im Rahmen des Erlanger Graduiertenkollegs „Kulturhermeneutik im Zeichen von Differenz und Transdifferenz" entwickelt. Eine erste Darlegung des Begriffs findet sich in Breinig/Lösch 2002, eine breitere Auseinandersetzung in Allolio-Näcke/Kalscheuer/Manzeschke 2005.

des prozessualen Aspekts als Transdifferenz bezeichnet wird. Dieser Versuch, zum einen Differenzen in ihrer Notwendigkeit anzuerkennen, diese Differenzen zum Zweiten als konstruierte Differenzsetzungen zu sehen und, zum Dritten, diese nicht auf Binaritäten zu reduzieren, beinhaltet in der Tat einen wichtigen Aspekt für die Kulturhermeneutik. Jedoch macht Michiko Mae auf ein Problem aufmerksam, das sich zeigt, wenn der Transdifferenzansatz auf die Genderforschung bezogen wird. So kann laut Mae die Intention, das Ziel und die Praxis der Frauenbewegung mit der Transdifferenz nicht ganz erfasst werden, da es der Frauenbewegung vor allem um eine „grundsätzliche, radikale und *dauerhafte* Veränderung der Geschlechterdifferenz" geht (Mae in diesem Band: 63; Hervorh. BS); dies scheint jedoch nach dem Transdifferenzansatz so nicht möglich zu sein. Entgegen der Annahme der temporären Begrenztheit von Gestaltungsräumen in einem durch Differenzen geprägten Gefüge stellt Mae die These auf, dass nicht nur temporär die Möglichkeit zur Gestaltung von Differenz besteht, sondern es auch dauerhaft möglich und sogar anzustreben ist, „dass Differenzen ihre Wirkung als Bestimmungsfaktoren verlieren" (Mae in diesem Band: 64). Mit ihrer Unterscheidung zwischen Differenz und Differentem sowie der damit einhergehenden Betonung der individuellen Ebene erfährt die Transdifferenz eine entscheidende Erweiterung.[31]

Dennoch besitzt die Möglichkeit aktiver Selbstbestimmung und Positionierung, wie sie im Ansatz der Transdifferenz enthalten ist (vgl. Allolio-Näcke/Kalscheuer 2005: 450), ein emanzipatorisches Potential. Vor allem Stuart Hall hat dieses Potential in seinem Ansatz der temporären und prozessualen Positionierung hervorgehoben, der hier kurz erörtert werden soll.

4.2 Temporäre Positionierungen zwischen Identität und Differenz

Wie dargelegt wurde, erhält Differenz im postkolonialen Diskurs eine deutlich differenziertere Dimension, die über das gängige binäre Schema hinausweist. So wurde erkannt, dass sich kulturelle Identitäten gerade durch Prozesse der Alterisierung herausbilden und dass daher kulturelle Identitätsbildung als Artikulation von Differenz angesehen werden muss. Dabei ist man allerdings konfrontiert mit der Dialektik von Differenz als Mittel der Emanzipation einerseits und als Falle der Repräsentation im Identitätsdiskurs andererseits. Stuart Hall formuliert hier eine Alternative zu diesem Denken, das lediglich *entweder* das „Beharren auf ‚erfundenen Traditionen'" *oder* die „Selbstauslöschung in der Assimilation und Homogenisierung" kennt, indem er versucht, Identität und Differenz zusammen

---

31   Siehe hierzu auch Mae 2008.

zu denken (Hall 1994: 6).³² Dabei wird (kulturelle) Identität nicht im Sinne einer vollendeten Tatsache bzw. einer gemeinsamen, kollektiven Kultur aufgefasst, sondern im Sinne eines Produktionsprozesses, in dem es sowohl Ähnlichkeiten als auch Differenzen gibt.

Hall bezieht sich hier auf Frantz Fanon, der von einem Prozess kolonialer „Normalisierung" spricht, in dessen Verlauf ‚die Anderen' zunächst durch die kolonialen Repräsentations- und Machtregime konstruiert wurden und sich schließlich selbst als ‚die Anderen' wahrnahmen, also „durch die Macht des inneren Zwangs und durch subjektive Anpassung [...] an die Norm" unterworfen wurden. Solche, durch „innere Enteignung" geprägte kulturelle Identitäten sind nun ganz offensichtlich keine fixen, universellen, festgelegten, ursprünglichen Entitäten, sondern „instabile Identifikationspunkte oder Nahtstellen, die innerhalb der Diskurse über Geschichte und Kultur gebildet werden". Sie sind in diesem Sinne „Positionierungen" (Hall 1994: 29-30).

Positionierung, einen Standpunkt einzunehmen, ist aber auch unerlässlich, um selbstbewusst handeln und um Widerstand leisten zu können. Es ist entscheidend, sich zu positionieren und einen Ort, von dem aus man spricht, zu bestimmen. Man muss sozusagen in die Sprache eintreten, um aus ihr, das heißt in diesem Fall der nominalen Fremdbestimmung, herauszukommen. Man muss sich positionieren, auch wenn letztlich die Position (immer) wieder aufgegeben wird. Von dieser Notwendigkeit überzeugt, lautet für Hall die wichtigste Frage: Besteht die Möglichkeit einer allgemeinen Politik des Lokalen bzw. einer Identitätspolitik, die sich weder in Form eines Fundamentalismus' noch als kulturelle Homogenisierung gegen die globalen Prozesse stellen kann? Hall selbst verneint die Möglichkeit einer allgemeinen Politik des Lokalen, sieht aber eine mögliche Lösung in vielen kleinen Ansätzen lokaler Politik (Hall 1994: 77), die zusammengefasst werden können als Politik der Positionierungen.

Indem Hall für seine neue Form der (Identitäts-)Politik der Positionierung Derridas *différance*-Konzept mit Gramscis Konzept des Stellungskriegs verknüpft, geht es darum, Stellung im Sinne eines politischen Standpunktes zu beziehen, wobei weder eine Einheitsfront gebildet wird noch bloß die ökonomischen Bedingungen argumentativ ausschlaggebend sind (vgl. Krysmanski 1993). In einem weiteren Schritt ist es dann unerlässlich, beim Erlernen von Identität³³ immer auch über die negativen Wirkungen bzw. Ausklammerungen von Positiona-

---

32 Das Zitat stammt aus der Einleitung der Herausgeber.
33 Hall schreibt: „Kein bißchen von diesem wahren Ich gab es da drinnen, bevor diese Identität erlernt wurde" (Hall 1994: 81).

lität zu reflektieren und stets präsent zu haben, dass jede Identität stets aus vielen sozialen Identitäten, und nicht nur aus einer, zusammengesetzt ist.

Halls neues Verständnis von Identität ist also grundsätzlich geprägt durch Hybridität, Kreolisierung, Entwurzelung und Diaspora. Entscheidend ist in jedem Fall, dass Identität nicht essentialistisch im Sinne eines einheitlichen Wesens oder einer ursprünglichen Essenz gedacht werden darf, sondern dass diese neue Identität eine durch Differenz geprägte Identität sein muss. Entsprechend basiert die neue Identitätspolitik zweiten Grades auf einem Identitätsverständnis, das „Identität in der Differenz" denkt (Hall 1994: 84). Dieses Verflechtungsverhältnis von Identität und Differenz zeigt sich auch darin, dass im Zuge diverser historischer Dezentrierungen[34] gleichzeitig eine Fragmentierung und eine Erosion kollektiver sozialer Identitäten stattfand. Laut Hall sind die großen kollektiven Identitäten wie Klasse, Rasse, soziales Geschlecht oder der ‚Westen', die durch langfristige, im Zuge der Moderne hervorgebrachte historische Prozesse geformt und stabilisiert wurden, zwar nicht verschwunden, aber sie können heute aufgrund der Dezentrierungsbewegungen nicht mehr homogen gedacht werden. Vielmehr lässt sich zeigen, dass es sich bei der Herausbildung nationaler kultureller Identität um einen diskursiven Entwurf handelt, bei dem die inneren Spaltungen und Differenzen „durch die Ausübung kultureller Macht" zwangsweise ‚vereinigt' wurden. Letztlich aber scheint auch in dieser (widersprüchlichen) Einheit ihre de facto kulturelle Hybridität durch (ebd.: 206-07).

Zu diesem Aspekt der inneren Differenziertheit bzw. Hybridität kommt hinzu, dass die neu verstandene (kulturelle) Identität niemals als vollkommen oder als abgeschlossen gelten kann. Identität ist immer ein Prozess der Herausbildung, also der Prozess der Identifikation selbst und ist immer durch Ambivalenzen konstruiert sowie stets verwoben mit anderen Identitäten. Positionierung in diesem Sinn bedeutet also die Herausbildung einer prozessualen Identität in und durch Differenz. Um dieser Komplexität gerecht zu werden, führt Hall „temporäre Unterbrechungen" in das Spiel der Differenzen – in die *différance* – ein, die dadurch jedoch in keiner Weise beeinträchtigt wird, im Gegenteil: Dadurch, dass sich Bedeutung erst in solchen Momenten des (An-)Haltens konstituiert, präzisiert die Einfügung der temporären Unterbrechungen das Verständnis der *différance* (ebd.: 34). Diese Momente der Positionierung, diese „Einschnitte von Identität", dürfen nur nicht dauerhaft betrachtet werden, sondern als kontingent und arbiträr (ebd.: 34 und 76). Die *différance* macht also nicht die Vorstellung von Identi-

---

34 Hall nennt hier die Dezentrierungen in Bezug auf die gesellschaftliche Praxis (Marx), in Bezug auf das Bewusstsein (Freud), in Bezug auf die Sprache (Saussure) sowie die Relativierung der westlichen Erzählung durch das Hervortreten der anderen Kulturen und die Verschiebung des männlichen Blicks (Hall 1994: 69).

tät generell unmöglich, sondern lediglich die Vorstellung einer differenzfreien, stabilen Identität.

5. Schluss

Versteht man Welschs Ausführungen zur Transkulturalität als Analyse einer zeitgemäßen Verfassung von Kulturen und als Programm eines neuen Kulturverständnisses, dann sind damit nicht automatisch die Konzepte Multi- und Interkulturalität hinfällig. Dies bedeutet jedoch nicht, dass die drei Konzepte als Synonyme aufgefasst werden sollen, im Gegenteil: Die drei Begriffe bilden vielmehr ein Begriffsgefüge, in dem sich jeder auf einen anderen Aspekt bezieht. Mein Vorschlag besteht darin, den Begriff der Transkulturalität direkt auf das Verständnis von Kultur zu beziehen. Dabei führt die Einsicht in die Durchmischung von Kulturen, die auch in sich stets sowohl Überlappungen als auch Unterschiede aufweisen, dazu, den alten, traditionellen, statisch-homogenen Kulturbegriff durch einen durchlässigen und dynamischen zu ersetzen und somit zu entethnisieren. Damit wird schließlich ganz grundsätzlich Kultur im Sinne von Transkultur bzw. werden Kulturen im Sinne von Transkulturen verstanden.

Zielt das Transkulturalitätskonzept in erster Linie auf einen neuen, offenen und dynamischen Kulturbegriff, so bezeichnet Interkulturalität vor allem den *Prozess* der Begegnung, des Austauschs und der Kommunikation und damit den Raum zwischen den (Trans-)Kulturen. Dabei gehen die Vertreter der interkulturellen Philosophie davon aus, dass ein offener und dynamischer Kulturbegriff zwar notwendig, aber nicht hinreichend ist für eine produktive, nach gemeinsamen Lösungen für Probleme suchende Kommunikation zwischen Kulturen. Zusätzlich müssen neue Formen und Strategien des Dialogs bzw. Polylogs[35] erarbeitet werden, was nur interkulturell geleistet werden kann.

Mit einem solchen offenen, dynamischen und dialogischen Kulturverständnis kann in der Folge die kulturalistische und zentristische Tendenz auch im Zusammenhang mit Multikulturalität überwunden werden, nämlich dann, wenn sich der Begriff der Multikulturalität auf die Vielfalt von (Trans-)Kulturen bezieht. Im Zusammenhang mit dem politischen Konzept des Multikulturalismus im Migrationskontext würde man mit diesem transkulturellen Kulturverständnis aufgefordert, die intrakulturelle Heterogenität und Durchmischung stärker mit zu berücksichtigen. Durch das Konzept der Transkulturalität werden also die Kon-

---

35 Der *Poly*log zwischen Vertretern möglichst vieler Traditionen ist, so Franz Martin Wimmer, „ein Gespräch zwischen vielen über einen Gegenstand" und weist damit über den *Dia*log – ein Gespräch zwischen zweien – hinaus. Siehe dazu Wimmer 2004: 67, FN 27.

zepte Multi- und Interkulturalität mitnichten hinfällig, sondern sie stellen unterschiedliche Fokusse dar. Mit dem Zusammenwirken der drei Begriffe wird man sowohl der Durchlässigkeit von Kultur(en) als auch der intrakulturellen Heterogenität sowie schließlich der interkulturellen Unterschiede und Überlappungen mit der Möglichkeit des Austauschs, also der Komplexität gegenwärtiger Verhältnisse, am ehesten gerecht.

Um Differenzen gerecht zu werden, ihnen aber auch ihre separatistische Bestimmungsmacht zu entziehen, scheint es notwendig, der abgrenzenden Wirkungsmacht von Kultur entgegenzuwirken. Der hier erweiterte Ansatz der Transkulturalität bietet dafür eine gute Grundlage: Transkulturalität wird in erster Linie verstanden als eine Neufassung des Kulturbegriffs im Sinne von Kultur als Transkultur. Als wesentlicher Aspekt ist darin Hybridität im Sinne von Bhabha enthalten und damit ein Werkzeug gegen macht- und hierarchieerzeugende Differenzsetzungen. Die Wahrnehmungsfähigkeit für sich verändernde Differenz- wie auch Identitätskonstruktionen wird außerdem durch die Mitberücksichtigung der Notwendigkeit temporaler Positionierungen im Sinne Halls geschärft bzw. ermöglicht. Damit wird man den sehr verschiedenen Dimensionen der Identität-/Differenz-Thematik weitgehend gerecht und erhält so einen neuen transkulturellen Bezugsrahmen für die Kultur- und Genderforschung.

Zitierte und weiterführende Literatur

(Alle Internetquellen wurden zuletzt geprüft im August 2013.)

Algazi, Gadi (2000): Kulturkult und die Rekonstruktion von Handlungsrepertoires. In: L'Homme. Zeitschrift für feministische Geschichtswissenschaft 11/1. 2000. 105-119

Allolio-Näcke, Lars / Kalscheuer, Britta / Manzeschke, Arne (Hrsg.) (2005): Differenzen anders denken. Bausteine zu einer Kulturtheorie der Transdifferenz. Frankfurt a. M./New York: Campus

Allolio-Näcke, Lars / Kalscheuer, Britta (2005): Bausteine zu einer Kulturtheorie der Transdifferenz – Resümee und Ausblick. In: Allolio-Näcke/Kalscheuer/Manzeschke (Hrsg.) (2005): 443-453

Bachmann-Medick, Doris (2006): Cultural Turns. Neuorientierungen in den Kulturwissenschaften. Reinbek bei Hamburg: Rowohlt

Bhabha, Homi K. (2000): Die Verortung der Kultur. Tübingen: Stauffenburg. Orig.: (1994): The Location of Culture. London: Routledge

Bonz, Jochen / Struve, Karen (2006): Homi K. Bhabha: Auf der Innenseite kultureller Differenz: „in the middle of differences". In: Moebius/Quadflieg (Hrsg.) (2006): 140-153

Breinig, Helmbrecht / Gebhardt, Jürgen / Lösch, Klaus (Hrsg.) (2002): Multiculturalism in Contemporary Societies: Perspectives on Difference and Transdifference. Erlangen: Universitätsbund (= Erlanger Forschungen: Reihe A, Geisteswissenschaften, Bd. 101)

Bronfen, Elisabeth / Marius, Benjamin (1997): Hybride Kulturen. Einleitung zur anglo-amerikanischen Multikulturalismusdebatte. In: Bronfen/Marius/Steffen (Hrsg.) (1997): 1-29

Bronfen, Elisabeth / Marius, Benjamin / Steffen, Therese (Hrsg.) (1997): Hybride Kulturen. Beiträge zur anglo-amerikanischen Multikulturalismusdebatte. Tübingen: Stauffenburg

Castro Varela, María do Mar / Dhawan, Nikita (2005): Postkoloniale Theorie. Eine kritische Einführung. Bielefeld: transcript

Conrad, Christoph / Kessel, Martina (1998): Kultur & Geschichte. Neue Einblicke in eine alte Beziehung. Stuttgart: Reclam

Crenshaw, Kimberlé (1989): Demarginalizing the Intersection of Race and Sex: A Black Feminist Critique of Antidiscrimination, Feminist Theory, and Antiracist Politics. In: The University of Chicago Legal Forum 1989. 139

Crenshaw, Kimerblé (1991): Mapping the Margins: Intersectionality, Identity Politics, and Violence Against Women of Color. In: Stanford Law Review 43(6). 1991. 1241-99

Darowska, Lucyna / Lüttenberg, Thomas / Machold, Claudia (Hrsg.) (2010): Hochschule als transkultureller Raum? Kultur, Bildung und Differenz in der Universität. Bielefeld: transcript Verlag

Darowska, Lucyna / Machold, Claudia (2010): Hochschule als transkultureller Raum unter den Bedingungen von Internationalisierung und Migration – eine Annäherung. In: Darowska/Lüttenberg/Machold (Hrsg.) (2010): 13-27

Davis, Angela (1981): Women, Race, and Class. New York: Vintage Books

Genthe, Theodor (1902): Der Kulturbegriff bei Herder. Inaugural-Dissertation, Universität Jena, 1902. http://www.archive.org/stream/derkulturbegrif00gentgoog

Gutiérrez-Rodríguez, Encarnación (2000): Fallstricke des Feminismus. Das Denken ‚kritischer Differenzen' ohne geopolitische Kontextualisierung. Einige Überlegungen zur Rezeption antirassistischer und postkolonialer Kritik. In: polylog. Forum für interkulturelle Philosophie 2. 2000. http://them.polylog.org/2/age-de.htm

Hall, Stuart (1994): Rassismus und kulturelle Identität. Hamburg: Argument

Hannerz, Ulf (1992): Cultural Complexity. Studies in the Social Organization of Meaning. New York: Columbia University Press

Hansen, Klaus P. (2000): Kultur und Kulturwissenschaft. Tübingen/Basel: A. Francke Verlag (UTB), 2. Auflage

Herder, Johann Gottfried (1984; [1774]): Auch eine Philosophie der Geschichte zur Bildung der Menschheit. Werke. Bd. I. München/Wien: Carl Hanser Verlag. 589-689

Herder, Johann Gottfried (2002; [1784–1791]): Ideen zur Philosophie der Geschichte der Menschheit. Werke. Bd. III/1+2. München/Wien: Carl Hanser Verlag

Holenstein, Elmar (1998): Kulturphilosophische Perspektiven. Frankfurt a. M.: Suhrkamp

IWK (Institut für Wissenschaft und Kunst) (Hrsg.) (1997): Rassismus und Kulturalismus. Mitteilungen des Instituts für Wissenschaft und Kunst, Jahrgang 1997, Heft Nr. 3. http://homepage.univie.ac.at/franz.martin.wimmer/iwkmitt97.html

Joseph, Gloria I. (Hrsg.) (1993): Schwarzer Feminismus: Theorie und Politik afro-amerikanischer Frauen. Aus dem Amerikanischen übersetzt von Barbara Vogt. Berlin: Orlanda-Frauenverlag

Kalscheuer, Britta / Allolio-Näcke, Lars (Hrsg.) (2008): Kulturelle Differenzen begreifen. Das Konzept der Transdifferenz aus interdisziplinärer Sicht. Frankfurt a. M./New York: Campus

Kerner, Ina (2012): Postkoloniale Theorien zur Einführung. Hamburg: Junius

Kim, Dae-Kweon (2004): Herders Diskurs über Kultur. In: Dogilmunhak. Koreanische Zeitschrift für Germanistik. Bd. 90. Jg. 45. H. 2. 2004. 110-125. http://kgg.german.or.kr/kr/kzg/kzgtxt/90-07.pdf

Kimmich, Dorothee / Schahadat, Schamma (Hrsg.) (2012): Kulturen in Bewegung. Beiträge zur Theorie und Praxis der Transkulturalität. Bielefeld: transcript Verlag

Kimmich, Dorothee / Schahadat, Schamma (2012): Einleitung. In: Kimmich/Schahadat (Hrsg.) (2012): 7-21

Kirloskar-Steinbach, Monika / Dharampal-Frick, Gita / Friele, Minou (Hrsg.) (2012): Die Interkulturalitätsdebatte – Leit- und Streitbegriffe. Freiburg/München: Verlag Karl Alber

Klinger, Cornelia / Knapp, Gudrun-Axeli / Sauer, Birgit (Hg.) (2007): Achsen der Ungleichheit. Zum Verhältnis von Klasse, Geschlecht und Ethnizität. Frankfurt a. M.: Campus Verlag

Knapp, Gudrun-Axeli (2005): „Intersectionality" – ein neues Paradigma feministischer Theorie? Zur transatlantischen Reise von „Race, Class, Gender". In: Feministische Studien. Jg. 23. H. 1. 2005. 68-81

Koch, Gertraud (Hrsg.) (2008): Transkulturelle Praktiken. Empirische Studien zu Innovationsprozessen. St. Ingbert: Röhrig Universitätsverlag

Koch, Gertraud (2008): Transkulturalisierung als Modus der Wissensproduktion. Zur Einleitung. In Koch (Hrsg.) (2008): 9-30

Krysmanski, Hans-Jürgen (1993): Soziologie und Frieden. Grundsätzliche Einführung in ein aktuelles Thema. Opladen: Westdeutscher Verlag. http://www.uni-muenster.de/PeaCon/arcdoce/texts/ww00in.html

Lackner, Michael / Werner, Michael (1999): Der *cultural turn* in den Humanwissenschaften. *Area Studies* im Auf- oder Abwind des Kulturalismus? Schriftenreihe ‚Suchprozesse für innovative Fragestellungen in der Wissenschaft'. Hrsg. v. Programmbeirat der Werner Reimers Konferenzen. Bad Homburg: Werner Reimers Stiftung

Löchte, Anne (2005): Johann Gottfried Herder. Kulturtheorie und Humanitätsidee der ‚Ideen', ‚Humanitätsbriefe' und ‚Adrastea'. Würzburg: Königshausen & Neumann

Lösch, Klaus (2005): Begriff und Phänomen der Transdifferenz: Zur Infragestellung binärer Differenzkonstrukte. In: Allolio-Näcke/Kalscheuer/Manzeschke (2005): 26-49

Lutter, Christina / Reisenleitner, Markus (1999): Introducing History (in)to Cultural Studies. In: Beiträge zur historischen Sozialkunde. Sondernummer Kulturwissenschaften. 1999. 47-57

Mae, Michiko (2008): Von der Transdifferenz zur Transkulturalität – am Beispiel des *gender-free*-Konzepts in Japan. In: Kalscheuer/Allolio-Näcke (Hrsg.) (2008): 79-100

McCall, Leslie (2005): The Complexity of Intersectionality. In: Signs: Journal of Women in Culture and Society. Vol. 30. No. 3. 2005. 1771-1800

Mill, Solveig (2005): Transdifferenz und Hybridität – Überlegungen zur Abgrenzung zweier Konzepte. In: Allolio-Näcke/Kalscheuer/Manzeschke (2005): 431-442

Moebius, Stephan / Quadflieg, Dirk (Hrsg.) (2006): Kultur. Theorien der Gegenwart. Wiesbaden: VS-Verlag

Nelson, Cary / Grossberg, Lawrence (Hrsg.) (1988): Marxism and the Interpretation of Culture. Houndmills et al.: Macmillan Education LTD

Saal, Britta (2013): Kultur, Tradition, Moderne im Spiegel postkolonialer Differenzbewegungen: Eine interkulturelle Kritik der Moderne. Aachen: Verlag Mainz

Said, Edward (1978): Orientalism. New York: Vintage Books

Schütze, Stephanie / Zapata Galindo, Martha (Hrsg.) (2007): Transkulturalität und Geschlechterverhältnisse. Neue Perspektiven auf kulturelle Dynamiken in den Amerikas. Berlin: Verlag Walter Frey

Schütze, Stephanie / Zapata Galindo, Martha (2007): Transkulturalität und Geschlechterverhältnisse. Neue Perspektiven auf kulturelle Dynamiken in den Amerikas. In: Schütze/Zapata Galindo (Hrsg.) (2007): 7-19

Spivak, Gayatri Chakravorty (1988): Can the Subaltern Speak? In: Nelson/Grossberg (Hrsg.) (1988): 271-313

Welsch, Wolfgang (2000): Transkulturalität. Zwischen Globalisierung und Partikularisierung. In: Jahrbuch Deutsch als Fremdsprache. Intercultural German Studies. Hrsg. v. Alois Wierlacher et al. Bd. 26. 2000. München: Iudicium Verlag. 327-351

Welsch, Wolfgang (2010): Was ist eigentlich Transkulturalität? In: Darowska/Lüttenberg/Machold (Hrsg.) (2010): 39-66

Welsch, Wolfgang (2012): Transkulturalität. In: Kirloskar-Steinbach et al. (Hrsg.) (2012): 146-156

Wimmer, Franz Martin (2004): Interkulturelle Philosophie. Eine Einführung. Wien: WUV Verlag

Wiredu, Kwasi (1996): Cultural Universals and Particulars. An African Perspective. Bloomington/Indianapolis: Indiana University Press

Auf dem Weg zu einer transkulturellen Genderforschung

Michiko Mae

In modernen Gesellschaften verändert sich die Bedeutung von Gender nicht nur durch Individualisierungsprozesse, sondern auch durch die zunehmende Globalisierung. Dieser Wandel kann nur verstanden werden, wenn man zuerst den Blick auf das 19. und 20. Jahrhundert richtet, als sich die modernen Genderkonstruktionen und Genderordnungen in einer engen Wechselbeziehung zu den nationalen und kulturellen Identitätsbildungsprozessen herausgebildet haben.

Die enge Verbundenheit der drei Differenzsetzungs- und Identitätsbildungskategorien Nation, Kultur und Gender ist ein grundlegendes Kennzeichen der Moderne. So wurden im Modernisierungsprozess wegen der zunehmenden Ausdifferenzierung Vereinheitlichungs- und Integrationsprozesse im Inneren und Abgrenzung nach außen immer wichtiger, um Zugehörigkeit und Orientierung zu ermöglichen. Das wurde vor allem durch Nationsbildung geleistet. Gleichzeitig wurden die moderne Kultur und die Genderordnung auf die Nation bezogen und auf diese Weise funktionalisiert und instrumentalisiert. Nation, Kultur und Gender sind also im Modernisierungsprozess in einem engen Nexus aufeinander bezogen.

Welche Bedeutung kommt nun der Kategorie Gender im heutigen Globalisierungsprozess zu und wie wirkt sich umgekehrt die Globalisierung auf Genderkonstruktionen und -verhältnisse aus? Die zentrale Prämisse der Ersten Moderne ist nach Ulrich Beck die Vorstellung, in *„geschlossenen und gegeneinander abgrenzbaren Räumen von Nationalstaaten und ihnen entsprechenden Nationalgesellschaften zu leben und zu handeln"* (Beck 1997: 44; Hervorh. i. Orig.). Beck spricht hier von dem „nationalstaatliche[n] Projekt der Ersten Moderne" (ebd.: 24). Die Zweite Moderne ist nach Beck dagegen durch Globalität geprägt. Diese zeigt sich darin, dass sich die Einheit von Nationalstaat und Nationalgesellschaft auflöst, weil transnationale Akteure, Bewegungen und Prozesse eine Vielfalt von Querverbindungen zwischen Staaten und Gesellschaften hervorbringen, und neue transnationale soziale Räume, Lebens- und Handlungsformen entstehen. Die „Gleichung von Staat, Gesellschaft und Identität wird aufgehoben" (ebd.: 117), und es entsteht eine „Vielheit ohne Einheit" (ebd.: 28); man kann hier von einer nicht-integrierten Vielfalt in einer grenzenlos gewordenen Welt sprechen. Die „Weltgesellschaft", die sich durch Globalisierung herausbildet, „unterläuft und relativiert den Nationalstaat" (ebd.: 18), und damit zerbricht der kategoriale Bezugsrahmen des Nationalen.

So wie nach Beck, der die Globalisierung aus einer soziologischen Perspektive untersucht, „erst im Machtraum der Nationalstaaten [...] moderne Gesellschaften zu einzelnen, gegeneinander abgegrenzten Gesellschaften" (ebd.: 50) werden, kann man aus einer kulturwissenschaftlichen Perspektive diese Abgrenzungsdynamik auch für Kulturen feststellen. Insofern nach dem (modernen) Kulturverständnis Kultur an ein bestimmtes Territorium gebunden und auf eine bestimmte Gesellschaft und Nation bezogen ist, kann sie als je ‚eigene' und besondere, von anderen Kulturen abgegrenzte Kultur verstanden werden. Was aber für Nationen und nationalstaatliche Gesellschaften nur in einem beschränkten Ausmaß gilt, ist für Kulturen möglich: Sie können einerseits als in sich geschlossene und abgrenzbare Einheiten verstanden werden, können andererseits aber immer auch als offen für andere Kulturen, sich wechselseitig durchdringend und sich in einem ständigen Wandel befindend betrachtet werden – je nachdem, auf welchen Bezugsrahmen sie bezogen werden. So wie Kultur einerseits ein wichtiger Faktor in Nationsbildungsprozessen ist, kann man sie andererseits auch als eine Globalisierungsdynamik verstehen.

Da Genderformationen in modernen Gesellschaften immer in einem nationalen und kulturellen Bezugsrahmen und Kontext stehen, ergeben sich für die Genderforschung zwei Fragen: Geht es um den Aufbau einer starken und unabhängigen modernen Nation, für die eine Kultur nach außen stabile Identitätsgrenzen und nach innen Kohärenz und Homogenität schaffen soll? Oder geht es um die Überwindung nationaler Abgrenzungen und Differenzen durch interkulturelle Beziehungen, die im Dialog und Austausch und in wechselseitiger Anerkennung offene und flexible Identitätsbildungsprozesse ermöglichen können? Von solchen unterschiedlichen Tendenzen und Kontexten hängt es ab, wie Gender und die jeweilige Geschlechterordnung hergestellt werden im Sinne von *doing gender*. Die Kategorie Gender darf dabei aber ebenso wenig als abhängige Variable betrachtet werden wie die Kategorie Kultur; beide sind selbst konstitutiv für die nationale Identitätsbildung und auch für deren Überwindung.

1. Die Bedeutung von Gender in der Globalisierung

Durch die zunehmende Globalisierung ist „die Imagination möglicher Leben [...] nicht länger national und ethnisch, sondern nur noch weltgesellschaftlich zu begreifen"[1] (Beck 1997: 117). Viele Menschen sind in ihren Lebensformen, Identitäten, Biographien, Erfahrungen, Begegnungen und Beziehungen nicht mehr nur durch ihre Zugehörigkeit zu einer bestimmten Nation und Kultur bestimmt; sie leben – durch unterschiedliche Formen der Interkulturalität und Transkulturalität wie Migration, Diaspora, modernes Nomadentum, Tourismus etc. bedingt – in transnationalen Räumen, entwickeln hybride Identitäten und translokale Lebensstile, haben ‚globalisierte' Biographien, sind mehrsprachig und kommunizieren und arbeiten in globalen Vernetzungen. Dies hat tiefgreifende Konsequenzen für die Wirkungsmacht von Nation und Kultur und damit auch für die Konzeptualisierung von Gender: Die mit der Genderdifferenzsetzung verbundene Bestimmungsmacht geht zurück und der Spielraum für eine freiere Gestaltung der Genderverhältnisse wird größer.

Diesen „Bedeutungswandel von Geschlecht im Rahmen der Globalisierung" (Schlehe 2001: 11) untersucht die *interkulturelle Geschlechterforschung*. Sie analysiert interkulturelle Kontexte unter dem Gesichtspunkt, ob darin Genderidentitäten und vorgegebene Genderordnungen verändert oder ‚aufgelöst' werden und inwieweit neue Konstruktions-, Vermittlungs- und Wirkungszusammenhänge für Gender entstehen können. Gibt es, so fragt Judith Schlehe, in interkulturellen Situationen zwischen den Geschlechtern „neue Begegnungs-, Beziehungs- und Ausdrucksformen, hybride und fluide Strukturierungen, Übergänge, Transformationen" (ebd.: 10)? Die neueren Interkulturalitätsansätze, an denen sich diese Frage orientiert, folgen einer erweiterten Sicht auf interkulturelle Begegnungen, „die einerseits auf situationsbezogene Flexibilität eingeht und zulässt, dass interkulturelle Auseinandersetzungen und Erfahrungen stabile Identitätsgrenzen durch labilere hybride Identifikationsprozesse zu ersetzen vermag [sic], zugleich aber auch die Neukonstruktionen und Instrumentalisierungen von kultureller Differenz kritisch in den Blick nimmt" (ebd.: 14). Schlehe weist darauf hin, dass die Bedeutung, die der Geschlechtszugehörigkeit zukommt, in der interkulturellen Interaktion immer wieder neu erzeugt wird; darin liege „das dynamische Moment, die Chance des Aushandelns, des Austauschens und gegenseitigen Verstehens" (ebd.: 15).

Was aber heißt es, dass die Bedeutung von Gender in interkulturellen Situationen immer wieder neu erzeugt wird? Wie weit *kann* überhaupt die Geschlech-

---
[1] Beck bezieht sich hier auf Appadurai.

terdifferenz nicht nur in der Bedeutungszuschreibung, sondern auch in Bezug auf ihre Bestimmungsmacht modifiziert und verändert werden? Diese grundsätzliche Frage zielt darauf ab herauszuarbeiten, worin die mit der Geschlechterdifferenz verbundene Bestimmungsmacht gründet und wodurch die Differenzsetzung diese Bestimmungsmacht erhält, die z.b. zu einer machtbestimmten Hierarchisierung des Geschlechterverhältnisses führen kann.

Während die interkulturelle Genderforschung ihre Leitfrage im Hinblick auf die Veränderung der Geschlechterverhältnisse auf interkulturelle Situationen bezieht, geht die *transkulturelle Genderforschung* von der Kultur(-alität) selbst aus. Nach dem Verständnis von Kultur, wie es sich im 19. Jahrhundert herausgebildet hat, soll die Wirkungs- und Bestimmungsmacht, die eine Kultur durch Bedeutungszuschreibungen, Wertungen, Differenzsetzungen, Hierarchisierungen etc. ausübt, Identitätsbildung durch Homogenisierung nach innen und Abgrenzung nach außen ermöglichen. In dieser inneren Homogenisierungs- und äußeren Abgrenzungsfunktion liegt ihre strukturelle Entsprechung zur Nation (-alität); deshalb kann im Nationsbildungsprozess, in dem es auf diese Vereinheitlichung und Abgrenzung entscheidend ankommt, die Kultur instrumentalisiert werden. Das moderne Kulturkonzept, wie es z.b. in den Konzepten Nationalkultur und Kulturnation zum Ausdruck kommt, bietet die geeigneten Voraussetzungen für eine solche Instrumentalisierung. In ähnlicher Weise konnte und kann auch Gender bzw. eine bestimmte Genderordnung für den Nationsbildungsprozess funktionalisiert und instrumentalisiert werden.

In dem Maß aber, in dem Kultur nicht mehr in einer funktionalen Verknüpfung mit Nation gesehen wird, weil ihre tatsächliche Verfasstheit der Heterogenität und Offenheit stärker in den Blick und zur Wirkung kommt, verliert sie ihre vereinheitlichende und abgrenzende Funktion, und ihre Bestimmungsmacht wird schwächer. Und wenn im Zuge des Globalisierungsprozesses Nationen zunehmend ihre Wirkungsmacht verlieren,[2] dann kann durch diesen doppelten Auflösungsprozess von nations- und kulturbezogener Bestimmungsmacht (im Sinne von Differenzsetzungs- und Identitätsbildungsprozessen) auch die Kategorie Gender frei werden für neue Konzeptualisierungen und Transformationen.

Die tatsächliche Verfasstheit der Heterogenität und Offenheit von Kultur sichtbar zu machen, ist die Leistung des Paradigmas der Transkulturalität. In einer Phase, in der sich die mit der Globalisierung und mit der Zweiten Moderne verbundenen Transformationsprozesse immer stärker auch auf die Genderverhältnisse auswirken, muss die Genderforschung mehr als bisher der grundlegenden Bedeutung, die dem Wechselverhältnis von Gender und Kultur zukommt,

---

2 Beck spricht von der „Entmächtigung" der Nationalstaaten (Beck 1997: 16).

gerecht werden. Die transkulturelle Genderforschung sieht ihre Aufgabe darin, diesen Wechselbezug deutlicher herauszuarbeiten, als dies bisher von der Genderforschung geleistet wurde. Aber anders als die interkulturelle Genderforschung, die ihren Bezugspunkt in den Schwellen- und Zwischenräumen von Kulturen sieht, setzt die transkulturelle Genderforschung bei dem Problem der Kulturalität bzw. des Kulturkonzepts, wie es sich in dem Nexus zwischen Nation(-alität), Kultur(-alität) und Gender(-ordnung) zeigt, selbst an.

2. Die japanische *gender-free*-Debatte im Kontext von Nation, Kultur und Gender

Bevor dieser Nexus von Nation, Kultur und Gender genauer erörtert wird, soll zunächst an dem aufschlussreichen Beispiel einer neuen Konzeptualisierung von Gender – dem *gender-free*-Konzept – gezeigt werden, wie sehr dieser Nexus und vor allem die Kultur im Sinne von Kulturalität auch heute noch eine Wirkungsmacht im Genderdiskurs ausüben. An der kontroversen Debatte über dieses Konzept in Japan kann man deutlich machen, wie stark die Wirkung des Wechselbezugs zwischen Gender(-ordnung), Kultur und Nation auch heute im Zeitalter der Globalisierung und Interkulturalität noch ist. Das Beispiel zeigt aber auch, dass nur durch die Auflösung dieses Nexus neue Gender-Konzeptualisierungen möglich werden.

Der Begriff *gender-free* tauchte Mitte der 1990er Jahre in Japan auf und spielte später, in den Debatten über das 1999 in Kraft getretene „Rahmengesetz zur gleichen Partizipation von Männern und Frauen" (im Folgenden Partizipationsgesetz),[3] eine wichtige Rolle. Das Konzept wurde analog zu dem Begriff ‚hindernisfrei' (*barrier free*), der sich auf öffentliche und private Lebensräume vor allem für behinderte und ältere Menschen bezieht, gebildet und bekam zunächst eine praktische Bedeutung in der Kleinkinder- und Schulerziehung. Die Idee sah vor, dass Kinder frei von Genderzuschreibungen erzogen werden sollten; das heißt, geschlechtergetrennter Unterricht – wie z.B. Haushaltslehre nur für Mädchen oder Kampfsportarten nur für Jungen – sollte weitestgehend vermieden werden.

Der Grundgedanke des *gender-free*-Konzepts ist einfach: Männer und Frauen sollen unabhängig von gesellschaftlich und kulturell konstruierten Genderzuschreibungen individuell ihre Fähigkeiten entfalten und vielfältige Lebensweisen

---

3 Das Gesetz lautet genauer: *Danjo kyōdō sankau shakai kihonhō* (dt.: Rahmengesetz zur Bildung einer Gesellschaft, an der Männer und Frauen gleichermaßen partizipieren). Im Englischen wird es wiedergegeben mit: *The basic law for a gender-equal society*. Vgl. dazu Ōsawa 2002, Mae 2006.

realisieren können. Diese Leitidee entspricht den Intentionen der Genderforschung und lag auch den Debatten zur Einführung des erwähnten Partizipationsgesetzes zugrunde. Aber konservative Kreise von Intellektuellen und Politikern fühlten sich durch das *gender-free*-Konzept provoziert und befürchteten, die *gender-free*-Erziehung führe zur Auflösung der Geschlechterunterschiede. Sie behaupteten, die Ordnung der Geschlechterdifferenz sei ein universales Menschheitsprinzip, und ihre Infragestellung führe zu einer Auflösung der Familie, einer sinkenden Bevölkerungszahl und zur Zerstörung des kulturellen Zugehörigkeits- und nationalen Gemeinschaftsbewusstseins. Wenn man die Gesellschaft zerstören wolle, so die Behauptung, genüge es, die Geschlechterordnung zu zerstören. Kehrt man diese Argumentationsweise um – vorausgesetzt, man nimmt sie ernst –, dann hieße das: Nur durch die Aufrechterhaltung der bestehenden Geschlechterordnung kann man die Grundlagen der japanischen Gesellschaft und eines kulturellen Zugehörigkeits- und nationalen Gemeinschaftsbewusstseins erhalten. Dies ist nicht einfach nur eine nationalistische und konservative Denkweise, sondern es ist auch eine Denkweise, in der Nation(-alität), Kultur(-alität) und Gender(-ordnung) aufeinander bezogen und miteinander verknüpft werden. Sie entspricht einem Strukturprinzip, das vom Beginn der japanischen Modernisierung bis in die Zeit des Zweiten Weltkriegs und – wie man sieht – noch bis heute wirksam ist.

Renationalisierungstendenzen, ein auf die Nation bezogenes Kulturverständnis und das Wiedererstarken von Genderdifferenzzuschreibungen sind allerdings nicht nur in Japan zu erkennen. Im Jahr 1999 – am Ende eines Jahrhunderts, in dem Europa durch zwei Weltkriege an seinem Nationalismus hätte zugrunde gehen können – schreibt z.B. Rainer Lepsius, Nationalstaaten seien „die Garanten der Autonomie der nationalstaatlich geformten Kulturen" (Lepsius 1999: 220). Diese Aussage bezieht sich nicht – wie man vermuten könnte – auf das Verhältnis von Kultur und Nation im 19. und 20. Jahrhundert, sondern auf die Frage nach der Möglichkeit einer europäischen kulturellen Identitätsbildung heute. Kulturen werden also auch im heutigen Europa immer noch als „nationalstaatlich geformt" vorgestellt, und das kulturelle Zugehörigkeitsgefühl wird mit dem nationalen Zugehörigkeitsgefühl verbunden. Wenn man darüber hinaus nicht nur in Japan, sondern auch in Europa und weltweit ein Wiedererstarken von Genderdifferenzzuschreibungen beobachten kann, dann ist es gerade für die transkulturelle Genderforschung wichtig, die möglichen Gründe für diese Entwicklung zu verstehen. Nur so kann Gender aus dem beschriebenen Nexus herausgelöst werden.

3. Der Nexus von Nation, Kultur und Gender

In der neueren vergleichenden Nationenforschung wird die Nation als eine Form kollektiver Identität gesehen, die unter jeweils verschiedenen geschichtlichen Bedingungen sozial und kulturell konstruiert wird. Sie ist das Resultat von politischen Prozessen und sozialem und kulturellem Wandel und wird verstanden als eine „Konstruktion des Kollektiven im Spannungsverhältnis zwischen Kultur und Politik" (Giesen 1991: 13). Es gehört zum Verständnis moderner Nationen, dass sie sich als eigenständige, sich selbst bestimmende Gemeinschaften verstehen; aber gerade in diesem Selbstverständnis werden sie durch die Globalisierung, die die Selbständigkeit und Selbstbestimmung der Nationen bzw. die Souveränität der Nationalstaaten bedroht, in Frage gestellt. Dadurch verstärkt sich in vielen Ländern erneut die Suche nach einer nationalen und kulturellen Identität. Dies könnte als Ausdruck einer Integrations- und Orientierungskrise verstanden werden, in der man wieder, wie im 19. und 20. Jahrhundert, auf den Nationsgedanken mit seiner einheitsstiftenden Kraft als eine Sinngebungs- und Legitimierungsinstanz zurückgreift.

Der enge Zusammenhang zwischen Nation, Kultur und Gender – wie er oben, auf die Gegenwart bezogen, am Beispiel der *gender-free*-Debatte in Japan aufgezeigt wurde – kann auch in historischer Perspektive modellhaft am Beispiel des japanischen Modernisierungsprozesses seit dem 19. Jahrhundert herausgearbeitet werden. Gleichzeitig kann damit auch die transkulturelle Dimension des Nexus aufgezeigt werden. Die Bildung einer modernen Nation, die Schaffung einer modernen Kultur und die Errichtung einer modernen Genderordnung waren nämlich für Japan die wichtigsten Antworten auf die Herausforderung durch den Westen. Die drei modernen Kategorien Nation, Kultur und Gender wurden von den Japanern als westlich verstanden; aber da es bei diesen Kategorien immer auch um Identitätsbildung ging, konnte man sie als neue Identitätsangebote im Modernisierungsprozess verwenden. Sie mussten lediglich in etwas Eigenes transformiert werden, um sich gegen die westliche Herausforderung behaupten zu können.

Der Überlegenheits- wie auch der Kolonisierungsanspruch des Westens fand Ausdruck in dem Konzept der Zivilisation. Der Zivilisationsbegriff, ein in der Mitte des 18. Jahrhunderts in Frankreich und England entstandener Neologismus, bezeichnete Veränderung, Ausdifferenzierung, Fortschritt und stand sowohl für einen erreichten, hoch entwickelten Gesellschaftszustand als auch für den Prozess fortschreitender ‚Zivilisierung'. Er hatte zwar einen universalen Geltungsanspruch, war aber zugleich eng mit der Nationsbildung verknüpft und enthielt – darauf weist Jörg Fisch in seinem Artikel über „Zivilisation und Kultur" im Handbuch „Geschichtliche Grundbegriffe" hin – eine „nationalistische Aufladung" (Fisch 1992: 740). Einer der führenden Aufklärer und Modernisierer der Meiji-Zeit (1868-1912), Fukuzawa Yukichi (1835-1901), verstand Zivilisation in diesem westlichen Sinn; für ihn war die Zivilisationsgeschichte Europas vor allem eine Nationsbildungsgeschichte. Auch in der Sicht anderer Reformer der Meiji-Zeit bedeutete der Aufbau eines Nationalstaats die Teilhabe an etwas, das sie als Prinzip aller modernen Nationalstaaten verstanden: der Zivilisation. Und auch für die japanische Regierung stand der Modernisierungsprozess unter der Bezeichnung *bunmei kaika* (Zivilisation und Aufklärung), die als Motto und Leitidee der Meiji-Reformen diente.

Der Begriff ‚Zivilisation' wird im Japanischen mit *bunmei* übersetzt und wurde, wie auch der Begriff *bunka* für Kultur, als Übersetzungsbegriff im Modernisierungsprozess neu eingeführt. Beide Begriffe, *bunmei* und *bunka*, wurden zunächst nicht differenziert angewendet und etablierten sich erst langsam als *bunmei* für Zivilisation und *bunka* für Kultur. Im Jahr 1888 schrieb der Journalist Kuga Katsunan (1857-1907):

> Da die Nationalität der Wurzel der Kultur entspringt, die der jeweiligen Nation eigen ist, muss man, wenn man die Nation vereinheitlichen oder vereinigen will, unbedingt die Kultur vereinheitlichen und vereinigen (Kuga 1968: 399).[4]

Kugas hier zum Ausdruck kommendem Kulturverständnis liegt ein Begriff der Kultur zugrunde, der unter anderem auch auf Herder zurückgeht. Dieser deutsche Kulturbegriff hat gegenüber dem französischen (bzw. englischen) Begriff der Zivilisation, mit dem er in vielem übereinstimmt und zu dem er nicht als Gegensatz verstanden werden sollte, eine eigene Entwicklung genommen und unterscheidet sich von diesem vor allem durch zwei Aspekte: Erstens war der Ausgangspunkt seiner Entwicklung die individuelle Geisteskultur (im Sinne der *cultura animi*-Tradition), und dieses Element blieb – zweitens – stärker als im französischen Zivilisationsbegriff erhalten, auch als der Kulturbegriff vom Individuum auf Kollektive, Völker und schließlich die Menschheit ausgeweitet wurde. Für Herder ist Kultur ein bestimmendes Merkmal des Menschen allgemein (wenn auch in verschiedenen Graden und Stufen), aber sie ist auch immer Kultur eines Volkes. Damit wurde Kultur zu einem zentralen historischen Begriff, und es wurde später – mit dem Entstehen des Nationsgedankens – der Schritt zur Nationalkultur und zum Kulturnationalismus möglich: Im Rahmen der Suche nach nationaler kultureller Identität konnte die geforderte Nationsbildung mit dem Anspruch einer spezifisch deutschen Kultur verbunden werden.

---

4   Alle japanischen Texte sind von der Verfasserin selbst übersetzt.

Auch für Kuga standen in diesem Sinne die Nationsbildung und die kulturelle Vereinheitlichung und Vereinigung der Gesellschaft in einer untrennbaren Beziehung zueinander. Vereinigung und Vereinheitlichung der Gesellschaft sind nicht nur Voraussetzungen für die Nationsbildung, sie sind auch deren wichtigste Funktionen im Modernisierungsprozess. In einem Artikel über die auf die jeweilige Nation bezogenen unterschiedlichen Kulturen schreibt er:

> Die Nationalität und die Kultur haben eine sehr enge Beziehung. Wenn eine Kultur die der Nation eigenen Besonderheiten verliert, dann würde auch die Nationalität verschwinden [...] Heute strömen verschiedene Kulturen wie die englische, deutsche und französische mit ihren unterschiedlichen Eigenschaften in unser Land. Wenn wir diese Kulturen nicht durch unsere eigene Nationalität assimilieren, können wir unsere Kultur nicht zu einer Einheit bringen (Kuga 1968: 397).

In dieser Vorstellung einer einheitlichen, auf die Nation bezogenen, deren Besonderheit hervorhebenden Kultur liegt allerdings eine gefährliche Tendenz. Der Kulturwissenschaftler Nishikawa Nagao geht sogar so weit zu sagen: „Der Grund, dass der Kulturalismus sich so leicht in einen Nationalismus wandelt, liegt darin, dass die Kultur nichts anderes als die Staatsideologie für die Nationsbildung ist" (Nishikawa 2001: 262). Ein solcher nationalitätsbezogener Kulturbegriff und eine national definierte Kultur kennzeichnen allerdings nicht nur die Entwicklung im japanischen Modernisierungsprozess; sie sind auch heute noch wirksam und scheinen sogar den Vereinigungsprozess Europas zu bestimmen.

In Japan hatte die Auflösung des alten Feudalsystems zu einem „plötzlichen Zusammenbruch des Wertesystems" und einer Infragestellung der bis dahin gültigen Denkweisen und Bezugsysteme geführt, wie Maruyama Masao, einer der bedeutendsten Philosophen und Politikwissenschaftler der Nachkriegszeit, schreibt (Maruyama 1995). Die Reaktion war eine „gigantische Transformation" nicht nur der Institutionen und Strukturen, sondern auch der Wert- und Denkhaltungen der Menschen. Allgemein gilt für Nationsbildungsprozesse die Forderung, „alte Gemeinschaftsbindungen durch neue zu ersetzen" (Geulen 2004: 440). Die Reformer der Meiji-Zeit versuchten deshalb, die neuen politischen Gemeinschaftsformen und die neue Ordnungs- und Handlungseinheit ‚Nation' zu begründen und zu legitimieren durch eine behauptete Kontinuität, die auf der Idee einer ethnischen Abstammungsgemeinschaft gründete und im Kaisertum ihren Ausdruck fand. Ähnlich wie in Deutschland und im Unterschied zur französischen Tradition wurde dabei in Japan die Nation nicht als eine politische Willens- und Handlungsgemeinschaft mit dem Volk als Souverän verstanden, sondern als eine gewissermaßen vorpolitische Einheit und Zugehörigkeitskategorie, die sich aus der gemeinsamen Abstammung, Geschichte, Kultur, Sprache, ethisch-moralischen und anderen Traditionen herleitete. Für dieses ethnisch-kulturelle Nationsverständnis war Kultur die entscheidende Bezugsgröße, und das ethnisch-kulturalistische Kulturverständnis eignete sich sehr gut für die in der Modernisierung notwendig gewordene ‚kulturelle Gleichschaltung'. In den sich rasch wandelnden, immer weiter ausdifferenzierenden Industriegesellschaften war die Entwicklung standardisierter Nationalsprachen und nationaler Erziehungssysteme notwendig geworden. Um moderne Gesellschaften, die auf der Freisetzung von Gruppen und Individuen aus ständischen, korporativen und lokalen Bindungen beruhen, trotz ihrer differenzierten Vielfalt im Modernisierungsprozess zu handlungsfähigen Einheiten integrieren zu können, brauchte man die Homogenisierung und Vereinheitlichung nach innen durch eine gemeinsame Kultur, mit der sich die Menschen identifizieren konnten.

Mitte des 19. Jahrhunderts war als „unmittelbares Produkt der Entstehung der Nationalstaaten" (Iljassova-Morger 2009a: 26) ein Kulturbegriff entwickelt worden, mit dem Kultur auf abgrenzbare soziale Gruppen und Nationen bezogen werden konnte (Nünning 2001: 344). „Nationalisierung" der Kultur bedeutet in diesem Sinn, „dass kulturelle Produkte nicht nur ihren unmittelbaren Urhebern, sondern ihnen als Angehörigen der *Nation*, und damit dieser selbst zugerechnet werden" (Estel 2002: 499). Auf diese Weise konnte das „einheitliche Gesamtphänomen" einer bestimmten Nationalkultur entstehen. In einem solchen „imaginierten Raum" (Geulen 2004: 446) konnte in sprachlichen, symbolischen, diskursiven, medialen etc. Prozessen, durch kollektive Erinnerungen und durch die Erfindung von Traditionen eine Zusammen- und Zugehörigkeit vorgestellt werden, die zur Grundlage für eine politische Vergemeinschaftung im Sinne von Nationsbildung und Nationalstaatsgründung wurden. Kultur stellt also die Medien und Formen bereit, „in denen durch Verweis auf Abstammung, Sprache und andere gegebene oder erfundene Gemeinsamkeiten Nationen als politische Gemeinschaften allererst imaginiert und als Imagination auf Dauer gestellt werden" (Geulen 2011: 445).[5]

Für diese „Gemeinschaftsimagination" (ebd.: 448) und die Konstruktion nationaler Zugehörigkeit und Identität ist aber nicht nur der Bezugsrahmen einer Nationalkultur eine grundlegende Voraussetzung; auch die „geschlechtliche Kodierung der Nation" ist ein „strukturell [...] notwendiges Moment der Gemeinschaftsimagination" (ebd.: 447f.). In verschiedenen Studien und Untersuchungen der historischen Genderforschung wurde in den letzten Jahren – anders als in den geschlechterblinden (*genderblind*) Arbeiten der Nationenforschung – herausgearbeitet, „dass die Vorstellung von dem, was eine Nation sei, ebenso wie die Kon-

---

5 Hier bezieht sich Geulen auf den Sozialanthropologen Benedict Anderson.

struktion nationaler Identität und die Nationsbildungsprozesse selbst zutiefst von geschlechtsspezifischen Konnotationen durchdrungen und mitbestimmt waren und sind" (Planert 2000: 19). Besonders aufschlussreich zeigt sich die „interaction of nation and gender" in dem Zusammenhang zwischen den „endeavours to construct modern independent nations" und dem „fight for women's emancipation" (Blom 2000: 6). Blom zeigt dies am Beispiel Indiens, aber auch in Europa erhielt das ‚Projekt Nation' seine besondere Bedeutung für Frauen vor allem durch sein universales Gleichheits- und Partizipationsversprechen. Schon seit dem Ende des 18. Jahrhunderts konnten Frauen sich auf die Nation berufen, wenn es für sie darum ging, „politisches Engagement und öffentliches Auftreten zu legitimieren" (Planert 2000: 9). Durch den Bezug auf Nation konnten sie auf gesellschaftlich anerkannte Weise ihre Handlungsspielräume vergrößern. Inwieweit aber dem Partizipationsversprechen der Nationsidee bei aller Gleichheitsrhetorik eine wirkliche Erweiterung der Partizipationschancen von Frauen in der sozialen und politischen Praxis entsprach, versucht die geschlechterhistorische Nationenforschung im Einzelnen zu untersuchen. Dabei wird erkennbar, in welchem Ausmaß sich aus der diskursiven Verbindung von Nation und Gender eine ‚nationalisierte' Konstruktion männlicher und weiblicher Geschlechtsidentität ergab, die sich vor allem in der Zuordnung zu getrennten Geschlechtersphären manifestierte.

Die historische Genderforschung hat gezeigt, dass die Konzeptualisierungen von Nation und Gender strukturell übereinstimmen. Diese Übereinstimmung liegt vor allem darin, dass beide Konzepte, Nation und Geschlechterordnung, im Modernisierungsprozess zu integrativen Leitbegriffen gemacht wurden, die in der ausdifferenzierten modernen Gesellschaft eine zugehörigkeits- und identitätsstiftende Funktion erfüllen sollten. Frauen waren sowohl in Bezug auf die Integrations- wie auch die Differenzposition in den Prozess der Bildung des Nationalstaats einbezogen.

Weil für die Identitätsbildung der Nationalstaatsbürger eine einheitliche Genderordnung wichtig war, wurde in der frühen Modernisierungsphase auch in Japan unter den führenden Aufklärern und Modernisierern intensiv über die Neustrukturierung der Genderordnung für die Bildung einer modernen Nation diskutiert. Vor allem durch ihre Identität als Mütter sollten Frauen – ohne die gleichen staatsbürgerlichen Rechte wie Männer zu haben – für den Nationsbildungsprozess eingesetzt und in die Nation integriert werden. In dieser Rolle und Funktion sollte ihnen nach den Vorstellungen der Meiji-Aufklärer und Modernisierer die zentrale Rolle als ‚Stifterinnen' und ‚Bewahrerinnen' einer neuen national-kulturellen Identität zukommen. Ihre wichtige symbolische Bedeutung wie auch ihre hohen moralischen Verpflichtungen gingen daraus hervor, dass sie die Nation und deren kulturelle Identität reproduzieren sollten. Nicht nur Nation und Gender, sondern auch Genderverhältnis und Kultur stehen also in einem wechselseitigen Verhältnis zueinander. Im gleichen Maße, wie man von einer *nationalisierten* Konstruktion der Geschlechteridentität sprechen kann, kann man auch von einer *kulturalisierten* Konstruktion der Geschlechteridentität sprechen, da jede einzelne Kultur der Genderdifferenz bestimmte Bedeutungen, Rollen- und Eigenschaftszuschreibungen gibt. Dabei ist die symbolische Funktion von Frauen als Repräsentantinnen und Trägerinnen der nationalen und kulturellen Identität vor allem mit ihrer Rolle als Mutter verknüpft. „The mother figure represented the nation", schreibt Blom, und weiter: „Women as national mothers are visible not only in Western national rhetoric, but also in Asian nations, for instance in the widely used concept of ‚mother India'" (Blom 2000: 8). Aber Mütter verkörperten die Nation nicht nur in einem symbolischen Sinn; sie wurden auch „mostly seen as generating cultural strength, educating children to respect national norms of gendered behavior and teaching them the national language" (ebd.: 9). Frauen sollten also nicht nur als biologische „reproducers of the nation",[6] sondern auch als ihre „cultural reproducers" gesehen werden.[7] Ausgehend von ihrer zentralen Rolle als „bearers of the collective" (Yuval-Davis) wird Frauen in nationsbezogenen Diskursen die „Bürde der Repräsentation"[8] auferlegt. Sie repräsentieren die kollektive Einheit und Identität sowie den Geist (*spirit*) einer nationalen Gemeinschaft, aber auch deren ‚Ehre'. Damit werden sie strikten moralischen und kulturellen Codes unterworfen und als „border guards" (Yuval-Davis 1997: 23) von nationaler, ethnischer und kultureller Differenz konstruiert. Gleichzeitig aber werden sie – darauf muss man an dieser Stelle auch hinweisen – „aus den nationalen Projekten als Handlungssubjekte ausgeschlossen" (Schütze/Zapata Galindo 2007: 10).

4. Interkulturalität und Transkulturalität

Die Funktionalisierung und Instrumentalisierung von Frauen für die nationale und kulturelle Einheits- und Identitätsbildung ist ein wichtiger Aspekt der Identitätspolitik, in dem sich vor allem das Streben nach innerer Homogenität ausdrückt. Ein anderer wichtiger Aspekt dieser Identitätspolitik zeigt sich in der nach außen gerichteten Forderung nach Anerkennung und Unverletzlichkeit der

---

6   Vgl. dazu Yuval-Davis 1997: 37.
7   Vgl. dazu ebd.: 23.
8   „Burden of representation"; Kobena Mercer, zit. in Yuval-Davis 1997: 45.

Autonomie und Souveränität der jeweiligen Kultur. Wenn aber die verschiedenen kulturellen Identitäten gerade in ihrer Unterschiedlichkeit wechselseitig anerkannt werden, kann dies zu einer Bestätigung und Festschreibung kultureller Besonderheiten und das heißt zu einer Stärkung der Bestimmungsmacht einer Kultur führen. Andererseits kann aber durch die Bewusstmachung der jeweiligen Andersheit auch die eigene kulturelle Identität kritisch reflektiert werden. Und wenn dies in einem wechselseitigen (inter-)kulturellen Austausch und Dialog geschieht, dann verweist das Präfix *inter* nicht mehr nur auf „Konnotationen der Trennung und Abgrenzung" (Iljassova-Morger 2009a: 30), sondern auch auf das Verbindende, auf ein ‚Miteinander' und ‚Zusammen'.[9] Es entsteht ein „intermediäres Feld", das sich „im Austausch der Kulturen als Gebiet eines neuen Wissens herausbildet und erst dadurch wechselseitige Differenzidentifikation ermöglicht" (Gutjahr 2008: 148).

Kann nun in dieser „wechselseitigen Differenzidentifikation" auch die Genderdifferenz in einem „dynamische[n] Aushandlungsprozess von Bedeutung [...] jenseits von normativen binären Zuweisungen" (Schütze/Zapata Galindo 2007: 13) modifiziert, flexibilisiert und verändert werden? Damit dies möglich wird, genügt es nicht, kultur- und geschlechterspezifische Grenzen zu überschreiten und neu zu definieren. Wichtiger sind die kulturellen und sozialen Dynamiken und Transformationen, durch die kulturelle Grenzen gesprengt und Genderordnungen verändert werden können. Solche Dynamiken und kulturellen Transformationen entstehen nicht nur *zwischen* Kulturen, sondern auch *innerhalb* von Kulturen, und sie können kulturdurchdringende, aber auch kulturübergreifende Potentiale frei setzen. Sie vollziehen sich somit nicht nur in einem kulturellen Innenraum oder in einem kulturellen Zwischenraum, sondern als „integrativer Teil eines komplexeren, fluiden Netzwerkes" (Iljassova-Morger 2009b: 47) auch in einem transkulturellen Raum.

Damit kann das essentialistische Kulturverständnis mit seinen kulturalisierenden Deutungsmustern und Zuschreibungen und seiner „[L]ogik einer binären und hierarchisierenden Differenzsetzung" (Hasenjürgen 2009: 52)[10] überwunden werden. An seine Stelle tritt ein prozessuales Kulturverständnis, in dem gefragt wird, „wie Kultur ‚geschieht' und nicht wie oder was Kultur ‚ist'" (ebd.: 38). Diese neue Konzeptualisierung von Kultur ermöglicht einen Blick auf Kultur „jenseits räumlicher, nationaler und sprachlicher Grenzen" (ebd.: 31); sie dezentriert das kulturell ‚Eigene', dehierarchisiert hegemoniale Kulturen und be-

---

9 Siehe dazu auch Scheiffele 1999.
10 Zitiert wird aus dem Internettext.

tont die „gemeinsamen Elemente[...], die durch die Kulturen hindurch gehen" (Iljassova-Morger 2009b: 52).

Durch diese Transkulturalisierung haben die einzelnen Kulturen keinen festen Rahmen mehr, keine sichere und trennende Grenze zwischen Innen und Außen. Jede Kultur oder Sprache kann eine andere durchdringen und selbst durch sie transformiert werden. Kulturen werden dadurch zueinander offen und reflexiv, sie bewahren aber gleichzeitig ihre Eigenständigkeit und Inkommensurabilität. Allerdings werden dabei – anders als in der Interkulturalität – Kulturbeziehungen nicht mehr verstanden als solche *zwischen* verschiedenen Kulturen, sondern als *wechselseitige Durchdringungen*.[11]

Eine weitere Folge dieser Transkulturalisierung ist, dass die „Wirksamkeit von Kultur als eindeutiger Differenz- und Identitätssetzung" (Hasenjürgen 2009: 50) in Frage gestellt werden kann. Deshalb kommt es auch nicht so sehr darauf an, die kulturellen Identitäten in ihrer jeweiligen Differenz anzuerkennen. Vielmehr müssen sich diese Identitäten und Differenzen gegenüber den „mächtigen Wirkfaktoren", wie Menschenrechte, Frauenbewegungen etc., die sich „quer durch die Kulturen" bilden (Welsch 1997: 72), rechtfertigen. Dann aber können die Individuen über ihre kulturelle Zugehörigkeit selbst entscheiden (vgl. Welsch 2005: 339). Welsch zitiert in diesem Zusammenhang Horkheimer und Adorno: „Heimat ist das Entronnensein" (Horkheimer/Adorno 1984: 97), und man kann dieses Wort sehr gut sowohl auf die vorgegebene Zugehörigkeit zu einer bestimmten Kultur als auch zu einer kulturell und sozial bestimmten Genderformation beziehen.

Wenn die Transkulturalität „Werkzeuge gegen macht- und hierarchieerzeugende Differenzsetzungen" (Hasenjürgen 2009: 49) zur Verfügung stellt, wie ist es dann möglich, mit zugeschriebenen Differenzen nicht nur anders umzugehen, sondern sich von bestimmten Differenzen – wie der Geschlechterdifferenz – wirklich frei zu machen, ihnen zu entrinnen? Bei dieser Frage geht es vor allem um die normative und praktische Wirkungsmacht dieser Differenzen (als Bestimmungsmacht) und um deren diskursive (inhaltliche) Dekonstruktion, nicht aber um ihre Auflösung oder Überwindung.

5. Transdifferenzkonzept und Genderforschung

Was Frauen durch die Bewusstmachung von Ungleichheit und Diskriminierung erfahren, ist die Wirkungsmacht von Differenz, das heißt die Wirkung von Macht und (kulturellem) Wissen, wie sie mit Differenzsetzungen verbunden ist. Daher

---

11 Siehe dazu Welsch 1997.

stellt die Genderforschung an dieser Stelle die Frage nach der Transdifferenz. In die Dimension der Transdifferenz tritt man genau dort ein, „wo Skepsis auftritt und die Tätigkeit des Infragestellens beginnt" (Allolio-Näcke/Kalscheuer 2003).[12] Der Entstehungsort von Transdifferenz ist die „Zone der Unbestimmtheit", in der die klare Grenzlinie und -markierung der Differenzsetzung durch Zweifel und Infragestellung verschwimmt. Der Zweifel an zugeschriebenen Positionierungen und die Subversion von Machtverhältnissen können dann zur „Gewinnung von Freiheitsmomenten", zu neuen „Gestaltungsmöglichkeiten des Subjekts" und damit zu Modifikationen und Veränderungen im Sinne von temporärer Suspendierung bestehender Differenzen führen. Aber gleichzeitig bleiben für den Transdifferenzansatz die zu- und festschreibenden Positionierungen und die „Aufrechterhaltung von Differenzen" eine anzuerkennende Notwendigkeit. Nur unter dieser Voraussetzung kann von der „Möglichkeit der Subversion von bestehenden Machtverhältnissen" gesprochen werden, und nur in diesem eingeschränkten Sinn kann Transdifferenz zum „Ausgangspunkt des Widerstands von Gruppen" werden. Die als Differenzen erfahrenen Fremdpositionierungen müssen nach diesem Ansatz in ihrer Wirkungsmacht zunächst anerkannt und akzeptiert werden (sogar als Notwendigkeit), denn nur dann kann es im Sinne der Transdifferenz die Möglichkeit einer aktiven, selbstbestimmten Positionierung geben, und nur so kann ein „Möglichkeitsraum, der Wege zwischen oder durch diese Differenzen eröffnet", entstehen. Und – was noch wichtiger ist – der Versuch, „dem Positioniertwerden zu entkommen", kann nur *temporär* sein; eine grundsätzliche, radikale und dauerhafte Veränderung der bestehenden Differenzen scheint nach dem Transdifferenzansatz weder erwünscht noch möglich zu sein.

Wenn man nun annimmt, dass die Intention und das Ziel der Frauenbewegung die grundsätzliche, radikale und dauerhafte Veränderung der Geschlechterdifferenz ist, weil Ungleichheit und Diskriminierung Wirkungen dieser Differenz sind, und weil Individuen machtbezogenen Positionierungen und Zuschreibungen ausgesetzt werden, dann muss man fragen: Reicht der Transdifferenzansatz aus, um diese Intention der Frauenbewegung adäquat erklären und begründen zu können? Oder, um die Frage anders zu stellen: Bis zu welchem Punkt kann das Transdifferenzkonzept der Intention – und auch der Praxis – der Frauenbewegung gerecht werden?

Gender ist eine Differenzsetzung und eine soziale und kulturelle Konstruktion. Beide Prozesse – Differenzsetzung und Konstruktion – können ihre Bestimmungsmacht verlieren, wenn die ihnen zugrunde liegende Kulturalität, die

---

12 Im Folgenden beziehe ich mich auf einige grundlegende Texte zum Transdifferenzkonzept, insbesondere auf Allolio-Näcke/Kalscheuer 2003 und Kalscheuer 2005.

in der Moderne auf eine jeweilige Nation(-alität) bezogen ist, ihre Wirkungsmacht verliert. Dies kann z.b. geschehen durch die bereits erwähnten Wirkfaktoren, wie Menschenrechte, Frauenbewegungen etc., von denen Welsch spricht. So wie der Transdifferenzansatz Differenz in einem Zustand temporärer Suspendierung ihrer Wirkungsmacht zu erfassen versucht, ist nun zu fragen, wie Differenzen ohne Bestimmungsmacht zu denken sind. Da die Bestimmungsmacht der Differenzen letztlich in der (nationsbezogenen) Kulturalität gründet, wird sie schwächer mit dem Übergang von der Kulturalität zur Transkulturalität. Die komplexe Dynamik des *trans* wird nun nicht mehr auf die Differenz bezogen, sondern auf die Kulturalität. Meine These ist, dass dann nicht nur temporär eine „Zone der Unbestimmtheit" und damit der Gestaltbarkeit und Veränderbarkeit bei grundsätzlicher Erhaltung der Differenzen und ihrer Wirkungsmacht entstehen kann – wie es dem Transdifferenzansatz entspricht –, sondern dass Differenzen ihre Wirkung als Bestimmungsfaktoren verlieren und eine andere Qualität gewinnen: Aus Differenz wird *das Differente*. Auf Gender bezogen heißt dies allerdings nicht, dass es dann keine Geschlechterunterschiede mehr gibt, sondern dass es kein Bestimmtwerden durch genderbezogene Zu- und Einschreibungen mehr gibt. An die Stelle des Bestimmtwerdens durch Genderdifferenz treten *differente Individuen* und an die Stelle der Anerkennung der Notwendigkeit von Differenzen und Positioniertwerden tritt die Anerkennung des Differenten: der individuellen, sozialen, kulturellen und sonstigen Unterschiedlichkeit. Das Differente wird nicht von der Kulturalität aus gedacht und auf sie bezogen – wie die Differenz –, sondern von den Individuen und von der Transkulturalität aus und auf sie hin.

Wie sieht die Verfasstheit von Kultur aus, wenn sie nicht (mehr) durch machtbestimmte Differenzsetzungen geprägt ist? In der Außenperspektive fällt der Zwang zu Unterscheidbarkeit und Abgrenzung weg: Offene Grenzen werden als Schwellen zu Übergangs- und Austauschzonen, in denen sich Kulturen durchdringen und die Entgegensetzung von Eigenem und Fremdem unnötig wird. In der diachronen Perspektive wird die Kultur in einem ständigen Wandel und Austausch gesehen, und ihre Veränderbarkeit und damit die Veränderbarkeit der von ihr generierten Bedeutungen und Werte treten in den Vordergrund. In der Innenperspektive wirkt nicht mehr der Zwang zur Vereinheitlichung und Homogenität, der Frauen oder Minderheiten zu „inneren Fremden"[13] macht, sondern das Heterogene, Hybride, von der Norm Abweichende etc. wird zugelassen und anerkannt. Die Frage, wie Kultur die so entstehende Komplexität, Kontingenz, Unübersichtlichkeit, Offenheit etc. für den Einzelnen bewältigbar und zu einer

---

13 Vgl. dazu Mae 2005.

positiven Erfahrung macht, ist eine Grundfrage in unserer heutigen Situation. Sie kann an dieser Stelle nicht beantwortet werden; aber sowohl das Transdifferenz- wie das Transkulturalitätskonzept schaffen wichtige Voraussetzungen und Grundlagen zur Beantwortung dieser Frage.

6. Was kann die transkulturelle Genderforschung leisten?

Wenn die kollektive Identitätsbildung eine notwendige Funktion von Nation und Kultur im modernen Verständnis war, dann müssen heute, im Zeitalter der Globalisierung, Identitäts- und Differenzbeziehungen neu gedacht werden. Dabei geht es vor allem um die Überwindung eindimensionaler hierarchischer Differenzbeziehungen auf der Grundlage binärer Kodierungen wie z.B. Identität vs. Alterität, Männer vs. Frauen etc. An ihre Stelle muss ein neues Kulturkonzept treten, das mehr auf dem Differenten und Heterogenen und weniger auf Identitäts- und Differenzsetzungen gründet. Bezogen auf Gender würde das bedeuten, die eindimensionale Differenzbeziehung der binären Männlichkeits-/Weiblichkeitskodierung durch *degendering* zu überwinden und an ihre Stelle die Betonung der Individualitäten und des mit ihnen verbundenen Differenten und Heterogenen zu setzen. Dann ist nicht mehr die Kultur(-alität) in ihrer Bezogenheit auf den modernen Nationalstaat und seine Definitionsmacht der zentrale Bezugspunkt für Genderverhältnisse, sondern die Transkulturalität. Gerade die Genderforschung kann durch ihre Erkenntnisse über Identitätsbildung und Differenz, Inklusion und Exklusion sehr viel zu diesem Prozess beitragen.

Was bedeutet es nun für die Genderforschung, Transkulturalität zu ihrem Bezugsrahmen zu machen? Durch Transkulturalität kann vor allem das Problem der Inklusion, des Eingesperrtseins in eine spezifische Kultur, überwunden werden, da die Kulturen füreinander durchlässig und offen werden. Frauen und Männer müssen sich nicht mehr von einer bestimmten Kultur(-alität) definieren lassen und in sie eingeschlossen bleiben. Auch die Exklusionsphänomene, wie z.B. bestimmte Arten von Diskriminierungen, können in diesem Zusammenhang deutlicher als Probleme, die es zu überwinden gilt, erkannt werden. Wenn Frauen (oder auch Männer), die verschiedenen nationalen Kulturen angehören, durch Grenzziehung nach dem Kulturalitätskonzept voneinander getrennt werden, dann können sie nun in der transkulturellen Verfasstheit der Kultur über die nationalen Grenzen hinweg vielfältige Querverbindungen und Gemeinsamkeiten erkennen. So wird Solidarität und zivilgesellschaftliches Engagement quer durch die nationalstaatlichen Grenzen hindurch möglich. Viele dieser Tendenzen sind bereits im Gang; sie müssen aber durch eine Bewusstseins- und Wahrnehmungsveränderung noch verstärkt werden.

Die Genderforschung hat durch die Fokussierung auf die Kategorie Gender in allen Lebensbereichen deutlich gemacht, wie stark diese Differenzkategorie als Wirkungsfaktor unser Bewusstsein und unser Verhalten beeinflusst. Die Genderdifferenz sollte aber nicht als einzige Differenz isoliert betrachtet werden. Tatsächlich wird in der Genderforschung die wirkungsstarke Genderdifferenz auch als repräsentativ für viele andere Differenzen gesehen und behandelt (vgl. Fuchs/Habinger 1996). Auch nimmt die Genderforschung immer verschiedene Differenzen und ihre Verknüpfungen und Überschneidungen gleichzeitig in ihr Blickfeld.[14] Deshalb ist für sie die Intersektionalität ein wichtiger Ansatz, mit dem genauer betrachtet und untersucht wird, wie verschiedene Differenzen funktionieren und welche Konsequenzen ihre Überschneidungen hervorbringen.[15] Das Durch-verschiedene-Differenzen-hindurch-Denken ist eine Denkweise der Genderforschung, für die Transkulturalität nicht nur als neues inhaltliches Paradigma, sondern auch als neuer methodologischer Ansatz notwendig ist.

Wenn dieser Ansatz auf die Aufhebung der Bestimmungsmacht der Genderdifferenz als einer sozialen und kulturellen Konstruktion zielt, dann muss dies nicht Uniformität oder Unterschiedslosigkeit bedeuten. Man kann sich transkulturelle Räume vorstellen, in denen Männlichkeit und Weiblichkeit so dekonstruiert und immer wieder neu definiert werden können, dass man in einer vielfältigen und kreativen Weise mit ihnen umgehen kann. Dies bedeutet auch, dass keine Diskriminierungslinie mehr gezogen wird – weder (wie bisher) zwischen Männern und Frauen noch zwischen stärkeren und schwächeren Individuen. Es ist daher wichtig, den Ansatz der Intersektionalität, in dem verschiedene, sich überschneidende Differenzen und ihre Konsequenzen in den Blick genommen werden, stets mit zu berücksichtigen. Herauszuarbeiten, wie dann eine neue Gleichheit und gerechte Ordnung in der Vielfalt des Differenten gedacht werden kann, ist eine Aufgabe nicht nur der am Transkulturalitätsansatz orientierten, sondern der gesamten Genderforschung.

---

14 Vgl. Yuval-Davis 1997, Friedman 1998.
15 Vgl. Knapp 2005.

Zitierte und weiterführende Literatur

(Alle Internetquellen wurden zuletzt geprüft im August 2013.)

Adorno, Theodor W. (1984): Gesammelte Schriften, Bd. 3. Frankfurt a. M.: Suhrkamp.

Allolio-Näcke, Lars / Kalscheuer, Britta (2003): Doing Identity – Von Transdifferenz und dem alltäglichen Skeptizismus. In: Fitzek/Ley (Hrsg.) (2003): 152-162.

Allolio-Näcke, Lars / Kalscheuer, Britta / Manzeschke, Arne (Hrsg.) (2005): Differenzen anders denken. Bausteine zu einer Kulturtheorie der Transdifferenz. Frankfurt a.M.: Campus.

Appelt, Erna (1999): Geschlecht – Staatsbürgerschaft – Nation: Politische Konstruktionen des Geschlechterverhältnisses in Europa. (Reihe „Politik der Geschlechterverhältnisse", Bd. 10). Frankfurt a.M./New York: Campus.

Beck, Ulrich (1997): Was ist Globalisierung? Irrtümer des Globalismus – Antworten auf Globalisierung. Frankfurt a.M.: Suhrkamp.

Becker, Ruth / Kortendiek, Beate (Hrsg.) (2004): Handbuch Frauen- und Geschlechterforschung. Wiesbaden: VS Verlag für Sozialwissenschaften.

Blom, Ida / Hagemann, Karen / Hall, Catherine (Hrsg.) (2000): Gendered Nations. Nationalisms and Gender Order in the Long Nineteenth Century. Oxford: Berg.

Blom, Ida (2000): Gender and Nation in International comparison. In: Blom/Hagemann/Hall (Hrsg.) (2000): 3-26.

Brunner, Otto / Conze, Werner / Kosellek, Reinhart (Hrsg.) (1992): Geschichtliche Grundbegriffe: Historisches Lexikon zur politisch-sozialen Sprache in Deutschland, Bd. 7. Stuttgart: Klett-Cotta.

Estel, Bernd (2002): Nation und nationale Identität. Versuch einer Rekonstruktion. Wiesbaden: Westdeutscher Verlag.

Fisch, Jörg (1992): Zivilisation und Kultur. In: Brunner/Conze/Kosellek (Hrsg.) (1992): 679-774.

Fitzek, Herbert / Ley, Michael (Hrsg.) (2003): Alltag im Aufbruch. Ein psychologisches Profil der Gegenwartskultur. Gießen: psychosozial.

Friedman, Susan Stanford (1998): Mappings. Feminism and the Cultural Geographies of Encounter. Princeton, NJ: Princeton University Press.

Fuchs, Brigitte / Habinger, Gabriele (Hrsg.) (1996): Feminismen & Rassismen. Differenzen, Machtverhältnisse und Solidarität zwischen Frauen. Wien: Promedia.

Genenger-Stricker, Marianne / Hasenjürgen, Brigitte / Schmidt-Koddenberg, Angelika (Hrsg.) (2009): Transkulturelles und interreligiöses Lernhaus der Frauen. Ein Projekt macht Schule. Opladen: Barbara Budrich.

Geulen, Christian (2011): Nationalismus als kulturwissenschaftliches Forschungsfeld. In: Jaeger, Friedrich / Rüsen, Jörn (Hrsg.): Handbuch der Kulturwissenschaften. Stuttgart; Weimar: Metzler, Bd. 3, 439-457.

Gutjahr, Ortrud (2008): Interkulturelle Germanistik und Literaturwissenschaft. In: Straub/Weidemann/Weidemann (Hrsg.) (2008): 144-154.

Giesen, Bernhard (Hrsg.) (1991): Nationale und kulturelle Identität: Studien zur Entwicklung des kollektiven Bewußtseins in der Neuzeit. Frankfurt a.M.: Suhrkamp.

Graduiertenkolleg Identität und Differenz (Hrsg.) (2005): Ethnizität und Geschlecht – (Post-)Koloniale Verhandlungen in Geschichte, Kunst und Medien. Köln/Weimar/Wien: Böhlau.

Hasenjürgen, Brigitte (2009): Kultur, Transkultur, demokratische Kultur. In: Genenger-Stricker/Hasenjürgen/Schmidt-Koddenberg (Hrsg.) (2009): 37-54.
http://www.katho-nrw.de/uploads/media/Kultur__Transkultur__Demokratische_Kultur.pdf

Horkheimer, Max / Adorno, Theodor W.: Dialektik der Aufklärung. In: Adorno (1984).

Iljassova-Morger, Olga (2009a): Von der interkulturellen zur transkulturellen literarischen Hermeneutik. Duisburg: Universitätsverlag Rhein-Ruhr.

Iljassova-Morger, Olga (2009b): Transkulturalität als Herausforderung für die Literaturwissenschaft und Literaturdidaktik. In: Das Wort. Germanistisches Jahrbuch Russland. 2009. 37-57. http://www.daad.ru/wort/wort2009/Iljassova-Morger_Transkulturalitaet.pdf

Kalscheuer, Britta (2005): Die Widerspenstigkeit von Transdifferenz. In: Merz-Benz/Wagner (Hrsg.) (2005): 69-91.

Knapp, Gudrun-Axeli (2005): „Intersectionality" – ein neues Paradigma feministischer Theorie? Zur transatlantischen Reise von „Race, Class, Gender". In: Feministische Studien. Jg. 23. H. 1. 2005. 68-81.

Kuga, Katsunan (1968): Kuga Katsunan zenshū. [Kuga Katsunan. Gesammelte Werke]. Tokyo: Misuzu Shobō, Bd. 1.

Lepsius, M. Rainer (1999): Die Europäische Union. Ökonomisch-politische Integration und kulturelle Pluralität. In: Viehoff/Segers (Hrsg.) (1999): 201-222.

Mae, Michiko (2004): Nation, Kultur und Gender: Leitkategorien der Moderne im Wechselbezug. In: Becker/Kortendiek (Hrsg.) (2004): 620-625.

Mae, Michiko (2005): ‚Äußere Fremde' – ‚innere Fremde'. Zur kulturellen Identität der in Japan lebenden KoreanerInnen im Gender-Ethnien-Verhältnis. In: Graduiertenkolleg Identität und Differenz (Hrsg.) (2005): 227-243.

Mae, Michiko (2006): Von der Kulturalität zur Transkulturalität. Ein Paradigmenwechsel in der Kultur- und Genderforschung. In: Zeitschrift für Frauenforschung und Geschlechterstudien. 24. Jg. H.1. 2006. 69-79.

Maruyama, Masao (1995): Chōkokkashugi no ronri to shinri. [Logik und Psychologie des Ultranationalismus]. In: Maruyama, Masao: *Maruyama Masao shū*. Bd. 3. Tokyo: Iwanami Shoten.

Merz-Benz, Peter-Ulrich / Wagner, Gerhard (Hrsg.) (2005): Kultur in Zeiten der Globalisierung. Neue Aspekte einer soziologischen Kategorie. Frankfurt a.M.: Humanities Online.

Nishikawa, Nagao (2001): Kokkyō no koekata. [Überwindung der nationalen Grenzen]. Tokyo: Heibonsha.

Nünning, Ansgar (Hrsg.) (2001): Metzler Lexikon Literatur- und Kulturtheorie. Ansätze – Personen – Grundbegriffe. Stuttgart/Weimar: Metzler.

Ōsawa, Mari (Hrsg.) (2002): 21 seiki no josei seisaku to danjo kyōdō sankaku shakai kihonhō. [Frauenpolitik des 21. Jahrhunderts und das Partizipationsgesetz]. Tokyo: Gyōsei.

Planert, Ute (Hrsg.) (2000): Nation, Politik und Geschlecht. Frauenbewegungen und Nationalismus in der Moderne. Frankfurt a.M./New York: Campus.

Rieger, Stefan / Schahadat, Schamma / Weinberg, Manfred (Hrsg.) (1999): Interkulturalität. Zwischen Archiv und Inszenierung. Tübingen: Narr.

Scheiffele, Eberhard (1999): Über die Rolltreppe. Studien zur deutschsprachigen Literatur. München: Iudicium.

Schlehe, Judith (Hrsg.) (2001): Interkulturelle Geschlechterforschung. Identitäten – Imaginationen – Repräsentationen. Frankfurt a. M./New York: Campus.

Schneider, Irmela / Thomson, Christian W. (Hrsg.) (1997): Hybridkultur: Medien, Netze, Künste. Köln: Wienand Verlag.

Schütze, Stephanie / Zapata Galindo, Martha (Hrsg.) (2007): Transkulturalität und Geschlechterverhältnisse. Neue Perspektiven auf kulturelle Dynamiken in den Amerikas. Berlin edition tranvía. Verlag Walter Frey.

Straub, Jürgen / Weidemann, Arne / Weidemann, Doris (Hrsg.) (2008): Handbuch Interkulturelle Kommunikation. Stuttgart: J.B. Metzler.

Viehoff, Reinhold / Segers, Rien T. (Hrsg.) (1999): Kultur, Identität, Europa: Über die Schwierigkeiten und Möglichkeiten einer Konstruktion. Frankfurt a. M.: Suhrkamp.

Welsch, Wolfgang (1997): Transkulturalität. Zur veränderten Verfassung heutiger Kulturen. In: Schneider/Thomson (Hrsg.) (1997): 67-90.

Welsch, Wolfgang (2005): Auf dem Weg zu transkulturellen Gesellschaften. In: Allolio-Näcke/Kalscheuer/Manzeschke (Hrsg.) (2005): 314-341.

Yuval-Davis, Nira (1997): Gender & Nation. London/Thousand Oaks/New Delhi: Sage.

II
Das Verhältnis von Kultur und Geschlecht in transkulturellen Perspektiven

Von Malinche zu Frida Kahlo: Territorium und Gender am Beispiel Mexikos

Vittoria Borsò / Vera Elisabeth Gerling

1. Die Eroberung Lateinamerikas: Kolonialisierung von Territorien, Menschen und Wissen

1.1 Die Kolonialgeschichte Lateinamerikas im Unterschied zu den USA

Im Gegensatz zu den USA muss bei einer Beschäftigung mit der Kolonialgeschichte Lateinamerikas ein fundamentaler Unterschied bedacht werden: Die Kultur der USA gründet auf Siedlungsprozessen, und somit stehen an ihrem Ursprung wesentlich die Wünsche und Träume der Siedler, die auf das in ihrer Wahrnehmung unbewohnte und gelobte Land projiziert wurden.

Die lateinamerikanischen Kulturen entstanden in viel bedeutenderem Maße durch die Unterwerfung mächtiger präkolonialer Reiche, wie sie insbesondere die Azteken, Mayas und Inkas aufgebaut hatten. Von Anfang an werden in den sogenannten Vizekönigtümern hegemoniale Strukturen etabliert, die auf die Ideologie der Akkulturation (= Überschreibung der indigenen Kultur mit der spanischen) ausgerichtet sind. Die machtpolitischen Asymmetrien zwischen den Eroberern und den unterworfenen Völkern sind extrem: Die indigene Bevölkerung wird als unzivilisiert und minderwertig angesehen und zu Sklaven, Minenarbeitern und Dienern degradiert. Zwar wird durch die 1550 in Valladolid zwischen dem Missionar Bartolomé de las Casas und dem Gelehrten und Philosophen Ginés de Sepúlveda ausgetragene erste Menschenrechtsdebatte den Indios Menschenwürde zugesprochen und damit ihre Sklaverei verboten. Da sie jedoch in der Folge als gute ‚Christenmenschen' anerkannt werden, die lediglich noch zum Glauben zu bekehren sind, ebnet dies zugleich den Weg für die Missionierung und damit Zerstörung ihrer Traditionen.[1]

---

1   Bartolomé de las Casas schrieb im Jahr 1542 die *Brevísima relación de la destrucción de las Indias*, einen Bericht über die brutale Vorgehensweise der spanischen Eroberer gegen die indigene Urbevölkerung Lateinamerikas. Berühmt wurde er insbesondere durch den Disput von Valladolid von 1550, bei dem er gegen seinen Widersacher Juan Ginés de Sepúlveda die Meinung vertrat, auch Indios seien Christenmenschen und nicht etwa den Spaniern unterlegen.

Während sich die USA durch die emanzipatorischen und demokratischen Bewegungen des 19. Jahrhunderts eine integre Identität konstruieren konnten und erst infolge postkolonialer Kritik auch die verdrängte Geschichte der Unterwerfung der indianischen Bevölkerung thematisiert wurde, bestimmen die hegemoniale Situation, die Zerstörung der Traditionen und Geschichten präkolumbischer Völker von Anfang an maßgeblich die Selbstwahrnehmung und die Identitätssuche der Lateinamerikaner. Sowohl die Kolonialzeit als auch deren kritische, postkoloniale Revision sind in Lateinamerika mit der Stellung der Frau, ihrer Unterwerfung, der Zerstörung ihrer Eigenständigkeit, der Verhinderung ihrer Emanzipation sowie ihrer subversiven Kraft verbunden.

1.2 Die Entstehung von Kolonialsubjekten und die Kolonialisierung des Wissens

Zehn Jahre nach der Eroberung Amerikas und der gleich danach beginnenden Missionierung hatte sich die indianische Bevölkerung, auch insbesondere infolge der von Spaniern eingeführten Seuchen, auf zehn Prozent reduziert. Der kulturelle Reichtum der Azteken, Mayas und anderer Völker wurde zerstört oder ‚überschrieben' – ein Symbol hierfür ist der Bau kolonialer Gebäude in der neuen Hauptstadt Mexiko auf den Trümmern der aztekischen Hauptstadt Tenochtitlán.[2] Von Anfang an basiert also die mestizische Kultur Mexikos auf der Zerstörung der ‚Reinheit' der alten präkolumbischen Kulturen.

Die Gier der Spanier nach Gold ist schon allein durch den verbreiteten Mythos des *El Dorado* bekannt: Das Gold der Minen wurde geplündert und die Kunstschätze gelangten nach Spanien, wodurch auch die präkolumbische Welt ‚verschwand'. Alles wurde mit spanischen Zeichen überdeckt; dies reichte von der Verhüllung der indianischen Körper entsprechend der strengen spanischen Kleiderordnung mit – für das Klima unpassenden – spanischen Samtstoffen bis hin zur ‚Aneignung' der Körper indianischer Frauen durch Ausbeutung oder gar Vergewaltigung.

Sehr bald wurde ein hegemoniales Herrschaftssystem etabliert. Das spanische Königreich gründete in der Neuen Welt verschiedene Kolonien, in denen sich unter der Macht des jeweiligen Vizekönigs eine noch strengere Feudalkultur ent-

---

Eine der Konsequenzen hieraus war jedoch, und dies zeigt die Fragwürdigkeit des vordergründig emanzipierten Menschenbildes, die Einführung schwarzer Sklaven aus Afrika (vgl. hierzu Todorov 1990: 200ff.)

2 Tenochtitlán ist der präkolumbische Name von Mexiko-Stadt. Im Jahr 1325 auf einer Insel im Texcoco-See gegründet, wurde die Stadt nach der Eroberung von Hernán Cortés weitestgehend zerstört, indem christliche Gebäude auf den ehemaligen Tempeln und Häusern gebaut wurden. Dazu verwendeten die Spanier die Steine aus den Trümmern der Aztekengebäude.

wickelte als in Spanien selbst, das im XVI. und XVII. Jahrhundert – im Vergleich zum restlichen Europa – veraltete Strukturen bewahrte. Die hegemoniale Asymmetrie und der soziale Abstand zwischen Hof und Volk in den Kolonien waren somit sehr stark ausgeprägt. Den Indios kam in dieser höfischen Gesellschaftsstruktur allein die Funktion der Diener zu. Auf diese Weise wurden sie zu Kolonialsubjekten, das heißt zu passiven, untergeordneten Objekten der Macht in einer hierarchischen Gesellschaftsstruktur. Diese war den Indios allerdings nicht neu, denn auch das aztekische Imperium war streng hierarchisch organisiert gewesen.

In der sozialen Skala Neuspaniens standen die Mestizen – die Nachfahren aus Ehen von Spaniern und Indios – ebenfalls sehr weit unten und hatten keinen Zugang zu politischen Ämtern. Lediglich die Kreolen – die Nachfahren von in Amerika geborenen Spaniern – konnten in der politischen Hierarchie aufsteigen. Sie waren es auch, die zu Beginn des 19. Jahrhunderts die Unabhängigkeitskämpfe initiierten – allerdings nicht, um die Indios von den Spaniern zu befreien, sondern um selbst die Macht zu übernehmen und die Staaten von der spanischen Vorherrschaft zu lösen.

Nach der Unabhängigkeit von Spanien im Jahre 1821 orientierten sich die lateinamerikanischen Staaten zunächst an den europäischen Vorstellungen nationaler Identität. Auch führten sie die eurozentrischen Diskurse fort, indem sie z. B. positivistische und rassentheoretische Konzepte übernahmen und auf die eigene Kultur anwendeten. Da auf diese Weise die Lateinamerikaner selbst einen eurozentrischen Blick annahmen, galt in ihrem Bewusstsein der Wert der eigenen kulturellen Traditionen als defizitär – stammten doch sowohl die Bildungstraditionen hinsichtlich Schrift, Religion und der Disziplinen, die an den Universitäten gelehrt wurden, als auch das Wissen, über das sich die Lateinamerikaner identifizierten, aus Europa. Die indigenen Kulturtraditionen wurden als vergleichsweise mangelhaft und als Ausdruck eines niederen Grades an Zivilisation wahrgenommen. Da sich die Lateinamerikaner beim Aufbau ihrer Nationen an europäischen Kategorien orientierten, blieb ihr Denken auch nach der Unabhängigkeit weiterhin kolonialisiert und ihre Suche nach einer eigenen Identität fremdbestimmt. Diese paradoxe Situation wurde erst durch das postkoloniale Denken am Ende des 20. Jahrhunderts überwunden.

1.3 Kolonialisiertes Bewusstsein: Gleichsetzung der Kolonialsubjekte mit der eroberten und geschändeten Frau

Die Erkundung eines neuen, noch ‚unentdeckten' Kontinents stellte ab Ende des 15. Jahrhunderts eine besondere Herausforderung für die Spanier dar. Sie trafen auf hoch entwickelte Kulturen, wie z. B. die Maya und Azteken im heutigen Mexiko. Dieses Zusammentreffen mit dem Unbekannten führte zu einer Desorientierung und erforderte Umgangsformen mit dem sogenannten ‚Anderen'. Als die Europäer den Einwohnern Amerikas erstmals begegneten, projizierten sie ihre eigenen, bereits zuvor bestehenden Alteritätsbilder auf die dortige Bevölkerung. Die Andersheit der Indigenen wurde somit zerstört, indem man auf die vorgefundenen Kulturen jene Vorstellungen übertrug, die man zuvor den ‚Anderen' innerhalb Europas zugeschrieben hatte. Figuren der Fremdheit waren im mittelalterlichen Europa beispielsweise Monster oder Hexen und in der Neuen Welt insbesondere die Kannibalen und die Nackten. Sie entsprachen genau dem, was durch die abendländische Vernunft aus der Vorstellung von Kultur ausgeschlossen worden war: Barbarei und Sexualität.

Seit jeher galten im europäischen Kontext diejenigen als fremd, die den etablierten Normen nicht entsprachen, die man nicht verstand und die den Vorstellungshorizont der abendländischen Vernunft überstiegen. Hier wird deutlich, dass die Wahrnehmung von Fremdheit immer nur in Relation zum Selbst entsteht bzw. dass Eigenes und Fremdes sich gegenseitig bedingen.[3] Um der Situation des Unverstehens zu entkommen, wird das Fremde auf Bekanntes reduziert oder dämonisiert. So war es nur folgerichtig, dass man die indianischen Kulturen als Wildnis einschätzte und durch Kategorien des Mangels beschrieb: durch Mangel an Zivilisation, an Vernunft, an Menschsein. Am untersten Ende der Zivilisationsskala stand dabei die indianische Frau.

In der hegemonialen Situation starrer höfischer Kolonialkultur waren die indianischen Frauen in doppelter Weise ‚fremd': als Frauen und als Teil der indigenen Bevölkerung. Ihre Fremdheit wurde dann auch doppelt zerstört, machte man sie doch zum Objekt der europäischen Macht und zum Objekt des europäischen Mannes. Den indianischen Frauen kam in der höfischen Gesellschaftsstruktur der Neuen Welt keine kulturelle Rolle zu, die ihnen Schutz oder Akzeptanz verschafft hätte, während die Frauen in der Kultur des europäischen Mittelalters und der Renaissance zumindest in der Rolle als Minne und edle Dame über einen gewissen Einfluss, wenn auch nicht über direkte politische Macht verfügten. Gerade auch weil in der Kolonialgesellschaft – mit Ausnahme der Klöster – keine kulturellen Muster für den sozialen Schutz der indianischen Frau bestanden, konnte diese bis tief ins 20. Jahrhundert als Projektionsfläche für die Zuschreibung von Fremdheit und Alteritätsmythen dienen. Noch 1950 stellte der Nobelpreisträger Octavio Paz in seiner Essaysammlung *Das Labyrinth der Einsamkeit* eine Parallele zwischen dem mexikanischen Bauern (*campesino*), der Frau und der wilden Natur her. Alle drei entsprächen, so Paz, dem Gegenteil der Vernunft.

---

3 Siehe hierzu auch Nakamura 2000: 13.

Eine solche Zuschreibung mag zwar zunächst in romantisierend-exotischer Weise positiv verstanden werden. Das verklärte romantische Bild des ‚guten Wilden' ist aber nur die Kehrseite jener negativen Einschätzung, die – in Folge des Positivismus und des Darwinismus – die Andersheit der Bewohner der Neuen Welt als dekadent, krank, ja monsterhaft betrachtet und als solche von der Vernunft und der Normalität ausgrenzt. Das exotische Bild der ‚Frau als Natur' schreibt jedenfalls der Frau – und parallel dem mexikanischen Bauern – keine eigene Position als historisches Subjekt zu. In *Das Labyrinth der Einsamkeit* werden sowohl die Frau als auch der mexikanische Bauer generell als passive, verletzliche und instinktgeleitete Figuren gedeutet, die unfähig sind, sich aktiv und emanzipiert an der Geschichte zu beteiligen und ihr Schicksal in die Hand zu nehmen. Für Octavio Paz gelten sie als durch die Eroberer degradierte und durch männliche Vergewaltigung geschändete Objekte und somit als Opfer.

Eine zentrale Rolle kommt in diesem Zusammenhang in Mexiko der schillernden und ambivalenten Figur der Malinche zu, die durch ihre übersetzerischen Tätigkeiten dem Eroberer Hernán Cortés zu Informationen über das Reich der Azteken verhalf. Dessen Eroberungsstrategie, so stellt Tzvetan Todorov es dar, gründete auf Wissen: „Cortés will zunächst nicht nehmen, sondern verstehen; an erster Stelle interessieren ihn die Zeichen, nicht ihre Referenten. Zu Beginn seiner Expedition trägt er Informationen zusammen, nicht Gold" (Todorov 1990: 122). Neben Gerónimo de Aguilar, der die Sprache der Maya übersetzen konnte, wurde vor allem die Malinche zur zentralen Figur dieser Form von Kulturvermittlung, die als notwendiger Schritt für die Kolonialisierung des Wissens zu sehen ist. Tzvetan Todorov präsentiert sie folgendermaßen:

> Die zweite wichtige Figur bei dieser Eroberung der Information ist eine Frau, die die Indianer Malintzin und die Spanier Doña Marina nennen, wobei man nicht weiß, welcher dieser beiden Namen eine Deformation des anderen ist; die Form, in der dieser Name am häufigsten gebraucht wird, ist Malinche. Sie wird den Spaniern bei einer der ersten Begegnungen zum Geschenk gemacht. Ihre Muttersprache ist Nahuatl, die Sprache der Azteken; doch sie ist den Mayas als Sklavin verkauft worden und beherrscht auch deren Sprache. Am Anfang ergibt sich also eine ziemlich lange Kette: Cortés spricht zu Aguilar, dieser zu Malinche das, was er gesagt hat, Malinche übersetzt, und diese wendet sich wiederum an den aztekischen Gesprächspartner. Sie ist offensichtlich überaus sprachbegabt, denn nach kurzer Zeit beherrscht sie auch das Spanische, was ihre Nützlichkeit noch erhöht. Es ist denkbar, daß sie einen gewissen Groll gegen ihr eigenes Volk oder gegen manche seiner Repräsentanten hegt; jedenfalls schlägt sie sich entschlossen auf die Seite der Konquistadoren. Und sie begnügt sich nicht mit dem Übersetzen; sie übernimmt ganz offensichtlich auch die Werte der Spanier und trägt nach besten Kräften zur Verwirklichung ihrer Ziele bei. Einerseits bewerkstelligt sie eine Art kultureller Umsetzung, indem sie für Cortés nicht nur die Wörter, sondern auch die Verhaltensweisen dolmetscht; andererseits versteht sie es, nötigenfalls auch die Initiative zu ergreifen und die geeigneten Worte an Moctezuma [den damaligen Herrscher der Azteken, Anm. d. Verf.]

zu richten (insbesondere bei dessen Gefangennahme), ohne daß Cortés sie zuvor ausgesprochen hat (Todorov 1990: 123).

Diese aktive und neutrale bis positive Charakterisierung kommt auch in einer Darstellung der Malinche im Florentiner Kodex zum Ausdruck, in der ihre Rolle als Übersetzerin durch die fliegenden Zungen gezeigt wird:

Dennoch steht die Malinche, die Cortés als Liebhaberin auch einen Sohn gebar, in Mexiko zum einen für die vergewaltigte Frau und stellvertretend für den vergewaltigten Kontinent. Da sie aber außerdem zur Machtausbreitung der Spanier beigetragen hatte, wird sie andererseits zum Teil auch als Verräterin gesehen, was in der Bezeichnung *La Chingada* zum Ausdruck kommt.[4]

Die Gleichsetzung der Kolonialisierung anderer Kontinente mit der Beherrschung durch den Blick als ein Medium des Penetrierens und Aneignens des Körpers der Frau ist – ebenso wie im orientalistischen und kolonialistischen Roman Frankreichs – auch in Lateinamerika bemerkenswert. Über den durchdringenden Blick des Eroberers entsteht eine Parallele zwischen dem Territorium und dem Körper der Frau. Wie die Frau aufgrund der vermeintlichen intellektuellen Lee-

---

4 Die Bedeutung von *La Chingada* ist vielfältig und auch der Ursprung des Wortes ist nicht vollständig geklärt. Bei Octavio Paz heißt es: „Der ‚chingón' ist der Mann, der öffnet, die ‚chingada' das Weib, das passiv und schutzlos nach außen ist. Die Beziehung zwischen beiden ist die der Gewalt, die von der zynischen Macht des Mannes und der Ohnmacht der Frau bestimmt wird: Die Idee der Vergewaltigung überlagert dunkel alle diese Bedeutungen" (Paz 1980: 80f.)

re als Projektionsfläche für die Wünsche und Ängste der Männer fungierte, so waren die Muster, nach denen die lateinamerikanische Kultur verstanden wurde, von Anfang an nichts anderes als Resultate der Träume und Ängste der Europäer. Die Lateinamerikaner wurden aber auch zu Objekten romantischer Sehnsüchte oder zu Projektionsflächen sozialer Utopien europäischen Vernunftdenkens, die im ‚guten Wilden' das mit der Herrschaft der Vernunft erneut verloren gegangene Paradies zu finden erhofften (vgl. hierzu Rössner 1988).

Das vergewaltigende Eindringen der Spanier in die Neue Welt wird in vielen exotistischen Romanen als Gründungsmoment zitiert, bei dem die *selva* – der Urwald – als Synekdoche für das Territorium fungiert. Die Wildnis wird in Romanen des 19. Jahrhunderts und auch in der späteren Literatur Lateinamerikas zur Metapher der irrationalen Natur und des autochthonen Kulturelements, das im Gegensatz zur europäischen Vernunft steht. Auch wird die Frau als Metapher des wilden Kontinents verstanden, wie z. B. im Roman *Doña Barbara* des Venezolaners Rómulo Gallegos (1929).

1.4 Identitätsbilder der Mexikaner als Mestizen

Die Malinche wird als Verräterin eingeschätzt, solange die Kultur bei ihrer Selbstdefinition auf ‚Reinheit' basiert. Dies ist der Fall bei einem – bis zur Mitte des 20. Jahrhunderts auch in Lateinamerika geltenden – abstrakten Identitätsbegriff, der auf die Gründung der europäischen Nationalkulturen im 19. Jahrhundert zurückgeht. Nationale Identität basiert demnach auf Idealvorstellungen von Ursprünglichkeit, Beständigkeit, Homogenität und Wesenhaftigkeit. Der Identität läge demnach ein allen gemeinsamer Ursprung zugrunde; ihre Merkmale werden als wesenhafte Qualität in Bezug auf eine Einheit und die angenommene ‚Reinheit' territorialer, ideologischer bzw. linguistischer und historischer Art gesehen, die sich Kultur nennt und als homogene, beständige Einheit verstanden wird.

Die Ausbildung einer solchen nationalen Identität beruht immer auch auf Abgrenzung zu anderen Identitäten. Die Alterität ist hier eine Projektion von Bildern des Fremden, ausgehend vom Eigenen. Sie ist demnach ein paradoxaler Bestandteil der Identität:

> Die paradoxe Funktion von ‚Fremden' besteht eben darin, daß sie Selbstidentifikationen gestatten. Je mehr Möglichkeiten ein System folglich nutzt, sich positiv als so und nicht anders zu bestimmen, desto zahlreicher werden auch die ausdrücklichen Ausgrenzungen, desto mehr Typen von Fremdheit erzeugt es (Hahn 1982: 54).

Die Alterität definiert die Grenzen zwischen Innen und Außen und garantiert die Einheit und Homogenität des Inneren. Differenzen werden von der Kultur ausgeschlossen oder domestiziert, das heißt in das System integriert und somit ihrer Fremdheit enthoben. Dies gilt für das Indianische wie für die Frau – wenn sie nicht ausgeschlossen wird, passt man sie an das patriarchalische System an. So kommt die Integration der Indios einer Desindianisierung gleich.[5]

Die Lateinamerikaner haben mit dem eurozentrischen Identitätsbegriff, nach dem sie die ‚mythische' Utopie Europas verkörperten, auch ein heilsgeschichtliches historisches Bewusstsein übernommen, das für ehemalige Kolonialkulturen die Erfahrung des Mangels bedeutet: Geschichtslosigkeit und Mythos sowie Rückstand im Modernisierungsprozess. Die Modernisierung hat eine verhältnismäßig kleine Elite beeinflusst, während die (mythischen) Volkskulturen oder die populären Subkulturen weiterhin als minderwertig gelten. Die Identitätsbilder Hispanoamerikas und Mexikos schwanken deshalb zwischen

a. dem Schuldgefühl aufgrund einer unreinen, ‚bastardischen' Geburt (durch Malinche als Mutter) oder aufgrund des Verlustes von Ursprung und Tradition (im 19. Jahrhundert) und

b. der Nostalgie des ursprünglichen Paradieses, auf das die kulturelle Bewegung des *Indigenismo* der 1930er Jahre zurückgeht.

Der Indigenismus versucht, die Identität der Lateinamerikaner auf eine mythisch verklärte Vorstellung der Urbevölkerung zu gründen.[6] Mit der Verwendung des Begriffs ‚Mestize' ist hingegen eine im Positivismus zunächst rassentheoretisch, später dann ethnisch und kulturell verstandene neue Rasse und Kultur gemeint, die aus der Begegnung indigener und spanischer Kulturen entstanden ist. Das Modell der Malinche steht für diese Begegnung verschiedener Kulturen: Da sie als Mätresse von Cortés einen gemeinsamen Sohn gebar, der als erster Mestize gilt, wird sie auch als Mutter der (Mestizen-)Kultur Mexikos angesehen. Zugleich steht sie für die paradoxe Essenz einer Identität, die sich als Alterität äußert. Octavio Paz nennt dies die Andersheit Lateinamerikas, die sich etwa durch das Weiterbestehen des mythischen Denkens in modernen Gesellschaften zeige. Diese Identität basiert demnach auf einem paradoxen Diskurs der Alterität. Wenn sich die Lateinamerikaner zu definieren versuchen, sehen sie sich selbst oft als die Alterität Europas. Auch hier zeigt sich die Parallele zwischen Kolonialkultur und Gender-Problematik, da bei den ersten feministischen Identitätsentwürfen die Frau als die Alterität des patriarchalischen Subjektes definiert wurde.

---

5 Diese Einsichten verdanken wir a) der Kritik der Ethnographie durch Stephan Tylor und James Clifford, in Deutschland durch z. B. Karl-Heinz Kohl und Mark Münzel, und b) der *Phänomenologie des Fremden* von Bernhard Waldenfels, die auf Emanuel Levinas' Kritik des Erkenntnis- und Bewusstseinssubjektes zurückgeht.
6 Zum Begriff des *indigenismo* siehe Berg 1995: 187f.

In den sechziger und siebziger Jahren des 20. Jahrhunderts etabliert sich dann das Ideal des Mestizen,[7] womit sich zugleich die Bewertung der Figur der Malinche ändert: Als Mutter des ‚ersten' Mestizen wird sie nun zur mythisch überhöhten ‚Mutter Mexikos'. Solche Theorien über die Vermischung oder die kulturelle Heterogenität lateinamerikanischer Gesellschaften sind tendenziell apologetische und kompensatorische Identitätsdiskurse, die eher einer abstrakten Kategorie der Identität als den heterogenen Formen gelebter Kultur entsprechen. Mit dem Rückgriff auf mythische und magische Bewusstseinsformen wird der Kultur der Stempel des Exotismus aufgedrückt, dessen Wirkung insbesondere außerhalb Lateinamerikas ungebrochen ist.

Auch die europäische Rezeption trägt ihre Verantwortung. Denn sowohl die Geschichte Lateinamerikas als auch die der Lateinamerikanistik ist die Geschichte der Vereinnahmung des Anderen, selbst wenn dies in gutem Willen und in ebenso gutem Glauben geschieht, im ‚Vaterland des Selbst' das Andere aufnehmen und beschützen zu können. Doch durch diese Art des Schutzes wird die Andersheit des Anderen vernichtet; sie wird auf eine bloße Alterität reduziert, zur bloßen Opposition des Selbst gemacht, das sich über diese Unterschiede seiner selbst versichert. Die Modelle, mit denen Europa sich angeschickt hat, das Andere zu retten, sind mehr oder weniger geschickte und komplexe Verschleierungsformen der Kolonialisierung, zuerst territorialer, dann epistemologischer Art im Sinne einer Kolonialisierung des Wissens. Nicht zufällig hat sich fast ausschließlich eine Literatur wie die von Gabriel García Márquez oder Isabel Allende auf dem europäischen Literaturmarkt durchgesetzt, wobei die literarischen Institutionen dafür sorgen, dass im Bewusstsein der Europäer für die Exotik dieser Bücher noch reger Bedarf existiert. Feministische Stereotypen gehen dabei einen fragwürdigen Kompromiss mit Exotik ein – nur so ist das Missverhältnis in der Rezeption von lateinamerikanischen Werken zu verstehen. Um ein Beispiel zu nennen: Dem Erfolg einer Schriftstellerin wie der Mexikanerin Laura Esquivel steht das Vergessen bedeutender anderer Schriftsteller gegenüber, die sich jedoch weniger für exotisierende Auslegungen seitens deutschsprachiger Literaturinstitutionen anbieten.

Als historischer Diskurs hat die kulturwissenschaftliche Theorie der Mestizierung, das heißt die Theorie der Vermischung und Synthese verschiedener Kulturen, einen bedeutenden Anteil an der Bildung von Identität im 20. Jahrhundert. Dies trifft besonders auf Mexiko zu, wo der Mestize nicht nur einem kulturellen Modell entspricht, sondern sich mit der Revolution von 1910 als konkrete politische Gestalt etablieren und aus dem Diskurs der Mestizen-Identität eine politische Macht gewinnen konnte. Trotz der Revolution entwickelten die mexikanischen

---

7 Zur Bedeutung von *mestizaje* siehe z. B. Borsò 1994: 114-128.

Intellektuellen, die traditionsgemäß auch hohe politische Ämter innehaben, ein mestizisches Elitebewusstsein. Deshalb sind die Selbstbilder der Lateinamerikaner Produkte einer kleinen Gruppe, die durch die Identifikation mit europäischen Modellen Prestige und Befreiung von der Marginalität suchen.

1.5 Die Parallele zwischen Eroberung von Territorium, Akkulturation der ‚fremden' Kulturen und Inbesitznahme der indigenen Frau

Vom europäischen Blickwinkel ausgehend, der zwischen dem Eigenen und dem Fremden unterscheidet – seien diese Unterschiede nun negativ oder positiv besetzt –, waren die Lateinamerikaner stets die ‚Anderen'. Entsprechend war es ihnen nur möglich, allein in der Sprache der Eroberer über sich zu sprechen und „ich" zu sagen. Indem sie sich über die Kolonialsprache identifizierten, verneinten sie sich zugleich als eigenständige Subjekte. Die Allianz der Waffen und der Sprache im Rahmen der Kolonialisierung zerstörte die Souveränität und Eigenständigkeit der Menschen der Neuen Welt. Indem sich die Spanier das neue Territorium aneigneten, überschrieben sie auch die Körper der indigenen Bevölkerung mit den eigenen abstrakten Symbolsystemen. Dieser ist nun doppelt kodiert zum einen als indigener Körper mit eigenen leiblichen Bedürfnissen und zum anderen als Teil des durch die Spanier aufoktroyierten Zeichensystems.

Die Doppelkodierung des Körpers der Malinche findet im Spanischen eine Entsprechung in der doppelten Bedeutung von *lengua* als Zunge, das heißt als Organ des Körpers (zugleich Quelle des Geschmacks und der Sinnlichkeit), und als abstraktes Zeichensystem (also im Sinne von Sprache und Sprachsystem). Analog dazu, wie die präkolumbischen Kulturen im Laufe von Eroberung, Missionierung und Kolonialzeit durch spanisches Kulturgut akkulturiert, das heißt an die spanische Kultur angepasst wurden, wurde ihr gelebter Leib mit hegemonialen, imaginierten Körperbildern überschrieben. Die Europäer unterwarfen und überschrieben die indigenen Körper, wie sie auch die Räume des Kontinents kartographierten. Der Blick des Mannes projizierte die eigenen Wünsche auf den Körper der Frau so wie Europa die eigenen Wünsche in die eingenommenen Territorien projizierte und sie bevölkerte.[8]

Die Hierarchie zwischen den Geschlechtern, bei der die Frau die Rolle des Anderen einnimmt, entspricht auch der Hierarchie zwischen der europäischen und der lateinamerikanischen Kultur, bei der die Lateinamerikaner ebenfalls den

---

8   Zur Illustration dieser Verbindung von Territorium und Körper der Frau kann das Gemälde *El sueño de la Malinche* von Antonio Ruiz angesehen werden. Dort zeigt sich, wie eine Landschaft in den Körper der Malinche ‚eingeschrieben' wird. Das Bild findet sich unter <http://www.tihof.org/images/malinche/RuizLaMal1939d.jpg>.

Platz des Anderen eingenommen haben. Eine Besonderheit der Eroberung Lateinamerikas liegt deshalb in der unverkennbaren Parallele zwischen der Randstellung der Frau im gesellschaftlichen Leben und der kulturellen Randstellung Lateinamerikas.[9] Die Emanzipation der lateinamerikanischen Frau ist somit doppelt erschwert, weil ihre Unterlegenheit und Unmündigkeit eine zweifache ist: Sie ist die Andere sowohl als Frau als auch als Lateinamerikanerin. Die Definition Lateinamerikas als historisches Subjekt wurde von anderen Kulturen und Sprachen bestimmt. Lateinamerika wurde zum Objekt missionarischer Subjekte, die eine imperialistische Macht vertraten, die mit der Eroberung und Evangelisierung Amerikas den großen Auftrag der europäischen Geschichte zu vollenden glaubten.

Die Kritik an der Dialektik von Herr und Knecht muss an dem ihr zu Grunde liegenden Instrument, also der Sprache, ansetzen. Die Begriffe ‚Fremdheit', ‚Kultur', ‚Frau' etc. implizieren selbst bereits Wissensformationen und Weltsichten – Diskurse, mit Michel Foucault gesprochen – und müssen daher als solche erkannt und entblößt werden. Es ist nicht verwunderlich, dass in Lateinamerika solche Denkansätze wie die der *Gender Studies*, welche die Ordnung der Geschlechter als ein sprachliches Phänomen und nicht allein als empirisches Faktum ansehen, mit den kulturkritischen Arbeiten Hand in Hand gegangen sind. Auf diese dekonstruktive Arbeit werden wir im nächsten Kapitel konkreter eingehen.

Schon jetzt sei aber darauf hingewiesen, dass die von der Genderforschung bereits dekonstruierte Gleichsetzung von Natur und Frau für Lateinamerika grundlegend ist. Die Natur ist eine Bedrohung für den sich als aktives Vernunftsubjekt definierenden abendländischen Menschen, der wünscht, die Welt zu ordnen und zu kontrollieren, anstatt Objekt und Opfer der Natur zu sein. Der Körper der Frau wird mit der (unbearbeiteten, wilden) Natur assoziiert und fungiert als das Objekt, in welches das Ich die Angst projiziert, mit dem Fremden des Selbst konfrontiert zu werden. In diesem Zusammenhang ist auch die Analogie zwischen dem Körper der Frau und dem Territorium seit der Eroberung frappierend: Der neue Kontinent wird auf der Grundlage eurozentrischer, auf Identität und Alterität basierender Deutungsmuster assimiliert; die fremde Natur und der Körper der Frau werden gleichermaßen durch die Kolonialisierung verfügbar gemacht.[10]

---

9   Siehe hierzu auch die von Karl Hölz aufgestellte Liste von Gegensatzpaaren, in der die Parallelen zwischen dem Kolonialdiskurs und dem Diskurs über Frauen besonders deutlich werden (Hölz 1998: 327).
10 Adriaen Collaert schuf im 16. Jahrhundert die Illustration *Amerika* als Allegorie. Darauf ist ein imaginiertes Territorium zu sehen, das in exotistischer Manier europäische Fantasien über die Neue Welt repräsentiert: Die Frau sitzt auf einem riesenhaften Tier und im Hintergrund wird Kannibalismus angedeutet. Ansehen kann man sich die Illustration hier: <http://www.kgi.ruhr-uni-bochum.de/projekte/weltlauf/archiv/3_3/l0002_4.htm>.

Der Weg aus diesem Dilemma der Übernahme des europäischen Blicks und damit auch der Analogisierung Lateinamerikas mit der indianischen Frau kann nur über die Dekonstruktion der Dichotomien, wie sie von den *Gender Studies* angeregt worden ist, und die Suche nach anderen kulturellen Konstellationen gehen. Statt Identität und kultureller Homogenität müssen Begriffe konzipiert werden, die kulturelle Heterogenität zu erfassen vermögen. Dies soll im folgenden Kapitel aufgezeigt werden.

2. Dekonstruktion als Entblößung und Infragestellung etablierter Hierarchien

2.1 Sprache und Blick als Instrumente der Macht

2.1.1 Die Rolle der Sprache

Betrachtet man die Situation der Frau als historisches Subjekt, so finden sich durchaus Parallelen zwischen der ausweglosen Situation der lateinamerikanischen Identitätssuche (als ‚periphere Kultur') und der Schwierigkeit der Emanzipationsversuche der Frauen (als ‚Minorität') auch in Europa. Dies zeigt die lang anhaltende soziale Randstellung der Frau in der europäischen Geschichte, besonders in der Geschichte der Modernisierung und der Emanzipation des Bürgertums, sowie die Zähigkeit des langfristigen Strukturwandels im Bereich der Geschlechterdifferenz (vgl. Vinken 1992). Erst im Zuge des sogenannten *linguistic turn* erfolgte die Dekonstruktion der hegemonialen Strukturen. Die Offenlegung der dem Sprachsystem als kognitives Instrument innewohnenden Machtstruktur brachte Auswege aus einer auf Oppositionen zwischen Eigenem und Fremdem basierenden Identitätssuche.

Es zeigt sich, dass Differenzen (Kultur- und Geschlechterdifferenzen), Hierarchien oder Verhältnisse von Unterdrückern und Unterdrückten sprachliche Phänomene sind, die bereits bestimmte Machtkonstellationen implizieren. Die *Gender Studies* haben zum Beispiel offengelegt, wie das metaphorische Paradigma des Lichts und die damit verbundenen Metaphernfelder (Tag, Vernunft, Erkenntnis, Geist, Sonne) in der Geschlechterdifferenz dem *genus masculinus* und der politischen Macht zugeschrieben werden. Der erste, militante Feminismus, der gewiss als wichtiger Schritt notwendig war, verwendete die Sprache noch als unhinterfragtes Ausdrucksmittel, missachtete die Sprache als eine Konstituente der Macht und führte so in eine Sackgasse. Im existentialistischen Feminismus von Simone de Beauvoir wurde zwar die patriarchalische, symbolische Ordnung an den Pranger gestellt, eine Kritik am Sprachsystem selbst wurde jedoch erst durch den Poststrukturalismus möglich (vgl. Ecker 1985).

Das enge Verhältnis von Licht und Phallozentrismus in der abendländischen Philosophie ist durch Luce Irigaray dargestellt worden. Die französische Philosophin betrachtet die Geschichte der abendländischen Philosophie (von Plato bis Freud) in dezentrierter Weise und zeigt eine diskontinuierliche Serie von Konstellationen auf, welche die Krise ausdrücken, die aus dem problematischen Verhältnis zu Abwesenheit, Tod und Dunkelheit resultiert. Diese ‚dunklen' Bereiche werden stets mit der Frau verbunden. Irigaray deckt das Begehren des patriarchalischen Subjekts nach Selbstbespiegelung kritisch auf und illustriert, wie verschiedene philosophische Positionen ein selbstidentisches Subjekt in sich bergen. Die methodische Entscheidung von Irigaray ist wichtig: Sie macht klar, dass die einfache Negation eines Systems, in dem sich das patriarchalische Subjekt eine Identität gibt und Oppositionen festlegt, die Gültigkeit des Systems nur erneut bestätigt. Viel wirksamer ist dagegen ein exzentrischer Blick auf die Philosophiegeschichte (vgl. Irigaray 1974).

2.1.2 Das okzidentale Subjekt und das Auge als mächtiges Dispositiv

Luce Irigaray hat ebenfalls gezeigt, wie sich die abendländische Philosophie durch die Sichtbarkeit des Anderen selbst ermächtigt und der eigenen Macht versichert. Die Sichtbarkeit ist also die Grundlage für die Macht des starken okzidentalen Subjektes, da dieses sich durch die visuelle ‚Durchdringung' des Anderen als selbstidentisch und dem Anderen gegenüber als different affirmiert. Die stillschweigende Annahme stabiler, hierarchischer Konstellationen, die das Verhältnis zwischen Subjekt und Objekt sowie zwischen Identität und Alterität regeln, ist die Basis für diese Affirmation. Insbesondere in der Kunst finden sich Beispiele für die Problematisierung des Blicks und der vermeintlichen visuellen Kompetenz des Subjektes.

Eine wichtige Strategie ist daher die Dekonstruktion dieser Konstellation des Blicks z. B. durch seine Dezentrierung und durch die sprachliche Parodie des Subjektes und/oder des kulturellen Zentrums. Diese auch in den *Gender Studies* und *Postcolonial Studies* erfolgte Dezentrierung hat dazu geführt, den Blick zu verschieben, weg von der hegemonialen Position des Zentrums, das auf die ‚Anderen' schaut. So entsteht ein anderer epistemologischer, das heißt erkenntnistheoretischer Ort: der Blick von der randständigen Position sogenannter Minoritäten, zum Beispiel der Frauen. Dieser Ort vermittelt ein anderes, ein dezentriertes Wissen. Es ist ein Ort der Freiheit, ein Ort des nomadischen, beweglichen Denkens.

Die Position des Randes kann so zur ‚Waffe' werden, die effizienter wirkt als die Einnahme einer einfachen Gegenposition. Denn aus ihrer doppelten Randstellung hat die lateinamerikanische Kultur bzw. haben lateinamerikanische Intellektuelle und Frauen einen Ort kritischer Reflexion über die Denkmuster des europäischen Zentrums, unter anderem über die Geschlechterdifferenz, geschaffen. Die kritische Auseinandersetzung mit eurozentrischen Mustern hat aus postkolonialer Sicht Möglichkeiten gezeigt, einen Ausweg aus der bis in die heutige Zeit weiter wirkenden Geschichte von Unterdrückern und Unterdrückten, von Siegern und Besiegten und von Herren und Subalternen zu finden. Die *Gender Studies* und die *Cultural Studies* haben z. B. durch die Studien von Gayatri Spivak erkannt, dass ein direkter Angriff auf die Herrschenden unwirksam ist, weil sie der Sprache der Anderen, also der Sprache der Subalternen, nicht zuhören. Eine Umkehrung von Rollen bestätigt lediglich die bestehenden Hierarchien. Viel wirksamer ist die sprachliche Parodie der Diskurse der Herrscher, das heißt des (okzidentalen) Zentrums, denn sie gibt die Worte der Herrscher verzerrt wieder.

2.2 Von der Identität der Kulturen zur Transkulturalität: ein Kulturmodell für die globalisierte Welt

Das in Kapitel 1.4 behandelte Kulturmodell der (nationalen, okzidentalen) Identität impliziert das asymmetrische Verhältnis zwischen einer selbstidentischen Kultur und einer anderen Kultur, der keine eigene Identität zugeschrieben wird und die lediglich als Negation der ersten Kultur gilt. Eine solch hegemoniale Beziehung entsteht, wenn man die Kulturen zwischen festen Grenzen verortet und die Beziehung zueinander als statische Oppositionen ansieht. Es gilt aber – und dies ist das Ziel dieses zweiten Teils –, das Beziehungsfeld zwischen den Kulturen als einen offenen Prozess zwischen gleichberechtigten Partnern und als einen dialogischen Austausch zu betrachten, der die Grenzen durchlässig macht und keine der beteiligten Kulturen unverändert lässt. Genau diese Dynamik öffnet einen neuen, dritten (transkulturellen) Raum, in dem die Macht nicht nur von einer Seite agiert, sondern sich auch als Gegenmacht, als Widerstand, entwickeln kann. Eine solche Dynamik impliziert die Durchlässigkeit der interkulturellen Grenzen – der Grenzen zwischen Kulturen – wie auch der intrakulturellen Grenzen, das heißt jener zwischen den sozialen Gruppen oder den kulturellen Feldern innerhalb einer Kultur (z. B. Elitekultur und Massenkultur). Diese Dynamik, die man heute transkulturell nennt, besteht nicht nur in der aktuellen Kultur, sondern ist auch retrospektiv in Kulturen der Vergangenheit zu erkennen (vgl. Welsch 2000).

Infolge der aktuellen Migrationsbewegungen hat sich in der Kulturwissenschaft das transkulturelle Modell etabliert. Mit diesem Modell eröffnen sich ‚neue' Räume bzw. Passagen zwischen Kulturen. Gerade an Lateinamerika lässt sich zeigen, dass die kulturellen Passagen Quellen von Kreativität und Strukturwandel sind. Denn in neu entstehenden „dritten Räumen" (vgl. Bhabha 1994) sind Dynamisierungen möglich, die mit dem Begriff der Hybridisierung charakterisiert werden: Hybridisierung ist ein Hin und Her, ein steter Übersetzungsprozess, der dem Kulturellen innewohnt. Sieht man Grenzen also als Begegnungslinien, die unablässig überschritten werden, dann impliziert jede Klassifizierung bereits ihre eigene Kontamination. In diesem Sinne zeigt Jacques Derrida beispielsweise auf, wie jede Gattung – auch diejenige von Gender – immer bereits ‚unrein' ist (Derrida 1986); auf einem ähnlichen Gesetz beruht auch die Definition der Hybridität durch Homi K. Bhabha (Bhabha 1994).

Hybridität wächst mit der weltweiten Durchlässigkeit der Grenzen und ist als kulturelles Kapital anzusehen, das allerdings anders funktioniert als das wirtschaftliche Kapital. Beide wachsen zwar durch Transaktionen, durch die Überquerung der Kontinente. Der Unterschied liegt aber in der Zielrichtung dieses Austauschs: Der Transfer von materiellem Kapital kennt nur eine Richtung (wie z. B. das aztekische Gold die Schatzkammer der spanischen Könige bereicherte), während das kulturelle Kapital sowohl die Ausgangs- als auch die Zielkultur gleichermaßen zu bereichern vermag. Interkulturelles Kapital durchdringt Grenzen und bewegt sich über die Grenzen hinweg. Das Kapital der Kultur ist damit eine potenzielle Macht, die die Welt transformiert, ein symbolisches Kapital ohne festen Wohnsitz, das gerade durch den kulturellen Transfer, durch die Bewegungen und Begegnungen wächst – hier besteht allerdings durchaus eine Parallele zu den Finanzmärkten des globalisierten Marktes.

In einem transkulturellen Raum interagieren die Kräfte; sie können dabei der Macht widerstehen und ‚gleichberechtigt' produktiv werden. Deshalb ändert sich auch die Bedeutung von Macht. Die Macht bleibt nur solange nicht hintergehbar, wie man in asymmetrischen Oppositionsstrukturen denkt. Durch das transkulturelle Modell hingegen verschieben sich die Machtkonstellationen: Sie folgen nicht mehr einer asymmetrischen Logik, die eine Hierarchie zwischen Zentrum und Peripherie oder Subjekt und Objekt etabliert. In einem transkulturellen Beziehungsfeld sind Territorium und Körper nicht länger Objekte, die in Besitz genommen werden können. Sie sind vielmehr Subjekte, die handeln und Widerstand leisten können, wie es sich in der überaus reichen Kolonialkultur zeigt. Erst in diesem kulturellen Raum wirkt auch der Körper der Frau als mächtiger Agens, der sich der Vereinnahmung durch den hegemonialen und patriarchalen Blick widersetzt. Sor Juana Inés de la Cruz ist ein eindrucksvolles Beispiel hierfür (Borsò 2008).

In dem so offenbarten dynamischen kulturellen Raum wird eine zweite Geschichte sichtbar. Es ist die Geschichte der Widerstandskräfte sogenannter subalterner Kulturen. Denn Kolonialkulturen entfalten einen indirekten Widerstand gegen die Diskurse der Macht und der Unterwerfung. Der postkoloniale Ansatz zeigt damit, dass neben der Asymmetrie zwischen historischen Subjekten und Objekten auch interaktive Kontakte zwischen gleichberechtigten Akteuren bestanden haben (solche Doppelstrukturen finden sich auch im sogenannten orientalistischen Roman und in Romanen des Maghreb).

Das transkulturelle Paradigma dient den *Gender Studies* und den *Postcolonial Studies* als zentrales Instrument der Revision der Kolonialgeschichte. Als historisches Phänomen transformiert die transkulturelle Durchlässigkeit zwischen Kulturen und kulturellen Feldern die sozialpolitische Geschichte: Sie ist nicht mehr allein als Strukturgeschichte hierarchischer Räume zu verstehen.

2.3 Postcolonial Studies: *Übersetzung, transkulturelle Subjekte und postkoloniale Geschichtsschreibung*

Die in den vorangegangenen Abschnitten zusammengefassten Erkenntnisse sind zentral auch für eine Revision des in Kapitel 1 besprochenen Mythos' der Malinche als Mythos der ‚unreinen' Geburt der Mexikaner und als Verrat an den indigenen Kulturen. Das transkulturelle Paradigma hat die Bedeutung der Figur der Malinche grundlegend verändert: Von der Verräterin zur Übersetzerin und zum Sinnbild des transkulturellen Subjekts. Daher soll im Folgenden das Paradigma der Übersetzung als kulturproduktiver Prozess erläutert werden.

Übersetzungen gelten meist als unsichtbares Medium, durch das eine originale Botschaft einfach in eine andere Sprache wechselt. Dabei wird jedoch übersehen, dass jeder Übersetzung kreative Prozesse inhärent sind (Borsò 1998: 99). Geht man hingegen im Sinne der dekonstruktivistischen Übersetzungstheorie davon aus, dass jeder Text, also auch ein Original, steten Wandlungen unterworfen ist – schon allein darum, weil jeder Leser einen Text anders rezipiert –, es daher niemals nur eine Bedeutung von Texten geben kann, so ist auch das sogenannte Original nicht mehr als verbindliche sinngebende Einheit zu verstehen. Genau hier setzt Bhabhas Begriff vom „dritten Raum" an (Bhabha 1994: 37). Übersetzungen sind also nicht einfach das unsichtbare Medium der Akkulturation, sondern sie offenbaren die Zwischenräume sprachlicher und kultureller Differenz. In Übersetzungen begegnen sich kulturelle Traditionen und Sprachen, so dass sie für die Komplexität des Verhältnisses von Eigenem und Fremdem sowie deren Schwellen und Übergänge sensibilisieren können (vgl. Gerling 2004: 48-53).

In der gleich nach der Eroberung Lateinamerikas einsetzenden Missionierung begann eine überaus rege Übersetzungstätigkeit. Man übersetzte vom Nahuatl zum Latein und dann zum Spanischen. Man transkribierte Piktogramme in lateinische Schrift, dann ins Spanische. Ein wunderbares Zeugnis dieser Kulturübersetzungen ist die berühmte *Historia general de las cosas de la Nueva España*, die Schrift des Franziskaners Bernardino de Sahagún, der die aztekischen Fürsten um sich versammelte, um sich über deren Traditionen informieren zu lassen.[11] Faszinierend ist an dieser Schrift, wie zum einen Sahagún nach und nach von den Erzählungen der indianischen Informanten eingenommen wird und ihnen immer mehr Raum lässt, wie zum anderen aber auch die Informanten zunehmend christliche Denkweisen in die eigene Kultur übersetzen. Diese unterschiedlichen Übersetzungsprozesse sind eine Quelle von beeindruckenden kreativen Energien und öffnen einen neuen kulturellen Raum. Mit einem solchen Ansatz kann man die Kolonialzeit als eine Zeit intensiver transkultureller Prozesse sehen. Wir möchten deshalb erneut die in Kapitel 1.2 eingeführte Kategorie der Kolonialsubjekte aufgreifen und diese zu transkulturellen Subjekten umdeuten. Auf dieser Grundlage kann die Malinche als transkulturelles Subjekt verstanden werden.

Zusammenfassend kann folgende These aufgestellt werden: Die politisch besiegte Kultur behauptet sich innerhalb dieser Macht und rettet sich, indem sie in einer anderen, einer universalen Kultur aufgeht. Kulturelle Werte können also ganz andere Wege gehen als die politischen Entwicklungen vorgeben. Sowohl die indianische als auch die europäische Kultur bereichern sich durch die jeweils andere in einem steten Austauschprozess, der in verschiedenen Richtungen verläuft. Diese transkulturellen Prozesse haben es der indianischen Kultur ermöglicht, weiterzuleben. Mehr noch: Sie haben eine neue Kultur erzeugt, die wir heute überall in Mexiko bewundern, in den Museen ebenso wie auf den Märkten kleiner Dörfer. Neue kulturelle Räume haben sich aus diesen Bewegungen ergeben, bei denen die indianischen Elemente die Dogmatik der katholischen Religion toleranter gemacht haben.

3. Kulturelle Räume und körperliche Räume: Rückeroberung von Körper und Blick bei Frida Kahlo

3.1 Kritische Revision der Rolle der Frau in Lateinamerika

Die Parodie vermag es, die scheinbare ‚Natürlichkeit' der patriarchalischen ‚Ordnung der Geschlechter' zu demontieren und so zu verdeutlichen, dass die Geschlechterdifferenz keineswegs natürlich ist, sondern das Ergebnis einer historischen und sozialen Genese darstellt. Die *Gender Studies* haben gezeigt, dass die Symbole des Weiblichen Zeichensysteme sind, die nicht mit dem empirischen Sexus, mit der ‚realen' Frau übereinstimmen. Auf dieser Basis konnten subver-

---
11 Zur Bewertung des Werks von Sahagún siehe auch Todorov 1990: 364f.

sive Strategien gegen die Überschreibung des weiblichen Körpers sowie gegen die Strukturierung des Territoriums durch das System der Sprache und durch die Ideologie der spanischen Kolonialherren entfaltet werden. Damit wurden die kolonialen Strategien unterwandert und demontiert, welche auf der Parallelität von Landnahme und Inbesitznahme der Körper gründeten. Genauso wie das Territorium Lateinamerika durch europäische Projektionen strukturiert wurde, wurden auch die Körper der Frauen (und die indigenen Körper) mit der symbolischen Ordnung Europas überzogen.

Seit einigen Jahren hat unter dieser Perspektive eine kritische Revision der Rolle der Frau in Lateinamerika stattgefunden. Lateinamerikanische Schriftstellerinnen haben die Verbindung der Mythen über die Eroberung Amerikas mit der Bedeutung der (indigenen) Frau kritisch reflektiert und ihre gemeinsame patriarchalische und eurozentrische Basis offengelegt. Sie haben sich programmatisch gegen die etablierte Interpretation der lateinamerikanischen Kultur durch den bereits im ersten Teil erwähnten Essay *Das Labyrinth der Einsamkeit* von Octavio Paz gewendet.

Überkommene Hierarchien können durch einen transkulturellen Blick entblößt werden: Die Minoritäten, die Octavio Paz durch die Gleichsetzung des mexikanischen *campesino* und der Malinche im Sinne des patriarchalischen Systems als ‚die Anderen' charakterisiert hatte, sind nun nicht länger Objekte patriarchalischer Subjekte. In *Labyrinth der Einsamkeit* wurden dagegen diese Objekte – sei es die Frau, die anonyme Masse oder eine Subkultur – entweder im Sinne der verklärten romantischen Vision idealisiert oder galten (im Sinne des Elitebürgertums) als eine ‚ohn-mächtige' Randgruppe. Die Emanzipation der Frau war in Mexiko tatsächlich ein Teil des Prozesses, durch den sich die Minoritäten von der anonymen Masse zu einem selbstbewussten transkulturellen Subjekt emanzipiert haben.

3.2 *Frida Kahlos Umkehrung und Irritation des Blicks*

Die mexikanische Künstlerin Frida Kahlo hat nicht zuletzt durch den Kinofilm *Frida* (2002) neue Berühmtheit erlangt.[12] Sie wurde 1906 in Coyoacán, Mexiko, geboren, wo sie 1954 auch starb. Ihr Leben ist geprägt von einem schweren Busunfall, bei dem im Jahr 1925 ihr Körper von einer Eisenstange durchstoßen wurde und fortan von Gips- und Eisenkorsetts gestützt werden musste. Frida Kahlos

---

12 Das Leben von Frida Kahlo wurde im Jahr 2002 von Julie Taymor verfilmt mit Salma Hayek in der Hauptrolle. Der Film bietet einen Einblick in die Biographie der Künstlerin und ihr Schaffen, jedoch steht hier eigentlich ihr Ehemann und Künstler Diego Rivera im Mittelpunkt. Auch werden vorrangig ihre autobiographischen Selbstportraits im Film thematisiert. Jene Bilder, die für unser Thema von besonderer Bedeutung sind, werden dort ausgeblendet.

Werk besteht zum größten Teil aus Selbstportraits. In diesen thematisiert sie zum einen ihre Krankheit und den Unfall. Zum anderen zeichnet sich aber ein großer Bereich ihres Schaffens durch die ironische Dekonstruktion der herrschenden kolonialen und patriarchalischen Diskurse aus: Die meisten ihrer Selbstportraits zeigen die Malerin halbseitlich, stolz den Betrachter anblickend. Sie bildet sich häufig vor dem Hintergrund einer Blätterwand ab. Auf einigen Bildern erscheint die Natur üppig und saftig (wie im Falle von *Selbstbildnis mit Affe*, 1938), auf anderen kahl und abgestorben (wie z. B. das *Selbstbildnis, Dr. Eloesser gewidmet*, 1940).[13]

Die meisten Interpreten sehen in diesen unterschiedlichen Darstellungen der Natur eine doppelte Verbindung der Abgebildeten mit dem Naturkreislauf: als Frau und als Lateinamerikanerin. Auf Letzteres scheinen auch bestimmte Symbole in den beiden genannten Gemälden anzuspielen, z. B. eine Knochenkette, eine kleine Knochenhand als Ohrring oder auch die traditionelle Haartracht, z. B. mit einem Kranz einfacher, bunter Blumen.

Über eine surrealistische Assoziationskette inszeniert die Malerin indes weniger den Naturkreislauf als die Dualität der Existenz zwischen Tod und Leben. So schmückt die Halskette aus Knochen beispielsweise einen lebendigen Körper, und der Ohrring in Form einer abgeschnittenen Hand deutet auf die aztekische Mythologie hin, wonach der Mondgöttin Coyolxauhqui als Zeichen der Unterwerfung vom Sonnengott Huitzilopochtli die Glieder abgehackt werden.

Die Zurschaustellung dieser Symbole ist eine Anklage gegen die Natur, die Schmerzen zufügt, und gegen die patriarchalische Gesellschaft, welche die Frau und ihren Körper unterwirft. In ebendieser Weise müssen auch das indianische Szenario (Kleidertracht, Schmuck) und das populäre Szenario (Votivbilder, die als Dank für göttliche Hilfe in der Not gelten) interpretiert werden. Es geht also weniger um eine naive Kunst der Selbstzuschreibung einer indianischen Identität als ‚Mexikanerin'. Vielmehr konfrontiert Frida Kahlo den Betrachter mit den Mythen über Mexiko und über die (doppelt marginalisierte) Frau, um den existentiellen Widersinn dieser Mythen bewusst zu machen. Die so intendierte Irritation wird hervorgerufen durch die Hinweise auf den Schmerz als Kehrseite der blühenden Natur (z. B. durch die Dornenkette) oder die kindlich naiv bis lustvoll erstaunt aufgesperrten Augen des Affen: Der Affe gilt im Abendland als Symbol der Sünde, in Mexiko als Schutzpatron des Tanzes und als Sinnbild für Lüsternheit.

---

13 Bilder von Frida Kahlo können im Internet angesehen werden. Die beiden genannten finden sich zum Beispiel hier: <http://webuser.fh-furtwangen.de/~lbauer/kahlo/kahlo_index.htm>.

3.3 Frida Kahlo: Zwei Bildinterpretationen

3.3.1 Selbstbildnis auf der Grenze zwischen Mexiko und den USA

Das Gemälde *Selbstbildnis auf der Grenze zwischen Mexiko und den USA*[14] entstand vor dem biographischen Hintergrund, dass Frida Kahlo im Jahr 1930 ihren Mann Diego Rivera nach New York begleitete, wo dieser verschiedene Wandgemälde erstellen sollte. Das Bild kann durchaus als Ausdruck des Unmuts der Malerin gegenüber *Gringolandia* angesehen werden, fühlte sie sich doch in den USA höchst unwohl.[15] Hier jedoch soll das Werk vor allem hinsichtlich seiner kulturwissenschaftlich relevanten Aussage im Mittelpunkt stehen.

Frida Kahlo, Selbstbildnis auf der Grenze zwischen Mexiko und den USA
©Banco de México Diego de Rivera Frida Kahlo Museum Trust; VG Bild-Kunst, Bonn 2012

---

14 1932, Öl auf Metall, 31,8 x 35 cm, Sammlung Sr. und Sra. Manuel Reyero, New York. Dieses Bild kann eingesehen werden unter: <http://www.usc.edu/schools/annenberg/asc/projects/comm544/library/images/377bg.jpg>.

15 Zu Frida Kahlos Aufenthalt in den USA siehe das Kapitel: „A Mexican artist in ‚Gringolandia'" (Kettenmann 2003: 31-43), sowie Schuchardt (vorr. 2013: 166).

Wir sehen das Selbstbildnis von Frida Kahlo, die elegant gekleidet und eine kleine mexikanische Nationalflagge haltend wie eine Statue auf einem Sockel in der Bildmitte steht. Ihre Figur teilt zwei zueinander in großem Kontrast stehende Welten: Auf der linken Seite sehen wir Mexiko mit den Attributen der präkolumbischen Mythologie (Sonne, Mond, Götterfiguren aus Stein), einen mexikanischen Tempel und üppige Vegetation. Diese Präsentation enthält zugleich archaische Bezüge (der Tempel ist teils eine Ruine, es liegen ein Steinhaufen und ein Totenkopf am Boden). Auf der rechten Seite sehen wir eine Art Collage von industriellen Elementen (Fabrik, Öfen, Lampen, Hochhäuser), die eine künstliche Landschaft bilden, über der statt einer Sonne die US-amerikanische Flagge hängt. Verbunden sind beide Seiten oberhalb von Frida durch den gemeinsamen Himmel, unterhalb von Frida hingegen durch die Wurzeln der mexikanischen Pflanzen, die sich in Kabel verwandeln, die wiederum den Lampen auf der rechten Seite Strom liefern. Diese Darstellung vermittelt eine deutliche Polarisierung: Die Frida des Bildes wendet sich leicht von der toten, technikdominierten Welt der USA ab und der von Naturgewalten, Archaismen und Mythologie geprägten Welt Mexikos zu. Dieser wird außerdem mehr Raum gegeben, da die durch die Figur vorgegebene Achse das Bild nicht in zwei exakt gleiche Hälften teilt. Die kritische Haltung den USA gegenüber wird noch unterstrichen durch die Andeutung der Ausbeutung mexikanischer Ressourcen durch Nordamerika, versinnbildlicht durch die Wurzeln der Pflanzen, die den Strom für die Lampen in den USA liefern. Zugleich aber verweisen die Wurzel-Kabel darauf, wie diese beiden Welten ineinander greifen und so auf die Unentscheidbarkeit von Grenzen hinweisen im Sinne eines Sowohl-als-auch. Die auf den ersten Blick sehr starke Polarisierung wird auf diese Weise aufgehoben und es entsteht ein unterirdischer, subtiler Zwischenraum der Kulturen.

Dieses Bild zeigt, gerade auch durch die starke biographische Komponente, wie zwei durch wirtschaftliche Abhängigkeiten verbundene Kulturen einander gegenüber stehen. Und doch kann trotz der starken Polarisierung auch diese Darstellung bereits als eine subversive Grenzüberschreitung angesehen werden: Frida befindet sich hier in einem Raum zwischen den beiden Kulturen. Zugleich werden, wie es die beiden Nationalflaggen noch unterstreichen, nationale Identitätsdiskurse einander gegenübergestellt und gerade durch die Polarisierung (Natur, Ursprünglichkeit, Autochtonie vs. Zivilisation, Zukunftsglaube, Technologie) als Zuschreibungen entblößt.

Die zweite Bildanalyse soll als Beispiel dafür dienen, wie die Hybridität der mexikanischen Kultur als nicht abgrenzbarer Raum in späteren Werken Frida Kahlos weitaus komplexer behandelt wird.

3.3.2 Die Liebesumarmung des Universums, die Erde (Mexiko), ich, Diego und Herr Xólotl (*El Abrazo de Amor del Universo, la Tierra (México), yo, Diego, y el Señor Xólotl*)

Das Selbstbildnis *Liebesumarmung des Universums*[16] thematisiert die Aspekte von Geschlechterdifferenz und kultureller Alterität zugleich. Die vielschichtige, im Vergleich zum Bild vorab sehr viel komplexere Darstellung, von der hier nur einige Aspekte genannt werden können, enthält zudem parodistische Elemente.

Die Farbgebung wird dominiert durch die Teilung des Hintergrundes in eine dunkle und eine helle Hälfte, vor denen sich jeweils ein kleiner und ein großer Himmelskörper abzeichnen und die sich auf der unteren Bildhälfte zu ineinander verschränkten Händen formen. Diese Anordnung der Hell-Dunkel-Kontraste erinnert an Yin und Yang: In der chinesischen Philosophie bedeuten die ineinander übergehenden Kreishälften (die schwarze mit dem weißen Punkt und die weiße mit dem schwarzen Punkt), dass das Leben auf einander ergänzenden und in steter Dynamik befindlichen Gegensätzen beruht, die jeweils nur in Relation zueinander bestehen. Auf diesem Hintergrund zeichnet sich eine Figur ab, die das umarmende Universum darstellt und sich geschlechtlich nicht festlegen lässt. Drei weitere, einander jeweils umarmende Figuren befinden sich davor – ineinandergeschachtelt, ähnlich wie russische Püppchen. Die nächste Figur ist ebenfalls nicht individualisiert, jedoch als Frau zu erkennen. Sie repräsentiert offensichtlich die Mutter Erde, denn ihrem Körper entsprießen Kakteen, Agaven und Bäume. Gesicht und Körper liegen genau auf der mittleren vertikalen Achse des Bildes, wohingegen die hintere Figur leicht nach rechts, die beiden vorderen Figuren leicht nach links versetzt sind. Wiederum kleiner und eine Ebene vor der Mutter Erde befindet sich das Selbstbildnis der Frida Kahlo, die einen nackten Diego Rivera – ihren Ehemann – im Arm hält. Diese Komposition erinnert an zwei Typen von Mariengemälden: Maria mit Jesus als Kind und Maria mit dem verstorbenen Jesus (Pietà), wobei dieser Figur auch durch zwei weitere Attribute im christlichen Sinne göttliche Macht zugewiesen wird: durch das Auge Gottes auf der Stirn und die Flammen in der Hand als Symbol für das von Gott geschaffene Element des Feuers. Neben dieser christlichen Assoziation stehen die

---

16 1949, Öl auf Leinwand, 70 x 60.5, Sammlung Jorge Contrers Chacel, Mexiko City. Dieses Bild kann eingesehen werden unter: <http://www.proa.org/exhibiciones/pasadas/mexico/salas/kahlo-04.html>.

Frida Kahlo, Die Liebesumarmung des Universums, die Erde (Mexiko), ich, Diego und Herr Xólotl
©Banco de México Diego de Rivera Frida Kahlo Museum Trust; VG Bild-Kunst, Bonn 2012

Flammen hingegen gemäß prähispanischer Mythologie ebenfalls im Bezug zum Hund, der auf dem linken Arm des Universums liegt und schläft. Es handelt sich dabei um den haarlosen, schon aus präkolumbischer Zeit bekannten Rassehund Itzcuintlis, der in altmexikanischer Mythologie als Totenhund bekannt ist. Er repräsentiert jenen Feuergott Xolotl, der die Erde spaltet und die Toten in die Unterwelt führt. Frida Kahlo selbst besaß einen solchen Hund.

Vor dem Hintergrund der Thematik ‚Territorium und Gender' lassen sich hier einige Interpretationslinien aufzeigen. Hinsichtlich der Problematik des Identitätsbegriffs, wie sie gerade für Lateinamerika virulent war und ist, fällt beispielsweise die heterogene Mischung von Verweisen aus unterschiedlichsten Kulturkreisen auf: vom Christentum (Pietà) über prähispanische Mythologie (Mutter Erde als Pacha Mama, Gott Xólotl) bis hin zu russischem Kulturgut (russische Püppchen) und chinesischer Philosophie (Yin und Yang). Verwoben wird dies mit autobiographischen Elementen, was darauf hinweist, wie auch individuelle Personen sich in dieser kulturellen Hybridität situieren: Die unschwer als Frida und Diego zu erkennenden Personen befinden sich auf mexikanischem Territorium. Dabei wird eine Irritation von zugewiesenen Geschlechterrollen erkennbar: Die Frida des Gemäldes hält Diego Rivera wie ein hilfloses Kind in Embryonalstellung schützend im Arm. Auch kann das Universum (im Spanischen grammatikalisch maskulin: *el universo*) in der bildlichen Darstellung keinem Geschlecht zugeordnet werden: Es besteht sowohl aus dunklen wie aus hellen Bereichen und enthält sowohl die Sonne (spanisch maskulin: *el sol*) wie auch den Mond (spanisch feminin: *la luna*). Andererseits wird die Mutter Erde explizit ins Zentrum gesetzt und die drei Figuren Universum, Erde, Frida Kahlo entsprechen sich in ihrer Körperhaltung, was sich als starke Dominanz des Weiblichen deuten lässt, wohingegen der Mann Diego und der Hund Xólotl am weitesten von der Bildmitte entfernt sind. So findet hier eine Umkehrung von etablierten Geschlechterhierarchien statt.

Neben den sich anbietenden biographischen Interpretationen wird dieses Bild häufig als versöhnliche Darstellung des ursprünglichen Gleichgewichts der Welt interpretiert. Die vorliegende Kurzanalyse soll dahingegen aufzeigen, dass sich das Gemälde für eine solche idealisierende Deutung kaum anbietet. In der hier angebotenen Lesart zeigt sich, wie durch dieses Selbstbildnis der Blick irritiert wird: Die zentrale Bildachse wird nicht allein durch die seitlichen Verschiebungen, sondern auch durch weitere, fragmentarische Achsen gebrochen. So führt eine Achse von der linken unteren Ecke des Bildes über den Hund und die linke Hand der Mutter Erde zur Sonne, endet jedoch nicht in der gegenüberliegenden Ecke. Die Figur des Diego hingegen quert die senkrechten Achsen und weist auf den Mond. Die Vielzahl der kulturellen Intertexte lässt eine Zuschreibung bezüglich einer mexikanischen Identität nicht zu. Vielmehr präsentiert sich die Darstellung als vielgestaltig und unabgeschlossen, indem Kulturelemente durch die parodistische Montage enthierarchisiert werden. Letztendlich kann auch bezüglich der Genderkonstellation keine feste Aussage getroffen werden, oszilliert der Mann doch zwischen einer embryonalen Haltung, umgeben von schützenden Frauenarmen, den Attributen göttlicher Macht aus verschiedenen Kulturkreisen und der deutlichen Stilisierung zum Göttlichen. Harmonie wird nach dieser Interpretation im Bild nicht erkennbar, und da die Wurzeln am unteren Bildrand ins Leere ragen, bleibt auch die Anbindung an einen Ursprung bildlich unerfüllt.

4. Zusammenfassung

Anhand des hier Dargestellten kann man folgende These aufstellen: Die Geschichte Amerikas wurde vom europäischen Zentrum aus geschrieben, und aus dieser Perspektive waren die ursprünglichen Völker Amerikas unterlegen, passiv und unfähig, ihr historisches Schicksal zu steuern. Noch Hegel spricht in seinen *Vorlesungen zur Philosophie der Geschichte* davon, dass die Lateinamerikaner aufgrund ihres geringen Zivilisationsgrades weiterhin lange warten müssten, um gleichwertige Akteure der Geschichte zu werden. Vom europäischen Zentrum aus gesehen, wie es dem Blickwinkel Hegels entspricht, ist die lateinamerikanische Kultur also nichts anderes als eine defizitäre Kopie Europas. Die Frau ist dabei in doppelter Weise – als Frau und als Lateinamerikanerin – ‚ohn-mächtig' bzw. machtlos.

Hinzu kommt die doppelte Seite des exotischen Bildes vom Lateinamerikaner – als Exotisierung durch die Eroberer einerseits und als Übernahme des exotischen Blicks durch die kolonialisierten Kulturen andererseits. Dieses kristallisierte sich insbesondere in den Selbstbildern Lateinamerikas anhand der indianischen Frau heraus und korreliert mit den Fremd- und Selbstbildern des sogenannten Orients, wie es in der Studie *Orientalismus* von Edward Said (dt. 1981) und dessen späterer Revision durch Homi Bhabha (1994) problematisiert wurde. Die Übernahme des fremden Blicks auf sich selbst ergibt sich schon zwangsweise in dem paradoxen Versuch, über die Sprache der Kolonisatoren eigene Formen der Identität zu entwickeln, wie es in den ersten Identitätsbildern der maghrebinischen Kulturen geschieht. In Lateinamerika dauerte dieser Prozess in unterschiedlichen Ausprägungen vom 16. Jahrhundert bis weit in das 20. Jahrhundert an.

Die Thematik um Gender und Territorium kulminiert im Werk von Frida Kahlo in einer ironischen Hybridität: Der koloniale und präkolumbische Hintergrund Mexikos wird über Natur- und Landschaftsbilder oder durch Anklänge aus der Volkskultur als inszenierter Exotismus in ihre Bilder eingebracht. Auch das Arrangement der Bilder stellt im Rückgriff auf das im Okzident seit Jahrhunderten etablierte Genre der Portraitmalerei inszenierte Intertexte dar. Somit thematisieren ihre Gemälde die für die koloniale Kultur Mexikos grundlegende Akkulturation. Zugleich wird hier der Aspekt des Blicks in den Mittelpunkt gerückt: Kahlos Bilder stellen die Frau in den Mittelpunkt, die zudem dem Betrachter einen stolzen, provozierenden Blick entgegen wirft. Der Betrachter selbst wird somit angeblickt und zugleich, gerade weil die Bilder sich einer eindeutigen Interpretation entziehen, in seiner Position in Frage gestellt.

Frida Kahlo ironisiert und dekonstruiert offizielle Identitätsdiskurse, wie z. B. den des Indigenismus, der letztendlich eine Kulturpolitik der Desindianisierung zu verantworten hat, aber auch die politischen Versuche, die indianische Bevölkerung in die bürgerliche Mestizenklasse zu integrieren, was in der Wandmalerei ihres Mannes Diego Rivera in epischer Breite historisch konstruiert wird. Anhand barocker Kombinatorik stellt sich die Malerei von Frida Kahlo gegen alle offiziellen Kulturmodelle und stört den mexikanischen Identitätsdiskurs. Denn im Gegensatz zu den Ideologen der *mexicanidad* bedeutet bei Frida Kahlo das Zusammentreffen verschiedener Kulturen keineswegs eine Synthese. Vielmehr führt sie mit surrealistischen Strategien und den auf die indianischen Kulturen verweisenden magisch-realistischen Details die irritierende Begegnung verschiedener Bewegungen wie Kosmopolitismus (= Offenheit Mexikos zur Weltkultur) und Indigenismus (= Rückkehr zum indigenen Ursprung), aber auch Surrealismus in Verbindung mit Volkskunst zu einem unaufhebbaren Widerstreit. Bei Frida Kahlo erkennt man daher die hybride und dissidente Kombinatorik ikonographischer Traditionen und Typologien. Darin liegt das widerspenstige Potential dieser konfliktreichen Persönlichkeit und ihrer Malerei sowohl gegenüber der nationalen Kunst, u. a. der Wandmalerei ihres Mannes Diego Rivera, als auch gegenüber André Breton, dem Ideologen des Surrealismus, dessen exotische Sicht auf Mexiko von Frida Kahlo ironisch zitiert wird. So entsteht eine transgressive Ästhetik des Hybriden.

Zitierte und weiterführende Literatur

(Alle Internetquellen wurden zuletzt geprüft im August 2013.)

Berg, Walter B. (1995): Lateinamerika. Literatur – Geschichte – Kultur. Darmstadt: Wissenschaftliche Buchgesellschaft
Berger, Renate et al. (Hrsg.) (1985): Frauen – Weiblichkeit – Schrift. Berlin: Wagenbach
Bhabha, Homi K. (1994): The Location of Culture. London/New York: Routledge
Billeter, Erika (Hrsg.) (1988): Imagen de México. Ein Beitrag Mexikos zur Kunst des 20. Jahrhunderts. Frankfurt a. M.: Schirn
Böger, Astrid / Friedl, Herwig (Hrsg.) (2000): FrauenKulturStudien: Weiblichkeitsdiskurse in Literatur, Philosophie und Sprache. Tübingen/Basel: Francke
Borsò, Vittoria (1994): Mexiko jenseits der Einsamkeit. Versuch einer interkulturellen Analyse. Frankfurt: Vervuert
Borsò, Vittoria (1998): Lateinamerikanische Literatur: Übersetzte Literatur und Ironie als Provokation der Geschichtsschreibung. In: Hammerschmid/Krapoth (Hrsg.) (1998): 97-119

Borsò, Vittoria (2000): Echo antwortet auf Narziss: Zum platonischen Topos bei Lyrikerinnen Lateinamerikas. In: Böger/Friedl (Hrsg.) (2000): 155-176

Borsò, Vittoria et al. (Hrsg.) (2002): Schriftgedächtnis – Schriftkulturen. Stuttgart: Metzler

Borsò, Vittoria (2002): Der Körper und die Schrift des Körpers. Transpositionen des Liebesdiskurses in europäischer und lateinamerikanischer Literatur. In: Borsò et al. (Hrsg.) (2002): 323-342

Borsò, Vittoria (2008): „El poder del original y las potencialidades de la traducción". In: Feierstein, Liliana Ruth / Gerling, Vera Elisabeth (Hrsg.) (2008): Traducción y poder. Sobre marginados, infieles, hermeneutas y exiliados. Madrid [u. a.]: Iberoamericana [u. a.] (= MEDIAmericana; 4), S. 51–73

Cedeño, Maribel et al. (Hrsg) (vorr. 2013): Lateinamerikanisches Kino der Gegenwart – Themen, Genres, RegisseurInnen. Tübingen: Stauffenburg

Cixous, Hélène (1976): Schreiben, Feminität, Veränderung. In: Das Lächeln der Medusa. Alernative. Nr. 19 (108-109). 134-147

Derrida, Jacques (1986): La loi du genre. In: Jacques Derrida: Parages. Paris: Galilée. 249-301

Dröscher, Barbara / Rincón, Carlos (Hrsg.) (2001): La Malinche. Übersetzung, Interkulturalität und Geschlecht. Berlin: Tranvía

Ecker, Gisela (1985): „Poststrukturalismus und feministische Wissenschaft. Eine heimliche oder unheimliche Allianz?" In: Berger et al. (1985): 8-19

Gallegos, Rómulo (1952): Doña Bárbara. Zürich: Manesse

Gerling, Vera Elisabeth (2004): Lateinamerika – so fern und doch so nah? Übersetzungsanthologien und Kulturvermittlung. Tübingen: Narr

Goetsch, Paul (Hrsg.) (1990): Mündliches Wissen in neuzeitlicher Literatur. Tübingen: Gunter Narr

González Echevarría, Roberto (Hrsg.) (1985): The Voice of the Masters: Writing and Authority in Modern Latin American Literature. Austin: University of Texas Press

Hahn, Alois (1992): Überlegungen zu einer Soziologie des Fremden. In: Simmel Newsletter. Nr. 2:1. 54-61

Hammerschmid, Beata / Krapoth, Hermann (Hrsg.): Übersetzung als kultureller Prozeß. Rezeption, Projektion und Konstruktion des Fremden. Berlin: Erich Schmidt (Göttinger Beiträge zur internationalen Übersetzungsforschung 16)

Hölz, Karl (1998): Das Fremde, das Eigene, das Andere. Die Inszenierung kultureller und geschlechtlicher Identität in Lateinamerika. Berlin: Erich Schmidt

Hof, Renate (1995): Die Grammatik der Geschlechter: „gender" als Analysekategorie der Literaturwissenschaft. Frankfurt a. M.: Campus

Irigaray, Luce (1974): Speculum de l'autre femme. Paris: Minuit

Irigaray, Luce (1996): Speculum, Spiegel des anderen Geschlechts. Frankfurt a. M.: Suhrkamp

Kettenmann, Andrea (2003): Frida Kahlo, 1907-1954: Pain and Passion. Köln: Taschen Verlag

Kroll, Renate / Zimmermann, Margarete (Hrsg.) (1995): Feministische Literaturwissenschaft in der Romanistik. Theoretische Grundlagen – Forschungsstand – Neuinterpretationen. Stuttgart/Weimar: Metzler

Lienhard, Martin (1990): Spielarten und Bedeutung des Umgangs mit mündlichem Wissen in der lateinamerikanischen Erzählkunst. In: Goetsch (Hrsg.) (1990): 273-288

Monsiváis, Carlos (1988): Die Moderne und ihre Feinde – zur Entwicklung der zeitgenössischen Literatur in Mexiko. In: Billeter (Hrsg.) (1988): 53-63

Nakamura, Yoshiro (2000): Xenosophie. Darmstadt: Wissenschaftliche Buchgesellschaft

Nelson, Cary / Grossberg, Lawrence (Hrsg.) (1988): Marxism and the Interpretation of Culture. Basingstone/Hampshire: Macmillan Education

Paz, Octavio (1980): Das Labyrinth der Einsamkeit, Frankfurt a.M.: Suhrkamp (Üb.: Carl Heupel)

Pfeiffer, Erna (1991): AMORica Latina. Mein Kontinent – mein Körper. Erotische Texte lateinamerikanischer Autorinnen. Wien: Wiener Frauenverlag

Pfeiffer, Erna (1996): Territorium Frau. Körpererfahrung als Erkenntnisprozess in Texten zeitgenössischer lateinamerikanischer Autorinnen. Frankfurt a.M.: Vervuert

Rössner, Michael (1988): Auf der Suche nach dem verlorenen Paradies. Frankfurt a.M.: Athenäum

Said, Edward (1981): Orientalismus. Frankfurt a.M.: Ullstein

Schuchardt, Beatrice (vorr. 2013): Collage zwischen Resistenz und Vereinnahmung. Filmische Transpositionen des Gemäldes ‚Allá cuelga mi vestido' in Julie Taymors Film ‚Frida'. In: Cedeño, Maribel et al. (Hrsg.) (voraussichtlich 2013): 147-170

Spivak, Gayatri Chacravorti (1988): Can the Subaltern Speak? In: Nelson/Grossberg (1988): 271-313

Tobler, Hans Werner (1984): Die mexikanische Revolution. Gesellschaftlicher Wandel und politischer Umbruch. 1876-1940. Frankfurt a.M.: Suhrkamp

Todorov, Tzvetan (1990): Die Eroberung Amerikas. Frankfurt a.M.: Suhrkamp

Vinken, Barbara (1992): Dekonstruktiver Feminismus. Literaturwissenschaft in Amerika. Frankfurt a.M.: Suhrkamp

Waldenfels, Bernhard (1990): Der Stachel des Fremden. Frankfurt a.M.: Suhrkamp

Welsch, Wolfgang (2000): Transkulturalität. Zwischen Globalisierung und Partikularisierung. In: Wierlacher et al. (Hrsg.) (2000): 327-351

Wierlacher, Alois et al. (Hrsg.) (2000): Jahrbuch Deutsch als Fremdsprache. Intercultural German Studies. Bd. 26. München: Iudicium Verlag

Wurm, Carmen (1996): Doña Marina, la Malinche. Eine historische Figur und ihre Rezeption. Frankfurt a.M.: Vervuert

Gender – *Race* – Kultur in den U.S.A.
Grenzen und Vernetzungen

Elisabeth Schäfer-Wünsche / Nicole Maruo-Schröder

Mit Gender, *Race* und Kultur thematisiert der folgende Beitrag Begriffe, die – im wörtlichen Sinne – die U.S.A. beschreiben. Zugleich sind dies Schlüsselworte, für deren Verwendung in den Literatur-, Kultur- und Sozialwissenschaften, inner- wie außerhalb Europas, U.S.-amerikanische Diskussionen intensive Impulse geliefert haben. Im Anschluss werden wir zunächst kurz den Raum U.S.A. historisch situieren und dann mit einem Blick auf das 19. Jahrhundert die enge Verflechtung von Gender und *Race* zum Thema machen. Dabei möchten wir bereits an dieser Stelle darauf verweisen, dass die Semantik von *Race* sich von derjenigen des deutschen Wortes ‚Rasse' signifikant unterscheidet – ein Aspekt, den wir später noch einmal aufgreifen. Wir werden in unserer Diskussion Geschlechterkonstruktionen vorstellen, die, in sozialen und politischen Konstellationen der Vergangenheit entstanden, noch in global zirkulierenden Bildern der Gegenwart ihr Echo finden. Als ein Beispiel für das Fortwirken solcher Genderkonstruktionen werden wir auf das Bild „Breastfeeding" von Oliviero Toscani, Teil einer Benetton-Werbekampagne aus dem Jahr 1989, eingehen. Abschließend wenden wir uns Konzepten von Kultur zu, die nicht Abgrenzung und absolute Differenz, sondern vielfältige Aspekte des Austauschs und damit die Prozesshaftigkeit von Kultur betonen.

1. „E Pluribus Unum": Einheit aus Vielfalt

Mit der Wappeninschrift „E Pluribus Unum", „Out of Many, One", betonte die 1789 gegründete Föderation ehemaliger britischer Kolonien in Nordamerika, dass ihr Ursprung die Vielfalt war. Dabei bezog sich „pluribus" auf die Heterogenität der dreizehn Kolonien, aus denen eine Nation, eine Einheit entstehen sollte. Als Einwanderungsgesellschaft konstituierte sich die junge Republik über ein erhebliches Maß an religiöser und kultureller Vielfalt und sah sich dennoch, als Teil der Neuen Welt, mit denjenigen konfrontiert, die sie meist als die radikal Anderen, als die ‚Fremden' wahrnahm. Jenseits der komplexen Hierarchien innerhalb der europäisch-derivierten Bevölkerung, die sich zunehmend als *white* verstand, waren es die indigene Bevölkerung des nordamerikanischen Kontinents und die deportierten, versklavten Afrikaner und ihre Nachkommen, denen die Position irreduzibler Fremdheit zugewiesen wurde. Gender bildete und bildet seit Beginn der europäischen Besiedlung ein Schnittfeld dieser vielfältigen Differenzen, wobei sich die Geschlechterkonstellationen durch die Übergänge und Brüche des ständig Neuen immer wieder verschoben.

An der aufgezeigten Spannung zwischen Differenz und erstrebter Einheit hat sich die U.S.-amerikanische Gesellschaft historisch abgearbeitet. Die sicherlich bekannteste Metapher, die zu Beginn des 20. Jahrhunderts im Kontext von Industrialisierung und Urbanität entstand und diesen Prozess zu benennen versuchte, ist die des *melting pot*, des Schmelztiegels.[1] Trotz des Bruchs vieler Siedler mit der Alten Welt und trotz der Betonung des Neuanfangs, richtete die Metapher jedoch zugleich ihren Blick zurück: Der *melting pot* war vor allem als das Zusammenschmelzen der Einwanderer aus Europa gedacht. Diejenigen, die über *Race* markiert waren, die indigene Bevölkerung (*Native Americans*) und die Afroamerikaner, wurden (meist) nicht in die große Vision einbezogen.

Als gewichtige Auswirkung der 1960er Jahre wurde mit dem Paradigma des Multikulturalismus die Differenz nicht länger als das Aufzulösende, sondern eher als tolerierter oder auch zelebrierter Dauerzustand gesetzt. Neue Metaphern wie *salad bowl* und *mosaic* gewannen auch im Austausch mit kanadischen Konzepten des Multikulturalismus an Bedeutung. Dennoch ist auch hier das Ziel der Einheit nicht aufgegeben. Nicht länger kulturelle Homogenität, sondern eine Vielfalt an Kulturen im großen Zusammenhang einer politischen (und immer auch imaginierten)[2] Gemeinschaft, der amerikanischen Nation, wurde und wird angestrebt. Die politischen Gründungstexte: die Unabhängigkeitserklärung und die Verfassung, erhalten damit eine quasi-religiöse Aura. Nach wie vor besteht jedoch, so die Kritik der letzten Dekaden, eine gesellschaftliche Norm, die nicht länger öffentlich deklariert und damit nicht länger markiert, aber dennoch höchst wirksam ist. Sie wird verkörpert in der Gestalt des *white male*, des heterosexuellen männlichen weißen Amerikaners der Mittelschicht. Ob die zweifache Wahl eines nicht-weißen U.S.-Präsidenten diese implizite Norm erodiert, werden die kommenden Jahre zeigen. Vor allem im Kontext der *Masculinity Studies*, die

---

1   Während Vorstellungen vom homogenisierenden Zusammenschmelzen europäischer Immigranten bereits im 19. Jahrhundert zirkulierten, war es Israel Zangwills Theaterstück *The Melting Pot* (1908), das die Metapher popularisierte.
2   Wir beziehen uns hier auf Benedict Andersons einflussreiche, wenn auch umstrittene These über Nationen als imaginierte Gemeinschaften; siehe Anderson 1991.

sich seit den 1990er Jahren etablierten, reklamiert allerdings auch die Gruppe der *white males* den Zustand einer Krise und – eine umstrittene Strategie – den Status von ‚Opfern'.³ Gender, so möchten wir nach dieser kurzen Situierung argumentieren, agiert sowohl als komplexes Schnittfeld wirkungsmächtiger Differenzen wie auch als außerordentlich einflussreiche Analysekategorie.⁴

2. Gender als Schnittfeld: Eine historische Perspektive

Als die ehemalige Sklavin Sojourner Truth es wagte, im Jahr 1851 auf der *Women's Rights Convention* in Akron, Ohio, eine Rede zu halten, kam es, so die Überlieferung durch Frances Cage, zu tumultartigen Szenen. Truth jedoch bestand auf ihrem Recht zu sprechen und betonte, dass ihr niemals jemand in eine Kutsche geholfen hätte – ein üblicher Beweis für die Schwäche und Hilfebedürftigkeit von Frauen – und dass sie das Gleiche geleistet und ertragen hätte wie ein Mann. In dramatischen Wiederholungen fügte sie, so eine der überlieferten Versionen ihrer Rede, die rhetorische Frage hinzu: „and ar'n't I a woman?" (Zit. nach White 1987: 14).⁵

Diese Frage unterläuft nicht nur das Bild der schwachen Frau, sondern auch die als unüberbrückbar geltende Differenz von *Race*, die schwarze Frauen implizit oder auch explizit aus der Kategorie *woman* ausschloss. *Woman* verschiebt sich so zur in sich differenten, pluralen Begrifflichkeit. Truth' Rede ist, wie andere Bereiche ihrer Biographie, über die Schriften bürgerlicher weißer Frauen überliefert, Frauen, die offensichtlich mit der ehemaligen Sklavin eine ‚starke' Frau portraitieren wollten.⁶ Selbst die Autorschaft der rhetorischen Frage ist historisch nicht belegbar und unterdessen umstritten, und sicherlich lassen sich einzelne Passagen der Berichte als Beispiele für idealisierende und zugleich exotisierende Projektionen lesen.⁷ Mit der Betonung der Arbeitsleistung, zu der schwarze Frauen gezwungen wurden, und den brutalen Strafen, die sie erlitten, greifen Truth' überlieferte Reden jedoch historisch dokumentierte Aussagen der *slave narratives*, der autobiografischen Erzählungen ehemaliger Sklavinnen und Sklaven auf. Geschlechternormen des 19. Jahrhunderts, vor allem das Beschwören einer Weiblichkeit, die über Schwäche und Hilfebedürftigkeit definiert war, wurden, so die

---

3 Siehe hier z. B. Robinson 2000 und, für eine historische Situierung von Maskulinitätsbegriffen, Ribbat 2006.
4 Siehe hier auch Sielke 2006.
5 Die Rede ist auch im Internet nachzulesen, z. B. unter <http://www.suffragist.com/docs.htm>.
6 Siehe hier die Diskussion in Painter 1996.
7 Truth' stigmatisierter Status, sie weigerte sich strikt, die Kulturtechniken des Lesens und Schreibens zu erlernen, wurde von den weißen Frauenrechtlerinnen letztlich nicht in Frage gestellt.

slave narratives, in den Lebensbedingungen schwarzer Frauen suspendiert.[8] Es ist sicherlich Truth' Leistung, in hochwirksamer Rhetorik ihre eigene körperliche Erfahrung dem vorherrschenden viktorianischen Frauenbild entgegen gestellt zu haben. Damit verdeutlichte sie zugleich, wie sehr gesellschaftlich verbindliche Konstruktionen von Weiblichkeit an weiße Hautfarbe gebunden waren.

An dieser Stelle gilt es, einen kurzen Exkurs zu unserem Umgang mit dem Begriff *Race* einzufügen. Während ‚Rasse' als Schlüsselwort nationalsozialistischer Ideologie im Deutschen allenfalls mit distanzierenden Anführungszeichen zu verwenden ist, benennt *Race* in seiner ideologiekritischen, englischsprachigen Verwendung keine biologische Realität, sondern ein soziales Konstrukt. Als solches ist *Race* jedoch nach wie vor außerordentlich wirksam und produziert konkrete Realitäten. Die Ambiguität seiner Äußerung als rhetorische Verstärkung einsetzend, betont der afroamerikanische Philosoph und Theologe Cornel West: „Race matters".[9] Nicht länger wissenschaftlich autorisiert,[10] beruft sich *Race* als destruktive Fiktion auf biologische Differenzen, die als sichtbar und irreduzibel in den Körper eingeschrieben gelten. Entscheidende Merkmale sind dabei Hautfarbe, aber auch Gesichtszüge und Haarstruktur. Historisch wurde *Race* zwar am Körper fest gemacht, wurde aber immer auch auf Verhalten, auf Kultur (bzw. auf den Mangel an Kultur) übertragen. Um Konstruiertheit und Fiktionalität, zugleich aber auch die sehr realen Effekte zu betonen, haben wir uns daher für das englische Wort *Race* entschieden.

Bevor wir im Folgenden mit *Jezebel* und *Mammy* zwei historische Repräsentationen afroamerikanischer Frauen vorstellen, möchten wir zunächst in einem Überblick auf die Institution der Sklaverei in den U.S.A. eingehen. Anschließend werden wir uns der idealisierenden Konstruktion einer weißen Weiblichkeit, dem *Cult of True Womanhood* bzw. dem *Cult of Domesticity* zuwenden.

2.1 Sklaverei und Gender

Aus europäischer Retrospektive als Entdeckung der Neuen Welt gefeiert, begannen mit der Ankunft von Christopher Columbus auf den karibischen Inseln (1492) Eroberung und Kolonialisierung des karibischen Raums und des amerikanischen

---

8   Eine theoretische Diskussion der partiellen Aufhebung von Gender-Differenzen durch Deportation (*Middle Passage*) und Versklavung findet sich in Spillers 1987.
9   Mit dem vieldeutigen Titel *Race Matters* (1993) argumentierte Cornel West zu Beginn der 1990er Jahre gegen die nicht nur von Weißen vorgebrachte Behauptung, dass *Race* an gesellschaftlicher Relevanz verloren habe.
10 Zweifelsohne wird jedoch durch den popularisierten Diskurs über das menschliche Genom die biologische Verortung von *Race* jenseits kritischer wissenschaftlicher Diskurse erneut autorisiert.

Doppelkontinents.[11] Dabei entstand in den kolonialen Ökonomien ein hoher Bedarf an Arbeitskräften, der vor allem in den atlantischen Regionen durch afrikanische Sklaven gedeckt wurde. Über Jahrhunderte machten sich europäische Kolonialmächte bereits existierende Strukturen von Leibeigenschaft und Sklaverei in Afrika zunutze, kauften gefangen genommene Frauen, Männer und Kinder, pferchten sie in *slave castles* an der westafrikanischen Küste zusammen, um sie dann in qualvoller Enge auf Sklavenschiffen in die transatlantischen Kolonien zu deportieren.[12] Viele Gefangene starben bereits auf der Überfahrt zu den karibischen Inseln, der *Middle Passage*, an Unterernährung, Krankheit und Misshandlung. Die Überlebenden wurden auf den Inseln und auf dem Festland meistbietend verkauft. Im südlichen Teil der englischen Kolonien, die sich als die Vereinigten Staaten von Amerika zusammenschlossen, entstand eine Plantagenökonomie mit großflächigem Anbau von Tabak, Baumwolle, Zuckerrohr und Reis, eine Ökonomie, die sich weitgehend auf die unbezahlte Arbeitskraft von Sklaven gründete.

Juristische Basis der Sklaverei in ihrer U.S.-amerikanischen Ausprägung war, dies gilt es zu betonen, die matrilineare Fixierung des Sklavenstatus. Kinder von Sklavinnen waren per Gesetz selbst Versklavte, sie folgten dem rechtlichen Status der Mutter. Sklaven galten hier nicht als juristische Personen, sondern als Eigentum, als mobiles Kapital. Widerstand gegen die Institution der Sklaverei wie gegen Sklavenhalter wurde im Keim erstickt oder brutal zerschlagen. Dennoch kam es zu Rebellionen, auf die meist mit einer weiteren Verschärfung der *slave codes*, der eigens für den Umgang mit Sklaven niedergelegten Rechtskodizes, reagiert wurde. Sprachbarrieren zwischen den zahlreichen afrikanischen Ethnien wurden genutzt und Sklavengruppen, soweit möglich, eher heterogen zusammengestellt, um Kommunikation und damit Möglichkeiten des organisierten Widerstandes zu unterlaufen. Familien wurden vor allem auf den größeren Plantagen oft gezielt auseinander gerissen, um keine festen emotionalen und sozialen Bindungen entstehen zu lassen. Die Techniken des Lesens und Schreibens, grundlegend für die Partizipation am autorisierten Wissen der Zeit, galten als gefährlich, und es war in vielen Staaten des Südens per Gesetz verboten, Sklaven zu unterrichten.

Historisch implizierte die Etablierung von Sklavenhaltergesellschaften Hierarchien auch innerhalb der versklavten Bevölkerung, deren Lebensbedingungen

---

11 Ausführlichere Darstellungen zur Geschichte der U.S.A. finden sich beispielsweise in Heideking/Mauch 2008. Eine andere Perspektive entwickelt Takaki 2008. Im Internet finden sich ebenfalls autorisierte Quellen, z. B. <http://www.history.org> und <http://www.loc.gov>. Eine nach wie vor lesenswerte Abhandlung afroamerikanischer Geschichte aus feministischer Perspektive ist Giddings 1996.
12 Für Darstellungen dieser Leidensgeschichte siehe <http://www.loc.gov/rr/print/list/082_slave.html> (Bilder aus der Sammlung der *Library of Congress*).

sich erheblich unterschieden. So war Feldarbeit, von der Sojourner Truth in ihren Reden sprach, aufgrund der extremen körperlichen Strapazen gefürchtet, während Hausarbeit als eher privilegiert galt. Sklaverei gründete sich auf multiple Formen der Gewalt, und für versklavte Frauen implizierte dies häufig auch sexuelle Gewalt, eine Gewalt, die jedoch einer weißen Gesellschaft meist nicht als Verstoß gegen sittliche Normen galt. Selbst kritische weiße Stimmen betonten oft weniger die Verwerflichkeit sexueller Gewalt als das Schreckgespenst der ‚Rassenmischung'. Im Sklaven haltenden Süden – in den neu entstandenen Bundesstaaten des Nordens wurde die Sklaverei seit dem späten 18. Jahrhundert graduell abgeschafft – schloss zudem die juristische Situierung versklavter Frauen als Eigentum Vergewaltigung als Strafbestand aus. Es waren häufig die projizierte Triebhaftigkeit und Moralosigkeit der Sklavinnen, die für sexuelle Beziehungen und Grenzüberschreitungen verantwortlich gemacht wurden.

Sowohl während der englischen Kolonialzeit wie in der neu entstandenen Republik war die Sklaverei dennoch eine umstrittene Institution. Gegen Mitte des 19. Jahrhunderts formierte sich vor allem in den Nordstaaten verstärkt politischer Widerstand. Hier wurde das so genannte *abolitionist movement* von einer politisch aktiven freien schwarzen Bürgerschaft wie von engagierten Weißen getragen. Erst das Ende des Bürgerkriegs (1861-1865) und der 13. Verfassungszusatz brachten jedoch die endgültige Abschaffung der Sklaverei. Keineswegs bedeutete dies aber eine *de facto* Gleichstellung der schwarzen Bevölkerung. Stattdessen entwickelten sich neue Formen der rigiden Ausgrenzung und Hierarchisierung, Praktiken, die meist mit dem Schlüsselwort *segregation* bezeichnet werden. Im 19. Jahrhundert entstandene rassistische Repräsentationen schwarzer Frauen erwiesen sich, so unser Argument, als außerordentlich flexibel in ihrer Anpassungsfähigkeit an historischen Wandel und zugleich als höchst resistent in ihrem Weiterbestehen.

2.2 Stereotypen und Projektionen: Jezebel *und* Mammy

Da Sklaven nicht als juristische Subjekte galten, waren sie weitgehend rechtlos und wurden selbst von Abolitionisten häufig auf einer Ebene kultureller und moralischer Minderwertigkeit oder zumindest Rückständigkeit verortet. Die wachsende Kritik an der Institution machte es dennoch für deren Vertreter notwendig, Sklaverei religiös wie wissenschaftlich zu begründen. Zum einen war die rechtliche Gleichstellung aller Menschen (*de facto* zunächst aller Männer, die Eigentum besaßen) in der Unabhängigkeitserklärung von 1776 festgeschrieben: „We hold these truths to be self-evident, that all men are created equal, that they are endowed by their Creator with certain unalienable Rights, that among these are

Life, Liberty and the pursuit of Happiness".[13] Zum anderen erschien die Versklavung christianisierter Afrikaner auch manchen Weißen als Verstoß gegen die christliche Doktrin. Für unsere Fragestellung von besonderer Bedeutung ist die teils implizite, teils explizite Auseinandersetzung mit dieser Kritik, nämlich die Verflechtung von stereotypisierenden Genderrepräsentationen mit Ideologien, die Sklaverei und die in den darauf folgenden Jahrzehnten staatlich weitgehend tolerierte Lynchjustiz rechtfertigen sollten. In höchst widersprüchlichen Diskursen entstanden hier Bilder vom geistlosen, kindhaften, unmännlichen, aber auch vom lustgetriebenen und animalischen schwarzen Mann, der für die Unschuld weißer Frauen eine ultimative Bedrohung darstellt. Schwarze Maskulinität erschien so als defizitär und exzessiv zugleich.[14]

Geschlechterstereotypen bestimmten auch die dominanten Repräsentationen schwarzer Frauen.[15] Dabei gilt das Bild von *Jezebel* als besonders wirksame Projektion, die dem viktorianischen Ideal der *True Womanhood* als Negativspiegelung gegenüber stand.[16] *Jezebel* war sinnlich, promiskuitiv und verdorben, Frömmigkeit und Tugendhaftigkeit – Werte, über die viktorianische Weiblichkeit bestimmt wurde – lagen ihr fern. Sie war freizügig, lasziv und mit unersättlichem sexuellem Appetit ausgestattet und daher stets verfügbar und gefügig. Diese interessegeleiteten Konstruktionen fungierten als Erklärung der angeblich inferioren Moral schwarzer Frauen und versuchten, ihren Status festzuschreiben. Zugleich boten sie eine Rechtfertigung für sexuelle Gewalt. Die Sexualisierung dieser schwarzen weiblichen Figur schuf jedoch zugleich eine schillernde Vieldeutigkeit und einen Bedeutungsüberschuss, der Fixierungen destabilisierte und – Beispiele sind Musik und Lebensführung früher Bluessängerinnen – Möglichkeiten zu subversiver Aneignung bot.

In einem Kontext der Sklaverei schien das Stereotyp der *Jezebel* durch das äußere Erscheinungsbild vieler Sklavinnen seine Bestätigung zu erfahren. Afrikanische ‚Nacktheit', so Deborah Gray Whites' nach wie vor überzeugendes Argument, wurde aus eurozentrischer/weißer Perspektive als Zeichen für Freizügig-

---

13 Im Internet u. a. unter <http://www.ushistory.org/declaration/document/index.htm> verfügbar.
14 Eine der bekanntesten, mehrfach neu aufgelegten Abhandlungen, die sich mit der stereotypisierenden Darstellung von afroamerikanischen Männern und Frauen im Medium Film auseinandersetzt und dabei auch die einzelnen Stereotypen und ihre Geschichte (vielleicht etwas schematisch) skizziert, ist Donald Bogle 2006.
15 Siehe z. B. Roberts 1994 und Turner 1994. Siehe auch die Aufsätze von David Pilgrim, „Jezebel Stereotype" und „The Mammy Caricature", beide auf der Internetseite des *Jim Crow Museum of Racist Memorabilia* der *Ferris State University*, <http://www.ferris.edu/htmls/news/jimcrow>.
16 Der Name zitiert die biblische Figur Jezebel, die Frau König Ahabs (vgl. *AT*, Könige I und II). Als Name konnotiert Jezebel u. a. Schlechtigkeit, Korruption und Gier. In der U.S.-amerikanischen Populärkultur benennt *Jezebel* jedoch durchaus auch weiße Frauen.

keit und Lüsternheit gelesen und auf versklavte Afroamerikanerinnen übertragen. Der häufig schlechte Zustand der von Sklavinnen getragenen Kleidung wurde, so White, in ähnlicher Weise interpretiert und galt als sexualisiertes zur Schau stellen von nackter Haut. Sklavenauktionen, bei denen die Körper der zum Verkauf stehenden Frauen öffentlich präsentiert und auf ihre Unverletztheit wie ihre Gebärfähigkeit hin untersucht wurden, boten einen Ort der Inszenierung dieser sexuell aufgeladenen Projektionen.[17] Auch öffentliche Auspeitschungen halbnackter weiblicher wie männlicher Körper lassen sich in einem Kontext sexueller Machtphantasien situieren. *Jezebel* erscheint so vor allem als Konstrukt eines sexualisierten und sexualisierenden weißen männlichen Blicks.

Agiert *Jezebel* als Projektionsfläche weißen männlichen Begehrens, so ist *Mammy* ein historisch ebenso wirksamer, entsexualisierender Gegenentwurf. Auch hier wird ein Körperbild ideologisch instrumentalisiert. *Mammy* fungiert als Verkörperung nostalgisch-romantisierender Diskurse und ist als nährende, alterslose Mutterfigur in visuellen Darstellungen meist schwer übergewichtig. Ihre dienende Funktion findet ihre Symbolik im (das ‚afrikanische' Haar verdeckenden) turbanartigen oder geknoteten Kopftuch und in einer weiten Schürze. Als angeblicher Teil der weißen Familie wird ihre Loyalität nicht durch gleichzeitige Bindungen an die schwarze Gemeinschaft in Frage gestellt.[18] Weder die Befreiung von Sklaverei noch, in späteren Dekaden, die Abschaffung von Segregation und Lynchjustiz scheinen daher in *Mammys* Interesse.[19]

2.3 „The Cult of True Womanhood": Weiße Weiblichkeit im 19. Jahrhundert

Stärker noch als *Jezebel* ist die Figur der *Mammy* eine Konstruktion des ‚Nachkriegssüdens', das heißt des späten 19. Jahrhunderts. Diesen Entwürfen schwarzer (Nicht-)Weiblichkeit steht in den bürgerlichen Schichten vor allem des industrialisierten Nordens ein Diskurs gegenüber, der meist als *Cult of True Womanhood* oder als *Cult of Domesticity* bezeichnet wird. Hier entstanden Bilder weiblicher Schwäche und Hilfebedürftigkeit, die von einer sich ökonomisch und sozial neu

---

17 Vgl. auch Pilgrim, „Jezebel Stereotype" (siehe Fußnote 15).
18 Vgl. White 1987, 46.
19 Zu den wirkungsmächtigsten kulturellen Erzählungen gehören hier D. W. Griffith' *Birth of a Nation* (1915), die Verfilmung von Thomas Dixons rassistischem Roman *The Clansman* (1905) und der ebenfalls als nationale Erzählung gefeierte Film *Gone With the Wind* (David O. Selznik, 1939), in dem *Mammy* die Plantage gegen (weiße und schwarze) Soldaten des Nordens verteidigt. Auch hier wird suggeriert, dass *Mammy* glücklich und zufrieden in ihrer Versklavung ist und diese keinesfalls gegen ihre Freiheit eintauschen möchte. Vgl. u. a. Turner 1994, 41-64 und Pilgrim, „The Mammy Caricature" (siehe Fußnote 15).

positionierenden weißen Mittelschicht propagiert wurden.²⁰ Nicht-weiße Frauen wie auch Frauen der weißen *working class* waren zwar aus diesen Weiblichkeitsentwürfen ausgeschlossen, wurden aber dennoch an ihnen gemessen. Damit galten diese marginalisierten Frauen als die quintessentiell Anderen, über die sich bürgerliche weiße Weiblichkeit im wörtlichen Sinne de*finieren*, von denen sie sich abgrenzen konnte.

Industrialisierung und Verstädterung als Erscheinungen kapitalistischer Produktions- und Lebensverhältnisse hatten eine Trennung von Wohn- und Arbeitsplatz hervorgebracht. Die Familie, die dem Bereich des Privaten, Häuslichen zugeordnet wurde, erhielt damit eine besondere Bedeutung.²¹ Es war der häusliche Raum, der als natürlicher Raum der Frau deklariert wurde, da sie nur hier ihrer naturbestimmten Mutterrolle gerecht werden konnte. Nicht nur der Körper der Frau wurde dabei als schwach konstruiert, sondern in der Differenz zu einer sich über Stärke und Schaffenskraft definierenden Maskulinität war sie Mängelwesen auch in der Domäne der Vernunft und des künstlerischen Potentials. Es galt daher, Frauen vor einer gefährlichen Außenwelt zu schützen und sie aufgrund ihrer letztlich fragilen Moral zu kontrollieren. Gleichzeitig wurden sie als *angels in the house* idealisiert, als Engel, die die häusliche Sphäre vor dem Eindringen der Außenwelt, besonders in Form des wachsenden Einflusses einer kompetitiv ausgerichteten Arbeitswelt, zu bewahren hatten. Dieser häuslichen Verortung der Frau wurde der Mann als *breadwinner* gegenüber gestellt, der außerhalb des geschützten Raumes Geld verdiente, die Familie ernährte und deswegen auch weibliche Unterwürfigkeit und Gehorsam einfordern konnte. Weiblichkeitsdiskurse begründeten so eine soziale Praxis, die Frauen weitgehend in die Schranken des Privaten verwies und sie als immer schon abhängig von Vater, Bruder, Ehemann situierte.²² Effekte von Weiblichkeitskonstruktionen, z. B. die ökonomische Ab-

---

20 Der *Cult of True Womanhood* findet sich in modifizierter Form auch im Süden, zumeist als Teil nostalgischer Selbstentwürfe, die das Plantagenleben und die Sklaverei romantisieren. Hier steht dem Bild der *Mammy* das der quasi-aristokratischen *Southern Belle* gegenüber. Dabei umfasst das Spektrum der Darstellungen entsexualisierte, anorexische, aber auch verführerische und keineswegs schwache Frauengestalten. Die Seite der Historikerin Catherine Lavender: <http://www.library.csi.cuny.edu/dept/history/lavender/386/truewoman.html> bietet eine gute Einführung in den „Cult of True Womanhood".
21 Vgl. hier die einflussreiche Arbeit von Cott 1997 [1977]. Vgl. auch die Kritik an Cott: Kerber 1988. Eine weitere grundlegende Publikation zum Thema ist Welter 1966.
22 Wie weit dieser *Cult of Domesticity* zumindest in der Mittelschicht verbreitet war, bezeugen die zahlreichen Magazine, die Frauen Ratschläge zur Perfektionierung ihrer *womanhood* gaben. Ein Beispiel hierfür ist das *Godey's Lady's Book*: <http://www.gutenberg.org/files/15080/15080-h/15080-h.htm>. Andere Beispiele sind mit der entsprechenden Stichwortsuche in der virtuellen *Library of Congress* zu finden: <http://www.loc.gov>. Auf der Seite <http://www.archive.org/> sind neben einem breiten Spektrum an Internetseiten zur U.S.-amerikanischen Sklaverei (incl. ‚pro-slavery' Dokumente) auch verschiedene Ausgaben des *Godey's Lady's Book* zugänglich.

hängigkeit von Frauen der Mittelschicht, konnten gleichzeitig als Beweis für deren Schutzbedürftigkeit angeführt werden und so die Machtrelationen wie auch die Limitierung der weiblichen Sphäre auf den Raum des Privaten rechtfertigen.[23]

Neben Häuslichkeit waren, so die Thesen, an die sich unser Argument weitgehend anlehnt, religiös-moralische Normen wichtiger Bestandteil ‚wahrer' Weiblichkeit: Frömmigkeit, Reinheit und Unterwürfigkeit (Welter 1966: 152). Obwohl Frauen letztlich als moralisch schwach galten und daher auch ihre Tugendhaftigkeit ständig in Gefahr war, wurden sie zugleich als Hüterinnen von Tugenden idealisiert. Dass es Männer waren, die die eingeforderte Unschuld und Reinheit bedrohten, sie aber dennoch als „superior by God's appointment" situiert wurden, erschien als Konstrukt nicht widersprüchlich.

Überschritten Frauen die Grenzen des ihnen zugewiesenen Raums, wurden sie in viktorianischen Weiblichkeitsdiskursen zu ‚gefallenen Engeln', zu Frauen mit zweifelhaftem Ruf. Besonders im öffentlichen städtischen Raum konnten sich Frauen nur bedingt bewegen (McDowell 1999: 154). Die Präsenz von Frauen ohne (männliche) Begleitung außerhalb des geschützten und schützenden privaten Raums provozierte spezifische Deutungsmuster: „The very act of their appearance on the streets left the status of women open to interpretation and, often, to unwanted sexual attentions" (McDowell 1999: 154). Signifikanterweise wurde *streetwalker* ein Euphemismus für Prostituierte, das heißt freie Bewegung im öffentlichen Raum wurde gleichgesetzt mit Unsittlichkeit und, als Konsequenz, mit sexueller Verfügbarkeit.

War schwarze Weiblichkeit auf den Körper fixiert, so ist es die Quasi-Abwesenheit von Körperlichkeit, die das Bild des Engels und damit weißer Weiblichkeit ausmacht, obwohl innerhalb des Konstrukts immer wieder Sexualität (Jungfräulichkeit, Reinheit, Moral) ein implizites Thema ist. Lediglich die Farbe Weiß, als Hautfarbe und symbolische Markierung von Reinheit, Unschuld und Tugendhaftigkeit, ist ein körperliches Attribut. Allerdings symbolisiert weiß in einem Kontext von *Race* zugleich eher die Abwesenheit von Hautfarbe – Nicht-Weiße hießen (oder heißen nach wie vor) *colored people* bzw. *people of color* – als eine körperliche Farb-Präsenz.[24]

---

23 In diesem Zusammenhang war die Ideologie der so genannten „*separate spheres*" sehr einflussreich, die den privaten Raum als ‚weiblich' und den öffentlichen Raum als ‚männlich' definierte (siehe Kerber 1988). So hielt beispielsweise die Herausgeberin des *Godey's Lady's Book*, Sarah Josepha Hale 1853 fest: „Home is woman's world; the training of the young her profession; the happiness of the household her riches; the improvement of morals her glory" (Hale 1853, 84). Zur Kritik am Paradigma der *separate spheres*, vor allem im Hinblick auf die monolithische Gegenüberstellung von Männern und Frauen sowie die Missachtung von Faktoren wie Schicht oder *Race*, siehe auch Davidson/Hatcher (2002a) sowie Elbert (2000a).
24 Siehe hier Schäfer-Wünsche 2004.

Nicht nur entsteht so ein Gegenentwurf zu *Jezebel* als der immer schon ‚gefallenen' Frau, sondern schwarze Weiblichkeit wird letztlich zur Paradoxie schlechthin. Die schillernde Semantik des Begriffs *woman* ist sowohl an *whiteness* und soziale Privilegien gebunden als auch *Race-* und schichtspezifisch.[25] Erwerbstätige Frauen der *working class* – dies gilt für weiße wie für schwarze Frauen und andere *women of color* – widerlegten allerdings nicht nur die Annahme, der weibliche Körper und Geist seien allein für Arbeit in der häuslichen Sphäre geeignet. Sie durchbrachen zumindest partiell auch die ökonomische Abhängigkeit von Frauen der bürgerlichen Mittelschicht. Zugleich entstanden jedoch auch im bürgerlichen Kontext Strategien – unter anderem das literarische Schreiben –, mit denen ein Platz im öffentlichen Raum reklamiert wurde.[26]

Stellt man dem Ideal der „true womanhood" die Stereotypen „Jezebel" und „Mammy" gegenüber, so wird die Interessegeleitetheit von Repräsentationen und Raumzuschreibungen und deren Instrumentalisierung für soziale Ab- und Ausgrenzungen deutlich. Während „true womanhood" die ‚Besessenheit' vom Ideal der reinen, schutzbedürftigen Frau und ihrer Beschränkung auf den häuslichen Raum betont, überschneiden sich in den Bildern der „Jezebel" und „Mammy" gleich zwei diskriminierende Diskurse: zum einen die rassistische Setzung schwarzer Minderwertigkeit, zum anderen die Ideologie weiblicher Inferiorität. Aufgrund ihrer Lebensumstände wurde schwarzen Frauen, wie auch weißen (und nicht-weißen) Frauen der *working class*, zudem wahre Weiblichkeit abgesprochen, so dass deutlich wird, dass Gender immer auch als über *Race* und *class* mitbestimmt zu denken ist.

Keineswegs sind die oben beschriebenen Stereotypen unterdessen obsolet, allerdings wurden die Bilder von *Jezebel, Mammy* und vor allem vom ‚Engel' erheblich modifiziert und insbesondere in Bereichen der Populärkultur auch parodistisch unterlaufen. Bereits zu Ende des 19. Jahrhunderts entstanden darüber hinaus mit *The New Woman*, der modernen, städtischen Frau, neue Positionierungen und Abgrenzungen. Beispiele für die Wirkungsmächtigkeit der oben dargestellten, durch Sklaverei und Industrialisierung geprägten Diskurse des 19. Jahrhun-

---

25 In diesem Zusammenhang ist der Begriff der Intersektionalität (Crenshaw 1989) für die *Gender Studies* von besonderer Bedeutung. Er betont, dass Identitätskategorien wie Gender (oder *Race*, soziale Schicht, Ethnie etc.) auf höchst komplexe und unterschiedliche Art und Weise interagieren, dass sie Schnittstellen bilden und – wie im Falle Sojourner Truth – zu einer mehrfachen Ausgrenzung und Diskriminierung führen können.

26 Siehe Mary Kelley (2002), die den Versuch weißer Schriftstellerinnen, ihr Schreiben und den damit verbundenen Anspruch öffentlicher Anerkennung mit der traditionell zugewiesenen Rolle der Hausfrau und Mutter in Einklang zu bringen, beschreibt und gleichzeitig zeigt, wie *domesticity* in ihren Werken sowohl kritisiert als auch perpetuiert wurde.

derts gibt es zahlreiche,[27] nicht zuletzt in der Werbung, die Bilder aufgreift und für deren weiteres Zirkulieren und damit für ihre Präsenz sorgt.

2.4 Das Spiel mit Stereotypen: United Colors of Benetton

Die Benetton-Werbung, die wir im Folgenden analysieren, war Teil einer weltweiten Werbekampagne des Konzerns, die 1989 für großes Aufsehen sorgte und entscheidend dazu beitrug, Benetton als Marke visuell zu etablieren. Das Foto des italienischen Fotografen Oliviero Toscani, das den Oberkörper einer schwarzen Frau zeigt, die ein weißes Baby stillt, rief (wie die gesamte Kampagne) unterschiedliche, häufig auch negative Reaktionen hervor und ist, so argumentieren wir, ein Beispiel für die kontextspezifische Bedeutung und Wirkmächtigkeit von stereotypen Bildern.

Wie zahlreiche andere Fotos der Werbekampagne, bemüht sich dieses Bild durch explizites, provokatives Aufrufen von Klischees, diese gleichzeitig zu hinterfragen und zu unterlaufen. Inwieweit dies gelingt, hängt jedoch stark von kulturellen und nationalen Kontexten ab. Auf der Folie U.S.-amerikanischer Geschichte beispielsweise ruft der partiell entblößte mütterliche und zugleich erotische Oberkörper der schwarzen Frau – sie hat keinen Kopf, kein Gesicht, ist in der Tat auf den Bereich des Körpers reduziert, den die rote Benetton-Strickjacke eigentlich bekleiden sollte – gleichzeitig Assoziationen der *Mammy* wie auch von *Jezebel* hervor. *Mammy*-Figuren sind zwar alterslos und entsexualisiert, zugleich verkörpern sie aber auch die Institution der Amme. Privilegierte weiße Weiblichkeit implizierte *delicateness*, Zartheit und Schwäche. Der Akt des Stillens hingegen galt als quasi-animalische, naturhafte, intensive Körperlichkeit, die diesem Ideal widersprach. Im U.S.-amerikanischen Süden waren daher Ammen fast immer schwarze Frauen, und vor dem Bürgerkrieg waren es häufig Sklavinnen. Als eine der vielen Paradoxien von *Race* erschien, trotz der rigiden Gleichsetzung von *whiteness* und Reinheit, die Aufnahme der von einem schwarzen weiblichen Körper produzierten Milch für das weiße Kind nicht als kontaminierend und damit statusgefährdend. Im Unterschied z. B. zu lateinamerikanischen Konstruktionen von *Race* galt zudem in den U.S.A., vor allem im Süden, bis in die jüngste Vergangenheit die so genannte *one-drop rule*. Ein Tropfen (öffentlich bekannten) schwarzen Blutes, so die Metapher, schloss eine Person unweigerlich aus der Kategorie *white* aus.[28] Eine schwarze Frau konnte daher zwar ein sehr hellhäutiges,

---

27   Zur außerordentlichen Bedeutung von Diskursen des 19. Jahrhunderts für kulturelle Repräsentationen sexueller Gewalt siehe Sielke 2002.
28   Die *one-drop rule* wurde in einzelnen Staaten des Südens juristisch durchaus unterschiedlich gehandhabt. So unterschied sich der Prozentsatz an ‚schwarzem' Blut, der eine Person aus der

aber kein weißes Kind gebären. Auch das Kind einer weißen Frau galt als *black* oder als *of color*, wenn der Vater schwarz war. Eine U.S.-amerikanische Lesart des Fotos könnte daher durchaus reklamieren, dass das (kurz nach der Geburt noch) sehr hellhäutige Baby durchaus auch das Kind der schwarzen Frau sein könnte. Eine weitere, transnationale Lesart wäre die Platzierung der schwarzen gesichtslosen Figur als globale schwarze Madonna; in der Tradition einer katholischen Marien-Ikonographie evoziert das Foto die Figur einer *Madonna lactans*, einer stillenden Madonna, eine Interpretation, die sich in einem italienischen Kontext mit dem oben diskutierten Bezug zur Sklaverei überschneiden könnte.[29]

Transkulturalität durch die Intimität von Körpern, wie das Benetton-Foto sie suggeriert, ist in dieser grenzüberschreitenden Form ein Paradigma der Globalisierung. Der gewagte Balance-Akt des Aufrufens von Gender und von *Race* wie auch deren visuelle Ästhetisierung – der intensive Kontrast der Hautfarben wird noch weiter verstärkt durch die besonders dunkle Färbung der sichtbaren Brustwarze – stellt ‚hautnahe' menschliche Verbundenheit in einen Kontext globaler Produktion und globalen Konsums. Mit seiner provokativen Ästhetik von *Race* wie auch mit der Darstellung der entblößten, nährenden und zugleich erotisierten weiblichen Brust richtet sich dieses Bild jedoch zweifelsohne vor allem an einen Markt jenseits U.S.-amerikanischer Grenzen. Die Tatsache, dass für das Toscani-Foto unterdessen keine Abdruckrechte mehr erteilt werden, dass das Foto also in der Neuauflage dieses Studienbuchs nicht mehr gezeigt werden darf, belegt, dass die öffentliche Kritik an der Kampagne sich weiter verschärft hat und dass Benetton sich von Toscanis provokativen Bildern distanziert.

In unserer Diskussion von Gender-Normen und Gender-Stereotypisierungen haben wir immer wieder auf die Funktion von kulturellen Kontexten und Kulturräumen verwiesen. Wir werden uns daher im folgenden Teil mit den Begriffen ‚Kultur' und ‚Kulturraum' näher auseinander setzen.

3. Was ist Kultur? Verschiedene Perspektiven auf den Kulturbegriff[30]

Believing, with Max Weber, that man is an animal suspended in webs of significance he himself has spun, I take culture to be those webs, and the analysis of it to be therefore not an experimental science in search of law but an interpretive one in search of meaning. (Geertz 1973: 5)

Kategorie ‚weiß' ausschloss, erheblich. In Staaten wie Mississippi und Louisiana, das heißt im ‚tiefen' Süden, war der Prozentsatz besonders niedrig. Hier konnten auch sehr hellhäutige Personen als nicht-weiß gelten.
29 Wir danken der Kunsthistorikerin Angela Stercken für diesen Hinweis.
30 Eine ausführliche Auseinandersetzung mit den hier vorgestellten Kulturbegriffen findet sich in Schröder 2003: 23-45.

Wie oben ausgeführt, sind Gender und *Race* in den U.S.A. in vielfältiger Weise miteinander verflochten. Markierungen des Anderen, des Fremden, in Abgrenzung vom Eigenen – eine Grundlage für Stereotypisierungen – agieren dabei in komplexer Weise. Grenzen und Grenzziehungen spielen in diesen Prozessen eine herausragende Rolle, wobei häufig die Absolutheit von Grenzen, das heißt ihre Undurchlässigkeit, eingefordert und funktionalisiert wird. Dies wird, über Gender und *Race* hinausgehend, besonders bei nationalen und kulturellen Grenzziehungen deutlich, und aus diesem Grund nähern wir uns dem Begriff der Grenze über den Kulturbegriff. In den U.S.A. wurden ideologische Grenzziehungen, wie die *color line*, die als natürliche, unüberbrückbare und unverrückbare Grenze vor allem, aber keineswegs nur, Schwarze und Weiße voneinander trennen sollte, immer schon hinterfragt und auch ‚körperlich' überschritten. Vor allem seit dem so genannten *cultural turn*, der auf der Grundlage eines neu gedachten Kulturbegriffes die Geisteswissenschaften intensiv prägte,[31] ist auch das Konzept der Grenze kritisch revidiert worden. Der folgende Abschnitt wird sich zunächst dem Kulturbegriff aus zwei unterschiedlichen Perspektiven nähern, die Kultur als prozessuale Praxis verstehen. Eng mit der Vorstellung eines durchlässigen, nach allen Seiten porösen und sich ständig verändernden Kulturraumes sind zugleich Konzeptualisierungen vom Begriff der Grenze verbunden, die diese nicht nur als Schließung, sondern eben auch als gleichzeitige Öffnung verstehen. Ein solches Verständnis von Grenze als Schwelle wird besonders deutlich im Werk von Gloria Anzaldúa. Hier beziehen wir uns vor allem auf ihren zum Klassiker gewordenen autobiografischen Text *Borderlands/La Frontera* (1987), da dieser Text einen offenen Begriff der Grenze in besonderer Weise auch selbst ‚verkörpert'. Abschließend werden wir mit Überlegungen zu einer neuen Semantik von Raum als konsequenter Weiterführung der vorgestellten Kultur- und Grenzbegriffe zugleich wieder an die vielfältigen Vernetzungen von Gender, *Race* und Kultur anknüpfen.

Kultur als Netz zu verstehen, wie in unserem einleitenden Zitat des Anthropologen Clifford Geertz, bzw. im Sinne einer prozessualen Praxis als Vernetzung unterschiedlicher Perspektiven, Standorte, Verortungen und Bewegungsrichtungen, situiert auch die klassischen Disziplinen der Kulturwissenschaften, Anthropologie und Ethnographie, als interpretierende und damit bedeutungsschaffende Wissenschaften und nicht als objektive Darstellungen von Fakten. Die Metapher des Netzes impliziert Multidimensionalität, Verknüpfung bzw. Verflechtung und

---

31 Der *cultural turn* ist selbst ein herausragendes Beispiel für Transkulturalität, da hier ein breites Spektrum wissenschaftlicher Ansätze vor allem auch in transatlantischen Verflechtungen rezipiert und modifiziert wurde.

Synergien. Die im Folgenden exemplarisch vorgestellten Perspektiven sind daher ebenfalls nicht als in sich geschlossene Ansätze, sondern eher als sich ergänzende, sich überschneidende Herangehensweisen zu verstehen.

Als Einwanderungsland, dessen Geschichte stark von Kolonialisierung, Sklaverei und den damit einhergehenden Abgrenzungs- und Aneignungsmechanismen geprägt ist, waren die U.S.A. immer schon Beispiel für die Unmöglichkeit, Eigenes und Anderes, Altes und Neues, außen und innen eindeutig voneinander abzugrenzen. Stattdessen waren immer verschiedene Bewegungen, Einflüsse und Verbindungen zwischen dem, was als innen (zugehörig) und dem, was als außen (nicht-zugehörig, das Andere das Fremde) verstanden und postuliert wird, sichtbar und produktiv.

Raymond Williams bezeichnete *culture* als eines der komplexesten Schlüsselworte der englischen Sprache (1983: 87-93).[32] Dabei resultiert die Offenheit der Bedeutung vor allem aus den schwer zu fassenden, letztlich nicht definierbaren Denotationen, die, so Williams, in verschiedenen Sprachen und zu unterschiedlichen Zeiten unter anderem von Agrikultur über Zivilisation bis hin zur spezifischen Begrifflichkeit für Kunst und Bildung reichen.[33] Dieser Bedeutungsvielfalt ist es auch geschuldet, dass *culture* zugleich als vages, ‚leeres' Schlagwort fungiert. Wird *culture* jedoch möglichst präzise definiert, so erweist sich eine solche Bedeutungsbegrenzung aufgrund ihrer einengenden Wirkung häufig als kontraproduktiv. Die Fokussierung auf ein fest umrissenes Bedeutungsfeld führt zwangsläufig zu einem Ausgrenzen oder Vergessen anderer, historisch ebenfalls wichtiger Aspekte.

Gerade die Undefinierbarkeit im Sinne einer Beweglichkeit ist daher wichtig für die Kulturbegriffe, die wir im Folgenden vorstellen. Dabei bilden die Überlegungen von James Clifford und Homi Bhabha wichtige Schnittfelder, setzen jedoch unterschiedliche Akzente. Beiden gemeinsam ist die Kritik an einer Sichtweise, die die ‚westliche' Kultur als Zentrum setzt und so andere Kulturräume ungesagt marginalisiert und an den Rand drängt. Dagegen versuchen beide, das eigene Denken zu dezentralisieren, die Gegenüberstellung und Hierarchisierung von Zentrum und Rand kritisch zu hinterfragen und gerade nicht in etablierten Dichotomien und Grenzziehungen zu denken.

---

32 Wir haben in unseren Ausführungen Kultur und *culture* quasi-synonym verwendet, wobei in unseren Umgang mit den Begriffen die laut Williams auf Herder und Klemm zurückgehende Bedeutung nach wie vor eingeht: „the independent noun, whether used generally or specifically, [...] indicates a particular way of life, whether of a people, a period, a group, or humanity in general" (Williams 1983: 90). Bedeutungen wie ‚Bildung' o. ä. werden außer Acht gelassen.

33 Vgl. auch den entsprechenden Eintrag im *Metzler Lexikon Literatur- und Kulturtheorie* (Hejl 1998: 290-292).

3.1 James Clifford: „Traveling Cultures" – Reisende Kulturen, Kulturen des Reisens

James Clifford nähert sich dem Kulturbegriff aus einer Perspektive der Anthropologie bzw. der Ethnographie. Ihn interessieren die Vorgehensweisen dieser Disziplinen und deren gewichtige Einflüsse auf Sichtweisen von Kultur, wobei er sich insbesondere mit westlichen Repräsentationen so genannter fremder Kulturkreise auseinandersetzt.[34] Er kritisiert eine Vorstellung von Kultur als einem abgeschlossenen, statischen System, das nicht nur relativ genau definiert, sondern auch ‚objektiv' abgebildet werden kann. Aus diesem Grund wählt er die Metapher des Reisens, um die Offenheit und Prozessualität von Kultur zu betonen. Im Kontext dieser Metapher sollen Kulturen nicht in ihrer (fiktiven) Abgeschlossenheit untersucht, sondern als dynamische, offene Praktiken mit multiplen Verbindungen ‚nach außen' berücksichtigt werden. Kultur über die Metapher des Reisens zu denken, kann jedoch auch problematisch sein. Clifford weist darauf hin, dass die *traveling metaphor* nicht zu wörtlich genommen werden darf. Reisen ist eben keineswegs nur als körperliche Bewegung von einem Ort zum anderen zu verstehen. So macht es die Medienvielfalt immer einfacher, den eigenen Erfahrungsraum zu verlassen und in neue Welten einzutauchen, ohne sich körperlich zu bewegen. Neben dem Fernsehen hat vor allem das Internet neue Möglichkeiten geschaffen, die es Menschen und damit Kulturen erlauben zu reisen, ohne einen körperlichen Ortswechsel vorzunehmen. Auch die Grenzen, die dabei zu überschreiten sind, sind anderer Art. An Stelle nationaler und geografischer Grenzen regeln vor allem Bildungs- und ökonomische Grenzen die Bewegungen im Internet. Dies eröffnet neue Möglichkeiten des ‚Reisens', macht jedoch gleichzeitig auch neue Arten der Grenzziehung sichtbar.[35] Die Metapher des Reisens ist jedoch noch weiter auszudehnen: Sie kann ebenso diasporische Erfahrung einschließen – als Effekt von Deportation, Vertreibung (*displacement*) und Migration – oder auf Kolonialherrschaft verweisen. Clifford spricht hier von Armeen als mobilen Kräften oder Mächten „that pass powerfully *through*" (Clifford 1992: 103). Gleichzeitig wird auch eine Sichtweise hinterfragt, die den männlichen, weißen, dem Bürgertum entstammenden Reisenden als Prototypen ansieht. Die Me-

---

34 Hier stützen wir uns vor allem auf Clifford 1992.
35 Wie schwierig die virtuelle Art des Reisens, der Kommunikation und des Austauschs zu regulieren ist, zeigen Versuche repressiver Staaten, die Informations- und Kommunikationsmöglichkeiten ihrer Bürger drastisch einzuschränken. Aber auch Formen juristischer Regulierung (Verbote bestimmter Webseiten, Bemühungen, Internetnutzer vor Betrug im Internet zu schützen, die Strafverfolgung von Betreibern illegaler Seiten usw.) scheitern weitgehend an der Offenheit und Unfassbarkeit des virtuellen Raumes.

tapher des Reisens sollte also auch auf ihre Markiertheit im Hinblick auf Status, *Race* und Gender der Reisenden untersucht werden.

Besonders Migranten als ‚Reisende' geben jedoch der Metapher eine weitere bedeutsame Wendung, denn, so Clifford: „diasporic conjunctures invite a reconception [...] of familiar notions of ethnicity and identity" (Clifford 1992: 108). Gerade in Situationen der Diaspora wird zwischen Trennung (*separation*) von der Heimatkultur und Verwicklung (*entanglement*) in neue Erfahrungen vermittelt. Clifford spricht in diesem Zusammenhang von „*transnational culture-making*" (Clifford 1994: 316). Aus einem solchen Blickwinkel fokussiert ändert sich auch der Begriff der Tradition. Sie wird von einem in sich abgeschlossenen Phänomen, das einen Weg zurück zu einer verlorenen Vergangenheit, zu einem ‚Ur-Zustand', bietet, zu einem prozessualen Geschehen, in dem Verständigungen über Raum, Zeit und Kulturgrenzen hinweg möglich werden.[36] Was Daniel and Jonathan Boyarin über diasporische Kulturerfahrung im Zusammenhang mit der jüdischen Diaspora schreiben, gilt auch hier: „Diasporic cultural identity teaches us that cultures are not preserved by being protected from ‚mixing' but probably can only continue to exist as a product of such mixing. Cultures as well as identities are constantly being remade" (zitiert nach Clifford 1994: 323). Aufgabe von Kultur ist demnach auch, Anpassungsmöglichkeiten an neue Gegebenheiten zu bieten.

Nicht nur der Kulturbegriff selbst, sondern auch das wissenschaftliche Nachdenken über und die Darstellung von Kultur sollten kritisch hinterfragt werden. Clifford verdeutlicht dies am Beispiel des ethnographischen Schreibens. Die Metapher des Reisens führt vor Augen, dass nicht nur der Ethnograph in die fremde Kultur reist (oder die fremde Kultur zu ihm), sondern dass immer auch der kulturelle Raum des Ethnographen mitreist und eine objektive, neutrale und unmittelbare Darstellung kultureller Fakten unmöglich macht. Jeder Versuch ‚das Fremde' darzustellen und zu interpretieren, ist in gewisser Hinsicht auch eine Selbstdarstellung, und durch eine ethnographische Beschreibung lernen wir mindestens genauso viel über die Kultur des Ethnographen wie über die dargestellte Kultur. Als Vorgehensweise des ethnographischen Arbeitens schlägt Clifford daher dialogähnliche Strategien vor. In der so entstehenden Mehrstimmigkeit wird die Heterogenität und Widersprüchlichkeit von Kultur nicht nur angedeutet, sondern auch ausgehalten.

---

36   Vgl. auch Hobsbawm 1984: 1-14. Hobsbawm weist darauf hin, dass Traditionen durchaus keine lange Vergangenheit haben müssen, sondern im Gegenteil recht ‚neu' sein können, mit bestimmten ideologischen Absichten etabliert werden und aus Gründen der Glaubhaftigkeit und Authentizität eine Verbindung zur Vergangenheit beanspruchen: „‚Invented tradition' is taken to mean a set of practices [...] which seek to inculcate certain values and norms of behaviour by repetition" (Hobsbawm 1984: 1).

Dabei macht Clifford deutlich, dass Kultur keine endgültige Definition erlaubt, keine Reduktion auf eine klar umrissene Begrifflichkeit, weder als generischer Begriff noch im Sinne einer bestimmten (nationalen) Ausprägung. Die Metapher des Reisens ermöglicht ihm, nicht nur die Bedeutung (und Relation/ Lokalität) von Mittelpunkt und Rand zu verrücken sowie Austausch und Vermischung zwischen Kulturen zu zeigen und zu erklären, sondern gleichzeitig noch offen zu bleiben für andere Interpretationen, andere *Stand*punkte und *Bewegungs*richtungen. Denn wenn Kultur nicht auf etwas Bestimmtes festgelegt werden kann, kann sie auch nicht eindeutig interpretiert werden. „If ‚culture' is not an object to be described, neither is it a unified corpus of symbols and meanings that can be definitively interpreted. Culture is contested, temporal, and emergent" (Clifford 1986: 19). Diese prozesshafte und umstrittene, das heißt immer neu zu verhandelnde Begrifflichkeit von Kultur findet eine Ergänzung in Homi Bhabhas Konzept der *cultural hybridizations*.

3.2 Homi Bhabha: „Cultural Hybridizations" – *Kultur als ZwischenRaum*

Aus einer postkolonialen Perspektive entwickelt der Kulturtheoretiker Homi Bhabha einen ebenfalls hochkomplexen, einflussreichen, wenn auch zunehmend kritisierten Kulturbegriff.[37] Bhabhas Ausgangspunkt sind vor allem Minoritäten- und Diaspora-Kulturen, da hier die Problematik der Selbstdefinition und Selbstrepräsentation besonders deutlich wird. Die Notwendigkeit dieser Kulturgruppen, sich innerhalb eines fremden Signifikationsrahmens (u. a. Sprache und Normen) in einer anderen, meist dominanten Kultur zurechtzufinden, zu definieren und zu repräsentieren, führt mitten in die Problematik einer Definition des Kulturbegriffs.[38]

Bhabha zufolge sind monolithische Kategorien wie *Race* soziale Konstrukte, in die Vorstellungen, Vorurteile und Ängste der dominanten Kultur hinein projiziert werden (Bhabha 1997: 11f.). Eigenschaften, Verhalten und Darstellung anderer Kulturgruppen werden immer im Hinblick auf diese vorgefertigten Bilder interpretiert und evaluiert.[39] Diejenigen, die mit einer solchen Bedeutung oder mit einem solchen Vor-Urteil belegt sind, müssen sich auf der Suche nach Formen der Selbstrepräsentation immer gegen diese schon vorgefertigten Bilder wehren.

---

37 Für eine Kritik an den Konzepten Hybridität und Diaspora von Bhabha und anderen siehe Mitchell 1997.
38 Siehe vor allem Bhabha 1994.
39 Ein überzeugendes Beispiel sind die oben diskutierten *Jezebel*- und *Mammy*-Stereotypen, die sich als ideologischer Bestandteil weißer Vorstellungen und Bedürfnisse instrumentalisieren ließen.

Der Selbstentwurf einer Gruppe entsteht also fast zwangsläufig in Abhängigkeit von dem entsprechenden Stereotyp. Dabei versucht der Selbstentwurf, das Stereotyp zu widerlegen und bleibt genau dadurch letztlich auch wieder limitierend, da er als Gegenstandpunkt zwar in gewisser Hinsicht selbst entworfen, letztendlich aber immer vom Fremdentwurf, dem Stereotyp, abhängig bleibt und in dessen Werte- und Bezugsrahmen verharrt. Anstatt also die entsprechenden Mechanismen zu unterlaufen, werden sie ungewollt verstärkt. Es bleibt die Wahl zwischen wechselnden, gleichwohl ‚inauthentischen' Werterahmen (Bhabha 1997: 11). Hinter diesen „alternate inauthenticities" (ebd.), so Bhabhas entscheidendes Argument, befindet sich jedoch keine irgendwo versteckte authentische Norm, befinden sich keine ‚echten' kulturellen Merkmale. Stattdessen betont er, dass die Vorstellung von Authentizität (z.B. in Form einer homogenen Kultur oder Tradition) restriktiv ist, da sie an eine problematische Vorstellung von Zusammengehörigkeit gebunden ist, die das Überbrücken von Differenzen, sowohl innerhalb einer Gruppe als auch zwischen verschiedenen Gruppen, nicht zulässt.

Um den Teufelskreis der Stereotypisierung – im Englischen wird häufig der Begriff des *othering*, des Fremdmachens, verwendet – zu durchbrechen, genügt es also nicht, entsprechende Bilder und Vorstellungen positiv oder negativ zu bewerten und gegebenenfalls abzulehnen bzw. sich von ihnen abzusetzen. Das Negieren eines Stereotyps verstärkt stattdessen die Strukturen, die solche Vorurteile erst ermöglichen (Bhabha 1994b: 67). Erst in der Auseinandersetzung mit der Effektivität von Stereotypen entsteht laut Bhabha die Möglichkeit, sie abzubauen.

Die „arts of cultural hybridization" (1997: 125), so Bhabha, versuchen daher nicht, Unterschiede zwischen Kulturen zu transzendieren oder zu übergehen, sondern verharren gerade dort, wo sich Kulturen aneinander reiben. *Cultural hybridization* setzt es sich zum Ziel, Widersprüche zu verkörpern, Gegensätze nebeneinander zu stellen und die entsprechende Reibung auszuhalten. Das Konzept des Dialogischen, das Clifford für die Ethnographie fordert, findet in Bhabhas „arts of cultural hybridization" seine Entsprechung. Elemente aus unterschiedlichen Kulturen werden aufgenommen, verändert, neu zusammensetzt. Dabei kritisiert Bhabha den Zusammenhang von Authentizität und nationaler Identität sowie restriktiven, auf Geburt und Naturhaftigkeit gründenden Begriffen kultureller Zugehörigkeit. Kultur soll eben nicht als ein Status oder Zustand gesehen werden, der eindeutig die Zugehörigkeit zu einer (nationalen) Gemeinschaft festlegen kann, sondern soll in ihrer Prozesshaftigkeit erfassbar werden.[40] Kultur als einen ‚Ort'

---

40 Vgl. hier auch die in Deutschland im Kontext der Einwanderungsgesetzgebung im Jahre 2000 so heftig entflammte Diskussion um eine „deutsche Leitkultur", in der relevante kulturelle Inhalte versammelt werden sollten, gleichsam als Kanon für die Bildung deutscher Staatsbürger.

anzusehen, der nicht eindeutig lokalisiert werden kann, ermöglicht es zu zeigen, dass es keine reine, unverfälschte und authentische Kultur geben kann. Gerade die Schnittpunkte dieser beweglichen, prozessualen Kulturen erfassen das Besondere von Kultur. Neben der Metapher des Schnittpunkts spricht Bhabha vom Zwischenraum, und es ist dieser Zwischenraum – *culture's in between* –, der für Bhabha der eigentliche Ort von Kultur ist (Bhabha 1993: 167). Kultur beantwortet gerade nicht eindeutig die Frage nach Identität (Nationalität, Herkunft, Heimat usw.), sondern lässt diese Antwort offen. Diese Offenheit ist jedoch nicht im Sinne der Unmöglichkeit einer Antwort gemeint. Es gibt eine Antwort, jedoch nicht als abgeschlossenes, homogenes Konstrukt, als fixierten Endpunkt, sondern als ein ständig im Werden begriffener, sich verändernder Prozess (Bhabha 1997: 125).

Der Raum zwischen unterschiedlichen Kulturen ist also eine Teil-Kultur: „This ‚part' culture, this *partial* culture is the contaminated yet connective tissue between cultures" (Bhabha 1993: 167). Den ‚Ursprungs-Kulturen', denen sie entstammt, ähnlich und doch verschieden von ihnen, zeigt die Teil-Kultur die Unmöglichkeit von Abgeschlossenheit und ist gleichzeitig aber doch fast eine Grenze, ein Übergangsraum. Diese kulturellen Zwischenräume werden zu Orten, an denen etwas Neues beginnt, sie sind Schwellenräume, Öffnungen zu anderen Welten: „It is in this sense that the boundary becomes a place in which *something begins its presencing*" (Bhabha 1994a: 5).[41]

Die Artikulation von Differenzen ist dann keine Abgrenzung vom Anderen mehr, sondern eine Brücke, eine Einladung zur Auseinandersetzung mit ihm. Sinn der Identitätsfindung einer kulturellen Gruppe ist also nicht die Betonung von unüberwindlichen, immer schon existierenden Differenzen, sondern vielmehr ein ständiges Verhandeln, ein Austausch dieser Unterschiede, aus deren Diskurs schließlich etwas Neues entstehen kann. Auf diese Weise tritt der Aspekt des Verweilens, der Heimatverbundenheit, in den Hintergrund, und es werden nicht nur Zentrum und Peripherie eines Kulturraums enger miteinander verbunden, sondern auch der Blick über den Rand hinaus geöffnet. Diese Haltung, über den eigenen Horizont hinaus nach ‚außen' zu blicken und das ‚Eigene', Gewohnte immer wieder zu hinterfragen, zeigt sich auch in Gloria Anzaldúas Konzeption von Grenze, das wir im Folgenden vorstellen werden.

---

41 Bhabha zitiert hier den Philosophen Martin Heidegger. Auch Clifford bezieht sich in seinem Zusammendenken von *traveling* und *dwelling* auf Heidegger.

3.3 Gloria Anzaldúa: Grenze als Metapher der Horizonterweiterung

Gloria Anzaldúas *Borderlands/La Frontera: The New Mestiza* (1987) setzt sich nicht nur mit dem Thema Grenzen und ihren Überschreitungen (u. a. in den Bereichen Kultur, Sprache, Gender und Sexualität) auseinander, sondern überschreitet auch selbst Grenzen und stellt dadurch die Fixierung einzelner Textgattungen in Frage. *Borderlands* öffnet und erweitert experimentell die Tradition des autobiografischen Schreibens und praktiziert dabei gleichzeitig ein feministisches Neu-Schreiben von *Chicano*-Mythen und mexikanisch-amerikanischer Geschichte. Damit ist der Text nicht nur ein politisches Manifest, sondern auch eine mobile Selbstverortung in einem Zwischenraum zwischen Kulturen, Nationalitäten, Sprachräumen, akademischen Diskursen, Textgattungen usw. Er vermischt Prosa und Poesie, Fiktionales und Nicht-Fiktionales, hebt die (vor allem im westlichen Kulturkreis getroffene) Trennung von literarischem Schreiben und Theorie/Philosophie auf. Er ist, wie der Titel bereits andeutet, ein mehrsprachiges Werk: Anzaldúa nutzt das Englische, Varianten des Spanischen und Nahuatl, eine vorkoloniale, indigene Sprache Amerikas. So werden Leserinnen und Leser mit der hybriden, multilingualen Kultur der Chicana/os konfrontiert.

Borderlands ist nicht nur Produkt des ‚Dazwischen' (zwischen Kulturen, Sprachen, Nationalitäten usw.), sondern eröffnet auch selbst ein Dazwischen, eine Kontakt- und Grenzzone, in der grenzüberschreitende Diskurse zwischen unterschiedlichen Bereichen ermöglicht werden mit dem Ziel, die rigiden Ein- und Abgrenzungen von Konzepten und Ideen aufzuweichen. Damit repräsentiert der Text selbst die Idee der Grenzzone, der *borderlands* als Geisteshaltung, als Versuch multiperspektivisch zu denken, das heißt die Welt nicht in abgeschlossenen, voneinander abgrenzbaren Kategorien zu sehen, sondern Verbindungen, Schnittstellen zu suchen und herzustellen. Für Anzaldúa ist diese Geisteshaltung in der Figur der *Mestiza* verkörpert, die festgefahrene, vorgegebene Muster zu Gunsten prozesshaften, entfaltenden Denkens verwirft, mit dem Ziel einer ganzheitlichen, multiplen Perspektive, „one that includes rather than excludes" (Anzaldúa 1987: 79). Dabei wird die Grenze zu einem Verbindenden, zu einem Raum, in dem durch Vermischung, durch Ambiguität und unauflösbare Gegensätzlichkeit Neues entsteht, so dass alte (Denk-)Pfade verlassen werden können.

Diese Multiperspektivität, das Durchdringen von Gegensätzlichem, gilt nicht nur für konzeptuelles Denken. *Borderlands* ist auch eine Selbst-Positionierung der Autorin im Schnittfeld von Diskursen, die Gender, Sexualität, Kultur, *Race* und *Class* bisher oft als in sich abgeschlossene, voneinander trennbare Kategorien gesetzt hatten. Anzaldúa entzieht sich solchen vereinheitlichenden Grenzen in ihrem Schreiben und besteht auf einer ‚mobilen Verortung' in dem Dazwischen, den *borderlands*. *Mestiza* agiert hier nicht nur als Hinweis auf einen multikulturellen Hintergrund, sondern als Begriff, der auch als Entwurf für eine Lebensform dient, die kulturelle Hybridität, das immer schon (auch konfliktreich) Vielfältige, prozesshaft Grenzüberschreitende an die Stelle nationaler oder monokultureller Identität setzt. Widerstand gegen politische und kulturelle Hegemonien wie gegen sexuelle Normen ist dabei immer Teil von Anzaldúas Projekt. Keineswegs erschöpft sich aber ihr Entwurf in bloßer Opposition und damit in neuen rigiden Grenzziehungen: „The new *mestiza* copes by developing a tolerance for contradictions, a tolerance for ambiguity" (Anzaldúa 1987: 79).

Bezeichnend ist dabei, dass die Autorin u. a. das Bild des Flusses zur Darstellung ihrer Vorstellung von Grenze wählt. Das Bild des Flusses betont ständige Veränderung und verdeutlicht einen Grenzraum, in dem Bewegung herrscht, der aber auch betreten und durchschritten werden kann. So wird bei ihr die Figur der *Mestiza* zu einer Brücke zwischen Kulturen, Sprachen, Wertvorstellungen: „At some point, on our way to a new consciousness, we will have to leave the opposite bank [...] so that we are on both shores at once" (ebd.). Wie bei Bhabha (*culture's in between*), wird auch bei Anzaldúa die Grenze zu einem Zwischenraum, der nicht als Schließung, sondern als Öffnung, als Schwelle zu Neuem angesehen wird. Explizit verbindet sie jedoch diesen Grenzbereich, in dem Neues entsteht, nicht nur mit unterschiedlichen Kulturen; die *borderlands* sind ein Grenzbereich, in dem auch sexuelle Normen und Gender-Grenzen aufgeweicht und in Frage gestellt werden. Die *Mestiza* ist hier ebenfalls als Lebensentwurf zu verstehen, der sich gegen rigide, limitierende Gender- und sexuelle Normen richtet. Auf diese Weise bieten die *borderlands* einen Schutzraum, in dem rigide Dichotomien und die damit einhergehenden Forderungen nach Anpassung und Eindeutigkeit auch im Bereich sexueller Orientierung und genderspezifischen Verhaltens aufgehoben sind. Konsequent erweitert Anzaldúa so das Konzept prozesshafter Kulturen und heterogener, multikultureller Konträume und Grenzen. Das Leben in den *borderlands* – wie Bhabhas Entwurf enthält auch diese Metapher sehr wohl utopische Elemente – wird hier als Lebensform postuliert, die den Blick über den eigenen Horizont hinaus immer schon beinhaltet. Im Unterschied zu Bhabhas Theorie basierten Überlegungen, die ökonomische Aspekte wenig berücksichtigen, ist jedoch Anzaldúas vielstimmiges literarisches Werk eher bereit, die Ungleichheit materieller Lebensbedingungen in *borderlands* als wichtigen Konfliktfaktor zu benennen.[42]

---

42 Zu einer radikalen Kritik an Kulturkonzepten, die in ihrer affirmativen Betonung von Differenz die wachsende Kluft zwischen Arm und Reich und damit eine inhärent hierarchische Differenz übersehen, siehe Walter Benn Michaels, *The Trouble With Diversity* (2006).

4. Grenzen – Verortungen – Bewegungsräume: Gender und Transkulturalität

Kultur und Grenze, so kulturwissenschaftliche Ansätze der letzten Jahre, die an die *Cultural Studies* der 1980er und 90er Jahre anknüpfen, hängen nicht nur eng mit Begriffen wie Tradition, Nation, Heimat u. ä. zusammen. Mit dem so genannten *topographical turn* (Weigel 2002: 151-165) wurde auch die Semantik von Ort und Raum neu gedacht.[43] Ähnlich der Kritik am Kulturbegriff werden hier tradierte Vorstellungen von Räumen als geometrische, abschließbare Behälter problematisiert. Stattdessen werden Raumkonzepte vorgestellt, die Raum als prozesshaft verstehen, als Phänomen, das von seinen Bewohnern ständig neu abgesteckt, limitiert und erweitert wird. (Sozialer) Raum wird von seinen Bewohnern gemacht; Performativität und Politisierung von Raum sind hier zwei immer wieder in den Vordergrund tretende Aspekte. Räume können als Manifestationen, Visualisierungen und auch Umsetzungen politischer und anderer Ideologien gesehen werden (vgl. Duncan 1988). In diesem Sinne sind Räume nicht nur soziale Produkte, das heißt Ergebnisse gesellschaftlicher Prozesse, sondern gleichzeitig auch Werkzeuge, um soziale Gegebenheiten (räumlich) herzustellen, zu implementieren und zu kontrollieren (vgl. Lefebvre 1991: 26). Gerade für *Gender* und *Women's Studies* – unsere Einführung in Weiblichkeitsdiskurse des 19. Jahrhunderts in den U.S.A ist hier als Beispiel zu nennen – sind daher diese Raumbetrachtungen von Interesse, denn sie insistieren darauf, dass Raum nicht einfach als Hintergrund für gesellschaftliche Normen, Regeln und Verhaltensweisen fungiert. Räume sind im Gegenteil von ganz entscheidender Bedeutung, da sie gesellschaftliche Normen, Regeln und Verhaltensweisen mit erschaffen.[44]

Räume und Raumstrukturen reflektieren daher nicht nur (Gender-)Ideologien, sondern verstärken auch bestimmte gendertypische Erwartungen, also Vorstellungen davon, wie Männer bzw. Frauen sich (an bestimmten Orten) zu verhalten haben bzw. ob sie sich dort aufhalten dürfen (vgl. das oben genannte Beispiel der *streetwalker*). (Trans-)Kulturelle Betrachtungsweisen von Gender sollten daher nicht nur Grenzen und Grenzziehungen in ihre Überlegungen mit einbeziehen, sondern sich auch verstärkt der Betrachtung von Räumen und Raumkonstruktionen sowie der Art und Weise ihrer Nutzung zuwenden.

---

43 In Schröder 2006 findet sich ein Überblick über diese Umdefinition von Ort und Raum.
44 Siehe McDowell 1999 und Massey 1994, die die vielfältigen Zusammenhänge und gegenseitigen Einflüsse von Raum und Gender ausführlich darstellen. Blunt und Rose (1994) betrachten Raum und Gender unter dem Aspekt (post-)kolonialer Entwicklungen.

5. Abschließende Überlegungen

Kultur, Grenze und (Grenz-)Räume, so haben wir in unseren Ausführungen in Anlehnung an kulturwissenschaftliche wie auch literarische Ansätze argumentiert, sind keine naturgegebenen, festgefügten und unveränderlichen Phänomene. Es sind Produkte menschlichen Zusammenlebens und der entsprechenden Bedürfnisse und Verhaltensweisen, die zugleich den Rahmen schaffen, innerhalb dessen gesellschaftliches Leben stattfinden, sich entwickeln und funktionieren kann. Dies ist entscheidend für unseren Umgang mit dem Begriff Gender, der in vielfältiger Weise mit den o.g. Konzepten verflochten ist, durch sie geprägt wird und sie seinerseits prägt. Vor allem in unserem historischen Abriss wurde deutlich, dass Vorstellungen von und Erwartungen an genderspezifisches Verhalten weit variieren und durch zeitliche, soziale und kulturräumliche Kontexte (mit)bestimmt sind. Implizierte z.B. für weiße Frauen der Mittel- und Oberschicht Weiblichkeit eine eher ‚schwächliche', delikate Konstitution, die an entsprechende Verhaltensformen geknüpft war, so galten für Frauen der *working class* wie für schwarze Frauen eher gegenteilige Erwartungen, die harte körperliche Arbeit und ärmlichste Lebensbedingungen rechtfertigten. Ebenso standen/ stehen sich der *angel in the house* sowie *Mammy* und *Jezebel* als über *Race* definierte genderstereotypische Projektionen kontrastiv und damit zugleich voneinander abhängig gegenüber.

Trotz (oder vielleicht gerade wegen) der in ihnen agierenden Widersprüche, dies hat unsere Diskussion aufgezeigt, halten sich stereotypisierende Genderentwürfe hartnäckig. Wie das komplexe Beispiel der Benetton-Werbung zeigt, ist der (kulturelle) Kontext und damit auch der Ort, an dem ein Bild gelesen wird, entscheidend für Bedeutungskonstitutionen und für die Diskurse, die das Bild aufruft. Dies impliziert aber zugleich, dass als unverrückbar gesetzte Erwartungen, Normen und Wertvorstellungen durch transkulturelle Betrachtungsweisen ihren dogmatischen Charakter verlieren können. Kulturräume, Genderentwürfe und die Rezeption von Genderdarstellungen sind also in komplexer Weise miteinander verflochten und bedingen sich gegenseitig. In unserer Diskussion von Homi Bhabhas postkolonialen Kulturverortungen haben wir betont, dass es vor allem die kulturellen Zwischenräume, die Grenzräume sind, die neue Sichtweisen ermöglichen. Es sind, dies ist unsere Schlussfolgerung, interdisziplinäre und transkulturelle Ansätze, die den Forschungsbereich der *Gender Studies* mit neuen Sichtweisen bereichern und neue Denkansätze und Wege aufzeigen können. Wenn wir für unsere Überlegungen den Kulturraum U.S.A. sozusagen ins Zentrum gerückt haben, so haben vor allem die Diskussion eines (annähernd) global zirkulierenden Fotos wie auch unsere Vorstellung von Kultur-, Grenz- und Raumbegriffen die große Bedeutung von Bewegung und ständiger Veränderung deutlich werden lassen. Und dies gilt nicht zuletzt für die ‚reisenden' Wissenschaften, auf die wir uns berufen.

Zitierte und weiterführende Literatur

(Alle Internetquellen wurden zuletzt geprüft im August 2013.)
Anderson, Benedict (1991): Imagined Communities. London: Verso
Anzaldúa, Gloria (1987): Borderlands/La Frontera: The New Mestiza. San Francisco: Aunt Lute Press
Bhabha, Homi K. (1993): Culture's In Between. In: Artforum 32.1. 1993. 167ff.
Bhabha, Homi K. (1994): The Location of Culture. London: Routledge
Bhabha, Homi K. (1994a): Introduction: Locations of Culture. In Bhabha (1994): 1-18
Bhabha, Homi K. (1994b): The Other Question. Stereotype, Discrimination and the Discourse of Colonialism. In: Bhabha (1994): 66-84
Bhabha, Homi K. (1997): Halfway House. In: Artforum 35.9. 1997. 11ff.
Blunt, Alison und Gillian Rose (1994): Writing Women and Space: Colonial and Postcolonial Geographies. New York: The Guilford Press
Bogle, Donald (2006): Toms, Coons, Mulattoes, Mammies, and Bucks: An Interpretive History of Blacks in American Film. 4. Aufl. New York: Continuum International Publishing
Clifford, James (1986): Introduction: Partial Truths. In: Clifford/Marcus (1986): 1-26
Clifford, James (1992): Traveling Cultures. In: Grossberg et al. (1992): 96-116
Clifford, James (1994): Diasporas. In: Cultural Anthropology 9:3. 1994. 302-338
Clifford, James und George E. Marcus (Hrsg.) (1986): Writing Culture. The Poetics and Politics of Ethnography. Berkeley: University of California Press
Cott, Nancy F. (1997) [1977]: The Bonds of Womanhood: "Woman's Sphere" in New England, 1870-1835. 2. Aufl. New Haven: Yale University Press
Crenshaw, Kimberlé (1989): Demarginalizing the Intersection of Race and Sex: A Black Feminist Critique of Antidiscrimination Doctrin, Feminist Theory and Antiracist Politics. In: The University of Chicago Legal Forum 140. 1989. 139-167
Davidson, Cathy N. und Jessamyn Hatcher (Hrsg.) (2002): No More Separate Spheres! A Next Wave American Studies Reader. Durham: Duke University Press
Davidson, Cathy N. und Jessamyn Hatcher (2002a): Introduction. In: Davidson/Hatcher (2002): 7-26
Duncan, J. und Duncan N. (1988): (Re)reading the Landscape. In: Environment and Planning D: Society and Space 6.2. 1988. 117-126
Elbert, Monika M. (Hrsg.) (2000) Separate Spheres No More. Gender Convergence in American Literature, 1830-1930. Tuscaloosa: The University of Alabama Press
Elbert, Monika M. (2000a): Introduction. In: Elbert (2000): 1-25
Geertz, Clifford (1973): The Interpretation of Cultures. New York: Basic Books

Giddings, Paula (1996): When and Where I Enter: The Impact of Black Women on Race and Sex in America. 2. Aufl. New York: William Morrow
Grossberg, Lawrence et al. (Hrsg.) (1992): Cultural Studies. New York: Routledge
Hale, Sarah Josepha (1853): Editor's Table. In: Godey's Lady's Book 47. July 1853.
Heideking, Jürgen und Christoph Mauch (2008): Geschichte der USA. 6. Aufl. Tübingen: Francke
Hejl, Peter M. (1998): „Kultur" In: Nünning (1998): 290-292.
Hobsbawm, Eric und Terence Ranger (Hrsg.) (1984): The Invention of Tradition. Cambridge: Cambridge University Press
Hobsbawm, Eric (1984): Introduction: Inventing Traditions. In: Hobsbawm/Ranger (1984): 1-14
Kelley, Mary (2002): Private Woman, Public Stage: Literary Domesticity in Nineteenth-Century America. Chapel Hill: University of North Carolina Press
Massey, Doreen (1994): Space, Place and Gender. Cambridge: Polity Press
McDowell, Linda (1999): Gender, Identity and Place: Understanding Feminist Geographies. Cambridge/Minneapolis: Polity Press und University of Minnesota Press
Michaels, Walter Benn (2006): The Trouble With Diversity: How We learned to Love Identity and Ignore Inequality. New York: Holt
Mitchell, Katharyne (1997): Different Diasporas and the Hype of Hybridity. In: Environment and Planning D: Society and Space 15.5. 1997. 533-553
Nünning, Ansgar (Hrsg.) (1998): Metzler Lexikon Literatur- und Kulturtheorie: Ansätze – Personen – Grundbegriffe. Stuttgart: Metzler
Painter, Irvin Nell (1996): Sojourner Truth: A Life, a Symbol. New York: Norton
Pilgrim, David: The Mammy Caricature. In: Jim Crow Museum of Racist Memorabilia at Ferris State University. http://www.ferris.edu/htmls/news/jimcrow/mammies/
Pilgrim, David: Jezebel Stereotype. In: Jim Crow Museum of Racist Memorabilia at Ferris State University. http://www.ferris.edu/htmls/news/jimcrow/jezebel.htm
Ribbat, Christoph (2006): Das Handtuch werfen: Boxen, Masculinity Studies und amerikanische Kulturgeschichte. In: Sielke/Ortlepp (2006): 81-99
Roberts, Diane (1994): The Myth of Aunt Jemima: Representations of Race and Region. London: Routledge
Robinson, Sally (2000): Marked Men: White Masculinity in Crisis. New York: Columbia University Press
Schäfer-Wünsche, Elisabeth (2004): Wenn von Weißen die Rede ist: Zur afroamerikanischen Praxis des Benennens. Tübingen: Francke
Schröder, Nicole (2003): Kulturelle Selbstentwürfe in zeitgenössischer indianischer Literatur. Frankfurt: Peter Lang
Schröder, Nicole (2006): Spaces and Places in Motion: Spatial Concepts in Contemporary American Literature. Tübingen: Gunter Narr
Sielke, Sabine (2002): Reading Rape: The Rhetoric of Sexual Violence in American Literature and Culture, 1790-1990. Princeton: Princeton University Press
Sielke, Sabine (2006): Einleitung: Let's Talk about Gender! Zur ‚Karriere' einer Analysekategorie. In: Sielke/Ortlepp (Hrsg.) (2006): 11-26
Sielke, Sabine und Anke Ortlepp (Hrsg.) (2006): Gender Talks: Geschlechterforschung an der Universität Bonn. Transcription. Bd. 1. Frankfurt: Peter Lang
Spillers, Hortense J. (1987): Mama's Baby, Papa's Maybe: An American Grammar Book. Baltimore: Johns Hopkins

Takaki, Ronald (2008): A Different Mirror: A History of Multicultural America. Überarbeitete Ausgabe. Boston: Back Bay Books
Truth, Sojourner (1851): Ar'n't I a Woman? Documents from: A History of the American Suffragist Movement. The Moschovitis Group (Hrsg.). http://www.suffragist.com/docs.htm
Turner, Patricia A. (1994): Ceramic Uncles and Celluloid Mammies: Black Images and Their Influence on Culture. New York: Anchor
Weigel, Sigrid (2002): Zum ‚topographical turn': Kartographie, Topographie und Raumkonzepte in den Kulturwissenschaften. In: KulturPoetik 2.2. 2002: 151-165
Welter, Barbara (1966): The Cult of True Womanhood: 1820-1860. In: American Quarterly 18.2 (Summer 1966): 151-174
West, Cornel (1993): Race Matters. Boston: Beacon Press
Wharton, Edith (1920): The Age of Innocence. 1970. New York: Scribner
White, Deborah Gray (1987): Ar'n't I a Woman? Female Slaves in the Plantation South. 1985. New York: Norton
Williams, Raymond (1983): Keywords: A Vocabulary of Culture and Society. Überarbeitete Aufl.. London: Fontana Paperbacks

Die symbolische Ordnung der Moderne, kulturelle Identität und Gender im arabisch-islamischen Raum

Susanne Kröhnert-Othman

1. Transkulturalität in der Geschlechterforschung über den arabisch-islamischen Raum

Die symbolische Ordnung der globalen Moderne stellt sich in der Gegenwart als ungleiches Machtgefüge dar, in dem Positionen der Höherwertigkeit und Minderwertigkeit verschiedener Kulturen sowie ihre Inklusion in die ‚westliche Moderne' auf der Grundlage kultureller Alteritätsbehauptungen in Mediendiskursen verhandelt werden und unter anderem gewaltsame Auseinandersetzungen um den ‚globalen Terror' legitimieren helfen. In diesem Rahmen wird gegenwärtig in populären und wissenschaftlichen Debatten die These der starken kulturellen Distanz zwischen ‚dem Westen' und ‚dem arabisch-islamischen Orient' diskutiert. Die Geschlechterordnungen in den gegeneinander abgegrenzten Kulturräumen bilden einen besonderen Fokus dieser Debatte um universelle Gleichheitskonzepte und kulturellen Partikularismus. In den aktuellen ‚Kulturkonflikten' und den Versuchen, den ‚Orient' durch die Einordnung in eine traditionsorientierte Vergangenheit symbolisch aus der Teilhabe an der Moderne auszuschließen (vgl. Fabian 1983), gerät die transkulturelle Geschichte paralleler Entwicklungen und geteilter Ideengeschichte in Vergessenheit. Dazu gehört auch, dass Parallelen der Kontinuität ungleicher Geschlechterordnung ausgeblendet werden und solche Stimmen der Gesellschaftskritik in beiden Kulturräumen in eine Randposition geraten, die auf uneingelöste Gleichheitsprojekte im Westen oder auf gebrochene Gleichheitstraditionen im arabisch-islamischen Orient hinweisen.

Die Frauen- und Geschlechterforschung über den arabisch-islamischen Raum besitzt in diesem Kontext ein besonderes Potential, Querverbindungen zwischen den lokalen und globalen gesellschaftlichen Entwicklungen und Debatten zu verdeutlichen, starke kulturelle Alteritätskonstruktionen zu entkräften und einen interkulturellen Dialog zu ermöglichen. Die Einführung einer transkulturellen Perspektive, wie sie von Wolfgang Welsch als Alternative gegenüber dem traditionellen Kulturbegriff und den heute gebräuchlichen Begriffen von Interkulturalität und Multikulturalität empfohlen wird (Welsch 1994), stellt sich somit meines Erachtens vor allem als noch einzulösendes Projekt der Wiederentdeckung von Gemeinsamkeiten und Ähnlichkeiten dar. Dieses wird in der geopolitischen Gegenwartssituation stets erneut durch gewaltsame Interventionen, Schließungen des Dialogs, Tabuisierungen von bestimmten Themen sowie vereinseitigenden Rückzügen in das vermeintlich kulturell Eigene gefährdet.

In den folgenden Ausführungen wird zunächst eine Ortsbestimmung des arabisch-islamischen Raumes in der symbolischen Ordnung der globalen Moderne vorgenommen und die Problematik der starken Alteritätsthesen skizziert. In einem zweiten Schritt wird die Bedeutung des *othering*, des Andersmachens des kulturell Anderen, im Kontext der von Edward Said entwickelten Orientalismuskritik erläutert. Für säkular orientierte arabische Intellektuelle stellt die gegenwärtige Verknüpfung kultureller Identität mit islamisch fundamentalistischer Religiosität ein besonderes Problem der Exklusion aus ihren Herkunftsgesellschaften dar, da es ihnen unter dem Vorwurf kultureller Illoyalität kaum gelingen kann, die kulturelle Authentizität ihrer Positionen nachzuweisen.

Dies gilt insbesondere für Stimmen aus der arabischen Frauenbewegung, die Geschlechtergleichheit und öffentlich-politische Partizipation von Frauen auch aus eigenen kulturellen Traditionen herleiten. Die Vielfalt möglicher Positionen innerhalb des Diskursfeldes lässt sich zeigen, wenn die Frage gestellt wird, ob Geschlechtergleichheit auch innerhalb einer islamischen Gesellschaftsordnung verwirklicht werden kann. Die anschließenden Exkurse heben unterschiedliche Aspekte des Themas hervor und erläutern die theoretischen Einführungen zum Thema. Auf diese Weise soll eine transkulturelle Perspektive eröffnet werden, und es sollen Möglichkeiten aufgezeigt werden, wie das Projekt der Transkulturalität zu neuen Sichtweisen und Handlungsorientierungen führen kann.

2. Der arabisch-islamische Raum in der symbolischen Ordnung der Moderne

In der geografischen, ethnografischen, soziologischen, politik- und geschichtswissenschaftlichen Literatur findet sich eine große Vielfalt von Definitionen und Umschreibungen des gemeinten Raumes, die die Eingrenzung und Benennung ausgesprochen schwierig machen. Im derzeitigen öffentlichen Diskurs um aktuelle Gegenwartsprobleme, in denen die Verschiedenheit von Kulturen zum Thema gemacht wird, findet darüber hinaus oft eine Vermischung von Definitionsebenen statt, auf denen der hier gemeinte Kulturraum umschrieben wird. Dabei werden wir durch die Gleichzeitigkeit und Überlagerung einer Vielfalt von Mediendiskursen oftmals dazu verleitet, nicht mehr genau zu unterscheiden. Es kursieren Begriffe wie ‚der Orient', ‚die arabischen Länder', ‚die islamische Welt', ‚der Nahe Osten', ‚der Mittlere Osten', ‚der Vordere Orient', ‚der Maghreb', ‚der Mashreq', ‚die Golfstaaten' etc. Die Entscheidung für die Benennung ‚arabisch-islamischer Raum' nimmt Bezug auf die geopolitische Dimension eines ‚Kulturkonflikts', der gegenwärtig hauptsächlich zwischen muslimischen Ländern und dem Westen verortet wird und als dessen Zentrum gegenseitiger kultureller Identitäts- und Alteritätskonstruktionen die verschiedenen arabischen Länder gelten. In der Diskussion um die Legitimation der derzeitigen Kriege der USA in islamischen Ländern überlagern sich ebenfalls verschiedene Ebenen kultureller Bestimmung. So wird oft von nationalen geschichtlichen Besonderheiten und Einzeltraditionen völlig abgesehen und die gesamte islamische Welt als kultureller Gegenpol des Westens definiert. Unterschiedliche politische Kontexte islamisch motivierter oder religiös begründeter Gewalt zum Beispiel in Pakistan, Israel, Afghanistan, Indonesien oder in Saudi Arabien werden selten genauer analysiert.

Eine theoretische Grundlage für die Vereinheitlichung eines islamischen Kulturraums als Gegenpol des christlich-humanistischen Westens hatte in den 1990er Jahren der amerikanische Regierungsberater Samuel Huntington mit seiner Schrift „Der Kampf der Kulturen" (Huntington 1996) vorgelegt. Auf seine Theorie der Verschiebung einer Konfliktfront nach dem Kalten Krieg und dem Ende der Sowjetmacht in Richtung einer Konfrontation zwischen Kulturen nehmen sowohl Befürworterinnen und Befürworter als auch Gegnerinnen und Gegner seines Ansatzes immer wieder Bezug. Manche amerikanischen Wissenschaftlerinnen und Wissenschaftler sehen seit dem 11. September 2001 die Notwendigkeit, amerikanische Werte auch mit militärischen Mitteln in islamischen Ländern zu verteidigen.[1]

Ein differenzierter Blick auf islamische Gegenwartsgesellschaften ist jedoch notwendig. Tatsache ist, dass lokale Traditionen und ethnische Differenzen in der gemeinten Region eine große Variationsbreite aufweisen. Die heutigen islamischen Gesellschaften sind seit jeher in sprachlicher, ethnischer, nationaler, religiöser und politischer Hinsicht heterogen (Heine 1989: 9-19). Die Gleichsetzung von regionaler Kultur mit dem Islam simplifiziert und vereinheitlicht nicht nur räumlich und horizontal, sondern negiert auch die unterschiedlichen historischen Entwicklungen der Regionen, ihre zivilisatorische Geschichte bis zur Kolonialzeit, ihre Eingebundenheit in unterschiedliche koloniale Regime und ihre moderne Geschichte des antikolonialen Widerstandes und der neuen Nationalstaaten bis in die Gegenwart. Die Gleichsetzung von Regionalkultur mit Islam friert

---
1   Vgl.: <http://www.americanvalues.org/html/wwff.html>.

damit die Kultur gewissermaßen auf der Ebene der Entstehungszeit des Islams ein. Dies könnte man als eine Fundamentalisierung der Kultur bezeichnen, die dem politischen Islam in seiner Vereinheitlichung und Entzeitlichung der religiösen Fundamente ähnlich ist und entgegen kommt. Daneben besteht die Tendenz, die historischen und innergesellschaftlichen Auseinandersetzungen um Identität und die Vielfalt des kulturellen Erbes der arabisch-islamischen Welt auszublenden. Der friedliche Austausch und der besondere Beitrag der arabisch-islamischen Welt für die Bewahrung und Weiterentwicklung humanistischer Traditionen und insbesondere der griechischen Philosophie der Antike werden nur selten erwähnt. Zu den Verengungen der Perspektive gehört auch die Nicht-Wahrnehmung innergesellschaftlicher Konflikte. In den vielen unterschiedlichen Nationalstaaten tritt außerdem oft eine übermäßige Gleichsetzung von kollektiver Kultur und Identität mit individuellen Zugängen zu lokalen Traditionen, Religiosität und kultureller Identität auf. Damit wird den Einzelnen gewissermaßen ein Recht auf reflektierte Distanz gegenüber kollektiven Vorstellungen abgesprochen.

Betrachtet man diese Diskurse über kulturelle Identität und Alterität als Phänomene, die eine neue symbolische Ordnung der globalen Moderne konstruieren, indem die verschiedenen Kulturräume stark nach Außen hin abgegrenzt und stark nach Innen homogenisiert werden, dann ergibt sich das Bild einer zunehmend starren ungleichen Ordnung von Exklusion und Inklusion, die es schwer macht, die „Verwobenheit von Modernen" (Randeria 1999) oder die „Vielfalt der Modernen" (Eisenstadt 2000) sichtbar zu machen; sie zwingt gar zu einer eindeutigen Einordnung Einzelner in Herkunftskulturen. Die Etablierung einer solchen Ordnung auf der Folie von Kultur steht jedoch den gegenwärtigen Globalisierungserscheinungen von Migration, globaler Medieninformation und neuen Kommunikationsmöglichkeiten diametral entgegen (vgl. Appadurai 1996). Die genannten Phänomene spielen auch für den arabisch-islamischen Raum eine wichtige Rolle (vgl. Hafez 1997). Hinzu kommt, dass auch in den arabisch-islamischen Gesellschaften ökonomische und politische Veränderungen und ökonomischer Wandel weitreichende „Entbettungen"[2] traditioneller Formen der Lebensführung nach sich ziehen (vgl. Kröhnert-Othman 2000). Die herkömmlichen Kategorien von Lokalem und Globalem werden vor diesem Hintergrund in breiter angelegten wissenschaftlichen Diskursen zunehmend durch Begriffe wie „Transnationalisierung" (Faist 1999) oder „Glokalisierung" (Eriksen 1995: 294ff.) ersetzt, die das Paradox zunächst gegenläufig erscheinender Prozesse bereits im Begriff aufhe-

---

2 Anthony Giddens spricht von Entbettung als Enttraditionalisierung, das heißt Herauslösung der Tradition aus ihrem „natürlichen" Bedeutungskontext (Giddens 1996). Eine Konsequenz der Moderne ist damit die Notwendigkeit der Reorganisation des Sinns von Tradition.

ben, ein neues Raumverständnis auch empirisch einlösbar machen und damit die Wahrnehmung neuartiger Verknüpfungen und Vermischungen in transkultureller Perspektive ermöglichen.

3. Die Orientalismusthese und das *othering* – Der Blick des Westens auf den Orient

Eine bis heute andauernde Debatte um das Verhältnis des Okzidents zu seinem benachbarten Orient entfachte der palästinensisch-amerikanische Literaturwissenschaftler Edward Said Ende der siebziger Jahre des 20. Jahrhunderts mit seiner Schrift „Orientalismus". In seinem viel zitierten Buch beschreibt er exemplarisch an einigen Vertretern der orientalistischen akademischen Disziplinen, wie der Westen über den auch wissenschaftlich unterstützten Prozess des *othering* den Orient als sein ‚Anderes' konstruiert. Die Wissenschaften vom Fremden und Anderen, wie zum Beispiel die Islamwissenschaften oder auch die Ethnologie, werden nach Said im Auftrag kolonialer und hegemonialer Interessen dazu genutzt, die Legitimation einer zivilisatorischen Überlegenheit und Mission des Westens zu begründen. Der hegemoniale Orientalismusdiskurs – so Said – ist ein Vorgang, der sich nicht nur unmittelbar in den Aktivitäten einzelner Forscher im Bereich der Auftragsforschung zum Zweck besserer sozialer Kontrolle der Kolonisierten zeigt, sondern der vielmehr auch bis in erkenntnistheoretische Herangehensweisen an die ‚andere Kultur' nachvollzogen werden kann. Das Andersmachen der Anderen nimmt die Form einer Orientalisierung der Orientalen an. Die wissenschaftlichen Disziplinen von den Fremden sind daher in ihrer Entstehungsgeschichte und in ihren epistemologischen und methodologischen Grundlagen dem Differenzdiskurs verpflichtet (Said 1981: 230-232).

Dieser Diskurs ist nach Said nicht allein rhetorischer Natur und besteht nicht nur aus Mythen und Phantasien, die durch eine dekonstruierende Analyse widerlegt und damit aufgelöst werden könnten. Der Orientalismus ist nach seinem Verständnis vielmehr ein konstitutiver Teil der europäischen Kultur, der im Selbstverständnis des Westens und im politischen Zugang zum Orient eine zentrale Rolle spielt. Für die Entstehungszeit der europäischen Moderne kann gezeigt werden, dass viele Beschreibungen der eigenen Gesellschaften und der eigenen Kultur sich an einem orientalischen Gegenüber abgrenzend orientieren. In der bildenden Kunst entwickelte sich im 19. Jahrhundert ein eigenes Genre des Orientalismus heraus. Die syrischstämmige Literaturwissenschaftlerin und Schriftstellerin Rana Kabbani zeigt in ihrem Buch „Mythos Morgenland" (1993) nicht nur Beispiele der europäischen Projektionen des exotischen Orients, sondern auch die

Verknüpfung der Orientalisierung der Orientalen mit Geschlecht. In der Kunst und Literatur der europäischen Neuzeit spielen Phantasien über die Geschlechterverhältnisse im Orient eine zentrale Rolle für die Konstruktion des Eigenen. Kabbani zeigt dies unter anderem an den Darstellungen von Haremsphantasien in der Malerei. Der Orient wird hier zum feminisierten Objekt okzidentaler Projektionen (vgl. Lemaire 2000). In aktuellen künstlerischen Produktionen des arabisch-islamischen Raumes werden die symbolischen Ausdrucksformen des Orientalismus inzwischen zitiert, ironisiert, verfremdet und geben damit Anlass zu einem reflektierenden Hinschauen für westliche und arabische Betrachterinnen und Betrachter. In den Wissenschaften sind in der Zwischenzeit auch die Verdienste der genannten Disziplinen um die Bewahrung des kulturellen Erbes des Orients neu betont worden.

Der Orientalismus hat sein umgekehrtes Pendant im Okzidentalismus, einer anti-hegemonialen symbolischen Abgrenzungsstrategie gegenüber der (westlichen) Moderne, die von Ian Buruma und Avishai Margalit als interner und im Westen selbst hervorgebrachter Bestandteil der Kritik an der Moderne beschrieben wird. Der Okzidentalismus ist dabei, wie die Autoren an vielen Beispielen nachweisen, weder örtlich noch historisch auf den islamischen Orient beschränkt (vgl. Buruma/Margalit 2004). Seine verschiedenen Elemente der anti-hegemonialen Kulturkritik finden sich jedoch im politischen Islam in besonders ausgeprägter Form. Vor dem Hintergrund der Tatsache, dass orientalistische und okzidentalistische Rhetoriken den anti-westlichen politischen Diskurs, aber auch die Ausgrenzung säkular und liberal orientierter Gegner des politischen Islams im arabisch-islamischen Raum weiterhin befeuern, stellt sich die für die Gesellschaftswissenschaften interessante Frage, in welcher Weise Orientalismus und Okzidentalismus in wissenschaftlichen Diskursen begegnet werden kann und welche wissenschaftlichen Praxen entwickelt werden können, die das Andersmachen der Anderen nicht wiederholen und verstärken.

4. Die Suche nach Authentizität – Der schwierige Standort der Kritik zwischen den Kulturen

Aufgrund der starken Präsenz des westlichen Blicks auf den Orient fällt es den arabischen ‚Anderen' oft schwer, eine eigene Perspektive auf das kulturell Eigene zu entwickeln (vgl. Randeria 1999: 379f.). Die Identitätsdiskurse in den arabisch-islamischen Gesellschaften drehen sich aus diesem Grund häufig um Authentizität und den authentischen Zugang zur eigenen Kultur. In diesem Zusammenhang kritisiert beispielsweise der tunesische Historiker Hisham Djait die starke Vergangenheitsorientierung der arabischen Gesellschaften und bescheinigt den Menschen und Gesellschaften eine gewisse Unfähigkeit, sich an Gegenwart und Zukunft zu orientieren (Djait 1998: 95). Auch in anderen kritischen Ansätzen wird den lokalen öffentlichen Diskursen um kulturelle Identität, in denen eine Abgrenzung vom Westen erfolgt, sowie dem islamischen Fundamentalismus ein Rückzug in die Vergangenheit und eine Flucht vor den Anforderungen der Gegenwart vorgeworfen (Tibi 1981: 107; Tibi 1992: 12f.; Ahmed 1994: 12f.).

Eine solche Kritik an der eigenen Gesellschaft und Kritik an der Religion wird wiederum der Kollaboration mit dem Westen beschuldigt und von staatlicher oder auch oppositioneller Seite aus geahndet. Viele arabische Gesellschaftskritiker leiden unter diesem politischen Dilemma. Einige sind aus Gründen realer Bedrohung in ihren Ländern ins westliche Exil gegangen. Einige sind vor Ort geblieben und haben trotz Gefängnisstrafen und Morddrohungen ihre Positionen verteidigt. Seit dem 11. September 2001 hat sich diese Situation verschärft.

Andererseits verkennt aber auch die Diagnose des Konservativismus leicht, dass die arabische Geschichte viele verschiedene Phasen religiöser Rationalisierung und geistiger und gesellschaftlicher Reformen kennt, die eben nicht mit islamischer Orthodoxie oder Traditionalismus gleichzusetzen sind. Die ideengeschichtlichen Entwicklungen haben sich nicht allein als Abgrenzung gegenüber europäischen Entwicklungen vollzogen, sondern sind zum Teil aus gemeinsamen Wurzeln griechischer Philosophie hervorgegangen. Einige arabische Intellektuelle haben dies zum Anlass genommen, den blinden Fleck vergessener Tradition durch Wiederentdeckung und Diskussion neu zu füllen.[3]

Von arabischer Seite sind die gewaltsamen Übergriffe europäischer Mächte auf das arabische Territorium in ihrem Hinterhof seit jeher als Bruch mit der Gemeinsamkeit wahrgenommen worden. Einer ersten europäisch-christlichen und arabisch-islamischen Konfrontation in den Kreuzzügen folgten weitere historische Bruchsituationen und Traumatisierungen der arabischen Welt, die sich als gewaltsame Durchsetzung europäisch-christlicher Überlegenheit darstellen, und auf die sich die Selbstwahrnehmung der arabischen Gesellschaften bezieht. Die europäische Kolonisation, der anti-koloniale Kampf und die Nationenbildung sowie die Periode der gewaltsamen Etablierung des israelischen Nationalstaates im Nahen Osten stehen auf diese Weise in Verbindung sowohl zu reformerischen als auch gegenreformerischen geistigen Strömungen. Die islamische Renaissance – *nahda* – und der arabische Nationalismus – *uruuba* – wären in diesem Kontext als aufklärerische Bewegungen zu verstehen, die in unterschiedlicher Weise Sä-

---

3 Ein solches transnational vernetztes Projekt verfolgt seit 1998 zum Beispiel der *Ibn Rushd Fund for Freedom of Thought*. Siehe: <http://www.ibn-rushd.org>

kularisierung und technische Zivilisation in der Orientierung am Westen nachholen wollten (Djait 1998: 29ff).

Die Tendenz, sich zwar am Okzident zu orientieren, sich aber gleichzeitig um jeden Preis von der westlichen Welt abgrenzen zu wollen, führt dabei zu Formen kultureller Schließung. Eine dieser Formen ist die Externalisierung bestimmter Traditionen, die als fremde ausgegliedert werden. Die gemeinsamen Wurzeln geraten aus dem Blick. In innergesellschaftlichen Aushandlungsprozessen um soziale Reorganisation können solche Ausgrenzungen politisch instrumentalisiert werden und bewirken so die Aufspaltung der Bevölkerung in Einzelne und Gruppen von kulturell Loyalen sowie Dissidentinnen und Dissidenten. Die Verteidigung säkularer Orientierungen ist gegenwärtig zu einer Position geworden, in der die kulturelle Ausgrenzungsstrategie deutlich wird. Säkularismus und Laizismus werden zu fremden westlichen Einflüssen erklärt und aus dem Eigenen ausgegliedert.

In den gegenwärtigen politischen Aushandlungsprozessen um eine legitime soziale Ordnung in den arabischen Gesellschaften sehen sich die Kritikerinnen und Kritiker nationalstaatlicher Politik und der islamisch-fundamentalistischen Bewegung auf diese Weise zunehmend in eine gesellschaftliche Randposition gedrängt. Politische Verfolgung und politischer Mord gehören zu ihren Alltagsrisiken. Die Betroffenen schildern dies oft als Symptome der Intoleranz und als Anti-Individualismus. Das von Fatima Mernissi beschriebene „Häresie-Paradigma" ist ultimativer Ausdruck der hinter dem mangelnden demokratischen Bewusstsein vermuteten Allgegenwart und Gnadenlosigkeit des Kollektivs (vgl. Mernissi 1992: 61ff). Obwohl der Vorwurf des Abfalls vom islamischen Glauben die Vertreterinnen und Vertreter einer Säkularisierung und Demokratisierung der Gesellschaften zunächst als Einzelne trifft, hat er einen besonderen politisch-öffentlichen Aspekt. Häresie wird nicht nur als vereinzeltes Problem privaten Unglaubens und mangelnder Unterwerfung unter einen islamischen Konsens gewertet, sondern wird als politisches Instrument zur Herstellung kultureller Loyalität und der Unterwerfung von Herrschaftskritik genutzt. Religionskritik und Staatskritik bedingen sich wechselseitig und werden in einem öffentlich-politischen Raum verhandelt, der von den jeweils dominanten nationalen Selbstentwürfen eng definiert wird. Die öffentlich-politische Einforderung kultureller Loyalität dringt dabei, wie zum Beispiel im Fall der geforderten Zwangsscheidung des ägyptischen Literatur- und Religionswissenschaftlers Nasr Hamid Abu Zaid, bis in die Privatheit der Familie und führte zu seiner Abwanderung ins europäische Exil.[4]

---

4   Vgl. <http://www.wshoffmann.de/artikel/abuzaid.html>.

5. Geschlechterkonstruktionen und politische Instrumentalisierung von Kultur und Geschlecht

Lady Blunt – eine englische Orientreisende – entwarf um die Jahrhundertwende zum zwanzigsten Jahrhundert ein Bild von „beduinischen Frauen" im heutigen Syrien und Irak, das sowohl von einer Romantisierung des eingebetteten Frauenlebens als auch von einer Kritik an orientalischer Männerdominanz zeugt (Blunt 1968, Bd.2: 228). Die Wahrnehmung des „guten Lebens" der Beduininnen lässt darüber hinaus auch erkennen, dass die eigene „Emanzipation" sich für Lady Blunt gleichzeitig als Chance und als Last darstellte. Diese Sichtweise der frühen Frauenforscherin nimmt eine doppelte Perspektive ein und thematisiert – wenngleich nicht offen reflektiert – auch die Probleme der eigenen Situation (vgl. Baumgart 1989: 17).

Weniger vieldimensional geht der gegenwärtige westliche Mediendiskurs um Geschlecht im arabisch-islamischen Raum vor, wenn er zum Beispiel gewaltsame Interventionen des Westens in islamischen und arabischen Gesellschaften diskursiv flankiert. Ganz abgesehen vom Wahrheitsgehalt der These von der bestehenden Geschlechterungleichheit in arabischen Gesellschaften ist die politische Instrumentalisierung des ungleichen Geschlechterverhältnisses für die Konstruktion kultureller Differenz in der Gegenwart klar erkennbar.

Westliche Diskurse um die Chancen der Demokratisierung arabischer und islamischer Gesellschaften sind von einer grundlegenden Doppelbödigkeit geprägt. Dies zeigt sich insbesondere am derzeitigen Auseinanderklaffen der Thematisierung von Geschlechterungleichheit vor Beginn von Militärinterventionen einerseits und mangelnder Durchsetzung von Genderpolitik in Nachkriegszeiten, z. B. in Afghanistan und im Irak, andererseits. Der Hinweis auf kulturelle Differenz kann gleichzeitig zur Rechtfertigung der Intervention und zur Legitimation des Rückzugs aus „innerkulturellen Angelegenheiten" dienen (vgl. Butler 2008 und Kreile 2010). Diese Ambivalenz westlicher Interventions- und Abgrenzungspolitiken sind eines der zentralen Themen heutiger öffentlicher Debatten in arabischen und anderen islamischen Gesellschaften. Auch in den aktuellen Entwicklungen des sogenannten „arabischen Frühlings" gelten Geschlechterpolitiken als Testfall für Demokratisierung. Die neue öffentliche Präsenz von Unterstützerinnen des politischen Islams und seiner Parteien bleibt vor dem Hintergrund der klassischen Argumentationsmuster jedoch weiterhin erklärungsbedürftig. Der politische Aktivismus der islamisch orientierten Frauen fällt dabei augenfällig weder in die Kategorie eines universell ausgerichteten „Kampfes für Frauenrechte als Menschenrechte" noch kann man ihn einem „islamischen Feminismus" unterordnen, dem oft das Potenzial zur Re-definition der Geschlechterordnung auf der Grundlage der Neuinterpretation religiöser Quellen zugeschrieben wird. Der politische Islam hat an Definitionsmacht über das kulturell Eigene gewonnen. Mit den neuen islamischen Bewegungen der Religion hat sich nicht nur eine deutliche Verschiebung des Akzents der identitären Selbstvergewisserung von der Kultur in Richtung der Religion vollzogen, sondern es haben sich auch religiöse Aufladungen des Alltags und der Organisation des Zusammenlebens jenseits der Familie ergeben.

Gegenwärtig sieht es weiterhin so aus, als beinhalte die Globalisierung in ihren Machtkonstellationen neue Blütezeiten des Orientalismus und des Okzidentalismus unter religiösem Vorzeichen. Die Frauen- und Geschlechterforschung spielt in Bezug auf die Dekonstruktion des politisch-instrumentalisierten Diskurses um Kultur, Religion und Geschlecht eine besondere Rolle. Sie hat in der Debatte um die Orientalisierung der Orientalen schon in den vergangenen Dekaden entscheidende Kritik und Selbstkritik sowie eine theoretische Aufarbeitung geleistet. Kernpunkt der Debatten ist die Frage der kulturellen Authentizität von Geschlechterdifferenz und Geschlechterungleichheit und die Frage des Nachholens von Säkularisierung, Demokratisierung, Modernität und Gleichheit. In unterschiedlichen Phasen hat die interkulturelle Frauen- und Geschlechterforschung in Gesellschaften des arabisch-islamischen Raums die Frage nach dem Zusammenhang von Tradition und Geschlechterungleichheit gestellt. Es wurde zum einen die Frage aufgeworfen, ob es sich bei der vorgefundenen Geschlechterdifferenz um Komplementarität oder aber um Ungleichheit im Geschlechterverhältnis handelt. Hinzu kommt, dass bis heute diskutiert wird, wie kulturell authentisch denn die gegenwärtig vorzufindenden Geschlechterordnungen sind; ob es sich um genuine und damit ‚legitime' Traditionen der Differenz beziehungsweise Ungleichheit handelt, oder ob diese durch koloniale Umwälzungen erst eingeführt oder verschärft worden sind. Der arabische Soziologe Hisham Sharabi vertritt in diesem Zusammenhang die These einer durch den Kolonialismus deformierten Moderne in arabischen Gesellschaften und spricht von einem Neo-Patriarchat (Sharabi 1988). In Bezug auf Geschlechtergleichheit konstatiert er einen Nachholbedarf:

> Die Frage der Macht und die Unterdrückung der Frau lassen sich auf ein einziges politisches und soziopsychologisches Problem reduzieren, welches nicht lediglich durch verbale Reformen und formale Maßnahmen zu bewältigen ist. Zudem ist es nicht angebracht, das Thema als ‚frauenspezifisch' abzutun und es den Frauenvereinen und progressiven Parteien zu überlassen, die rhetorisch für die Rechte der Frau eintreten. Es muss vielmehr als eine gesamtgesellschaftliche Aufgabe verstanden werden. So gesehen ist die Befreiung der Frau ein Leitgedanke und ein Instrument zur Befreiung der ganzen Gesellschaft, sie ist ein Weg zu einer tatsächlich demokratischen Ordnung und einer tatsächlichen Modernität in Staat und Gesellschaft (Sharabi 1998b: 214f).

Sharabi knüpft damit an den Diskurs des frühen ägyptischen Modernisierungsvertreters Qasim Amin an, der in seinen Schriften „Befreiung der Frau" (1899) und „Die neue Frau" (1900) die arabische Tradition der Geschlechterungleichheit gegen das Gleichheitsprojekt der Aufklärung absetzt, das sich seiner Meinung nach auch in den arabischen Gesellschaften durchsetzen sollte.[5] Die beschriebene Position weist eine gewisse Blindheit gegenüber der Vieldimensionalität von Frauenmacht in arabisch-islamischen Gesellschaften auf, die in der Frauen- und Geschlechterforschung über diesen Kulturraum lebendig diskutiert wird. Die arabische Geschlechterordnung ist hier verschiedentlich als „andere symbolische Ordnung" aufgefasst worden (vgl. von Moos 1991), für die das Prinzip der Geschlechterparallelität mit ihrer Trennung von Männer- und Frauenräumen das grundlegende Gestaltungsmerkmal bleibt. In der Untersuchung der Gesellschaften ist dabei eine zunächst öffentlich unsichtbare ‚Tradition' von informellen Netzwerken der Frauen zum Gegenstand gemacht worden, die als wichtige Machtquelle orientalischer Frauen identifiziert worden ist (McCabe 1979, von Moos 1991). Die Ethnologin Iren von Moos geht soweit, von einem weiblichen Unterlaufen männlicher Dominanz in diesen Frauenräumen zu sprechen (von Moos 1991: 44ff). Die Diskrepanz von informeller Macht und mangelndem Zugang von Frauen zur öffentlichen ‚Männersphäre' kann so zwar zu der Auffassung führen, dass die Geschlechterparallelität der arabischen Gesellschaften andere Kategorien für die Bestimmung von Geschlechtermacht erfordert (vgl. auch Lenz/Luig 1995), lässt jedoch die Frage offen, ob und wie sich die Partizipation von Frauen in allen Bereichen des gesellschaftlichen Lebens unter den Bedingungen moderner Gegenwartsgesellschaften aus dem kulturell Eigenen herleiten und legitimieren lässt. Die lokalen Frauenbewegungen sehen sich mit diesem Dilemma der Identitätsfindung konfrontiert und argumentieren in einem Spannungsfeld der Abgrenzung von westlichem Feminismus und der diskursiv eingeschränkten Möglichkeiten für die Entwicklung eigener authentischer arabischer oder auch islamischer Positionen.

Von arabischen und anderen muslimischen Feministinnen wird hier oft eine diskursive Trennung von kultureller Kontinuität und Geschlechterungleichheit vollzogen, in welcher die islamische Praxis nicht notwendig unterdrückerisch ist und unterdrückerische Praktiken nicht als islamisch angesehen werden (Kandiyoti 1996: 9). Diese Strategie nimmt das Argument der Tradition auf und versucht, in zweigleisiger Argumentation einerseits kulturelle Loyalität zu bewahren und andererseits die akzeptierte Beschränkung der Tradition – gleichsam von innen – aufzubrechen. Dies kann als Versuch gewertet werden, auf der eigenen Seite

---

5 Vgl.: Abisaab/Abisaab 2000, <http://www.aljadid.com/content/century-after-qasim-amin-fictive-kinship-and-historical-uses-tahrir-al-mara>.

der symbolischen Ordnung der Moderne zu bleiben und damit die Chancen der Durchsetzung gesellschaftlicher Veränderung zu erweitern. Die Grenzen dieses Projekts werden gegenwärtig durch – sich selbst als dezidiert muslimisch bezeichnende – Frauenorganisationen ausgelotet (vgl. Amirpur 1999). Die Strategie selbst wird zwischen Befürworterinnen und Gegnerinnen weiterhin stark diskutiert und die Debatte spaltet die lokalen Frauenbewegungen.[6]

6. Thematische Exkurse

6.1 Intellektuelle Frauen als Zeitgenossinnen in der geteilten Moderne – Eine sehr persönliche Begegnung von Diskursen

In den Jahren zwischen 1975 und 1985 proklamierten die Vereinten Nationen das „Jahrzehnt der Frauen" und brachten damit ein vermehrtes Interesse und die Absicht zur größeren Aufmerksamkeit für den Wandel der Geschlechterverhältnisse und die bleibende Randstellung von Frauen weltweit zum Ausdruck. Zum Ende dieser Dekade erschien nicht nur ein offizieller Bericht zur Lage der Frau, sondern auch das Ergebnis eines Projekts der *New-Internationalist Co-operative* in der Buchveröffentlichung „Frauen – Ein Weltbericht" (New Internationalist 1986). Ziel dieses Projekts war es, unterschiedliche feministisch aktive Frauen aus verschiedensten Teilen der Welt in persönlichen Reiseberichten miteinander in einen Dialog zu bringen und so zu einer kritischen Bestandsaufnahme über die Lage der jeweils ‚anderen' Frauen zu gelangen. Wissenschaftlerinnen und Autorinnen aus westlichen Ländern bereisten Länder des ‚Südens', trafen politisch aktive Frauen in Entwicklungsländern, und Aktivistinnen aus dem ‚Süden' bereisten westliche Länder und kamen mit aktiven Feministinnen des ‚Nordens' über ausgewählte Themen ins Gespräch. Zu Bereichen gesellschaftlichen Wandels wie Familie, Arbeit, Bildung und Erziehung, Politik und Sexualität finden sich in der Publikation einmalige Zeugnisse der Begegnung von Debatten und Menschen, die nicht nur Veränderungen der Geschlechterverhältnisse weltweit kritisch ausloten, sondern auch Zeugnis über die Möglichkeiten und Unmöglichkeiten des interkulturellen Dialogs zwischen Feministinnen unterschiedlicher Herkunft in einer ungleichen symbolischen Ordnung der Moderne ablegen.

Eine der an diesem Projekt beteiligten Frauen war Angela Davis, Soziologin und Schriftstellerin, die durch ihre antirassistischen politischen Aktivitäten und durch ihre Mitgliedschaft in der kommunistischen Partei und der *Black-Pan-*

---

6 Ausgewählte ethnographische Studien: Abu-Lughod 1993 und 2000, Altorki 1986, Atiya 1991, Eickelman 1984, Fernea 1969, Friedel 1979, McCabe 1979, Wikan 1991.

ther-Bewegung seit den 1960er Jahren in ihrem Heimatland USA verschiedentlich politischer Verfolgung und Verhaftung ausgesetzt war. Obwohl sie heute international zu den angesehensten kritischen Intellektuellen in den USA gehört, als Dozentin an Universitäten in Afrika, Europa, in der Karibik und der ehemaligen Sowjetunion gewirkt hat und bis zu ihrer Emeritierung 2008 an der *University of California* – Santa Cruz den Lehrstuhl für *History of Consciousness* innehatte, haben konservative Stimmen in den USA ihre Etablierung in der amerikanischen wissenschaftlichen Sphäre stets zu verhindern versucht.

Im Rahmen des Projekts „Frauen – Ein Weltbericht" kam Angela Davis die Aufgabe zu, mit ägyptischen Frauen in einen Dialog über das Thema Sexualität und weibliche Beschneidung zu treten. Die Begegnungen wurden von der Organisation AWSA – *The Arab Women's Solidarity Association* in Kairo organisiert. Die AWSA hatte als Zusammenschluss von politisch aktiven Frauen im Jahr 1982 unter der Präsidentschaft von Nawal El Saadawi ihre Arbeit aufgenommen mit dem Ziel einer stärkeren Beteiligung von Frauen am gesellschaftlichen Leben in den arabischen Ländern.[7]

Die ägyptische Ärztin und Schriftstellerin Nawal El Saadawi hatte sich bis zu diesem Zeitpunkt bereits – auch international – durch literarische und wissenschaftliche Veröffentlichungen einen Namen als Kritikerin der bestehenden Geschlechterordnung in der ägyptisch-arabischen Gesellschaft und der Praxis der weiblichen Beschneidung gemacht. Ihr Engagement für die Gleichberechtigung der Geschlechter konnte El Saadawi bis in die 1970er Jahre als Ärztin auch in ihrer Funktion als Generaldirektorin des Bereichs Gesundheitserziehung im ägyptischen Gesundheitsministerium verfolgen. Unter der Regierung Sadat verlor sie diese Position und wurde seit 1981 mehrfach inhaftiert. In den 1990er Jahren stand Nawal El Saadawi aufgrund ihrer Kritik an einseitigen fundamentalistischen Auslegungen des Islams auf der Todesliste einiger islamistischer Organisationen und wurde von Seiten der ägyptischen Regierung der Häresie angeklagt. Eine Konsequenz dieser Anklage war im Jahr 2001 die ihr angedrohte Zwangsscheidung von ihrem Ehemann und langjährigen intellektuellen und politischen Gefährten Sherif Hetata.

---

7   Seit 1985 besitzt die AWSA als Nichtregierungsorganisation einen Beraterstatus für den *Economic and Social Council of the United Nations*. Unter der Schirmherrschaft der AWSA haben bis heute – mit Unterbrechungen aufgrund eines Verbots der Organisation – in Ägypten zwischen 1991 und 1996 mehrere internationale Konferenzen stattgefunden. Inzwischen existieren auch Zweige der Organisation in den USA und einigen europäischen Ländern, die sich für die Interessen arabischer Migrantinnen und die Wertschätzung arabischer Kultur einsetzen. Vgl.: <http://www.awsa.net>.

Die Begegnung Angela Davis' mit den ägyptischen Debatten um kulturelle Identität, Geschlechterverhältnisse und Sexualität fand in Gesprächen mit Akademikerinnen, Künstlerinnen, Gewerkschafterinnen, Studentinnen und Bäuerinnen statt.[8] Die interkulturellen Aushandlungen der Positionen und Bewertungen des Themas Sexualität fanden Eingang in einen sehr persönlichen Bericht, der als Ausgangspunkt für die analytische Ausleuchtung von Transkulturalität, Gender und Alteritätskonstruktionen dienen kann. Anhand dreier Dimensionen – Transversalität, Verknüpfung von privatem und öffentlichem Leben und Rekonstruktion von Tradition und Entgrenzung von Kultur – möchte ich im Folgenden die Möglichkeiten der Interpretation des Beispiels einer interkulturellen Begegnung aufzeigen. Angela Davis und Nawal El Saadawi bilden dabei die Hauptbezugspunkte.

6.1.1 Transversalität

Der Bericht von Angela Davis zum Thema Sexualität in Ägypten ist ein ausgezeichnetes Beispiel, um die These von der Randposition von Frauen in der eigenen Kultur und den daraus folgenden transversalen Optionen feministischer Politik kritisch zu beleuchten. Gleich zu Beginn des Reports räumt Angela Davis ein, dass sie die Aufgabenstellung im Rahmen des Dialogprojekts fast zurückgewiesen hätte, da sie sich der Tatsache bewusst gewesen sei, dass die ägyptischen Frauen die Auswahl des Themas Beschneidung und Sexualität als versteckten Rassismus westlicher Feministinnen werten könnten. Dies war auch der Fall, und die Themenwahl wurde ihr während eines Vortrags auch deutlich vorgehalten:

> Als ich erwähnte, den Schwerpunkt bilde das Thema „Frauen und Sex" [...] brach ein Tumult aus. Angesichts der greifbaren Feindseligkeit, die mir aus jeder Ecke des Raumes entgegenschlug, schalt ich mich im Stillen, weil ich meine Vorstellung nicht sorgfältiger formuliert hatte. [...] Wie sich jedoch bald herausstellte, war der bloße Gedanke, Sex könnte der Schwerpunkt eines Aufsatzes über Ägypterinnen sein, dermaßen erniedrigend, dass die große Zornesflut nicht einfach durch die genaue Darstellung meines Standpunktes eingedämmt werden konnte (Davis 1986: 307f.).

Davis zieht die Parallele zu den US-amerikanischen Debatten um Abtreibung und Geburtenkontrolle, bei der sich Afro-Amerikanerinnen gegen die rassistischen Implikationen der Reduktion von schwarzen Frauen auf ihre Gebärfähigkeit und Sexualität zur Wehr setzten. Auf diese Weise ging es Angela Davis hier vor allem auch um die eigene Verortung im Kampf um Gleichberechtigung und gegen Rassismus weltweit, was in der Situation des Dialogs in Ägypten dazu führte,

---

8 Zu einer persönlichen Begegnung zwischen den beiden intellektuellen Frauen Angela Davis und Nawal El Saadawi kam es im Rahmen des Reportprojekts in Kairo selbst nicht, sondern erst später, da sich El Saadawi zu dem Zeitpunkt in den USA befand.

dass die Auseinandersetzung mit dem Thema von Seiten der Ägypterinnen nicht gänzlich verweigert wurde. Die anwesende Latifa Zayat bringt dies folgendermaßen zum Ausdruck:

> Ich bin heute Abend hierher gekommen, um dich zu sehen, weil du Angela Davis bist. Wärst du bloß irgendeine Amerikanerin, die Untersuchungen anstellt, wäre ich nicht gekommen. Ich hätte diese Versammlung boykottiert, weil wir durch diese Untersuchung zu Tieren gemacht werden, zu Versuchskaninchen (Davis 1986: 308).

Sowohl die Abschottungen im interkulturellen Dialog als auch die Möglichkeiten der Grenzüberschreitung und Öffnung werden hier gleichermaßen deutlich. Nur Angela Davis' prekäre Position an den Grenzen ihrer eigenen kulturellen Gemeinschaft ermöglicht in diesem Fall das Offenhalten der Begegnung. Dazu reichen die Möglichkeiten der Transversalität *qua* Geschlecht jedoch offensichtlich nicht aus. Hinzu kommen Ethnizität und die eindeutig gesellschaftskritische Position, für die Angela Davis auch in Ägypten bekannt ist. Vor allem letztere sind die Hauptgründe dafür, dass sie Zugang fand, ‚hineingelassen' wurde und schließlich Grenzen überschreiten konnte. Damit gelang es zumindest situativ und in der persönlichen Begegnung, die starken Alteritätskonstruktionen zwischen westlichen und arabischen Frauen aufzubrechen.

6.1.2 Verknüpfung von privatem und öffentlichem Leben

Die biografische Rekonstruktion der prekären Position von transversalen Persönlichkeiten ist ebenfalls gut geeignet, um die Verknüpfung von Öffentlichkeit und Privatheit darzustellen. Feministische und antirassistische Gesellschaftskritik führt nicht nur im Fall von Angela Davis zu weitreichenden Folgen für das persönliche Leben. Am Beispiel der Biografie Nawal El Saadawis kann die Analyse dieser Verknüpfungen und des politischen und rechtlichen Kontextes ihres politischen Kampfes um Geschlechtergleichheit fortgeführt werden. Auch Nawal El Saadawi hatte und hat bis heute vor allem seit der Regierungszeit Sadats und der damit verbundenen „Öffnung gegenüber dem Westen" unter Ausschluss aus öffentlichen Ämtern, politischer Verfolgung und Inhaftierung zu leiden. Ein besonders prägnantes Beispiel für die Verknüpfung ihres öffentlichen Engagements, ihrer Gesellschaftskritik und Eingriffen der Öffentlichkeit und des Staates in ihr Privatleben ist die Anklage wegen ‚Häresie' und die darauf folgende Verhandlung über die Zwangsscheidung ihrer Ehe im Jahr 2002.[9]

---
9 Die persönliche Webseite El Saadawis lässt eine umfangreiche Recherche über ihre Biografie, ihr Werk, ihre derzeitigen Aktivitäten, ihre politischen und kulturellen Standpunkte und ihre organisatorische und gesellschaftliche internationale Vernetzung zu. Es finden sich Texte und Statements von ihr selbst und auch von Sherif Hetata zum Themenbereich Geschlecht und

El Saadawi hat diesen Fall gewonnen. Gleichzeitig bildete sich eine Initiative zur Abschaffung des *Hisba*-Gesetzes, was als ein weiter Sieg zu verzeichnen ist. Das *Hisba*-Gesetz ermöglicht es praktisch jeder Privatperson, eine andere Person wegen ‚islamfeindlicher' Äußerungen vor Gericht zu bringen. Die Dokumente und öffentlichen Statements von Nawal El Saadawi sowie Solidaritätsbekundungen befreundeter Vertreterinnen und Vertreter von Organisationen weltweit zeugen von den problematischen Wirkungen dieses Gesetzes auf das intellektuelle Leben in Ägypten; denn wenn Anklage oder Verurteilung *qua* Zwangsscheidung die Intervention des Staates in das Privatleben ermöglichen, die Beteiligten brandmarken und bis hin zum politischen Mord angreifbar machen, dann ist ein freier Gedankenaustausch nicht möglich.

6.1.3 Rekonstruktion von Tradition und Entgrenzung von Kultur

Das Thema Sexualität und Beschneidung bildet, wie oben bereits näher ausgeführt, einen Brennpunkt der Auseinandersetzungen zwischen Feministinnen unterschiedlicher kultureller Herkunft und bringt das Streitthema Universalismus versus Kulturrelativismus und den Konflikt um das kulturelle Eigentum an den Menschenrechten in besonderer Weise zum Ausdruck. Dies ist eine wichtige Dimension, um die schwierige Position El Saadawis in ihrer Herkunftsgesellschaft zu verstehen. So versucht sie, Geschlechtergleichheit auch für den arabischen Raum als eigenes Erbe herzuleiten und weigert sich, die Verschleierung der Frau und konservative islamische Geschlechterkonzepte als anti-westlichen Widerstand und Wiederentdeckung der authentischen arabischen Kultur zu verstehen. Dabei wendet sie zwei unterschiedliche Strategien der Rekonstruktion des Eigenen und der Entgrenzung von Kultur an. Zum einen knüpft sie an historisch vorpatriarchale Traditionen an:

> Wonach wir streben ist keine formale Rückkehr zu Tradition und Religion, sondern ein Neulesen und eine Reinterpretation unserer Geschichte. Dies ermöglicht uns, die Gegenwart zu klären und den Weg in eine bessere Zukunft zu beschreiten. Wenn wir zum Beispiel etwas tiefer in die alte ägyptische Geschichte und die afrikanischen Zivilisationen zurückblicken, dann entdecken wir die humanistischen Elemente, die dort in vielen Lebensbereichen vorherrschten. Frauen kam ein hoher Status zu und Rechte, die später verloren gingen als die patriarchale Klassengesellschaft das dominante gesellschaftliche System wurde (El Saadawi 1997: 28).

Darüber hinaus argumentiert El Saadawi in zahlreichen Veröffentlichungen für die Verwobenheit christlich-jüdischer und islamischer Traditionen, zeigt damit

---

kulturelle Identität im arabischen Raum in englischer und arabischer Sprache. Vgl.: <http://www.nawalsaadawi.net>.

transkulturelle Ähnlichkeiten auf und kann so einer starken Alteritätsbehauptung über die arabisch-islamische Kultur entgegenwirken.

6.2 Der Blick von Innen auf die eigene Moderne

Im Jahr 1996 wurde in Beirut/Libanon von den drei international bekannten Foto- und Filmschaffenden Akram Zaatari, Samer Mohdad und Fouad Elkoury die *Arab Image Foundation* ins Leben gerufen.[10] Die Stiftung hat sich zum Ziel gesetzt, das fotographische Erbe des arabischen Nahen Ostens und Nordafrikas nicht nur zu bewahren, sondern auch für heutige Analysen zugänglich zu machen, die Innensicht auf die eigene Moderne zu verdeutlichen und damit die gegenwärtige kulturelle Produktion visueller Dokumente im arabischen Raum zu bereichern. Sie versammelt vor allem Fotos von professionellen lokalen Fotografen und Bilder aus privaten Archiven, die seit dem frühen neunzehnten Jahrhundert bis heute gesellschaftlichen Wandel und arabische Moderne bezeugen. Einige dieser Sammlungen sind bereits in den letzten Jahren auf internationalen Kunst- und Fotofestivals, in Museen und Ausstellungen gezeigt worden. Die ständig erweiterte Kollektion einzigartiger Bildquellen vor allem von Beginn bis Mitte des 20. Jahrhunderts geben Auskunft über eine weltoffene und sich modernisierende Gesellschaft der benannten Periode, in der Tradition und Moderne gleichzeitig und in neuer Hybridität bereits existierten. Die Bilder zeigen den Kampf gegen koloniale europäische Vorherrschaft ebenso wie die Orientierung der Mittelschichten an damaligen westlichen Lebensstilen und Moden, die Übernahme sozialistischer Modernisierungssymbole ebenso wie die Kontinuität agrarischer und beduinischer Lebensformen. Eine genauere Bildanalyse der Kollektionen bietet die einmalige Gelegenheit, aus einer arabischen Innensicht den modernen Bruch mit der Kontinuität und Selbstverständlichkeit der Tradition (vgl. Giddens 1997: 24) nicht nur theoretisch zu behaupten.

Zwei Aspekte der theoretischen Analyse seien im Folgendem vorgestellt, die anhand der Bildkollektionen „The Near East, 1860-1960", „Albums Marocains 1900-1960", „The Vehicle" und „Palestine Before '48" herausgearbeitet und erweitert werden können.[11]

---

10 Siehe: <http://www.fai.org.lb>.
11 Der Abdruck der Fotographien erfolgte mit freundlicher Genehmigung der *Arab Image Foundation* in Beirut.

6.2.1 Modernisierung und Traditionalisierung in Lebensstilen und Moden

Schon für die Zeit des modernen Wandels im arabischen Raum in der Periode vor und nach dem zweiten Weltkrieg lassen sich die arabischen Gesellschaften als posttraditionale Gesellschaften verstehen, in denen sowohl die Orientierung an westlichen Moden und Lebensstilen als auch das Fortleben ‚traditioneller' Bekleidungsstile sowie Vermischungen von beidem als Optionen nebeneinander existierten. Der erste Aspekt lässt sich sehr gut an solchen Bildern nachvollziehen, in denen das Tragen westlicher Kleidung neue Konzepte des Individuums und von Geschlecht transportiert. Die neue Mobilität ermöglicht jungen Leuten der Oberschicht das gemeinsame Ausgehen und touristische Ausflüge (s. Abb. 1). In den jungen Nationalstaaten entsteht eine Jugendkultur, in der der Uniformstil Geschlechterunterschiede neutralisiert (s. Abb. 2).

Abbildung 1: Ausflug nach Becharreh – Nord Libanon   *Abbildung 2:* Feriencamp in Ras el Maa

Anonym / 1932 / Libanon / Kollektion A. Abu Jamra   Anonym / 1951 / Marokko / Kollektion A. Latif Jabro

Zwar scheint die Orientierung an westlichen Moden wohl eher etwas zu sein, das in das Alltagsleben der Mittel- und Oberschichten Einzug hält, jedoch finden neue Symbole und Orientierungsmuster über Werbeplakate und Kino auch ihren Weg zu anderen Bevölkerungsschichten. Das eigene kulturelle Erbe kommt in den privaten Familienbildern der Mittel- und Oberschicht und in den Fotografien professioneller Fotografen immer deutlicher als Zitat und als Romantisierung der Vergangenheit zum Ausdruck. Die Fotografie wird zu einem lokalen Erwerbszweig.

Man lässt sich im Fotostudio mit traditioneller Kleidung ausstaffieren und posiert für das Erinnerungsbild, wie z. B. eine Familie der Oberschicht Jaffas, die sich zu einem orientalischen Kostümfest verkleidet (s. Abb. 3). Schließlich wirken auch die Fotografien traditioneller Figuren, wie zum Beispiel die des ‚Bauernmädchens' schon wie stilisierte Überbleibsel einer bereits verlorenen Vergangenheit, die sich nun im Rahmen des aufblühenden Tourismus verkaufen lassen (s. Abb. 4).

Abbildung 3: Familie Alfred Roch in Jaffa. Masquerade. Party zu Ostern

Abbildung 4: „Fellah" (Bauern-) Mädchen

Rachman / 1935 / Palästina / Kollektion S. Salfiti

Pascal Sebah / 1870 / Ägypten / Kollektion N. Salam

6.2.2 Individualisierung und Repräsentation von Geschlecht

Die Bildersammlungen stellen aber auch hervorragende Zeugnisse für eine wachsende Selbstreflexivität in den sich modernisierenden Gesellschaften dar. Bei vielen in die erwähnten Kollektionen aufgenommenen Bildern handelt es sich um Porträts einzelner Personen. Sie sind nicht mehr allein Familienangehörige, sondern erscheinen als Einzelne, die zwar bestimmte Rollen verkörpern, aber auch neue hybride Bilder von Tradition und Moderne transportieren und in einigen Fällen auch den Charakter außergewöhnlicher Selbstdarstellung tragen.

Als mit dem zuvor erwähnten Aspekt eng verwoben kann der Wandel der Repräsentation von Männlichkeiten und Weiblichkeiten bewertet werden, der in den Bildkollektionen zum Ausdruck kommt. Eine Verkörperung moderner Männlichkeit ist unter anderem im Bilderzyklus „The Vehicle" der ‚mobile Mann' im

Auto, Motorboot oder Flugzeug. Hier zeichnet sich ein Generationenwechsel ab, indem dieser ‚neue Mann' mit der traditionellen Vätergeneration ‚im langen Gewand' bricht. Was die traditionelle Weiblichkeit betrifft, so scheinen die Bilder zu bezeugen, dass diese zunehmend in einen ländlichen Raum verwiesen wird, von dem man sich abgrenzt und den man sich nun touristisch erschließt. Von den fotografischen Darstellungen der ‚modernen Frau' lässt sich ablesen, dass sie zunehmend in verführerischer Pose und spärlich bekleidet abgelichtet wird. Dies ist aber nicht die einzige Art der neuen Repräsentation von Weiblichkeit. Es lassen sich Bilder aufspüren, die hybride Neuformulierungen darstellen, wie z.B. die Inszenierung von Androgynität oder Geschlechterwechsel (s. Abb. 5) oder das Portrait der ‚mobilen Frau' am Steuer eines Fahrzeuges (s. Abb. 6).

Abbildung 5: Marguerite, als Mann verkleidet

Abbildung 6: Portrait

Anonym / 1935 / Palästina / Kollektion A. Agazarian

Fouad Bendali Ghorab / 1955 / Libanon / Kollektion FAI

Die Bildersammlungen der *Arab Image Foundation* bedeutet eine einzigartige Möglichkeit, über die Entwicklungen sich modernisierender Gesellschaften zu lernen und dabei eine Innensicht zu teilen, die Ähnlichkeiten und gemeinsame Phänomene deutlich macht. Die Bilddokumente der Zeit um den Zweiten Weltkrieg bringen eine transkulturelle Gleichzeitigkeit von Modernisierungsprozessen und Wandlungen von Lebensstilen in Europa und dem arabischen Raum zu jener Zeit zum Ausdruck. Auch wird die Verwobenheit der geteilten Moderne besonders deutlich, und es kann gelingen, den gegenwärtigen Mediendiskursen, die muslimische Gesellschaften als traditionsorientiert charakterisieren und sie damit in eine kulturelle Distanz bringen wollen, entgegenzutreten.

Im Fazit lässt sich die These aufstellen, dass kulturelle Alteritätsbehauptungen für die Phase der arabischen Moderne vor und nach dem Zweiten Weltkrieg eine ganz andere Bedeutung besaßen als heute, und dass sich zu jener Zeit gesellschaftliche Optionen nicht auf der Folie kultureller Authentizität ausweisen mussten. Hält man den gegenwärtigen medialen Darstellungen des Orients diese Analyse entgegen, so ergibt sich für die heutige Situation eine Rückwärtsbewegung der Orientalisierung und Ethnisierung mit starkem Religionsbezug. Das *othering* unterliegt damit gewissermaßen Wellenbewegungen der kulturellen Distanzierung, die selbst in einen historischen und politischen Kontext eingeordnet werden können. Diese Form der Orientalisierung unter religiösem Vorzeichen trifft aktuell auf einen anti-hegemonialen Gegendiskurs der religiösen Fundamentalisierung im arabisch-islamischen Raum selbst. Da sich beide Tendenzen gegenseitig symbolisch bestärken, werden Denkräume, die die einseitigen und eindimensionalen gegenseitigen Wahrnehmungen überwinden wollen, eingeschränkt.

7. Transkulturalität: Ein Projekt der Wiederentdeckung von Ähnlichkeit, Gemeinsamkeit und Gleichzeitigkeit in der Moderne

Vor dem Hintergrund der vorgestellten theoretischen Erläuterungen zur bleibenden Bedeutung des *othering* in der geopolitischen Gegenwartssituation und der inhaltlichen Konkretisierungen in den Exkursen möchte ich das Konzept der Transkulturalität weniger in seiner Dimension der normativen Bekräftigung vorhandener Konvergenzen und Entgrenzungen von Kulturen begreifen, sondern vielmehr seinen Projektcharakter in den Vordergrund stellen. Ich möchte Transkulturalität in diesem Sinne als noch einzulösendes Programm der Wieder- und Neuentdeckung von Ähnlichkeiten und Gemeinsamkeiten zwischen Kulturen und gesellschaftlichen Entwicklungen verstehen, das zu Grenzöffnungen und Grenzverlegungen führt und damit die ungleiche symbolische Ordnung verändern kann. Die reflektierende Betrachtung der Alteritätskonstruktionen in historischer Perspektive dient in diesem Kontext dazu, das Bewusstsein für Ungleichzeitigkeiten und Wellenbewegungen kultureller Distanzierungen und Ausgrenzungen sowie auch kultureller Einverleibungen und Identifizierungen zu schärfen. Dies wäre als ein wichtiger Teilbereich interkultureller Kompetenz zu betrachten.

Die Genderperspektive besitzt das besondere Potenzial, dass in ihr die symbolische Ordnung der Moderne und das *othering* mit Abgrenzungsprozessen in nationalen und erweiterten kulturellen Selbstbehauptungsdiskursen verknüpft werden kann. Die Kritik an ungleichen Geschlechterordnungen und die Kritik an der symbolischen Ordnung der geteilten Moderne erscheinen miteinander verwoben. Eine Konsequenz dieser Verknüpfung ist unter anderem, dass die Standorte der Sprecherinnen und Sprecher im interkulturellen Dialog um Geschlecht und kulturelle Differenz Auskunft über die Kontinuität globaler Machtverhältnisse und Ungleichheiten erteilen.

Die Bestimmungen des Eigenen und des Fremden auf der Folie von Geschlecht können damit in einer Lesart als Dimension symbolischer Regulation (vgl. Kröhnert-Othman/Lenz 2002) interpretiert werden. Die symbolische Ordnung der Moderne mit ihren Grenzziehungen und Hierarchisierungen wird verändert, indem bestimmte Inhalte als authentisch aufgewertet und andere als fremd abgewertet werden. Das Paradigma der Transkulturalität darf in diesem Kontext in seiner Konstatierung vorhandener Ähnlichkeiten zwischen Kulturen nicht die Teilung der Moderne verschleiern. Grenzziehungen zwischen sich als homogen gegeneinander abgrenzenden kulturellen Gemeinschaften spielen bis in die Gegenwart eine große Rolle, wenn Grenzverhandlungen der Inklusion und Exklusion und Konflikte um Höherwertigkeit des Eigenen und Diskriminierung des Anderen ausgetragen werden.

Die kulturellen Indigenisierungsdiskurse in den Wissenschaften (Lange 2005, Randeria 1999) weisen darauf hin, dass in den postkolonialen Gesellschaften bis heute ein besonderes Problem der Bestimmung kultureller Authentizität herrscht, das auch auf die Optionen wissenschaftlicher Bearbeitung des gegenwärtigen kulturellen Wandels in diesen Gesellschaften eine starke Wirkung besitzt. Die Geschlechterforschung kennt dieses Dilemma aus der quer durch die eigene kulturelle Gemeinschaft verlaufenden Perspektive. Wird die Frage nach Geschlechtsidentität und nach den besonderen historischen Beiträgen für ‚die Gruppe der Frauen' gestellt, sieht sich die Frauen- und Geschlechterforschung in dem Dilemma, Gemeinsamkeiten zwischen Frauen konstruieren und Abgrenzungen gegenüber einem zunächst als universell gedachten männlichen Geschlecht vornehmen zu müssen (vgl. Lerner 1995).

Wechselwirkungen und Überschneidungen zwischen den Identitäts- und Alteritätsdiskursen auf der Grundlage von Gender und Kultur verdeutlichen die Komplexität der Problematik interkultureller Verständigung. So können sich Vertreterinnen und Vertreter ähnlicher universell gedachter Gleichheitspositionen zwar begegnen, ihre Verständigungsmöglichkeiten sind jedoch unter Umständen durch kulturelle Abgrenzungsdiskurse oder durch ihre Position in der Geschlechterordnung stark eingeschränkt. Es geht in diesem Sinne also im Dialog nicht allein um bestimmte zu verhandelnde Inhalte. In manchen Konstellationen entfalten die Auseinandersetzungen um das Machtgefüge der symbolischen Ordnung eine eigene wirkmächtige Dynamik der Polarisierung, die den Raum für den Dialog wesentlich einengt. Der Dialog und damit die Einlösung des transkulturellen Paradigmas bleiben dicht mit symbolischen Auseinandersetzungen verwoben, so dass kaum individuelle Distanz und Bewegungsfreiheit gegeben ist. Dennoch habe ich im vorliegenden Artikel versucht, die genannten Dimensionen des Dilemmas am arabisch-islamischen Raum exemplarisch und lebendig darzustellen und so das transkulturelle Paradigma einzulösen.

Zitierte und weiterführende Literatur:

(Alle Internetquellen wurden zuletzt geprüft im August 2013.)

Abisaab, Malek / Abisaab, Rula Jurdi (2000): A Century After Qasim Amin: Fictive Kinship and Historical Uses of "Tahrir al-Mara". In: Al Jadid, Vol. 6, no. 32 (Summer 2000). http://www.aljadid.com/content/century-after-qasim-amin-fictive-kinship-and-historical-uses-tahrir-al-mara

Abu-Lughod, Lila (1993): Writing Woman's Worlds. Bedouin Stories. Berkeley: University of California Press

Abu-Lughod, Lila (2000): Veiled Sentiments: Honor Poetry in a Bedouin Society. Berkeley: University of California Press

Abu Zaid – das Urteil im Wortlaut. Übersetzt von Lobmeyer, Hans Günter (1995). In: INAMO Nr.3, Herbst 1995: 62-64

Abu Zaid / Nasr Hamid (1998): Die Frauenfrage zwischen Fundamentalismus und Aufklärung. In: Heller/Mosbahi (Hrsg.) (1998): 193-210

Adonis (1998a): Die Sackgasse der Moderne in der arabischen Gesellschaft. In: Heller/Mosbahi (Hrsg.) (1998): 62-71

Adonis (1998b): Kultur und Demokratie in der arabischen Gesellschaft. In: Heller/Mosbahi (Hrsg.) (1998): 130-137

Ahmed, Akbar S. / Donnan, Hastings (1994): Islam, Globalization and Postmodernity. London/ New York: Routledge

Ahmed, Leila (1992): Women and Gender in Islam. New Haven/London: Yale University Press

Altorki, Soraya (1986): Women in Saudi Arabia: Ideology and Behaviour Among the Elite. New York: Columbia University Press

Altorki, Soraya / El-Solh, Camilia Fawzi (1988): Arab Women in the Field: Studying Your Own Society. New York/Syracuse: Syracuse University Press

Amirpur, Katajun (1999): Iran: Feminismus im Aufwind. Zuerst erschienen in: Orient 40 (1999): 435-452. http://de.qantara.de/content/katajun-amirpur-iran-feminismus-im-aufwind

Appadurai, Arjun (1996): Modernity at Large: Cultural Dimensions of Globalization. Minneapolis: University of Minnesota Press

Atiya, Nayra (1991): Khul Khaal – Five Egyptian Women tell their Stories. New York: Syracuse University Press

Barakat, Halim (1998): Glaube und Herrschaft in der arabischen Gesellschaft von heute: eine Analyse. In: Heller/Mosbahi (Hrsg.) (1998): 110-129

Baumgart, Marion (1989): Wie Frauen Frauen sehen – Westliche Forscherinnen bei arabischen Frauen. Frankfurt a. M.: Brandes & Apsel

Berg, Eberhard et al. (Hrsg.) (1991): Ethnologie im Widerstreit. Kontroversen über Macht, Geschäft, Geschlecht in fremden Kulturen. Festschrift für Lorenz G. Löffler. München: Trickster

Bittlingmayer, Uwe H. et al. (Hrsg.) (2002): Theorie als Kampf? Zur politischen Soziologie Pierre Bourdieus. Opladen: Leske & Budrich

Blunt, Anne (1968): The Bedouin Tribes of the Euphrates (Orig. 1879). 2 Bände. London: Frank Cass

Buruma, Ian / Margalit, Avishai (2004): Occidentalism – A Short History of Anti-Westernism. London: Atlantic Books

Butler, Judith (2008) Sexual Politics, Torture, and Secular Time. The British Journal of Sociology 2008.Volume 59. Issue 1. http://www.hum.aau.dk/~shb/Genre/Judith%20Butler.pdf

Davis, Angela (1986): Ägypten. In: New Internationalist (Hrsg.) (1986): 303-324

Djait, Hisham (1998a): Das arabisch-muslimische Denken und die Aufklärung. In: Heller/Mosbahi (Hrsg.) (1998): 29-46

Djait, Hisham (1998b): Kultur und Politik in der arabischen Welt. In: Heller/Mosbahi (Hrsg.) (1998): 94-109

Eickelman, Christine (1984): Women and Community in Oman. New York: New York University Press

Eisenstadt, Shmuel N. (2000): Die Vielfalt der Moderne. Weilerswist: Velbrück Wissenschaft

Erikson, Thomas Hylland (2001): Small Places, Large Issues – An Introduction to Social and Cultural Anthropology. London, Sterling/Virginia: Pluto Press

Fabian, Johannes (1983): Time and the Other – How Anthropology makes its Object. New York: Columbia University Press

Faist, Thomas (1999): Transnationalization in International Migration: Implications for the Study of Citizenship and Culture. In: Transnational Communities Working Programme Working Paper Series, WPTC-99. http://www.transcomm.ox.ac.uk/working%20papers/faist.pdf

Fernea, Elizabeth Warnock (Hrsg.) (1969): Guests of a Sheik – An Ethnography of an Iraqi Village. New York: Anchor

Friedel, Erika (1979): Women of Dey Koh, Lives in an Iranian Village. London: Penguin Books

Giddens, Anthony (1996): Konsequenzen der Moderne. Frankfurt a. M.: Suhrkamp

Giddens, Anthony (1997): Jenseits von Links und Rechts. Frankfurt a. M.: Suhrkamp

Hafez, Kai (1997): Der Islam und der Westen – Anstiftung zum Dialog. Frankfurt a. M.: Fischer

Heilmann, Annette (1995): Abu Zaid – Reformer oder Ketzer? In: INAMO Nr.3, Herbst 1995: 60-62

Heine, Peter (1989): Ethnologie des Nahen und Mittleren Ostens – Eine Einführung. Berlin: Reimer

Heller, Erdmute / Mosbahi, Hassouna (Hrsg.) (1998): Islam, Demokratie, Moderne. Aktuelle Antworten arabischer Denker. München: Beck-Verlag

Huntington, Samuel (1996): Der Kampf der Kulturen. Die Neugestaltung der Weltpolitik im 21. Jahrhundert. München/Wien: Europa Verlag

Kabbani, Rana (1993): Mythos Morgenland. München: Droemer-Knaur

Kandiyoti, Deniz (1988): Bargaining with Patriarchy. In: Gender and Society No. 2. 1988: 274-290
Kandiyoti, Deniz (Hrsg.) (1995): Woman Islam and the State. Philadelphia: Temple University Press
Kandiyoti, Deniz (Hrsg.) (1996): Gendering the Middle East – Emerging Perspectives. New York/ Syracuse: Syracuse University Press
Kreile, Renate (2010) Zwischen Purdah, Bollywood und Politik – Geschlechterverhältnisse und Transformationsprozesse in Afghanistan. In: PERIPHERIE. Zeitschrift für Politik und Ökonomie in der Dritten Welt, Nr. 118/119, 30. Jg., August 2010: 188-210
Kröhnert-Othman, Susanne (2000): Lebensführung und Zeitlichkeit in interkultureller Perspektive oder: Was liegt jenseits des Orientalismus? In: Peripherie 77/78, 28. Jahrgang. April 2000. „Geschlecht: Konstruktion – Dekonstruktion": 99-122
Kröhnert-Othman, Susanne / Lenz, Ilse (2002): Geschlecht und Ethnizität bei Pierre Bourdieu. Kämpfe um Anerkennung und symbolische Regulation. In: Bittlingmayer et al. (Hrsg.) (2002): 159 – 178
Lange, Katharina (2005): Zurückholen, was uns gehört – Indigenisierungstendenzen in der arabischen Ethnologie. Bielefeld: Transcript-Verlag
Lemaire, Gérard-Georges (2000): Orientalismus. Das Bild des Morgenlandes in der Malerei. Köln: Könemann
Lenz, Ilse / Luig, Ute (Hrsg.) (1995): Frauenmacht ohne Herrschaft. Geschlechterverhältnisse in nichtpatriarchalen Gesellschaften. Frankfurt a. M.: Fischer
Lerner, Gerda (1995): Frauen finden ihre Vergangenheit – Grundlagen der Frauengeschichte. Frankfurt a. M./New York: Campus Verlag
McCabe, Justine (1979): The Status of Aging Women in the Middle East: The Process of in the Life Cycle of Rural Lebanese Women. Vortrag gehalten im Rahmen des 10th Annual Meeting of the Middle East Studies Association Los Angeles. 10.-13. November 1979. Ann Arbor/Mich.
Mernissi, Fatima (1992): Die Angst vor der Moderne. Frauen und Männer zwischen Islam und Demokratie. Hamburg/Zürich: Luchterhand
Mernissi, Fatima (1997): Die vergessene Macht – Frauen im Wandel in der islamischen Welt. Frankfurt a. M.: Fischer
Moos, Iren von (1991): Kulturelle Identität und räumliche Ordnungen – Freiräume von Frauen in islamischen Gesellschaften. In: Berg et al. (Hrsg.) (1991): 43-52
New Internationalist (Hrsg.) (1986): Frauen – Ein Weltbericht. Berlin: Orlanda Frauenverlag
Randeria, Shalini (1999): Jenseits von Soziologie und soziokultureller Anthropologie: Zur Ortsbestimmung der nichtwestlichen Welt in einer zukünftigen Sozialtheorie. In: Soziale Welt 50 (4). 1999: 373-382
Saadawi, Nawal El (1997): The Nawal El Saadawi Reader. New York: Zed Books
Said, Edward (1981): Orientalismus. Frankfurt a. M.: Ullstein
Sharabi, Hisham (1988): Neo-Patriarchy. A Theory of Distorted Chance in Arab Society. New York/ Oxford: Oxford University Press
Sharabi, Hisham (1998a): Moderne und islamische Erneuerung: Die schwierige Aufgabe der arabischen Intellektuellen. In: Heller/Mosbahi (Hrsg.) (1998): 47-61
Sharabi, Hisham (1998b): Der Weg zur Moderne: Betrachtungen über die Macht, die Frau und die Armut. In: Heller/Mosbahi (Hrsg.) (1998): 211-217
Tarabischi, George (1998): Die anthropologische Wunde in unserer Beziehung zum Westen. In: Heller/Mosbahi (Hrsg.) (1998): 72-83
Tibi, Bassam (1981): Die Krise des modernen Islams. München: Beck-Verlag
Tibi, Bassam (1992): Islamischer Fundamentalismus, moderne Wissenschaft und Technologie. Frankfurt a. M.: Suhrkamp

Welsch, Wolfgang (1994): Transkulturalität – Die veränderte Verfassung heutiger Kulturen. http://via-regia-kulturstrasse.org/bibliothek/pdf/heft20/welsch_transkulti.pdf
Wikan, Unni (1991): Behind the Veil in Arabia: Women in Oman. Chicago: University of Chicago Press
Yuval-Davis, Nira (1997): Gender & Nation. London/New York: Sage

Gender-Entwürfe und islamische Erneuerungsbewegungen im Kontext translokaler institutioneller Vernetzungen. Beispiele aus Afrika

Dorothea E. Schulz

1. Die Geschichtlichkeit von Kultur wiederentdecken

Die zunehmend öffentliche Rolle, die der Islam in gesellschaftspolitischen Auseinandersetzungen in vielen muslimischen Gesellschaften Afrikas übernimmt, und die starke Beteiligung von Frauen an dieser Entwicklung stellt die ethnologische Genderforschung vor neue Herausforderungen. Seit den bahnbrechenden politischen Veränderungen der späten 1980er Jahre, die in vielen Ländern in Afrika südlich der Sahara[1] zu einem (wenn auch oft nur nominellen) Mehrparteiensystem und zur Gewährung bürgerlicher Rechte geführt hat, werden öffentliche Räume mit Zeichen und Ausdrucksformen einer islamischen Frömmigkeit sowie von einer Infrastruktur muslimischer Missionierungsaktivitäten (Arabisch *da'wa*), in Form von Moscheen und reformierten islamischen Schulen, schier überflutet. Muslimische Aktivisten, Intellektuelle und religiöse Würdenträger bringen ihre Forderungen nach persönlicher und gesellschaftlicher moralischer Erneuerung öffentlich zum Ausdruck, indem sie beispielsweise in Debatten fordern, der Islam solle zur ethischen Grundlage der politischen Gemeinschaft erhoben werden. Diese Forderungen sowie die Aktionen und Ausdrucksformen der Aktivisten sind von neueren transnationalen und regionalen Reformbestrebungen inspiriert, die seit den 1970er Jahren an Schlagkraft gewonnen und die zumeist eine Verankerung in den arabischsprachigen Zentren der muslimischen Welt für sich in Anspruch nehmen.

---

[1] Obwohl die Annahme einer strikten Trennung zwischen dem arabischsprachigen Maghreb und dem subsaharischen Afrika irreführend ist, konzentriert sich dieser Artikel auf muslimische Gesellschaften in Afrika südlich der Sahara. Die regionale und argumentative Beschränkung dieses Artikels auf diese Subregion Afrikas schließt aber nicht aus, dass viele Aussagen, insbesondere zur historischen Veränderlichkeit von Geschlechterkonstruktionen und der Einbettung in translokale Bezugssysteme auch auf die muslimischen Gesellschaften Nordafrikas zutreffen.

Solche Reformtrends haben in weiten Teilen des muslimischen Afrikas schon eine lange Tradition, doch gibt es auch Merkmale, die, unabhängig von regionalen Unterschieden, heutige Versuche der moralischen Erneuerung der Gesellschaft von ihren historischen Vorläufern unterscheiden. Auffälliges Merkmal der gegenwärtigen Bewegungen ist ihr merklich öffentliches und ‚weibliches Gesicht' sowie ihre oft auffällig starke Verankerung in den städtischen Unterschichten. Immer mehr Frauen organisieren sich in Gruppen, um gemeinsam an der islamisch-moralischen Erneuerung der Gesellschaft zu arbeiten. Die Sprecherinnen dieser Gruppen weisen Frauen eine zentrale Rolle innerhalb der breiteren islamischen Erneuerungsbewegung zu, wobei sie – scheinbar paradox – öffentlich ihrer Überzeugung Ausdruck verleihen, dass der angemessene Platz einer Frau vor allem in der Familie sei.

Zentral für ihr Selbstverständnis ist es, ihre Identität als praktizierende Musliminnen publik zu machen, indem sie ein Verhalten an den Tag legen, welches sie selbst für ethisch angemessen halten. Darüber hinaus verlagern sie auch viele ihrer religiösen Aktivitäten in den öffentlichen Raum. Ihre Anführerinnen bedienen sich oft neuer Massenmedien, indem sie beispielsweise ihre Predigten über Hörkassetten, lokale Radiostationen oder auch über private Fernsehsender publik machen. Wichtig ist festzuhalten, dass diese Sprecherinnen keine neuen religiösen Interpretationen verbreiten, sondern sich in ihren Lehren weitgehend an die Versionen halten, die sie von ihren eigenen männlichen Lehrern übernommen haben. Sie tragen damit zur Verbreitung einer nachdrücklich konservativen Geschlechterideologie bei, die sich auf den ‚authentischen' Islam als Grundlage beruft.

Im Alltag grenzen sich diese Aktivistinnen durch bestimmte Kleidungspraktiken und andere symbolische Elemente von denjenigen Frauen ab, die der Reformbewegung (noch) nicht beigetreten sind und die sie folglich auch nicht als ‚richtige' Musliminnen ansehen. Ähnlich wie ihre männlichen Mitstreiter greifen sie oft auf eine internationale Rhetorik zurück, welche Demokratisierung zum Heilmittel gegen die Willkürherrschaft korrupter politischer Eliten erklärt.

Die neue öffentliche Präsenz muslimischer Aktivistinnen und die Art ihrer sozialen und ethischen Forderungen stellen in- und ausländische Beobachter vor analytisch-interpretatorische Schwierigkeiten: Auf der einen Seite tragen Musliminnen mit ihren Aktivitäten eindeutig zu einer lebendigen und von kontroversen Positionen gekennzeichneten Zivilgesellschaft bei, die in vielen afrikanischen Ländern infolge der politischen Umbrüche seit Ende der 1980er Jahren entstanden ist. Auf der anderen Seite vertreten sie Werte, die nicht als progressiv im Sinne der klassischen westlichen liberalen Politiktradition gelten können. Auch ihre Organisationsformen stimmen nicht mit gängigen Vorstellungen überein, wie eine demokratische Gesellschaft organisiert sein sollte. Eine Folge dieser Diskrepanz ist es, dass Vertreter der gegenwärtigen Regierungen und viele säkular orientierte Intellektuelle den muslimischen Aktivisten, Männern und Frauen, das Recht absprechen, als Vertreter der Zivilgesellschaft in öffentlichen Debatten aufzutreten.

Aus westlich-feministischer Perspektive ergibt sich ein ähnliches Dilemma: Auch wenn traditionelle und patriarchale Werte vertreten werden, beanspruchen die weiblichen Verfechter einer islamisch-moralischen Erneuerung für sich eine aktive Rolle in der Ausformulierung von Zielen und Inhalten der Bewegung. Ihre öffentliche Präsenz – beispielsweise in Form neuer Predigt-Aktivitäten der Initiatorinnen von muslimischen Frauengruppen – könnte im westlich-progressiven Sinne als ein Anzeichen für das *empowerment* von Frauen innerhalb eines bisher von Männern dominierten religiösen Feldes gedeutet werden. Folgt man dieser Argumentation, so spielen Medientechnologien beim Außerkraftsetzen bisheriger religiöser und Statushierarchien eine ausschlaggebende Rolle und helfen Frauen dabei, sich allmählich von männlicher Interpretationshoheit zu emanzipieren.

Eine solche Interpretation ist von zahlreichen AutorInnen in Bezug auf gesellschaftliche Entwicklungen im Vorderen Orient und in anderen Regionen der muslimischen Welt vorgeschlagen worden. Sie spiegelt eine ältere Tendenz in der soziologischen und ethnologischen Geschlechterforschung wider, der zufolge eine stärkere öffentliche Präsenz von Frauen mit ihrer größeren politischen Macht gleichzusetzen sei. Doch in Bezug auf die gegenwärtige Situation im muslimischen Afrika ist diese Interpretation unbefriedigend. Sie kann nicht erklären, warum weibliche Vorreiter islamischer Reform, obwohl sie in der Öffentlichkeit eine Stimme gewinnen, weder eigenständige (und möglicherweise kritische) religiöse Interpretationen verbreiten, noch in irgendeiner anderen Weise die Autorität und Führungsposition von Männern in Frage stellen.

Hinzu kommt, dass ihre Leitvorstellungen mitnichten emanzipatorisch im westlich-feministischen Sinne sind: Sie betonen, dass die Unterwerfung unter den Willen des Ehemannes ein erstrebenswertes Ziel und eine ethische Qualität sei, die täglich eingeübt werden müsse. Dabei berufen sie sich auf ihre Rolle als Mütter und Ehefrauen, um sich als Leitstern der gesellschaftlichen Erneuerung darzustellen. Westliche Interpretationsschemata, die das Augenmerk ausschließlich auf das Verhältnis zwischen den Geschlechtern legen und dazu tendieren, nach Formen weiblichen Widerstandes gegen patriarchale Machtstrukturen zu suchen, greifen zu kurz, um diese scheinbaren Widersprüche erklären zu können.

Darüber hinaus tendieren zahlreiche ForscherInnen dazu, das Erstarken eines islamisch-moralischen Diskurses als Zeichen ‚fundamentalistischer Trends' und als ‚Rückschritt' einer Gesellschaft zu deuten, oder als Zeichen dafür, dass diese Gesellschaft das Stadium der Moderne noch nicht erreicht hat bzw. sogar verweigert (z. B. Lewis 2002). Diese in den westlichen Sozialwissenschaften nach wie vor weitverbreiteten Deutungsmuster zeigen, wie schwer es ist, von eigenen, oft unausgesprochenen und unreflektierten Annahmen über die Unterdrückung von Frauen in anderen Gesellschaften, sei es im Islam oder in Afrika, und auch von dem oft damit verbundenen Anspruch, diesen Frauen bei der Veränderung ihrer Lebenssituation ‚helfen' zu müssen, Abschied zu nehmen (z. B. Abu-Lughod 2002). Diese Deutungen zeigen auch, dass traditionelle ethnologische Vorstellungen von Kultur als einem traditionsverhafteten, unveränderlichen und für das Handeln von Menschen absolut verbindlichen System nach wie vor die Erforschung von sozialer Praxis und von Geschlechterkonstrukten und -dynamiken in muslimischen Gesellschaften überschatten.

Anders herum betrachtet kann man neuere islamisch-reformistische Bewegungen in Afrika und die zentrale Rolle, die Frauen darin spielen, auch zum Anlass nehmen, um gerade eurozentristisch gefärbte Interpretationsschemata zu Fragen des Verhältnisses zwischen Kultur und Geschlecht kritisch zu reflektieren und weiterzuentwickeln.

Ziel der folgenden Ausführungen ist es, anhand einiger Fallbeispiele aus der Geschichte des muslimischen Afrika stereotype Annahmen zu Geschlechterverhältnissen und -ideologien im Islam zu widerlegen. Dabei geht es mir darum, konventionelle Herangehensweisen an die Konstruktion von Geschlecht, insbesondere die Konzentration auf die Untersuchung von Machtverhältnissen *zwischen* den Geschlechtern zu überdenken. In Bezug auf den von den Herausgeberinnen dieses Buches formulierten Anspruch, das Verhältnis von Kultur und Gender in Anbetracht gegenwärtiger Prozesse der kulturellen Globalisierung neu zu denken, heißt dies, dass meine Analyse gegenwärtiger islamischer Reformbewegungen zum einen darauf zielt zu verstehen, inwieweit die starke Beteiligung von Frauen an diesen gesellschaftspolitischen Bewegungen auf rezente Veränderungen von Geschlechterideologien hinweist. Zum anderen geht es darum, etablierte analytische Kategorien und wissenschaftliche Herangehensweisen und die ihnen zugrunde liegenden Annahmen zu ‚islamischer Kultur' zu überdenken.

Ausgangspunkt meiner Überlegungen ist, dass wir ein stärkeres Augenmerk auf die Geschichtlichkeit von Kultur richten sollten. Eine stärkere Erforschung der historischen Veränderlichkeit sozialer Praxis und kultureller Institutionen kann uns dazu verhelfen, einen statischen und reifizierten Kulturbegriff zu überwinden (vgl. Comaroff/Comaroff 1992). Darüber hinaus bietet diese Perspektive auch eine Möglichkeit, der Tendenz entgegen zu wirken, Phänomene der Interkultu-

Gender-Entwürfe und islamische Erneuerungsbewegungen – Afrika 159

ralität (z. B. Schlehe 2001) und der Transkulturalität (z. B. Welsch 1999) in erster Linie im gegenwärtigen Zeitalter der kulturellen Globalisierung anzusiedeln. Die Herausarbeitung der geschichtlichen Veränderlichkeit kultureller Institutionen ist für eine Kritik an konventionellen Vorstellungen von afrikanischer Kultur als geschichtslos, statisch, lokal abgegrenzt und im Traditionellen verhaftet unabdingbar. Auch im Falle von muslimischen Gesellschaften ist die Betonung der Geschichtlichkeit religiöser, interpretativer und politischer Praxis und die damit verbundene Herausarbeitung von historischen Erfahrungen translokaler Orientierungen und Vernetzungen über weite Distanzen eine unumgängliche Voraussetzung, um einer verfälschenden und generalisierenden Darstellung des Islams als einem unveränderlichen System strenger und absolut verpflichtender Verhaltensnormen vorzubeugen. Um meinen Ansatz zu veranschaulichen, möchte ich zunächst kurz referieren, welche Impulse in den vergangenen 20 Jahren für das kritische Überdenken des traditionellen Kulturbegriffs von ethnologischen Theoretikern ausgegangen sind.

2. Zur Lage von Kultur: Neuere Entwicklungen in der ethnologischen Debatte

Kultur als eine zentrale Kategorie der ethnologischen Theorienbildung kann insbesondere in der deutschen und in der durch den deutschen Emigranten Franz Boas in den USA begründeten amerikanischen Tradition der *Cultural Anthropology* auf eine lange Geschichte zurückblicken. Aber auch andere Traditionen der ethnologischen Theorienbildung, so etwa die britische *Social Anthropology* und die französische *Ethnologie*, basieren auf der Vorstellung, dass die Welt menschlicher Differenz als ein Konglomerat von separaten und verschiedenen Kulturen aufzufassen sei, die wahlweise mit einer Nation, einem ‚Stamm' oder einem Volk assoziiert werden könnten. Kultur fungierte somit als Analyseeinheit, die den Vergleich zwischen Gesellschaften möglich machte und jahrzehntelang eine Theorienbildung beflügelte, die auf der Grundlage von Fallstudien aus unterschiedlichen Kulturen zu generelleren Aussagen über Formen, Funktionen und menschliche Praxis vorzustoßen suchte. Spätere Entwicklungen, das heißt Entwicklungen, die in den 1970er und 1980er Jahren anzusiedeln sind, fassten Kultur entweder als Text auf (Geertz 1973) oder aber als ein semiotisches System (Sahlins 1985), welches vom Forscher zu entziffern sei. Diese Ansätze basierten prinzipiell auf denselben Annahmen von Kultur als einer klar abgegrenzten Einheit, die sich dank ihrer eigenen, geschlossenen und in sich konsistenten Rationalität von anderen kulturellen Einheiten unterschied; deren geschichtliche Veränderlichkeit wurde dabei zwar nicht immer negiert, war jedoch für die Forscher zumeist nur von geringem Interesse. Fragen nach den schicht- oder geschlechtsspezifischen Machtkonstellationen, die es ermöglichten, diese Kultur als solche abzubilden bzw. dem Forscher zugänglich zu machen, wurden zumeist vernachlässigt. Ein weiterer wichtiger Bestandteil dieser Auffassung von Kultur war die unhinterfragte Vorstellung des Lokalen als einem natürlich gegebenen und unveränderlichen Raum und die damit verbundene Annahme, dass Kultur nur durch eine im Lokalen verortete Forschung erfassbar sei (vgl. Gupta/Ferguson 1997: 1-2).

Im Laufe der 1980er Jahre wurde dieser essentialistische und statische Kulturbegriff von einigen ethnologischen Theoretikern zunehmend in Frage gestellt. Im Zuge des so genannten *literary turn*, der sich in der Ethnologie insbesondere in der *writing-culture*-Debatte niederschlug, erfolgte seit Anfang der 80er Jahre ein Trend hin zu einer verstärkten Selbstreflexivität. Von einigen Kritikern als „Hang zur Nabelschau" abgetan, mündete dieser Trend für einige namhafte Theoretiker in der so genannten „Krise der Repräsentation" und fand in einer Reihe von Veröffentlichungen ihren Niederschlag, die heute vielfach als Klassiker einer postmodernen Ethnologie angesehen werden.[2] Grundlegend für diese Krise der ethnographischen Repräsentation war die kritische Auseinandersetzung mit dem Begriff der Kultur als einem zentralen Begriff der ethnologischen Forschung und Theoriebildung.

Einige Autoren formulierten ihre Kritik auf der Grundlage einer kritischen Analyse der textlichen Strategien, mit denen AutorInnen von ethnologischen Klassikern ihre Autorität als Schreibende und Beobachter etablierten, indem sie beispielsweise durch einen bestimmten Schreibstil ihre persönliche Betroffenheit und den Zeugnischarakter ihrer ethnographischen Erfahrung suggerierten und gleichzeitig ihre Befähigung zur objektiven und kritisch-distanzierten Beobachtung herausstellten (z. B. Geertz 1988). Andere hingegen hinterfragten vor allem die Art und Weise, mit der EthnologInnen die Subjekte ihrer Forschung und Theorienbildung als kulturell ‚Andere' konstruieren, indem sie sie beispielsweise als Subjekte, die sich außerhalb der geschichtlichen Gleichzeitigkeit befinden, beschrieben (z. B. Fabian 1982). Eine dritte Richtung innerhalb der *writing-culture*-Debatte konzentrierte sich hingegen auf die Rolle, die ethnologische Forschungen und Schriften in der Schaffung und Aufrechterhaltung von Institutionen der kolonialen Herrschaft und der ökonomischen Ausbeutung gespielt hatten (z. B. Stocking 1983 bzw. 1991).

---

2   Siehe z. B. Geertz' *Works and Lives* (1988), Johannes Fabians *Time and the Other* (1982), George Marcus und Michael Fischers *Anthropology as Cultural Critique* (1986) und James Cliffords *The Predicament of Culture* (1988).

Wichtige Impulse kamen in dieser Zeit von WissenschaftlerInnen, die allein schon durch ihre Herkunft – als Abkömmlinge der Welt, in der die Subjekte der traditionellen ethnologischen Forschung verortet waren (z. B. Asad 1993; Bhabha 1994b), oder als ‚halfies' (Abu-Lughod 1986) – eingefleischte Vorstellungen zur Lage der (traditionellen) Kultur torpedierten. In der Folge nahm seit Mitte der 1980er Jahre in den USA und, wenn auch in geringerem Ausmaß, in den Metropolen der ehemaligen europäischen Kolonialreiche, die Anzahl an WissenschaftlerInnen, die aus den Ländern kamen, die bisher den Schauplatz der klassischen Ethnographie und Feldforschung abgegeben hatten, stark zu. Durch ihre reine Anwesenheit stellten diese WissenschaftlerInnen die generalisierenden Annahmen in Frage, die zuvor dem Prozess des *othering* von Subjekten und ganzen Kulturen zugrunde gelegen hatten. Dementsprechend schlugen einige feministische Kritikerinnen vor, die vielbeschworene ‚Krise der Repräsentation' als eine Krise männlicher Theoretiker zu entlarven, deren patriarchale, institutionell verankerte Privilegien durch die stärkere Diversifizierung der Wissenschaftswelt in Frage gestellt worden seien (siehe z. B. Mascia-Lees et al. 1989).

Von diesen unterschiedlichen Einflüssen und Deutungen der institutionellen und theoretischen Umbrüche der 1980er Jahre abgesehen, ergaben sich aus diesen Entwicklungen wichtige neue Fragen zu Repräsentation und Methodik.[3] Ein wichtiges Ergebnis war das (weitgehende) Aufgeben des Anspruches, fremde Kulturen in ihrer Gesamtheit darzustellen. An seine Stelle trat erstens ein stärkeres Bewusstsein für die Dynamiken, durch die ethnographisches Wissen und die gesellschaftliche Realität, die Informanten an ForscherInnen weitergeben, im Prozess der Interaktion erst geschaffen und auf die Anforderungen des speziellen Verhältnisses zwischen Forschern und Erforschten zugeschnitten werden (siehe z. B. Nadig 1986 und Schulz 2000). Mit dem Aufgeben des Anspruchs von Objektivität ging jedoch zweitens ein Verlust an wissenschaftlicher Glaubwürdigkeit einher, zumindest für Vertreter von objektiven Methoden der Datenerhebung. Drittens führte das Hinterfragen des konventionellen Kulturbegriffs vor dem Hintergrund des sich verändernden Verhältnisses zwischen Kultur und Raum und zwischen Lokalität und Transnationalität dazu, dass das Lokale nicht mehr als

---
3   Zu diesen Fragen gehörten die folgenden: Wie kann die erfahrene und erforschte, jedoch immer partikulare und ausschnitthaft wahrgenommene ethnographische Realität abgebildet werden? Sollte die immer von subjektiver Erfahrung geprägte ethnographische Wirklichkeit als solche dargestellt werden, und wenn, wie? Ist es erstrebenswert, in Anbetracht der ‚Krise der Repräsentation', jeglichen Anspruch an Objektivität aufzugeben? Ist es überhaupt möglich, das Machtungleichgewicht, welches die meisten Interaktionsformen zwischen Forscher und Erforschten ausmacht, durch Strategien einer ausgewogeneren Darstellungsweise des *native point of view* zu überwinden? Und schließlich: Inwieweit können EthnologInnen dem *prisonhouse of culture* entkommen?

eine natürlich gegebene Einheit betrachtet wurde. An seine Stelle trat eine Auffassung von Lokalität, die aktiv von Akteuren in ihrer Einbettung in translokale Prozesse und wirtschaftliche und politische Institutionen hergestellt wird. Ausschlaggebend für diese, einem revidierten Kulturbegriff zugrundeliegende Sicht des Lokalen ist die Betonung der Bedeutung von Querverbindungen und Vernetzungen zwischen lokalen Praktiken, Institutionen und Akteuren und regionalen, nationalen und internationalen Prozessen (siehe z. B. Gupta/Ferguson 1992 bzw. 1997, Appadurai 1996, Harvey 1991).

Neuere Untersuchungen, die mit den Begriffen der Interkulturalität oder Transkulturalität arbeiten, um den offenen, durchlässigen, und dynamischen Charakter von Kultur hervorzuheben, betonen in ähnlicher Weise, dass diese neue Auffassung von Kultur in einem dialektischen Verhältnis zu einer revidierten Sicht des Lokalen stehe. Hierzu gehören z. B. ethnologische Studien, die die Veränderung von Geschlechtskonstruktionen und die Neuaushandlung von Geschlechterverhältnissen explizit in den von hoher geographischer Mobilität gekennzeichneten gegenwärtigen Kontext der kulturellen Globalisierung stellen (siehe z. B. Schlehe 2001). Diese Ansätze geben wichtige neue Impulse ebenso wie die Versuche, mit dem Begriff der Transkulturalität über die beispielsweise im Konzept der Hybridität nach wie vor enthaltene Vorstellung von Kultur als begrenzter Einheit und ursprünglich ‚reiner Essenz' hinauszugehen (siehe z. B. Welsch 1999). Gleichzeitig birgt die Konzentration dieser Studien auf gegenwärtige Prozesse sowie ihre Betonung darauf, dass angesichts gegenwärtiger Migrationsströme der traditionelle Kulturbegriff überholt sei, neue Gefahren in sich. Obwohl die Autoren zumeist betonen, dass diese Sicht von Kultur auch auf frühere Zeitalter zutreffe, so weisen ihre Formulierungen, beispielsweise die Gleichsetzung von Gesellschaften, in denen Phänomene der Transkulturalität eine wichtige Rolle spielen, mit modernen Gesellschaften (Welsch 1999: 195f), doch darauf hin, dass die Autoren – meist implizit – davon ausgehen, dass traditionelle Gesellschaften in geringerem Maße durch diese Phänomene oder Querbezüge strukturiert wurden. Hier besteht also die Gefahr, eine aus guten Gründen kritisierte Sicht von Kultur durch die Hintertür wieder einzuführen, indem man sie, zum Zwecke der Hervorhebung des transkulturellen Charakters *moderner* Gesellschaften, der Vergangenheit und den traditionellen Gesellschaften zuordnet, deren soziale Praxis angeblich durch geringere Mobilität gekennzeichnet sei.

Genau diese Verknüpfung eines flexiblen und offenen Kulturbegriffs mit modernen Gesellschaften möchte ich durch die folgenden Ausführungen zur Geschichte muslimischer Gesellschaften in Afrika hinterfragen. Anhand von Beispielen, die die historische Veränderlichkeit von Formen weiblicher religiöser Autorität in muslimischen Gesellschaften Afrikas belegen, möchte ich argumentieren, dass die kulturellen Inhalte und Institutionen seit Jahrhunderten veränderlich, inhomogen, inkonsistent und durch Faktoren wie Geschlechter- und Klassendifferenz geprägt waren. Darüber hinaus werde ich durch Verweise auf die jahrhundertelange hohe geographische und soziale Mobilität in diesen Regionen Afrikas belegen, wie fatal es wäre, den Islam analog zum konventionellen Kulturbegriff zu behandeln, das heißt als ein hermetisch abgeriegeltes oder klar abgrenzbares Konstrukt, dessen starres und unveränderliches Normengefüge für Anhänger dieser Religion als absolut verbindlich angesehen wird.

3. Prozessuale Geschlechteridentitäten im muslimischen Afrika

Historische Vorläufer der eingangs skizzierten gegenwärtigen Aktivitäten von muslimischen Frauen lassen sich, je nach Region, in unterschiedliche Epochen der vorkolonialen und kolonialen Vergangenheit zurückverfolgen. Dabei gibt es selbst innerhalb einzelner Regionen, etwa in Ost-, in West- oder im südlichen Afrika, starke Unterschiede in Bezug auf Inhalt und soziale Organisation von muslimischen religiösen Praktiken sowie den Handlungsräumen, die Frauen sich schaffen konnten.

Bevor ich Fallbeispiele anführe, die mein Argument veranschaulichen sollen, dass plakative Vorstellungen von der Macht- und Sprachlosigkeit der Frauen im Islam und von einer räumlich definierten Geschlechtertrennung (Seklusion) als Ausdruck ihrer Unterdrückung irreführend sind, möchte ich zunächst einige Gründe dafür nennen, wieso sich die Vorstellung der Unsichtbarkeit von Frauen in muslimischen Gesellschaften für so lange Zeit so hartnäckig halten konnte und warum sie oft eine selektive Affinität mit der ebenso unhaltbaren Annahme der Geschichtslosigkeit Afrikas aufweist.

Zunächst gibt es methodische Gründe, die dafür verantwortlich sind, dass der Historizität weiblicher religiöser Praxis in afrikanischen muslimischen Gesellschaften kaum Rechnung getragen wird. Während Kolonialarchive nur begrenzt bzw. einseitige schriftliche Quellen für die Erforschung dieses Themas anbieten, tendieren orale Quellen – die so genannte *oral tradition* – dazu, zeitlich und manchmal räumlich getrennte Ereignisse, Personen und Praktiken teleskopisch zusammenzukürzen, sodass es oft unmöglich ist, genaue Veränderungen in Praktiken und Vorstellungen von Religiosität selbst innerhalb des 20. Jahrhunderts auszumachen oder sie bestimmten Epochen der Kolonialzeit zuzuordnen.

Erschwerend hinzu kommt, dass das gesammelte mündliche Material aufgrund des Geschlechts der Forschenden und der befragten Informanten oder infolge von androzentrisch formulierten Ausgangsfragen oft einen *male bias* aufweist, dem auch eine kritische Auswertung der Daten kaum entgegensteuern kann. Außerdem blieben arabischsprachige Quellen, die im Übrigen in Bezug auf weibliche religiöse Praxis manchmal einen ähnlichen androzentrischen Blickwinkel aufweisen wie die meisten in den Kolonialarchiven aufbewahrten Schriften, einigen Forschern aufgrund der Sprachbarriere verschlossen.

Infolge dieser methodischen Limitierungen ist die existierende ethnographische und historische Literatur zur historischen Veränderlichkeit von Geschlechterverhältnissen in muslimischen Gesellschaften äußerst begrenzt. Darüber hinaus ist sie deutlich textzentriert, das heißt sie konzentriert sich – von wenigen Ausnahmen abgesehen (z. B. Boyd/Mack 1997) – auf Formen religiöser Autorität, die auf der Interpretation von religiösen Texten beruhen. Kaum berücksichtigt werden außerdem charismatische Elemente religiöser Autorität und die Frage, welche Rolle diese in der Legitimierung des Führungsanspruchs von Frauen spielen (siehe aber Coulon 1988). Im Zentrum vieler Untersuchung stehen weniger religiöse Praktiken, sondern die Interpretation von und Vergleiche zwischen verschiedenen religiösen Texten und ihren Autoren. Was diesen Ansätzen oft fehlt, ist zum einen die Berücksichtigung der Art und Weise, in der Elemente verschiedener textlicher und charismatischer Formen religiöser Autorität miteinander kombiniert werden, und zum anderen eine Untersuchung des Verhältnisses zwischen textlicher Deutung und religiöser Praxis und ihre Auswirkungen auf religiöse Kontroversen. Aus all diesen Gründen ist es bisher der Forschung kaum gelungen, soziale und religiöse Aktivitäten und Ausdrucksformen zu rekonstruieren, bei denen insbesondere ‚gewöhnliche' Musliminnen, das heißt nicht nur Frauen in Führungspositionen, eine wichtige Rolle gespielt haben.

Eine weitere Folge dieser Konzentration vieler Forscher auf religiöse Texte und auf Formen von religiöser Autorität, die auf der Interpretation dieser Texte aufbauen, ist, dass die religiösen Praktiken von Frauen oft als ein nicht-schriftlicher und damit als ein populärer und ‚unorthodoxer' Islam abgetan werden. Die Neigung, weibliche Religiosität mit ‚unreinen' oder hybriden Formen des Volksislams gleichzusetzen, wird durch den Umstand vereinfacht, dass es historisch vergleichsweise wenige Frauen gab, die an schriftlichen Debatten zur Auslegung von religiösen Texten teilnahmen (siehe unten).

Dennoch ist eine solche pauschale Gleichsetzung von weiblicher Praxis mit nicht-orthodoxen Inhalten unangemessen, nicht zuletzt, weil sie ahistorisch ist und beispielsweise die eingangs erwähnten neueren Entwicklungen in der Mobilisierung und Ausbildung von Frauen und Mädchen nicht berücksichtigt. Obwohl religiöse Erziehung in allen muslimischen Gesellschaften Afrikas einen Kernbereich männlicher religiöser Praxis und Autorität darstellt, so heißt dies nicht, dass Frauen historisch davon völlig ausgeschlossen waren.

Das Ausmaß und die Art, in der Frauen an der religiösen Erziehung beteiligt wurden, waren in den vergangenen zwei Jahrhunderten extremen Schwankungen unterworfen. Das wohl berühmteste Beispiel für die Rolle, die (Elite-) Frauen in der Erziehung und Mobilisierung von anderen Musliminnen spielen konnten, ist Nana Asma'u, die Tochter Uthman dan Fodios, der das Sokoto-Kalifat im Norden Nigerias in der ersten Dekade des 19. Jahrhunderts gründete (siehe Sule/ Starratt 1991, Boyd/Mack 1997 und Boyd 2001). Nachdem sie unter Anleitung ihres Vaters eine für Frauen in der damaligen Zeit außergewöhnlich gründliche religiöse Erziehung erfahren hatte, wurde ihr von dan Fodios Nachfolger, Kalif Muhammad Bello, eine Schlüsselfunktion in der Mobilisierung und Ausbildung von Frauen zugeteilt. Diese Frauen stammten vor allem aus der von dan Fodio unterworfenen Bevölkerung und mussten in das neu gegründete Kalifat sozial and normativ eingebunden werden. Dementsprechend zielten Nana Asma'us Bestrebungen insbesondere darauf, Frauen unterschiedlicher Herkunft – unter ihnen waren z. B. Abkömmlinge ehemaliger Sklavinnen sowie Frauen aus bäuerlichen Bevölkerungsschichten – zu unterrichten. Dabei wusste sie, ähnlich wie muslimische Händlerinnen im heutigen Nigeria (siehe hierzu Schildkrout 1983), Praktiken der Seklusion für ihre Lehrtätigkeit zu nutzen. So konterte sie Angriffe auf die ‚Unangemessenheit' von weiblichen Lernaktivitäten beispielsweise damit, dass ihre Schülerinnen in keiner Weise gegen gängige Maßstäbe von weiblicher Respektabilität verstießen, sondern dass ihre Aktivitäten im Gegenteil dazu führten, dass ein breiteres Spektrum von Musliminnen sich die für ihre Glaubenspraxis unabdingbaren Grundlagen des Islams aneignen konnten. Nana Asma'u verfasste unzählige religiöse Schriften, darunter Gedichte und Gesänge, die von ihren ehemaligen Schülerinnen zu Lehrzwecken eingesetzt wurden.

Nach dem Tod dan Fodios und seines Nachfolgers Bello wurde ihr in Bezug auf weibliche religiöse Bildung sehr fortschrittlicher Ansatz von den nachfolgenden Generationen zunächst weiterverfolgt, mit der zunehmenden Etablierung der neuen Elite des Kalifats jedoch schrittweise zurückgeschraubt, um strategische Bündnisse mit konservativ gesinnteren Hausa-Familien zu erleichtern (siehe Trevor 1975). Dieser konservative Trend verschärfte sich weiter unter dem Einfluss der Kolonialherrschaft im Laufe des 19. Jahrhunderts: Nunmehr wurde Frauen verstärkt die Rolle von Bewahrerinnen und Schützerinnen von Tradition und konservativen weiblichen Rollenmustern zugewiesen, sodass für die eigenständige und möglicherweise außerhalb des privaten Haushaltes stattfindende Bildung von Frauen kaum mehr Raum blieb (ebd. 1975: 248f). Dies änderte sich erneut in den letzten Dekaden der britischen Kolonialzeit, als nämlich die in Reaktion auf die Kolonialherrschaft expandierenden Sufi-Orden, insbesondere der von Ibrahim Niass geleitete Zweig der *Tijaniyya* in Nordnigeria, auch die verstärkte Mobilisierung von Frauen erforderlich machte (siehe Hutson 1999). In dieser Epoche, das heißt zwischen 1930 und 1960, übernahmen einige Elitefrauen, ähnlich ihrer Vorgängerin Nana Asma'u, wichtige Funktionen in der Organisation und Ausbildung von Frauen. Sie erteilten in privaten aristokratischen Haushalten sowie im Palast des Emirs von Sokoto Unterricht, wobei streng darauf geachtet wurde, dass sie ihre Funktion als Lehrerinnen mit einem Verhalten verbanden, welches gängigen Vorstellungen von weiblicher Respektabilität entsprach. Obwohl diese Elitefrauen also keinesfalls gegen die konventionelle Geschlechterideologie vorgingen, trug ihr Einsatz dennoch dazu bei, dass einigen (Elite-) Frauen ihrer und der nachfolgenden Generationen neue spirituelle Führungsrollen und intellektuelle Einflüsse zuerkannt wurden. Damit waren sie unmittelbar an der Veränderung konventioneller Unterscheidungen von weiblicher und männlicher religiöser Kompetenz und Autorität beteiligt.

Ähnliche Ansätze zur Förderung von weiblicher Bildung (meistens in Form von Erwachsenenbildungsprogrammen) und zur Einbeziehung von Musliminnen in Bereiche, die bisher in erster Linie eine männliche Domäne darstellten, wurden zur selben Zeit auch von Vertretern anderer muslimischer Gruppierungen sowohl in Nigeria als auch in benachbarten Ländern, wie z. B. Senegal und Mali, formuliert. Ebenso wie der von Niass geleitete Zweig der *Tijaniyya* resultierten diese Bestrebungen aus einem Konglomerat intellektueller Einflüsse aus anderen Regionen West- und Nordafrikas, sowie aus Ägypten und Saudi Arabien. All diese neuen ‚reformistischen' Bewegungen, die in vielen Regionen Westafrikas und auch in ostafrikanischen Ländern entstanden, zielten auf Massenmobilisierung neuer Anhänger in Zeiten, die als fundamentale Krise einheimischer Werte interpretiert wurden (siehe z. B. Loimeier 2002, Kleiner-Bossaller/Loimeier 1994, Seesemann 1999, Umar 2001: 12ff). Die Einbindung von Frauen in die religiöse Schulung war begleitet von grundsätzlichen Reformen existierender Institutionen, Formen und Inhalte religiöser Erziehung. Diese Reformen waren von der Didaktik der westlichen Schulbildung inspiriert, sollten jedoch gleichzeitig eine moralisch überlegene Alternative zu letzterer darstellen.

In Nigeria wurde die verstärkte Ausbildung von Frauen häufig mit dem Verweis auf Uthman dan Fodios Ansatz begründet. Dabei handelte es sich um eine Rechtfertigungsstrategie, die allerdings von muslimischen Gegnern der Veränderung von traditionellen weiblichen Rollen, die mit solch einer Ausbildung zwangsläufig verbunden sind, heftig in Zweifel gezogen wurde. Da der Trend hin zur

Ausbildung von Frauen aber stärker im Süden als im Norden Nigerias war, fand eine regional disparate Entwicklung statt (vgl. Reichmuth 1994). Einige dieser ersten Generation von ausgebildeten Frauen hatten später leitende Funktionen in Organisationen inne, welche sich seit den späten 1970er Jahren der Mobilisierung Gleichgesinnter im Namen der islamisch-moralischen Erneuerung widmeten.

Auch im Sudan trug die gezielte Einbindung von Frauen in die religiöse Bildung und in organisierte Formen der Glaubenspraxis und Interessenvertretung zu deutlichen sozialen Veränderungen bei. Sie verstärkte nicht nur schwelende Generationskonflikte, sondern auch Auseinandersetzungen und den Wettbewerb zwischen religiösen Autoritäten, deren Anspruch auf eine führende Rolle auf unterschiedlichen Formen der Kompetenz und spirituellen Autorität basierte (vgl. Seesemann 1999). An den sich daraus teilweise ergebenden, kontrovers gehandelten Neuentwürfen von ‚angemessenen' geschlechtsspezifischen Handlungsmaximen waren Frauen beteiligt, deren unterschiedliche Positionen in Status- und Altershierarchien und in translokalen Bezugssystemen einen wichtigen Faktor in der Fortschreibung von Differenzen *unter* Frauen darstellte.

Und damit komme ich zu einem weiteren Bereich der sozialen Praxis, der die historische Bedeutung translokaler Vernetzungen und intellektueller Bezüge von Musliminnen in Afrika für die Aushandlung von Geschlechternormen verdeutlicht.

4. Zur Geschichtlichkeit translokaler Erfahrung im muslimischen Afrika

Für Muslime in Afrika, selbst für diejenigen, die sich aufgrund ihrer Lebenssituation niemals in der Lage sehen, ihren Wohnort mit dem Ziel der Handelsreise oder der intellektuellen und spirituellen Suche zu verlassen, ist eine translokale ideelle Ausrichtung ein grundlegender Bestandteil ihres Selbstverständnisses als Gläubige.[4] Damit verbunden ist die große Bedeutung von Süd-Süd-Beziehungen, die kürzlich innerhalb der Sozialwissenschaften (wieder)entdeckt worden sind, jedoch für die muslimische Zivilisation seit Anbeginn eine konstitutive Rolle gespielt haben. In weiten Teilen Afrikas, insbesondere in Regionen mit einem mus-

---

4   Im Unterschied zu Autoren, die Translokalität oder Transnationalität als ein Phänomen auffassen, welches in erster Linie aus physischer Mobilität entsteht und auf gegenwärtige Prozesse der Globalisierung zurückzuführen ist (siehe z. B. Appadurai 1991 bzw. 1996), verwende ich in der folgenden Diskussion Translokalität als ein heuristisch-analytisches Konzept, um einen Seinszustand und eine Wahrnehmung zu beschreiben. Demnach stellt Translokalität eine Forschungsperspektive dar, welche den Blick auf die Geschichtlichkeit sowie auf die Form der Bezüge und der institutionellen Vernetzungen möglich macht, die das Selbstverständnis von MuslimInnen, und deren ideelle Verortung in der globalen Gemeinschaft der Gläubigen (*umma*) seit Jahrhunderten geprägt haben.

limischen Bevölkerungsanteil, stellen diese ideellen und materiellen Querbezüge, beispielsweise zwischen Regionen Südasiens und Westafrikas, Teile eines älteren geschichtlichen Bewusstseins dar.[5]

Für Muslime in Afrika ist Translokalität damit als ein Bezugsrahmen und Horizont für religiöse Praxis anzusehen, welcher mitnichten erst durch rezente Migrationsbewegungen oder moderne Massenmedien geschaffen wurde und auch nicht mit physischer Mobilität verbunden sein muss. Stattdessen prägt Translokalität als Orientierungsrahmen das Selbstverständnis von Muslimen und Musliminnen, insbesondere ihre Ausrichtung auf das Gebiet des *hijaz* in Saudi Arabien, wo sich die Zentren der religiösen Praxis befinden. Damit verorten sie sich in einer Welt der Rechtsgläubigen, in der geographische Distanzen durch die Entwicklung (und Verbilligung) von Transporttechnologien leichter zu überbrücken sind, die aber nicht überwunden werden müssen, um eine translokale oder kosmopolitische Identität für sich herzustellen oder zu reklamieren.[6]

Die muslimischen Identitäten, die AfrikanerInnen in diesem translokalen Erfahrungshorizont herausbildeten, wurden seit Jahrhunderten nicht nur durch den Bezug auf den eigenen Herkunftsort und in Abgrenzung von lokalen Nichtgläubigen geprägt, sondern waren genuin multifokal und prozedural (vgl. Bhabha 1994b, Gilroy 1993, Clifford 1997). Das heißt, sie bildeten und reproduzierten sich durch eine Reihe von miteinander verzahnten ideellen und materiellen Bezügen, bei denen verschiedene Orientierungen und Loyalitäten oft nebeneinander bestanden und sogar miteinander in Konflikt gerieten. Gleichzeitig gilt es aber festzuhalten, dass die genuin translokalen Identitäten von muslimischen Gläubigen auch historischen Veränderungen unterworfen waren und sind, und dass die subjektive Er-

---

5   Benedict Andersons Modell von der auf einer gemeinsamen Sprache beruhenden „imaginären Gemeinschaft" lässt sich, wenn auch nur bedingt, auf die translokalen Kommunikationszusammenhänge innerhalb der islamischen Welt übertragen. Denn obwohl das Arabische von zahlreichen Gläubigen außerhalb der arabischsprachigen muslimischen Welt niemals oder nur sehr begrenzt beherrscht wurde, und diese daher von der aktiven Gestaltung bestimmter Debatten ausgeschlossen blieben, so wirkt es doch gleichzeitig als ein wichtiges ideelles Moment der Gemeinschaftlichkeit.

6   Dies soll nicht heißen, dass neue Transportmöglichkeiten und Massenmedien nicht die *Form* der translokalen Orientierung und Bezugssysteme entscheidend prägen und manchmal verändern (vgl. Eickelman/Piscatori 1996, Eickelman/Anderson 1999, Hirschkind 2001, Schulz 2006). Beispielsweise argumentiert Werbner (2002) mit Bezug auf südasiatische muslimische Immigranten in England, dass neue Medien zur Herstellung einer Diaspora-Situation beitragen, welche stark durch einen simultanen Handlungs-, Kommunikations- und Erlebniszusammenhang geprägt sei. Neben der gemeinsamen „Orientierung in Raum und Zeit" (ebd.: 125) fänden Mitglieder dieser Diaspora ihren inneren Zusammenhalt durch ihren moralischen Sinn für „Mitverantwortung" (ebd.: 121). Vor allem letzterer mache den lokalen Handlungszusammenhang zu einem globalen und damit gleichzeitig die ganze Welt zu einem singulären Ort.

fahrung dieser Veränderlichkeit translokaler Bezüge Rückwirkungen darauf hat, wie in einer bestimmten Region die Beziehungen zwischen den Geschlechtern – zumeist klassenspezifisch – bestimmt, praktiziert und neu verhandelt werden. Dies möchte ich im Folgenden am Beispiel der Pilgerschaft (*hadj*) verdeutlichen.

Obwohl die translokale Ausrichtung afrikanischer Muslime nicht mit physischer Mobilität verbunden sein muss, spielte und spielt Pilgerschaft eine zentrale Rolle im Leben aller Muslime und Musliminnen. Dies nicht nur, weil sie als Metapher für den Lebensweg eines jeden Gläubigen gilt, sondern auch, weil sie eine der sieben Grundpfeiler der muslimischen religiösen Praxis darstellt (vgl. Eickelman/Piscatori 1990). Ähnlich wie die Lehrreisen, die Muslime aus aller Welt alljährlich in die arabischsprachigen Zentren der islamischen Gelehrsamkeit in Ägypten und Saudi Arabien bringen, repräsentiert die Pilgerschaft die reine Möglichkeit, die kosmopolitische Orientierung eines Gläubigen und seine lebenslange Suche nach Gott realisieren zu können.

Die Attraktivität von Pilgerschaft als einer sanktionierten Form der physischen Mobilität war historischen Schwankungen unterworfen. Beispielsweise galt Pilgerschaft im kolonialen Westafrika seit Ende des 19. Jahrhunderts als eine erstrebenswerte Möglichkeit, um der Herrschaft durch die Ungläubigen zu entgehen. Auch viele Frauen bedienten sich dieser Gelegenheit, ihren Ehemännern zu folgen, die sich schon auf die Pilgerreise gemacht hatten, und entgingen so den ökonomischen und politischen Folgen der Kolonialherrschaft zu Hause. Dass die Pilgerschaft in manchen Fällen zu einem permanenten Zustand wurde und sich damit in die von Gläubigen geforderte Emigration (Arabisch *hidjra*) verwandelte, tat ihrer Attraktivität keinen Abbruch. Für viele Frauen, die daran teilnahmen, ergaben sich aus diesem Zustand der permanenten Reise neue Handlungsspielräume und oft ein Zuwachs an Status und Entscheidungsmacht.

So bildeten sich beispielsweise im Sudan des frühen 20. Jahrhunderts regelrechte Pilgerkolonien heraus, in denen westafrikanische Frauen (die meisten von ihnen Hausa aus Nordnigeria) gesellschaftspolitisch höchst einflussreiche Positionen bekleideten und in denen konventionelle Auffassungen von Geschlechterrollen und religiöser Subjektivität in Frage gestellt wurden. Denn aus ihrer Erfahrung als „permanente Pilger" (Yamba 1995) ergab sich für Frauen und Männer die Notwendigkeit, ihre eigenen, mitgebrachten Auffassungen von korrekter religiöser Praxis und von Formen und Inhalten religiöser Bildung mit den Gepflogenheiten in Übereinstimmung zu bringen, die sie in ihrer Gastgesellschaft im Sudan vorfanden. Die noch heute existierenden Siedlungen, die aus den Kolonien westafrikanischer Pilger im Sudan hervorgingen, verdeutlichen somit die für afrikanische Muslime charakteristische, regional und historisch variable Rekombination von intellektuellen Einflüssen und religiösen Praktiken. Außerdem sind sie Ausdruck einer unter diesem Einfluss stattfindenden Neuformulierung der eigenen Identität als Rechtsgläubige, die gemäß ihrer Geschlechtszugehörigkeit spezifischen Pflichten gegenüber Gott und den Mitmenschen unterworfen sind (vgl. Schulz 2004, Kap. 7; siehe auch Seesemann 1999).

Der Vollzug des *hadj* beinhaltet nicht nur eine existentielle Erfahrung der persönlichen und spirituellen Transformation, sondern auch eine größere gesellschaftliche Anerkennung. Pilgerschaft trägt somit das Potential in sich, schon existierende Spannungen zwischen den Geschlechtern und den Generationen zu verschärfen, und zwar nicht nur zwischen verschiedenen religiösen Führern und Autoritäten, sondern auch unter ‚normalen' Gläubigen (siehe Johnson 2000: 28ff). Im Falle derjenigen Pilger, die nach langjähriger Abwesenheit nach Hause zurückkehrten, hatten ihre veränderten Auffassungen von religiöser Praxis und Identität oft eklatante Folgen für die dortige Gesellschaft. Unter dem Einfluss der von ihnen als zivilisierter angesehenen arabisch-islamischen Kultur versuchten diese Heimkehrer, traditionelle religiöse Praktiken und Institutionen (wie etwa die *Qur'an*-Schulen) zu reformieren, wobei das religiöse Establishment zur Zielscheibe ihrer Kritik wurde. Während Pilgerschaft also einerseits eine gemeinschaftsbildende Kraft unter den Pilgern, die sich im Gebiet des *hijaz* trafen, als auch unter den Rückkehrern darstellte, wirkte sie in der Heimatgesellschaft andererseits auch als ein Motor für Differenz und neue Konflikte.

Für viele Frauen aus westafrikanischen muslimischen Gesellschaften, etwa aus Nordnigeria, Gambia, Senegal, Mali, Niger und dem Norden der Elfenbeinküste, stellt auch heute die Pilgerschaft eine wichtige Gelegenheit dar, die eigene Einflussposition und das Prestige im heimischen Kontext auszubauen. Diese Bedeutung von Pilgerschaft ergibt sich unter anderem daraus, dass die meisten Frauen, insbesondere diejenigen aus niederen Einkommensschichten, einen erschwerten Zugang zur islamischer Bildung haben bzw. sich dem Erwerb von religiös relevantem Wissen erst relativ spät in ihrem Leben widmen können. Gleichzeitig gilt festzuhalten, dass von Männern ebenso wie von älteren Frauen die Tatsache lautstark kritisiert wird, dass günstige Flugpreise es schon jungen Frauen möglich machen, dieser religiösen Pflicht nachzukommen, während der *hadj* konventionell eher ein Privileg des fortgeschrittenen Lebensalters darstelle. Deren Kritik entzündet sich daran, dass zahlreiche jüngere Frauen ihre Pilgerfahrt für den Erwerb und späteren Verkauf von Waren nutzen, und zu diesem Ziel den *hadj* auch wiederholen. Ein weiterer Stein des Anstoßes ist, dass die aus diesen (kommerziellen) Pilgerfahrten entstehende ökonomische Selbstständigkeit jüngerer Frauen lokale Statushierarchien in Frage stellen, die sowohl zwischen Männern und

Frauen als auch unter Frauen verschiedenen Alters existieren und konventionell unter anderem an den Erwerb von religiösem Wissen und der (relativ späten) Realisierung der Pilgerschaft gebunden waren. Hinzu kommt, dass die Zeremonien, die zu Ehren der Heimkehrerinnen organisiert werden, oft enorme Neidgefühle unter gleichaltrigen Frauen schüren. Somit trägt der *hadj* als sozial sanktionierte Form der Mobilität nicht nur zur Erneuerung lokaler Auffassungen von korrekter religiöser Praxis und von muslimischer Identität unter dem Einfluss von Heimkehrern aus dem *hijaz* bei, sondern reproduziert oder verschärft gleichzeitig lokale Konfliktlinien, deren enge Verknüpfung mit Geschlechterideologien dazu führen, dass existierende normative Auffassungen von Weiblichkeit und Männlichkeit in Frage gestellt und zumindest teilweise verändert werden.[7]

Neben Pilgerschaft als einer althergebrachten Form der geographischen und sozialen Mobilität gibt es natürlich auch neuere Formen der saisonalen oder langjährigen Arbeitsmigration. Abhängig davon, wie diese Formen der Migration die entsprechende Gesellschaft in die globale ökonomische und kulturelle Weltordnung einbanden, ergaben sich in vielen muslimischen Gesellschaften Afrikas neue Anstöße für die sich ohnehin permanent verändernden lokalen Machtkonstellationen. Damit einher ging auch in diesem Fall eine Neuformulierung oder erneute Aushandlung von ‚angemessenen' Verhaltenscodices für Männer und Frauen.

Dass auch diese teilweise durch translokale Bezüge angestoßenen Veränderungsprozesse historischen Schwankungen unterworfen waren, lässt sich am Beispiel des sudanesischen Dorfes Wad al Abbas veranschaulichen (siehe Bernal 1997). Hier werden vor allem im Zusammenhang mit der verstärkten Arbeitsmigration von Frauen und Männern nach Saudi Arabien und den Golfstaaten seit Mitte der 1970er Jahre massive Veränderungen in der Sozialstruktur, im Machtgefüge und in den Konsumpraktiken sichtbar. Eines der auffallendsten Merkmale dieser Veränderungen ist, dass eine strengere Lesart des Islams mit universalistischem Anspruch und unter Berufung auf Saudi Arabien als intellektuellem Zentrum verstärkt im Dorf Einzug hält: Die Arbeitsmigranten, Frauen und Männer, bringen nicht nur neuen Reichtum und Konsumgüter mit nach Hause, sondern auch neue Vorstellungen davon, was es bedeutet, Sudanese und Muslim zu sein und Arabisch zu sprechen. Ihr neues Selbstverständnis drücken sie unter anderem durch Kleidungsgewohnheiten aus, die sich am Beispiel Saudi Arabiens orientieren, und die auch von anderen Dörflern mit einer kosmopolitisch-arabischen Identität assoziiert werden (vgl. Bernal 1997: 135). Kennzeichnend für das religiöse Selbstverständnis dieser ‚Erneuerer' ist, dass sie eine betont individu-

---
7   Dieses Konfliktpotential des *hadj* ist mit Sicherheit kein neues Phänomen, doch ist es für Prozesse des 20. Jahrhunderts erheblich besser dokumentiert.

alistische Auffassung von religiöser Identität und Verantwortung formulieren, indem sie individuelles Streben nach Tugend sowie körperliche und emotionale Selbstkontrolle predigen und die Notwendigkeit eines persönlichen Zugangs zu Gottes Wort betonen. Damit grenzen sie sich sowohl ideell als auch institutionell eindeutig von den Inhalten, Praktiken und politisch höchst einflussreichen Führern der lokal vorherrschenden Sufi-Orden und deren Vorstellung ab, dass Gläubige in ihrer Suche nach Erlösung auf religiöse Mittelsmänner angewiesen seien. Das Erstarken einer universalistischen und strengeren Lesart des Islams in Wad al Abbas kann somit als ein Anzeichen (und als ein Grund) für die Schwächung traditioneller politischer und religiöser Autoritätsstrukturen sowie deren Fähigkeit, verbindliche moralische Normen zu formulieren, interpretiert werden (vgl. Bernal 1997: 147). Für die zahlreichen Frauen, deren starke Beteiligung zum Siegeszug dieser strengeren Lesart des Islams erheblich beiträgt, beinhaltet ihr neues Selbstverständnis als gläubige Musliminnen, dass sie sich sowohl als Bewahrerinnen der von dem radikalen sozialen Wandel bedrohten traditionellen Werte sehen, aber gleichzeitig auch für sich in Anspruch nehmen können, entscheidend zu einer den Anforderungen der modernen Weltordnung entsprechenden Veränderung der Gesellschaft beizutragen. Die führende Rolle, die sie sich dabei zuerkennen, wird nicht immer von männlichen Arbeitsmigranten getragen. In diesem Sinne bewirkt auch diese Form der translokal orientierten Konstruktion von Geschlechtsidentität und sozialer Praxis, dass bestehende Vorstellungen von Geschlechterdifferenz Anlass zu neuen Kontroversen geben, in deren Verlauf sich Normen und Praxis im Schnittbereich diverser translokaler Bezugssysteme verändern.

Die Tatsache, dass gegenwärtige Formen der multifokalen Genderidentitätskonstruktionen, in denen Geschlecht in Verknüpfung mit anderen Subjektpositionen definiert und verhandelt wird, auf frühere Modalitäten der sozialen Mobilität (insbesondere den *hadj*) zurückgreifen, legt den Schluss nahe, dass sie nicht erst als Resultat moderner gesellschaftlicher Prozesse in Erscheinung treten. Darüber hinaus wird deutlich, dass es sich bei diesen gegenwärtigen Aushandlungsprozessen mitnichten um eine Retraditionalisierung von Geschlechterrollen und -konstrukten handelt.

5. Neue Tendenzen der moralischen Erneuerung: Konstellationen, Konflikte, Dilemmata

Auf der Grundlage meiner bisherigen Ausführungen möchte ich nunmehr zu den Fragen zurückkehren, die den Ausgangspunkt meiner Diskussion bildeten: Wie können wir die neue öffentliche Präsenz des Islams in Afrika und die offensichtliche Anziehungskraft, die er für viele Bewohner dieser Länder hat, deuten, ohne auf konventionelle Interpretationen von islamischen Bewegungen als Zeichen einer ‚fundamentalistischen Wende' oder einer ‚Retraditionalisierung der Gesellschaft' zurückzugreifen? Und ist es möglich, die führende Rolle, die Frauen in diesen Reformbewegungen spielen, nicht in erster Linie als eine Frage des Zuwachses oder des Verlustes an Macht zu interpretieren?

Es erscheint sinnvoller, die verstärkte Präsenz von Frauen in islamischen Erneuerungsbewegungen vor dem Hintergrund der Prozesse zu analysieren, die neue gesellschaftspolitische Entwicklungen sowohl in Afrika als auch in anderen Ländern der islamischen Welt charakterisieren. Um dies zu verdeutlichen, möchte ich im Folgenden auf die Hintergründe eingehen, die in Mali in den letzten 25 Jahren einer starken Beteiligung von Frauen an muslimischen Reformbestrebungen Vorschub geleistet haben und zu neuen Auseinandersetzungen mit Fragen des Gemeinwohls, aber auch zu ‚angemessenen' Verhaltenscodices für Frauen und Männer geführt haben.[8]

Wie auch in anderen Ländern Afrikas und des Vorderen Orients finden rezente globale Prozesse in Mali in der Veränderung traditioneller Geschlechterrollen ihren Niederschlag. Infolge der neo-liberalen Restrukturierung des Wirtschafts- und Sozialsektors müssen nunmehr viele Frauen der städtischen Mittel- und Unterschichten eine größere, wenn nicht die ausschließliche Verantwortung für das materielle Überleben der Familie übernehmen. Dadurch werden männliche Verantwortung und weibliche Unterordnung in Bezug auf die Familie zunehmend in Frage gestellt, was zu Konflikten und Aushandlungsprozessen führt. Zum anderen machen neue Formen und Institutionen der globalen Vernetzung es möglich, identitätsstiftende Diskurse und Gruppierungen zu schaffen, die über nationalstaatliche Grenzen hinaus reichen. Diese Gruppen profitieren sowohl von Verbindungen mit staatlichen Institutionen und Akteuren, können aber auch eine Gefolgschaft außerhalb des staatlichen Kontrollbereichs mobilisieren. Eine weitere Entwicklung der vergangenen fünfzehn Jahre ist, dass in vielen Ländern der postkolonialen Welt Konflikte um ökonomische und politische Ressourcen zuneh-

---

8   Die folgende Fallstudie beruht auf Forschungsaufenthalten zwischen 1998 und 2004 (insgesamt vierzehn Monate) in der Hauptstadt Bamako sowie in San und Segu, zwei Städten im Südosten Malis. Neben meiner regelmäßigen Teilnahme an den Treffen und religiösen Zeremonien mehrerer muslimischer Frauengruppen gewann ich Einblicke in die Alltagserfahrungen und -probleme von bekennenden Musliminnen und konnte in Gesprächen mit ihnen meine Interpretationen auf ihre Stichhaltigkeit überprüfen. Außer der Sichtung der (spärlichen) ‚grauen Literatur' zu muslimischen Aktivisten waren wichtige Methoden der Datenerhebung semi-strukturierte und offene Interviews mit führenden weiblichen Vertreterinnen der Erneuerungsbewegung, mit religiösen Würdenträgern sowie mit säkular orientierten Intellektuellen, die den islamischen Gruppen kritisch gegenüber stehen.

mend in der Form von Identitätspolitik – seien sie nun religiös oder ethnisch legitimiert – ausgetragen werden. Zudem gewinnen die neuen Medien zunehmend an Bedeutung. Medienkonsum wird zu einer Alltagsbeschäftigung und erweckt bei den Konsumenten den Eindruck, aufgrund der Informationen sich eine eigene Meinung bilden zu können (und zu müssen), und dadurch an Auseinandersetzungen über Fragen des Gemeinwohls teilzunehmen.

Verfechterinnen einer islamisch-moralischen Reform in Mali nennen sich „Muslimische Frauen", wodurch sie implizit denjenigen anderen Frauen, die sich nicht an ihren Reformbestrebungen beteiligen, absprechen, ‚wahre' Musliminnen zu sein. Sie betonen, dass ihr Anliegen der moralischen Erneuerung mit einer Rückkehr zu authentisch-islamischen Verhaltensnormen verbunden sei. Diese Behauptung ist durchaus anzuzweifeln, da breite Teile der Bevölkerung Südmalis erst im Laufe der Kolonialzeit zum Islam konvertierten und die soziale Praxis und Verhaltensweisen dieser Konvertiten zumeist von einer Mischung islamischer Normen mit nicht-islamischen Handlungsanweisungen bestimmt waren.

Die Gruppen, in denen die Muslimischen Frauen sich regelmäßig treffen, ähneln konventionellen weiblichen Organisationsformen dahingehend, dass sie eine Vielfalt von sozialen, wirtschaftlichen und religiösen Aktivitäten bündeln. Darüber hinaus bieten die Gruppen ihren Mitgliedern einen sozialen Schutzraum, der für viele Frauen gerade deshalb so wichtig ist, weil sie sich – infolge ihrer oft prekären wirtschaftlichen und sozialen Situation – einem stark emotionalen Druck ausgesetzt fühlen. Viele BewohnerInnen der Stadt bringen dieser Art von weiblichem Zusammenschluss mehr Vertrauen entgegen als beispielsweise den so genannten „Spar-Vereinen" (Französisch: *tontines*, Bamanakan: *pari*[9]), die seit den 1980er Jahren von Frauen zum Zwecke der gegenseitigen finanziellen Unterstützung gegründet wurden. Diese sind jedoch in Verruf geraten, da Mitglieder oft die Erfahrung von Misswirtschaft und illegaler Aneignung der finanziellen Ressourcen durch die Vorsitzende oder Kassenwartin des Vereins gemacht haben.

Die Gruppen, in denen sich die Muslimischen Frauen organisieren, stellen den moralischen Gegenpart zu diesen Vereinen dar. Obwohl auch sie Gruppenmitgliedern ein zusätzliches Einkommen ermöglichen, wird dies nur als ein Nebenprodukt angesehen, da ihre als karitativ dargestellten Aktivitäten nicht formal bezahlt, sondern durch ein Almosen (*saraka*) entgolten werden. Muslimische Frauen finden in anderen Gruppenmitgliedern eine Unterstützung bei Konflikten innerhalb ihrer Familien, die sich oft an finanziellen Fragen entzünden und die letzten Endes die Neuverhandlung von geschlechtsspezifischen Verantwortungs-

---

9 Wenn nicht anders angegeben, werden fremdsprachliche Termini im Folgenden in Bamanakan, der *lingua franca* Südmalis, wiedergegeben.

bereichen widerspiegeln. Die Aktivitäten und Ziele der Muslimischen Frauen nehmen auch heute wieder Bezug auf muslimische intellektuelle Trends, insbesondere aus Ägypten und Saudi Arabien, und setzen diese in lokale reformistische Tendenzen um. Bereits in den 1940er Jahren hatte eine an arabischen Reformbewegungen orientierte Generation von Aktivisten eine neue Art des reformierten Unterrichts eingeführt. Dadurch wurde der Zugang zu islamischer Bildung erweitert, was eine Schwächung der Legitimationsbasis traditioneller religiöser Autorität zur Folge hatte.

Kennzeichnend für die heutige transnationale Vernetzung ist es aber, dass diese eine stärkere Beteiligung von Frauen ermöglicht. Anders als in Nigeria, wo, wie wir gesehen haben, religiöse Erziehung schon seit Anfang des 19. Jahrhunderts zumindest einigen Frauen zugänglich gemacht wurde und man diese Bestrebungen in den 1930er Jahren wieder aufnahm, war in Mali der Zugang von Frauen zu religiösem Wissen bis Ende der 1970er Jahre sehr begrenzt. Durch die mediale Vernetzung werden heute religiöse Inhalte vermehrt auch Frauen zugänglich gemacht. Auch wenn die Kenntnisse der Regeln des Islams nach wie vor begrenzt bleiben, so sind dennoch einige der Anführerinnen der Gruppen aufgrund ihrer privilegierten gesellschaftlichen Stellung und dank der Handelskontakte, die sie (oder enge männliche Verwandte) mit Ländern der arabischen Welt unterhalten, in der Lage, sich eine eigene Meinung über Rechte und Pflichten der Frauen im Islam zu bilden.

Viele Vorsitzende der Gruppen Muslimischer Frauen bekleideten einst einflussreiche Posten in der Administration des Präsidenten Moussa Traoré, der das Land bis 1991 mit straffer Hand in Form einer Einparteiendiktatur regierte. Auch wenn sie unter den demokratischen Regierungen von Präsident Konaré und seinem Nachfolger Toumani Touré (seit 2002) von formalen Ämtern weitgehend ausgeschlossen geblieben sind, so kann ihr neues gesellschaftspolitisches Engagement vielfach als ein Versuch gewertet werden, weiterhin auf informeller Ebene auf gesellschaftspolitische Entwicklungen Einfluss zu nehmen. Durch den Aufbau von Patronagebeziehungen zu Vertretern der gegenwärtigen politischen Elite klinken sie sich in die gegenwärtige Umverteilung von politischen und ökonomischen Ressourcen ein. In den Netzwerken der Muslimischen Frauen werden damit aber ökonomische und soziale Ungleichheiten verstärkt, die zwischen den Anführerinnen der Bewegung und der Masse der Teilnehmerinnen bestehen (siehe Schulz 2004, Kap. 6 und 7).

Die Predigten, die einige der Vorsitzenden in den Lokalradios verkünden und die als Audio-Kassetten zum Verkauf stehen, werden von den Mitgliedern der Frauengruppen als eine Möglichkeit gesehen, sich Zugang zu religiösen Inhalten zu verschaffen und sich eine Meinung zu bilden, die möglicherweise von derjenigen männlicher Familienmitglieder, durch die Frauen und Mädchen bisher ihr rudimentäres religiöses Wissen erhalten hatten, abweicht. Die Predigten stellen weiterhin die individuelle moralische Veränderung als einen Eckpfeiler der Erneuerungsbewegung dar und erklären weibliche Tugendhaftigkeit und Frömmigkeit zum zentralen Ziel. Angemessenes rituelles und Alltagsverhalten soll deutlich machen, dass die innere Einstellung auf die Vorschriften und den Willen Gottes hin orientiert ist. Religiosität soll sich nicht nur im Akt der Gottesverehrung (insbesondere in der Verrichtung der fünf täglichen Gebete) zeigen, sondern in einer Reihe von Taten, die von gleichermaßen sozialer wie religiöser Natur sind. Die persönliche Veränderung soll herbeigeführt werden durch das gleichzeitige Erlernen bestimmter kognitiver und emotionaler Muster sowie durch das Einstudieren spezifischer körperlicher Techniken.

Die Bedeutung, die muslimische Aktivistinnen der Eigenverantwortung des Individuums geben, geht somit darüber hinaus, was im lokalen Kontext konventionell als Charakteristikum einer muslimischen Glaubenspraxis gilt: Statt der akkuraten Verrichtung von rituell vorgeschriebenen Tätigkeiten betonen die Muslimischen Frauen die Kultivierung bestimmter geistiger und emotionaler Eigenheiten, so etwa Schamhaftigkeit, Bescheidenheit und Duldsamkeit. Auch die Wahl eines islamischen Kleidungsstils kann als eine Aktivität angesehen werden, die auf den Erwerb und den Ausdruck religiöser Tugend zielt. Muslimische Frauen weisen ihrer Kleidung, insbesondere dem Akt des Verschleierns, eine große Bedeutung zu und greifen damit auf ein globales symbolisches Repertoire zurück, dessen sich zum gegenwärtigen Zeitpunkt muslimische Aktivisten, Männer und Frauen, bedienen, um ihre Hinwendung zu islamischen Grundwerten der gesellschaftlichen und staatlichen Ordnung öffentlich zu manifestieren.[10]

Obwohl also weibliche (ebenso wie viele männliche) Vertreter der islamisch-moralischen Erneuerungsbewegung in Mali für die Rückkehr zu einer früheren Gesellschaftsordnung und zu ‚authentisch-islamischen' Werten eintreten, so zeigen ihre Predigten, dass sie auf aktuelle soziale und normative Veränderungen reagieren und diese in die islamische Werteordnung aufnehmen. Ebenso zeigen ihre Forderungen, dass sie von Vorstellungen von Eigenverantwortlichkeit und von relevantem Wissen beeinflusst sind, die beide durch westliche Bildungsinsti-

---

10 Dass namhafte weibliche Vertreter der Erneuerungsbewegung der individuellen Verantwortung einer Gläubigen eine zentrale Bedeutung zuweisen, ist nicht nur auf intellektuelle Einflüsse aus der arabischsprachigen Welt zurückzuführen. Dies verweist vielmehr auf einen allgemeinen Trend der Veränderung der Bedeutung von Religion im urbanen Kontext: Während der Islam in Mali zuvor ein Merkmal von Gruppenzugehörigkeit darstellte, wird er nunmehr zu einer individuellen Überzeugung, die vor einer breiteren Öffentlichkeit verteidigt werden soll.

tutionen vermittelt worden sind. Das Erstarken von islamischen diskursiven Praktiken weist also mitnichten auf die Rückständigkeit ihrer Verfechter oder auf eine Retraditionalisierung der malischen Gesellschaft hin. Stattdessen zeigen sie, dass sich die Muslimischen Frauen, ebenso wie andere MalierInnen, mit den Folgen von gegenwärtigen Prozessen der globalen Verflechtung, mit der Aufweichung von konventionellen Strukturen der sozialen Sicherung sowie mit den ethischen Dilemmata, die sich aus diesen Veränderungen ergeben, auseinandersetzen.

Die Tatsache, dass die Muslimischen Frauen in Mali in der islamischen Reformbewegung nicht nur eine Zeichenfunktion übernehmen, sondern sich insbesondere durch die Wahl von Kleidungsstilen eine aktive Rolle im Formulieren von Werten und Orientierungen zuweisen, läuft der gängigen Sicht von Frauen als reinen ‚Symbolen' nationaler und religiöser Identitätspolitik zuwider (siehe z. B. Kandiyoti 1991 und 1993, Moghadam 1994). Gleichzeitig gilt es aber zu betonen, dass viele männliche Vertreter der islamischen Erneuerungsbewegung diesbezüglich eine sehr viel ambivalentere Einstellung haben. Obwohl viele von ihren Vertretern in ihren öffentlichen Auftritten ebenfalls lautstark auf die zentrale Rolle von Frauen als Trägerinnen und Symbole der moralischen Erneuerung abheben, wird aus ihren Stellungnahmen auch deutlich, dass sie Frauen auf deren repräsentative Rolle beschränken wollen. So war es einflussreichen Vertretern von staatlich anerkannten muslimischen Interessengruppen bis vor wenigen Jahren möglich, Frauen den Zugang zum staatlichen Rundfunk und Fernsehen weitgehend zu verwehren. Namhaft beteiligt an diesen Blockierungsversuchen waren aber auch einige ältere Frauen, die aus angesehenen und etablierten Familien von muslimischen Schriftgelehrten stammten und die sich ebenfalls als Verfechter traditioneller Geschlechternormen verstanden.

Die starke Beteiligung von Frauen an der islamischen Reformbewegung hat somit höchst paradoxe Folgen. Obwohl diese Frauen behaupten, dass sie zu ursprünglichen und angemesseneren Formen der Interaktion zwischen Männern und Frauen und damit zu ‚authentisch-islamischen' Genderkonstrukten zurückkehren wollen, so verdeutlichen ihre öffentlichen Interventionen, dass gerade dies nicht geschieht. Vielmehr zeigt gerade ihre Auseinandersetzung mit Ehekonflikten und anderen ‚sittlichen' Problemen, dass eine solche Rückkehr unmöglich ist. Auf der anderen Seite werden sie in ihrem Versuch, ethische Handlungsanleitungen zu formulieren, die die Konflikte und Veränderungen im Verhältnis zwischen Ehepartnern abfedern sollen, auch von einigen älteren Frauen beschnitten, sobald sie versuchen, sich damit an eine breitere Öffentlichkeit zu wenden. Die umkämpfte Stellung von Wortführerinnen der islamischen Erneuerungsbewegung zeigt also, ebenso wie ihre umstrittenen Selbstdarstellungen und Konstruktionen von geschlechtsspezifischen Verhaltensnormen, dass ihre verstärkte Verortung in einem zur arabischen Welt ausgerichteten Beziehungsnetz höchst widersprüchliche gesellschaftspolitische Folgen hat.

6. Ausblick

Wenn dieser Beitrag auch die von jeher stark translokal ausgerichtete Orientierung von muslimischen Gesellschaften hervorgehoben hat, so soll damit keinesfalls der Islam als Sonderfall konstruiert werden. Ähnliche Beobachtungen zur Geschichtlichkeit translokaler Bezüge und zu den neuen Konfliktpotentialen, die sich daraus für die Konstruktion der Geschlechterdifferenz (und, wie ich zuvor argumentierte, der Statusdifferenz auf der Grundlage von Alter und Generation) ergeben, treffen auch auf Gesellschaften Afrikas zu, in denen das Christentum vorherrscht.[11]

Wie die bisherigen Ausführungen gezeigt haben, ist es aufgrund der hohen Mobilität muslimischer Gesellschaften in Afrika kaum möglich, von einer klar identifizierbaren, kulturspezifischen Auffassung von Geschlechterdifferenz zu sprechen. Gerade im Fall der islamischen Zivilisation ist es unmöglich, von Kultur als einer begrenzten, eng gefassten, auf einen bestimmten regionalen Raum bezogenen Einheit zu sprechen. Diese Beobachtung trifft nicht erst auf die Gegenwart zu. Wie auch in anderen Regionen der islamischen Welt war es in Afrika seit den ersten Schüben der Islamisierung des Kontinentes unmöglich, lokale Kulturen, in denen Muslime gesellschaftliche Institutionen alleine schon durch ihre Anwesenheit prägten, klar von anderen Gesellschaften abzugrenzen, in denen ebenfalls Muslime lebten. Auch war es nicht möglich, die in diesen Gesellschaften vorhandenen partikularen Ausformungen muslimischer Glaubenspraxis eindeutig von universalistischen Lesarten und Praktiken des Islams abzugrenzen. Unabhängig davon, ob die in einer bestimmten Gesellschaft formulierten Genderkonstrukte lokal als islamisch oder nicht anerkannt wurden, entwickelten sich diese in einem intensiven Austauschverhältnis mit translokalen intellek-

---

11 So zeigen beispielsweise Besessenheitskulte, die in vielen christlichen Gesellschaften Afrikas praktiziert wurden und werden, wie transnationale Einflüsse selektiv aufgenommen, verarbeitet und gedeutet werden (siehe Comaroff 1986, Luig/Behrend 1999). Weitere Parallelen in der Etablierung lokaler kultureller Werte und Institutionen in einem Feld translokaler Bezüge lassen sich in Bezug auf neuere christliche Gruppen finden, deren Vorhaben, eine von materiellen Interessen korrumpierte Gesellschaft durch persönliche moralische Transformation zu heilen, nur vor dem Hintergrund ihrer Einbettung in ein globales Bezugsystem institutioneller Verbindungen, materieller Zuwendungen und intellektueller Einflüsse adäquat verstanden werden kann (siehe Larkin/Meyer 2006).

tuellen Einflüssen und gingen mit sozialen Transformationsprozessen einher, die ebenfalls teilweise durch diese auswärtigen Beziehungen (zumeist Handelskontakte) angestoßen wurden.

Postskriptum (im Oktober 2012)

Der Militärputsch in Mali im März 2012 und der zeitgleiche militärische Erfolg von durch Waffen- und Drogenschmuggel finanzierten Gruppen im Norden Malis, welche ihren Ruf nach einem politisch unabhängigen Staat Azawad bzw. nach einer auf der so genannten Sharia aufbauenden islamischen Theokratie mit Waffengewalt durchgesetzt haben, aber auch die blutigen Auseinandersetzungen zwischen Christen und Anhängern der muslimischen Boko-Haram-Gruppe in Nordnigeria weisen darauf hin, dass eine neue Phase in der politischen und öffentlichen Rolle eines islamischen Erneuerungsdiskurses in Westafrika eingesetzt hat, deren destabilisierende Folgen für die gesamte Region nicht absehbar sind. Fast täglich künden Schlagzeilen in führenden internationalen Presseorganen von neuen Gräueltaten, die die im Norden Malis verbliebene Zivilbevölkerung treffen. Die öffentlich inszenierte, blutige Bestrafung von Verstößen gegen die neue Kleidungsordnung und von Formen der zwischengeschlechtlichen Interaktion, die in der neuen, vorgeblich nach islamischen Rechtsvorschriften gestalteten Gesellschaftsordnung als verboten deklariert wurden, zeigen, dass die neuen Machthaber insbesondere Frauen und Fragen der ‚angemessenen' Geschlechterverhältnisse ins Visier nehmen. Damit soll der Bevölkerung vor Augen geführt werden, in wessen Händen nunmehr die Macht liegt, die öffentliche und familiäre Ordnung neu zu bestimmen und mit Gewalt durchzusetzen. Für diejenigen Teile der nördlichen Bevölkerung, die sich dieser Situation nicht durch Flucht in die Nachbarländer Niger, Mauretanien oder Burkina Faso entziehen konnten, bedeutet diese Situation nur eine weitere Etappe in einer nunmehr schon seit 100 Jahren andauernden Leidensgeschichte der wiederholten Verfolgung, Vertreibung und des Auferlegens einer als fremd empfundenen politischen und moralischen Ordnung.

Die Schockstarre, mit denen männliche und weibliche Einwohner der Städte Kidal, Timbuktu und Gao im Norden Malis auf die neuen Machthaber und die blutige Spur blicken, die diese bei der Durchsetzung ihrer vorgeblich authentisch-islamischen Gesellschaftsordnung hinterlassen, weist darauf hin, dass deren Vorstellungen von Geschlechterverhältnissen im Gegensatz zu den in diesem Kapitel diskutierten Bestrebungen der islamischen Erneuerung stehen, die von signifikanten Teilen der Bevölkerung Malis, insbesondere in den urbanen Zentren des Südens, getragen wurden. Noch bleibt offen, ob die neuen Machthaber mit ihrer radikal-islamistischen Ideologie auf Dauer in der lokalen Gesellschaft ihre Wurzeln schlagen können. Doch ist schon jetzt offensichtlich, dass die Zunahme von rechtsfreien Zonen in Ländern des globalen Südens, die durch parastaatliche militaristische Organisationen kontrolliert werden, einer gezielteren Berücksichtigung in der sozialwissenschaftlichen Theorienbildung bedarf.

In Anbetracht der globalen Verschränkungen von wirtschaftlichen Interessen, die auf die Nutzung strategisch wichtiger Rohstoffe und auf Waffenproduktion und Waffenhandel ausgerichtet sind und zentral zur Destabilisierung ganzer Regionen in Osteuropa und dem globalen Süden beitragen, kann die Reflexion der Folgen einer mit physischer Gewalt einhergehenden Neuordnung von Geschlechterverhältnissen nicht mehr als ‚Nischenaktivität' einiger weniger WissenschaftlerInnen behandelt werden. Für den Norden Malis gilt, dass nur eine langfristig angelegte Perspektive es WissenschaftlerInnen ermöglichen wird, die Folgen der gewaltsamen Auferlegung einer extremen patriarchalen Geschlechterideologie auf die lokale Gestaltung von Geschlechterbeziehungen zu analysieren. Bei der Durchsetzung solcher Geschlechternormen, die sich auf eine vorgeblich authentischere, religiös oder anders legitimierte normative Ordnung berufen, *de facto* aber vor allem den strategischen Interessen spezifischer politischer Gruppierungen entsprechen, spielen im transnationalen Raum operierende Akteure, Organisationen und Finanzstrukturen eine wichtige Rolle. Dieser Rolle sollte eine transkulturelle Geschlechterforschung im 21. Jahrhundert zunehmend Rechnung tragen.

Zitierte und weiterführende Literatur

Abu-Lughod, Lila (1991): Writing against culture. In: Fox, Richard (Hrsg.) (1991): 137-162
Abu-Lughod, Lila (2002): Do Muslim Women Really Need Saving? Anthropological Reflections on Cultural Relativism and its Others. In: American Anthropologist 104 (3). 2001. 783-790
Akyeampong, Emmanuel (Hrsg.) (2006): Themes in West African History. Oxford: James Currey
Appadurai, Arjun (1991): Global Ethnoscapes. Notes and Queries for a Transnational Anthropology. In Fox (Hrsg.) (1991): 191-210
Appadurai, Arjun (1996): Modernity at Large. Cultural Dimensions of Globalization. Minneapolis/London: University of Minnesota Press
Asad, Talal (1993): Genealogies of Religion: Discipline and Reasons of Power in Christianity and Islam; Baltimore: Johns Hopkins Press
Bayart, Jean-Francois (2000): Africa in the World. A History of Extraversion. In: African Affairs 99. 2000. 217-267

Bernal, Victoria (1997): Islam, Transnational Culture, and Modernity in Rural Sudan. In: Grosz-Ngaté/Kokolé (Hrsg.) (1997): 131-151
Bhabha, Homi (1994): The location of culture. London/New York: Routledge
Boyd, Jean (2001): Distance learning from purdah in nineteenth-century northern Nigeria: the work of Asma'u Fodyo. In: Journal of African Cultural Studies 14 (1). 2001. 7-22
Boyd, Jean / Mack, Beverly (Hrsg.) (1997): Collected Works of Nana Asma'u, Daughter of Usman'dan Fodiyo (1793-1864). East-Lansing: Michigan State University Press
Brown, Godfrey / Hiskett, Mervyn (Hrsg.) (1975): Conflict and harmony in education in tropical Africa. London: Allen & Unwin
Clifford, James (1988): The Predicament of Culture: Twentieth Century Ethnography, Literature, and Art. Cambridge, MA: Harvard University Press
Coles, Catherine / Mack, Beverly (Hrsg.) (1991): Hausa Women in the Twentieth Century. Madison, WI: The University of Wisconsin Press
Comaroff, Jean (1986): Body of Power, Spirit of Resistance. The Culture and History of a South African People. Chicago: The University of Chicago Press
Comaroff, John / Comaroff, Jean (1992): Ethnography and the Historical Imagination. Boulder et al.: Westview Press
Coulon, Christian (1988): Women, Islam, and Baraka. In: Cruise O'Brien/Coulon (Hrsg.) (1888): 113-133
Cruise O'Brien, Donal B. / Coulon, Christian (Hrsg.) (1988): Charisma and Brotherhood in African Islam. Oxford: Clarendon Press
Eickelman, Dale / Anderson, Jon (Hrsg.) (1999): New Media in the Muslim World: the emerging public sphere. Bloomington: Indiana University Press
Eickelman, Dale / Piscatori, James (Hrsg.) (1990): Muslim Travellers: pilgrimage, migration, and the religious imagination. Berkeley: University of California Press
Fabian, Johannes (1982): Time and the other: how anthropology makes its object. New York: Columbia University Press
Featherstone, Mike / Lash, Scott (Hrsg.) (1999): Spaces of Culture: City, Nation, World. London: Sage
Fox, Richard (Hrsg.) (1991): Recapturing Anthropology. Working in the Present. Santa Fe: School of American Research Press
Geertz, Clifford (1973): The Interpretation of Cultures: selected essays. New York: Basic Books
Geertz, Clifford (1988): Works and Lives. The Anthropologist as Author. Stanford: Stanford University Press
Gilroy, Paul (1993): The Black Atlantic: Modernity and Double Consciousness. Cambridge, MA: Harvard University Press
Grosz-Ngaté, Maria / Kokolé, Omari (Hrsg.) (1997): Gendered Encounters. Challenging cultural boundaries and social hierarchies in Africa. New York / London: Routledge
Gupta, Akhil / Ferguson, James (1992): Beyond 'Culture': Space, Identity, and the Politics of Difference. In: Cultural Anthropology 7 (1). 1992. 6-23
Gupta, Akhil / Ferguson, James (1997): Culture Power Place. Explorations in Critical Anthropology. Durham/London: Duke University Press
Harvey, David (1991): Preface. In: Lefebvre (1991)
Hirschkind, Charles (2001): Civic Virtue and Religious Reason: An Islamic Counterpublic. In: Cultural Anthropology 16 (1). 2001. 3-34
Hutson, Alaine (1999): The Development of Women's Authority in the Kano Tijaniyya, 1894-1963. In: Africa Today 46 (3/4). 1999. 48-64

Johnson, Michelle (2000): Pilgrimage, Purity, and Peril: Reconfiguring the Hajj in Guinea-Bissao and Portugal. Vortrag gehalten am 16. Satterthwaite Colloquium zu „African Ritual and Religion", April 2000
Kandiyoti, Deniz (Hrsg.) (1991): Women, Islam and the State. Philadelphia: Temple University Press
Kandiyoti, Deniz (Hrsg.) (1993): Identity and its Discontents: Women and the Nation. In: Millennium 20 (3). 1993. 429-444
Kleiner-Bossaller, Anke / Loimeier, Roman (1994): Radical Muslim Women and Male Politics in Nigeria. In: Reh/Ludwar-Ene (Hrsg.) (1994): 61-69
Larkin, Brian / Meyer, Birgit (2006): Pentecostalism, Islam and Culture: New Religious Movements in West Africa. In: Akyeampong (Hrsg.) (2006): 286-312
Lefebvre, Henri (1991): The production of space. Oxford, UK / Cambridge, USA: Blackwell
Lewis, Bernard (2002): What Went Wrong? Western Impact and Middle Eastern Response. Oxford: Oxford University Press
Loimeier, Roman (2003): Patterns and Peculiarities of Islamic Reform in Africa. In: Journal of Religion in Africa 33 (3). 2003. 237-262
Luig, Ute / Behrend, Heike (Hrsg.) (1999): Spirit possession, modernity, and power in Africa. Madison, WI: University of Wisconsin Press
Mack, Beverly / Boyd, Jean (2000): One Woman's Jihad. Nana Asma'u, Scholar and Scribe. Bloomington: Indiana University Press
Marshall-Fratani, Ruth (1998): Mediating the Global and the Local in Nigerian Pentecostalism. In: Journal of Religion in Africa 28 (3). 1998. 279–315
Marcus, George / Fischer, Michael (1986): Anthropology as Cultural Critique: An Experimental Moment in the Human Sciences. Chicago: The University of Chicago Press
Mascia-Lees, Frances / Shape, Patricia / Cohen, Colleen Ballerrino (1989): The postmodernist turn in anthropology: Cautions from a feminist perspective. In: Signs: Journal of Women in Culture and Society 15 (1). 1989. 7-33
Meyer, Birgit (2004): "Praise the Lord": Popular Cinema and Pentecostalite Style in Ghana's New Public Sphere. In: American Ethnologist 31 (1). 2004. 92–110
Moghadam, Valentine (Hrsg.) (1994): Gender and National Identity. Women and Politics in Muslim Societies. London: Zed Press
Nadig, Maya (1986): Die verborgene Kultur der Frau. Ethnopsychoanalytische Gespräche mit Bäuerinnen in Mexiko: Subjektivität und Gesellschaft im Alltag von Otomi-Frauen. Frankfurt a. M.: Fischer
Oppong, Christine (Hrsg.) (1983): Female and Male in West Africa. London: Allen & Unwin
Reh, Mechthild / Ludwar-Ene, Gudrun (Hrsg.) (1994): Gender and Identity in Africa. Münster/Hamburg: LIT Verlag
Reichmuth, Stefan (1994): Islamic Learning and 'Western Education' in Nigeria: Concepts, Institutions, and Conflicts. In: Riesz/d'Almeida-Topor (Hrsg.) (1994): 175-184
Riesz, János / d'Almeida-Topor, Hélène (Hrsg.) (1994): Échanges Franco-Allemands sur l'Afrique. Bayreuth: Bayreuth African Studies Series
Sahlins, Marshall (1985): Islands of History. Chicago: The University of Chicago Press
Schildkrout, Enid (1983): Dependence and Autonomy: the Economic Activities of Secluded Hausa Women in Kano. In: Oppong (Hrsg.) (1983): 107-126
Schlehe, Judith (Hrsg.) (2001): Interkulturelle Geschlechterforschung. Identitäten – Imaginationen – Repräsentationen. Frankfurt a. M. / New York: Campus Verlag

Schulz, Dorothea (2000): Seductive Secretiveness. Jeliw as creators and creations of ethnography. In: Mande Studies Journal 2. 2000. 55-80
Schulz, Dorothea (2004): 'God is our resort'. Islamic Revival, Mass-mediated religiosity, and the moral negotiation of gender relations in urban Mali. Habilitationsschrift, Freie Universität Berlin, Institut für Ethnologie
Schulz, Dorothea (2006): Promises of (im)mediate salvation. Islam, broadcast media and the remaking of religious experience in Mali. In: American Ethnologist 33 (2). 2006. 210-229
Seesemann, Rüdiger (1999): 'Where East Meets West'. The Development of Qur'anic Education in Dafur. In: Islam et Sociétés au Sud du Sahara 13. 1999. 41-61
Stocking, George (Hrsg.) (1983): Observers observed. Essays on ethnographic fieldwork. Madison, WI: University of Wisconsin Press
Stocking, George (1991): Colonial Situations. Essays on the contextualization of ethnographic knowledge. Madison, WI: University of Wisconsin Press
Sule, Barbara / Starratt, Priscilla (1991): Islamic Leadership Positions for Women in Contemporary Kano Society. In: Coles/Mack (Hrsg.) (1991): 29-49
Trevor, Jean (1975): Western Education and Muslim Fulani/Hausa Women in Sokoto, Northern Nigeria. In: Brown/Hiskett (Hrsg.) (1997): 247-270
Umar, Muhammad S. (2001): Education and Islamic Trends in Northern Nigeria: 1970s – 1990s. In: Africa Today 48 (2). 2001. 127-150
Welsch, Wolfgang (1999): Transculturality – the Puzzling Form of Cultures Today. In: Featherstone/Lash (Hrsg.) (1999): 194-213
Werbner, Pnina (2002): Imagined diasporas among Manchester Muslims. The Public Performance of Pakistani Transnational Identity Politics. Oxford: School of American Research Press
Yamba, Bawa (1995): Permanent Pilgrims. The Role of Pilgrimage in the Lives of West African Muslims in Sudan. Washington, D.C.: Smithsonian Institution Press

Muslimische Religiosität als Prozess.
Islamische Identitäten junger Männer in Deutschland und Frankreich[1]

Nikola Tietze

Die Religionspraxis von Muslimen ruft in Deutschland und Frankreich regelmäßig öffentliche Debatten hervor, in denen über die muslimischen Organisationen, die religionspolitische Repräsentation der Muslime und die möglichen muslimischen Ansprechpartner für den Staat wie auch über den frauenfeindlichen Traditionalismus, gewaltbereiten Radikalismus oder die mangelnde Bildung unter den Muslimen gestritten wird. Solche Debatten stehen in einem deutlichen Kontrast zu der alltäglichen Religionspraxis von Muslimen in bestimmten Stadtteilen deutscher und französischer Großstädte. Doch zeichnen sich diese Stadtteile häufig durch multiple, sich gegenseitig verstärkende sozialstrukturelle Problemlagen aus. In dieser Hinsicht bilden Arbeitslosigkeit, prekäre Schul- und Ausbildungswege wie auch Stigmatisierung der Wohnorte den sozialen Hintergrund, vor dem die Muslime in diesen Stadtteilen ihre Religiosität entwickeln. In welchem Verhältnis steht die Religiosität dieser Muslime zu ihrer Erfahrung von sozialer Ungleichheit und gesellschaftlicher Diskriminierung? Welche Rolle spielt die muslimische Religiosität für die Handlungsentwürfe und Handlungsrationalitäten dieser jungen Menschen in einer prekären sozialstrukturellen Lage?

Diesen Fragen nachgehend, wird im Folgenden eine analytische Begrifflichkeit vorgestellt. Diese versucht, die muslimischen Religiositätsformen von in Deutschland und Frankreich aufgewachsenen Männern in einer handlungssoziologischen Perspektive lesbar zu machen. Die empirische Grundlage bilden narrative, zwischen 1995 und 1998 durchgeführte Interviews mit Personen, die zum Zeitpunkt der Untersuchung sich selbst als Muslime bezeichneten, zwischen 17 und 30 Jahren alt waren und in einem Hamburger Stadtteil, in einem Pariser Vor-

---

1   Der Aufsatz beruht auf einer Überarbeitung der Kapitel „Muslimische Religiosität als Subjektivierungsmodus", „In Frankreich und Deutschland Muslim sein" und „Die Typologie" aus meinem Buch *Islamische Identitäten. Formen muslimischer Religiosität junger Männer in Deutschland und Frankreich*, das 2001 bei der Hamburger Edition erschienen ist.

ort oder einem Stadtviertel Straßburgs lebten. Alle drei Stadtteile zeichneten sich durch eine Häufung verschiedener sozialer und ökonomischer Probleme aus.[2] Das eigene Denken und Handeln auf eine religiöse Tradition, in diesem Fall auf den Islam, auszurichten, ist ein intersubjektiver und insofern ein sozialer Prozess. Religiosität spiegelt – unabhängig davon, welcher religiösen Tradition sie folgt – gesellschaftliche Erfahrungen wider.[3] In dieser Hinsicht müssen Religiositätsformen auch unter einer Gender-Perspektive betrachtet werden. In vergleichbarer sozialstruktureller Lage sind junge Frauen mit Handlungsherausforderungen und gesellschaftlichen Bildern konfrontiert, die für junge Männer nicht unbedingt zutreffen (vgl. Gaspard/Khosrokhavar 1994).[4] Die im Folgenden dargestellten Untersuchungsergebnisse beziehen sich ausschließlich auf die Perspektive junger Männer, die vor dem Hintergrund multipler sozialstruktureller Problemlagen versuchen, eine Lebenssituation als unabhängige Erwachsene aufzubauen. Die untersuchten muslimischen Religiositätsformen stehen infolgedessen in einem biographischen Zusammenhang mit Anstrengungen, sich von den Eltern zu emanzipieren, sich beruflich zu orientieren und ökonomische Autonomie zu erreichen.[5] Im Hinblick auf diese Anstrengungen und die Erfahrung von sozialer Ungleichheit, Diskriminierung und Stigmatisierung waren die Befrag-

---

2 Den Untersuchungskorpus über ein stadtsoziologisches Kriterium festzulegen, folgt der von François Dubet und Didier Lapeyronnie (1992) formulierten These, dass der Kern der sozialen Frage sich von der Fabrik in die Stadt hinein verlagert hat (vgl. ebd., 234). In dieser Hinsicht spiegeln Stadtteile, in denen sozialstrukturelle Problemlagen kumulieren, die Transformationen der Industriegesellschaft wider (vgl. Häußermann 1997, Kronauer 1997, Alisch/Dangschat 1998, Rey 1996). Die Studie ist vor der Reform des deutschen Staatsangehörigkeitsrechts 2000, vor den gewalttätigen Unruhen in französischen benachteiligten Stadtteilen im Jahr 2005 wie auch vor den terroristischen Anschlägen vom 11. September in New York und Washington 2001 und vom 11. März in Madrid 2003 durchgeführt worden. Diese für die Muslime in Deutschland und Frankreich einschlägigen Ereignisse tauchen daher weder in den zitierten Aussagen meiner Interviewpartner noch in meiner Interpretation der Religiosität der jungen Leute auf.
3 Nach Dubet besteht soziale Erfahrung in der kognitiven Tätigkeit, Handlungsrationalitäten – nämlich Gemeinschaftsintegration, individuelle Nutzenstrategien und persönliche Kreativität – aufeinander zu beziehen. Insofern ist sie als eine Aktivität zu verstehen, die unter bestimmten gesellschaftlichen Verhältnissen durchgeführt wird – unter bestimmten Herrschaftsbedingungen, sozialen Ungleichheitskonstellationen, Rollensozialisationen, wirtschaftlichen, politischen und kulturellen Voraussetzungen (vgl. Tietze 2011).
4 Zu muslimischer Religiosität von Frauen in Deutschland bzw. Frankreich vgl. u. a. Amir-Moazami 2007, Amir-Moazami/Jouili 2006, Nökel 2002, Klinkhammer 2000; zu muslimischer Religiosität von Männern in Deutschland vgl. Frese 2002.
5 Die biographischen Situationen der befragten jungen Männer in Frankreich und Deutschland zeugten von der Auflösung institutionalisierter Lebensläufe (vgl. Kohli 1985). Die daraus resultierende Freiheit von sozialer Kontrolle drückte sich jedoch für die jungen Muslime in Unsicherheit aus, weil ihre prekäre soziale und wirtschaftliche Lage keine ausreichenden Ressourcen für die Bewältigung biographischer Entscheidungen bereit stellte (vgl. Wohlrab-Sahr 1992).

ten der Untersuchung vergleichbar, einerlei ob Türke in Deutschland oder Deutscher türkischer Abstammung, Marokkaner in Straßburg oder Franzose algerischer oder tunesischer Abstammung in Argenteuil bei Paris. Der nationale bzw. kulturelle Hintergrund, der das Familienleben der jungen Erwachsenen bestimmte, wurde in der Untersuchung der deutlich werdenden Religiositätsformen erst dann berücksichtigt, wenn der Interviewpartner selbst eine Beziehung zwischen seiner Religiosität und seiner familiären Herkunft etablierte und sich als Türke, Marokkaner, Algerier oder Tunesier beschrieb.

1. Religiosität und soziale Erfahrung

Religiosität gründet in einer Tätigkeit-zu-glauben, die sich an den Institutionen und Symbolen einer Tradition – einer *lignée croyante*, einer Ahnenreihe von Gläubigen (vgl. Hervieu-Léger 1993) – orientiert. Indem eine Person die Tätigkeit-zu-glauben auf eine solche *lignée croyante* bezieht, stellt sie ihre Tätigkeit-zu-glauben in eine Kontinuität, die über ihr eigenes Handeln hinausweist und jenes zugleich in einen Zusammenhang von Vergangenheit, Gegenwart und Zukunft einordnet. Dies ermöglicht der Person, mithilfe ihrer Religiosität und anhand der Institutionen und Symbole der religiösen Tradition, Zeit und Raum zu strukturieren.

Die Tätigkeit-zu-glauben ist nach Michel de Certeau ein spezifischer Handlungsmodus (vgl. de Certeau 1985). Sie bindet, ganz gleich auf welchen Handlungsbereich (Religion, Mathematik, Werbung oder Politik) sie sich bezieht, ein Sagen an ein Machen, wie de Certeau erklärt. So betrachtet, basiert muslimische Religiosität auf individuellen Glaubenseinstellungen, die in Form eines affirmativen Engagements Institutionen und Symbole der islamischen *lignée croyante* betonen und zugleich Optionen für das individuelle oder auch kollektive Handeln entwickeln, also ein ‚Machen' evozieren und bewirken. Mourad aus Hamburg zum Beispiel drückt seine Verwunderung über einen Jugendlichen aus, der weitgeschnittene Kleidung nach anatolischer Tradition und keine hautengen Jeans trägt:[6]

> [Was die tragen], [...] hat den Zweck, [...] dass die Körperteile nicht so ... sichtbar sind. Und dann niemanden reizen. [...] Wir müssen [...] psychisch und auch vom Wissen so motiviert herangehen, dass wir das irgendwann [...] schaffen [islamische Kleidung zu tragen, NT] (Tietze 2001, 74).

Denn es sei nötig, sein Leben möglichst getreu nach dem Islam auszurichten, um als Muslim nicht „nur weiter [zu] beten und weiter [zu] schlafen", sondern „die Sachen" – die Politik, die Geringschätzung der „Ausländer" durch die Lehrer

---

6   Der Name ist – wie bei allen zitierten Interviewpartnern – geändert worden.

etc. – „hinterfragen" zu können (ebd., 71ff). Mourads affirmatives Engagement für islamische Kleidung verweist auf eine subjektive Handlungsorientierung – nämlich darauf, die gegebenen gesellschaftlichen Verhältnisse zu hinterfragen. Die individuellen Glaubenseinstellungen, die einer Religiosität zugrunde liegen, dürfen nicht mit dem durch Institutionen und Symbole kontrollierten Glauben, der für eine religiöse Tradition steht, gleichgesetzt oder verwechselt werden. Glaubenseinstellungen initiieren multiple Handlungen und sind pragmatisch, das heißt sie sind bezogen auf die Handlungssituation, in der sie geäußert werden, und auf die sozialen Erfahrungen, die ihren Hintergrund bilden. Insofern folgen sie keiner Dogmatik oder Systematik, wie das Substantiv ‚der Glaube' suggeriert, sondern spiegeln je nach Handlungssituation und sozialer Erfahrung das Resultat der Tätigkeit-zu-glauben wider. Demzufolge ist die Religiosität eine flexible Konstruktion, die auf die wechselnden Anforderungen eines bestimmten Handlungszusammenhangs und auf die aus den Erfahrungen erwachsenden Bedürfnisse antwortet.

Mit de Certeau kann Religiosität als Ausdruck einer Doppelbewegung beschrieben werden (vgl. de Certeau 1985): Einerseits ordnen Personen mit ihren individuellen Glaubenseinstellungen Objekte und andere Personen ein oder zu, stellen also eine Ordnung her. Andererseits entwickeln sie mit ihrer Tätigkeit-zu-glauben zugleich Handlungsoptionen, die Alternativen zu etablierten Ordnungen entwerfen. Diese Doppelbewegung antwortet auf die Herausforderungen einer Handlungssituation und vollzieht sich vor dem Hintergrund sozialer Erfahrungen, das heißt Erfahrung mit den gesellschaftlichen Verhältnissen, den gegebenen Ungerechtigkeiten in der Verteilung von ökonomischen, politischen und rechtlichen Ressourcen sowie Zugang zu diesen Ressourcen und den Bedingungen sozialer Wertschätzung sowie individueller Autonomie.

2. Vier Formen muslimischer Religiosität

Ausgehend von der Doppelbewegung, die in der Tätigkeit-zu-glauben zum Ausdruck kommt, lassen sich vier idealtypische Formen muslimischer Religiosität unter jungen Männern, die in Deutschland und Frankreich mit sozialstrukturellen Problemlagen konfrontiert sind, beobachten: eine Ideologisierung des Islams, eine Utopisierung des Islams, eine Ethisierung des Islams und eine Kulturalisierung des Islams.

Richtet ein Muslim seine individuellen Glaubenseinstellungen vornehmlich darauf aus, mithilfe des Islams eine Ordnung herzustellen, funktionalisiert er islamische Institutionen und Symbole im Sinne Paul Ricœurs in ideologischer Manier: Er zielt darauf, ein islamisches Kollektiv zu integrieren, die Autorität dieses Kollektivs und seine Hierarchien zu legitimieren und Widersprüchlichkeiten sowie Ambivalenzen zu verschleiern (vgl. Ricœur 1986). Muslimische Religiosität steht in diesem Fall in einem Zusammenhang mit dem Streben nach politischen und historischen Kenntnissen über den Islam (zum Beispiel das Wissen über die arabisch-muslimische Kultur, die soziohistorischen Ereignisse der arabischen Eroberungen oder der Glanz des Osmanischen Reiches), wobei diese Kenntnisse sakralisiert werden. Der Islam gewinnt einen für den Muslim subjektiven Sinn, indem er in politische Reflexionen über die gesellschaftlichen Verhältnisse übersetzt wird. Die Religionspraxis hat in diesem Fall einen eher mechanischen Charakter. Sie dient dazu, Differenz gegenüber den allgemeinen gesellschaftlichen Verhältnissen zu etablieren und eine Gemeinschaft der unterdrückten Muslime zu begründen. Im Hinblick darauf islamisiert der Muslim das Ungerechtigkeitsempfinden, das seine soziale Erfahrung charakterisiert. Mit einer ideologisierten Religiosität kann eine Person ihre individuelle Autonomie insofern aufgeben, als sie zwischen sich selbst und dem imaginierten muslimischen Kollektiv nicht mehr unterscheidet.

Ein Muslim utopisiert dagegen den Islam, wenn er mithilfe islamischer Symbole und Institutionen Glaubwürdigkeitslücken in der Ordnung der Gesellschaftsbeziehungen thematisiert, wenn er von der sozialen Praxis enthobene Perspektiven etabliert und/oder wenn er in einer Logik des Alles-oder-Nichts die soziale Welt verwirft (vgl. Ricœur 1986). Muslimische Religiosität gleicht in diesem Fall häufig dem Versuch, das eigene Selbst zu perfektionieren und dadurch eine Alternative zu den etablierten gesellschaftlichen Verhältnissen zu dokumentieren. In seiner ausdrücklichen und hauptsächlichen Orientierung an der Alternative zu den etablierten gesellschaftlichen Verhältnissen verschiebt der Muslim den Islam und die individuelle islamische Praxis in eine Vorstellungswelt, die er von seiner sozialen Erfahrung grundsätzlich und uneingeschränkt differenziert. Aus dieser Differenzierung heraus und durch diese Differenzierung entwickelt er Handlungsoptionen in den allgemeinen gesellschaftlichen Beziehungen. Werden Handlungsoptionen in den allgemeinen gesellschaftlichen Beziehungen für den Muslim bedeutungslos, gibt jener das Projekt, sein perfektioniertes Selbst auf die gesellschaftlichen Verhältnisse zu beziehen, auf.

Religiosität erhält eine ethische Ausrichtung, wenn islamische Institutionen und Symbole die Folie für einen individuellen Verhaltenskodex darstellen, ohne dabei in ein Verhältnis zu einem imaginierten muslimischen Kollektiv gesetzt zu werden. Die individuellen Glaubenseinstellungen betonen in dieser Hinsicht, wie im Fall der Ideologisierung des Islams, die Ordnung, die islamische Institutionen und Symbole festlegen. Doch wird aus den Institutionen und Symbolen keine Legitimität des muslimischen Kollektivs abgeleitet, über das Handeln des Einzelnen zu urteilen oder jenen zu kontrollieren. Meiner empirischen Untersuchung zufolge islamisieren Muslime mithilfe einer ethisch ausgerichteten Religiosität ihren Willen, innerhalb der allgemeinen Gesellschaft aufzusteigen. Sie führen über die Unterscheidung, die in der islamischen Orthopraxie zwischen *haram* und *halal* vorgenommen wird, subjektiv sinnvolle Bezugspunkte für ihre gesellschaftlichen Handlungsentwürfe ein.[7] Werden *haram* und *halal* zu unüberschreitbaren Handlungsgrenzen, schließt sich eine Person in einer islamischen Moral ein und aus den gesellschaftlichen Beziehungen aus.

Erkennt eine Person in ihrer muslimischen Religiosität das Merkmal einer Kultur oder einer Zugehörigkeit zu einer bestimmten gesellschaftlichen Gruppe, dann nimmt sie eine Kulturalisierung des Islams vor. Islamische Institutionen zu praktizieren, zum Beispiel während des Ramadans zu fasten oder kein Schweinefleisch zu essen, oder sich islamische Symbole, zum Beispiel bestimmte Gesten der Begrüßung oder einen Vollbart, anzueignen, ist hier Ausdruck dafür, in eine Gruppe integriert zu sein. Die religiöse Praxis ist gewohnheitsmäßig-mechanisch und dient nicht dazu, sich über die Autorität und Einheit des imaginierten Kollektivs der Muslime zu vergewissern. Kulturalisierte Religiosität ist im Unterschied zu den anderen Religiositätsformen der Definition eines Kollektivs untergeordnet. Sie ist ein Element neben anderen, die das Kollektiv charakterisieren.

3. Muslimische Religiosität im Nationalstaat: Die Unterschiede zwischen Muslimen in Deutschland und Frankreich

Die vier idealtypisch konzeptualisierten muslimischen Religiositätsformen junger Männer sind in Deutschland und Frankreich mit verschiedenen subjektiven Sinngehalten und Handlungsentwürfen verbunden. Dadurch, dass sie in einem inhärenten und konstitutiven Verhältnis zu den sozialen Erfahrungen der Männer stehen, werden sie zwangsläufig von den Unterschieden zwischen der staatlichen Ordnung sowie Immigrationsgeschichte Deutschlands und Frankreichs beeinflusst.

In der Bundesrepublik wird der Islam mit der Integrationsproblematik türkischer Einwanderer identifiziert. In dieser Hinsicht ist der Islam auf der staatlichen Ebene mindestens bis zur Reform des deutschen Staatsbürgerrechts 2000 als eine exterritoriale Größe in den Gesellschaftsbeziehungen verstanden worden – ein Verständnis, das bis heute das gesellschaftliche Bild der Muslime bestimmt.

---

7   *Haram* bezeichnet im Islam das Verbotene, und *halal* das Erlaubte.

Zudem halten islamische Vereine in Deutschland, die sich an der türkischen Politik orientieren oder auch personell mit Parteien dieses Landes verquickt sind, nach wie vor für die Muslime türkischer Herkunft den Bezug zur Türkei lebendig. Insofern partizipieren einige Muslime an den gesamtgesellschaftlichen Beziehungen in Deutschland mit Politikverständnissen und Begrifflichkeiten, die sie in der Auseinandersetzung mit der Türkei und der Politik in diesem Land gewonnen haben. Gleichwohl äußern sie die gleichen Forderungen und Bedürfnisse im Hinblick auf Konsumverhalten, Berufskarrieren oder Jugendkultur wie junge Erwachsene ohne türkische Herkunft in einem vergleichbaren sozialen Milieu in der Bundesrepublik.[8] Darüber hinaus unterstützt und legitimiert die föderale und dezentralisierte staatliche Ordnung der Bundesrepublik lokale Identifikationsformen. Dies ist nicht der Fall in Frankreich, wo lokale Identifikationsformen (insbesondere auf der städtischen Ebene) in erster Linie sozialstrukturelle Differenzierungen bekräftigen.

Zudem eröffnet die spezifisch religionsrechtliche Regelung der Trennung von Staat und Religion in Deutschland, wo die christlichen Kirchen als Körperschaften des öffentlichen Rechts legitime und einflussreiche Gesprächspartner der staatlichen Institutionen darstellen, den Muslimen die Möglichkeit, ungeachtet von der allgemein geläufigen Differenzierung zwischen eingewanderten „Ausländern" und „Deutschen" die Anerkennung und Gleichstellung des Islams gegenüber staatlichen Vertretern einzuklagen. Auf der subjektiven Ebene spielt die religionsrechtliche Verfassung Deutschlands eine entscheidende Rolle für die Muslime insoweit, als sie erlaubt, der sozialen Geringschätzung oder auch der Stigmatisierung als ‚Ausländer' eine konfessionelle und in dieser Hinsicht sozial respektable Alterität gegenüberzustellen. Während man als ‚Türke' oder ‚Ausländer' in der sozialen Wertschätzung ‚dem Deutschen' untergeordnet ist, liegt man

---

8   Im Unterschied zu Frankreich prägt in Deutschland von Einwanderungsbeginn bis heute vornehmlich eine nationale Gruppe die muslimische Vereinslandschaft – nämlich die Gruppe der Einwanderer aus der Türkei. Laut Hamit Bozarslan (1992) waren für die Herausbildung ihrer Organisationsstrukturen politische Kräfte ausschlaggebend, die in der Türkei in den 1970er Jahren eine Randstellung einnahmen und die fehlende Präsenz des türkischen Staats in der Immigration für sich zu nutzen wussten (vgl. auch Schiffauer 2004). Dies hat unter anderem zur Folge gehabt, dass heute in der Bundesrepublik stabile islamische Organisationsstrukturen bestehen, die in einem Kontext mit der türkischen Politik stehen. Letztendlich konkurrieren hier weniger islamische Anbieter miteinander als in Frankreich. Darüber hinaus scheint der politische Hintergrund der islamischen Organisationen die Neigung unter Muslimen in Deutschland verfestigt zu haben, ihre Religionspraxis an Organisationen zu binden. Diese Neigung ist dagegen meines Erachtens in Frankreich weit weniger ausgeprägt. Darüber hinaus haben in Frankreich die Vielfältigkeit der Herkunftsländer und die Tatsache, dass die angeworbenen Arbeitnehmer aus gerade unabhängig gewordenen oder noch im Unabhängigkeitskampf verwickelten Staaten kamen, nachhaltig zur Zersplitterung der islamischen Organisationslandschaft beigetragen.

unter einem konfessionellen Blickwinkel als Muslim mit dem Christen auf der gleichen Ebene sozialer Wertschätzung. Zwar unterscheidet man sich von jenem im Hinblick auf Theologie und Religionspraxis, steht ihm aber gesellschaftlich als Anhänger einer der großen Weltreligionen auf gleicher Augenhöhe gegenüber. Die französische religionsrechtliche Verfassung dagegen erkennt nach dem Laizitätsprinzip religiöse Korporationen (wie z. B. Kirchen) nicht als öffentlich rechtliche Partner des Staats an (vgl. Fregosi 1997). Die Integrationspolitik des französischen Staats ist gegenüber individuellen religiösen Überzeugungen explizit blind. Sie zielt darauf, Einzelpersonen als individuelle Staatsbürger in die gesamtgesellschaftlichen Beziehungen zu inkludieren. Eine muslimische Religiosität affirmativ in die Öffentlichkeit zu tragen, wird vor diesem politischen Hintergrund zu einem Mittel, um die Widersprüche zu thematisieren zwischen einerseits faktischen Diskriminierungen sowie faktischer sozialstruktureller Ungleichheit und andererseits der ideellen Konzeption des französischen Nationalstaats – das heißt dem republikanischen Versprechen, jeden Staatsbürger, ungeachtet seiner kulturellen oder religiösen Herkunft, sozial und ökonomisch zu integrieren. Gemäß diesem republikanischen Versprechen richtet der französische Staat seine Integrationspolitik stadtpolitisch aus und fokussiert darauf, sozialstrukturelle Problemlagen in den sogenannten sozialen Brennpunkten der Vororte (*banlieues*) zu beheben. Kulturelle und religiöse Dimensionen, die zwangsläufig die Eingliederung der in benachteiligten Vorstädten wohnenden Immigranten und deren Nachkommen begleiten, werden vernachlässigt oder nur implizit mit wohlfahrtsstaatlichen Maßnahmen verbunden.[9]

Die im Vergleich zu Deutschland stärkere Konfliktwirkung muslimischer Religiosität basiert auch auf der nach wie vor schwierigen Erinnerung an die französische Kolonialzeit. Denn der Islam war sowohl ein Mittel der Franzosen,

---

[9] Der scheinbar neutrale Begriff *les jeunes* (die Jugendlichen), der in der französischen Debatte über die Vorstadtproblematik benutzt wird und in die Stadterneuerungspolitik (*la politique de la Ville*) eingegangen ist, verweist auf diesen impliziten Umgang mit kulturellen bzw. religiösen Transformationen und Problemen in Frankreich. *Les jeunes* werden nämlich mit den Bildern von Vorstadtgewalt, Kleinkriminalität, islamischem Integrismus und Immigrantenproblemen assimiliert. Es handelt sich also um die jungen Maghrebiner – die zweite Generation nordafrikanischer Einwanderer –, die im Allgemeinen Verständnis Muslime sind und mit der Vorstellung verbunden werden, sich nicht in die republikanische Gesellschaftsordnung integrieren zu wollen. Politische Maßnahmen gegen urbane Segregation stellen im Übrigen die französische Variante positiver Diskriminierung dar. Da das Laizitätsprinzip eine explizite Förderung diskriminierter kultureller oder religiöser Gruppen verbietet, werden in der *politique de la Ville* territoriale Kategorien benutzt, um den marginalisierten Bevölkerungsgruppen entsprechende Hilfestellungen zukommen zu lassen (vgl. Calvès 2001). Zur französischen Islampolitik vgl. Tietze 2009.

die Kontrolle über die Kolonien, insbesondere Algerien, zu behalten, als auch ein Mittel im Widerstand gegen die Kolonialisierung sowie im Befreiungskampf. Insgesamt betrachtet, führen die hier lediglich angedeuteten Unterschiede zwischen Deutschland und Frankreich dazu, dass die muslimische Religiosität dies- und jenseits des Rheins zum einen differente Bilder über die Alterität der Muslime und zum anderen differente Modi, Alterität herzustellen, implizieren.

4. Der identische ‚Andere': muslimische Religiosität in der deutschen Öffentlichkeit

In der rechtlichen und politischen Konstellation, die die deutsche Immigrationspolitik und Immigrationsgeschichte, das deutsche Einbürgerungsrecht und die spezifisch deutsche Ausgestaltung der Trennung zwischen Religion und Staat ausprägen, impliziert muslimische Religiosität erkennbare und sichtbare Alterität insofern, als sie ideologisch ausgerichtet oder kulturalisiert wird. Eine Ideologisierung des Islams führt Mehmet, ein leidenschaftlicher Taekwondo-Sportler aus Hamburg und Bewunderer von Necmettin Erbakan,[10] beispielhaft vor Augen. Mehmet verehrt Erbakan und die Anhänger seiner Politik, weil sie „den Europäern nicht in den Arsch kriechen [und mit den Arabern zusammengehen] [wollen]." Diese nicht eben akademische Formulierung steht nicht dafür, dass Mehmet sich für türkische Außenpolitik interessiert, über die der deutsche Staatsbürger Mehmet eigentlich wenig weiß. Sie zeigt vielmehr, dass er seine Differenz gegenüber Politik und Gesellschaftsbeziehungen in Deutschland herauszustellen versucht. In dieser Hinsicht richtet er seine muslimische Religiosität ideologisch aus, bezieht seine individuellen Glaubensvorstellungen auf ein imaginiertes muslimisches Kollektiv von Anhängern der *Refah*-Partei und spricht diesem Kollektiv einen legitimen Herrschaftsanspruch zu. Dabei verschweigt bzw. verschleiert er die Widersprüche, die zwischen diesem Kollektiv und seinen individuellen Handlungsrationalitäten aufscheinen. Mehmet möchte gerne Polizist oder Bundesgrenzschutzbeamter werden – zwei Berufswünsche, die Mehmets Identifikation mit den politischen und rechtlichen Verhältnissen in Deutschland widerspiegeln. Zudem pflegt er eine in seinem Stadtteil allgemein geläufige Jugendkultur, die im Wesentlichen in einem bestimmten Freizeit- und Konsumverhalten besteht (Besuch von Nachtbars und Bräunungsstudios, Sport, Mode, ‚Anmache' von Mädchen und dergleichen). Indem Mehmet den Islam ideologisiert und sich zum ‚Anderen' macht, bringt er ein Ungerechtigkeitsempfinden zum Ausdruck.

---
10 Necmettin Erbakan ist ein mittlerweile verstorbener türkischer Politiker und war zum Zeitpunkt der empirischen Studie der Vorsitzende der türkischen *Refah*-Partei.

Die Politisierung des Islams, die die türkische *Refah*-Partei vornimmt, wird dabei für ihn wie für viele andere Muslime zu einer Projektionsfläche für die Bedürfnisse nach sozialer Wertschätzung und Gleichbehandlung in der Bundesrepublik. Die muslimische Föderation IGMG[11], die lange Zeit ideell und personell mit der Partei von Erbakan verbunden war, bietet den jungen Muslimen in Deutschland Organisationsstrukturen, um solche Bedürfnisse zu rationalisieren und in eine politische in Deutschland verständliche Sprache zu übersetzen. Osman, Mitglied der IGMG, begreift den Hamburger Stadtteil, in dem er wohnt, als einen Ort, in dem zwei Glaubensgemeinschaften koexistieren, eine christlich-deutsche und eine islamisch-türkische. So wie die protestantische und die katholische Gemeinde nach seiner Auffassung das soziale Leben der „Deutschen" „vernünftig" organisieren, müsse auch der Islam das soziale Leben der „Türken" im Stadtteil regeln. Osman konfessionalisiert die Differenzen, die er im Lebensalltag erfährt. Vor dem Hintergrund dieser Konfessionalisierung bekräftigt er seine Zugehörigkeit zum Stadtteil und zur Stadt Hamburg und zementiert gleichzeitig die Alterität der „Türken" als Muslime. Die von außen diktierte Differenz, die sich in der faktischen Segregation der Bevölkerung deutscher und türkischer Herkunft im Stadtviertel widerspiegelt, transformiert er mit Hilfe seiner ideologisch ausgerichteten Religiosität in eine „vernünftige", das heißt in eine seinem Verständnis nach gute und legitime Unterscheidung. Eine Grenze zwischen „christlichen Deutschen" und „muslimischen Türken" in Hamburg zu ziehen, schließt für Osman nicht aus, sich in gesamtgesellschaftliche Debatten einzumischen. Im Gegenteil, diese Grenze legitimiert seine Identifikation mit dem Stadtteil sowie der Stadt und rechtfertigt, dass er sich für den Umweltschutz im Hamburger Hafen engagiert und eine adäquate Vertretung der Muslime im Land Hamburg, das heißt die Gleichstellung mit den „christlichen Deutschen", einfordert. Insgesamt gesehen, äußern die befragten Muslime, die Mitglieder in einem der IGMG nahe stehenden Vereine oder einer solchen Moschee sind, ihr soziales Ungerechtigkeitsempfinden häufig in Gestalt von konkreten politischen Forderungen etwa nach der rechtlichen Anerkennung der Muslime als Körperschaften des öffentlichen Rechts und nach einem islamischen Religionsunterricht in der Schule oder aber in Gestalt von einem gesellschaftlichen Engagement für die Verbesserung der Bildungschancen junger Muslime.

Solche Forderungen wie auch ein solches Engagement werden im Fall von Personen nicht erkennbar, die ihre muslimische Religiosität kulturalisieren. Yaşar zum Beispiel bezeichnet sich als „türkischen Ausländer", obwohl er in seinem Leben nie an einem anderen Ort als Hamburg gewohnt hat. Er wünscht sich, dass

---

11 IGMG steht für Islamische Gemeinschaft Milli Görüş.

seine Schwester und seine zukünftige Ehefrau ein Kopftuch tragen, weil sie wie er Türken sein sollen. Das Kopftuch steht hier für die Alterität des ‚türkischen Ausländers', die Yaşar von außen auferlegt worden ist und zugleich von ihm bestätigt wird. Es ist nicht Ausdruck einer religiösen Überzeugung. Yaşar benutzt es als Symbol für die Gruppe der in die Bundesrepublik eingewanderten Türken – gewissermaßen für deutsche Türkizität. Diese charakterisiert Yaşar, indem er den Geiz und den Rassismus ‚der Deutschen' beschreibt.[12] Deutsche würden das Projekt einer Jugendorganisation im Stadtteil boykottieren und nähmen nicht an einem Konzert oder einem Fest im Wohnviertel teil. Laut Yaşar ist auch ein junger gebürtiger Deutscher insoweit ‚Ausländer', als er an der Kultur des Viertels partizipiert, dieselben Orte besucht (Jugendhaus, Sportclub, Musikgruppe) und die gleichen Freizeitaktivitäten ausübt wie er selbst. Obwohl ein solcher Deutscher nicht die in diesem Jugendmilieu verbreitete türkisch-deutsche Mischsprache spricht, muss er sie respektieren und sich einige spezielle Ausdrücke aneignen, um zur „Gemeinschaft der Ausländer" zu gehören.[13] Ein kulturalisierter Islam, losgelöst von kanonischen Pflichten und entsprechender Lebenspraxis, zieht für Muslime wie Yaşar eine imaginäre Grenze zwischen ‚Deutschen' und ‚Türken' – eine Grenze, die in der sozialen Praxis durchlässig ist.

Die ideologisierte und kulturalisierte Form muslimischer Religiosität werden in der deutschen Öffentlichkeit erkannt und stellen für Muslime in Deutschland einen wirksamen Modus dar, um aus der Identität mit den gesellschaftlichen Verhältnissen heraus Alterität zu manifestieren und dergestalt ein Ungerechtigkeitsempfinden bezüglich der gesellschaftlichen Verhältnisse zu artikulieren. Die ethisierten und utopisch ausgerichteten Formen muslimischer Religiosität werden hingegen in der bundesrepublikanischen Öffentlichkeit kaum wahrgenommen, weil sie den in Deutschland geläufigen Bildern über den Islam nicht entsprechen. Insofern bringen die jungen Muslime in Deutschland mit diesen Religiositätsformen keine gesellschaftliche Alterität zum Ausdruck. Die Ethisierung und Utopisierung des Islams ermöglichen ihnen vielmehr, auf der subjektiven Ebene einen Umgang mit den gesellschaftlichen Verhältnissen zu finden. Diesbezüglich beschränken die jungen Muslime ihre Praxis eines ethisierten oder auch utopisier-

---

12 Der Geiz ist ein bei meinen Interviewpartnern häufig wiederkehrendes Kriterium, anhand dessen festgestellt wird, ob jemand ein ‚Deutscher' ist. Dagegen kann die Großzügigkeit zu einem Element werden, das wichtiger ist als die türkische Sprache oder das Bekenntnis zum Islam, um zu beurteilen, ob jemand geeignet ist, zur Gruppe zu gehören. Das deutet an, dass hier die Konstruktion der nationalen Differenz einer habituellen und nicht einer politischen Logik folgt.
13 Ich traf mehrere junge Erwachsene marokkanischer, bosnischer oder deutscher Herkunft, die das im Stadtteil gesprochene Türkisch durchaus verstanden. Diese sprachliche Fähigkeit ist sicherlich die höchste Form der Integration in die ‚Gemeinschaft der Ausländer'.

ten Islams auf bestimmte soziale Orte, wie etwa den Jugendclub einer islamischen Organisation und die Familie, oder aber sie greifen auf eine ideologisch ausgerichtete oder kulturalisierte muslimische Religiosität zurück, um ihr Ungerechtigkeitsempfinden gegenüber den gesellschaftlichen Verhältnissen herauszustellen. Kenan und Ismail zum Beispiel transformieren die Regeln für die islamische Lebenspraxis in einen Moralkatalog. Vor dem Hintergrund dieses Moralkatalogs entwerfen sie ihr Handeln auf der gesamtgesellschaftlichen Ebene, beispielsweise eine berufliche und schulische Karriere, die Kenans und Ismails Identität mit den gesellschaftlichen Verhältnissen in Deutschland zum Ausdruck bringt. Gleichzeitig inkludieren sie ihre muslimische Alterität in den Lebensalltag, indem sie *haram*- und *halal*-Welten voneinander unterscheiden. Der Muslim ist in ihren Augen insofern different, als er die Grenze zwischen dem, was nach dem Islam verboten, und dem, was nach dem Islam erlaubt ist, beachtet. In dieser Hinsicht sehen sie ihre subjektive Alterität als einen Verdienst, den das Individuum durch die Arbeit an sich selbst erwirbt. Indem die beiden jungen Männer eine in der Arbeit an sich selbst geschaffene Grenze für ihr Handeln in den allgemeinen Gesellschaftsbeziehungen konzipieren, durchbrechen sie ihrem subjektiven Verständnis nach die Handlungsgrenze, die ihnen von der Gesellschaft aufgezwungen wird – nämlich die sozialen Barrieren zwischen „Ausländern" und „Deutschen". Daher ist es Kenan relativ gleichgültig, dass er ein Ausländer ist: „Ich bin Ausländer, aber ich sehe das nicht so. Ich sehe das nicht als Problem, mir ist das egal".

Eine utopisch ausgerichtete Religiosität artikuliert Alterität und Identität in vergleichbarer Weise. Zum Beispiel Mourad, hin und her gerissen zwischen der von seiner Mutter gewünschten Rückkehr in die Türkei und seinem Studentenleben in Deutschland, rechtfertigt mithilfe seiner utopisch ausgerichteten Religiosität, als Student in Hamburg zu leben. Die türkische Alterität, die sein familiäres Milieu ihm auferlegen will, wie auch diejenige, die ihm in der deutschen Gesellschaft zugeschrieben wird, sind vor dem Hintergrund seiner Religiosität bedeutungslos. Denn Kategorien wie etwa ‚abendländisch' und ‚orientalisch', die im Fall der Ideologisierung und der Kulturalisierung des Islams das eigene Selbstverständnis begründen, verlieren in Mourads utopischer Orientierung am Islam ihre Relevanz.

5. Der ‚Gleiche', der zum ‚Anderen' wird: muslimische Religiosität in der französischen Öffentlichkeit

Mohammed aus Straßburg erklärt, dass für ihn die Frage nach der nationalen Identität keinerlei Bedeutung habe: „Aber ich habe den Eindruck, dass die Jugendlichen früher nicht wussten, wie sie sich zu der Frage stellen sollten: ‚Bin ich ein

Franzose?' Es gab wirklich ein Identitätsproblem. [...] [Heute] sagt man nicht ‚Bin ich Franzose?' Das ist letzten Endes ziemlich egal." Für Mohammed haben die Lebensverhältnisse in den benachteiligten Stadtteilen Frankreichs – in den *banlieues* – die Nachkommen der Einwanderer zu Franzosen gemacht. Auch Hakim aus dem Pariser Vorort Argenteuil, der das französische Laizitätsprinzip staatlicher Ordnungspolitik und den Individualismus in den gesellschaftlichen Beziehungen in Frankreich vehement kritisiert, versichert, dass er „französisch denkt, spricht und sieht." Mohammed und Hakim stehen für zwei geradezu entgegengesetzte Religiositätsformen: Der eine ethisiert den Islam, der andere ideologisiert ihn. Gemeinsam ist jedoch beiden, dass sie ihr Handeln in der Gesellschaft auf ihre jeweilige muslimische Religiosität beziehen und dergestalt den Erfahrungen von Diskriminierungen einen Sinn verleihen. Gesellschaftliche Alterität ist in Mohammeds und Hakims Augen die negative Konsequenz aus sozialer Ungleichheit und gesellschaftlicher Ungleichbehandlung, nicht aber der positive Ausdruck von unterschiedlichen Nationalkulturen oder von der Überzeugung, dass der Islam für Frankreich eine exterritoriale Größe darstellt. Dergestalt werden weder für Mohammed noch für Hakim die Herkunftsländer ihrer Eltern zu Projektionsflächen, mit deren Hilfe das Ungerechtigkeitsempfinden über Ungleichheit und Diskriminierungen artikuliert werden kann. In diesem Zusammenhang bemerkt Hussein aus Argenteuil:

> Wenn es ein Problem gibt, erfinden die Leute immer Worte wie Ausschluss oder Integration. So nennt man das heute. Aber was soll das bedeuten? Integration zum Beispiel? Sie reden über ein Integrationsproblem. Aber wie willst du einen Millimeter in einen Millimeter integrieren. Oder eine Kugel in eine Kugel? Du hast zwei gleiche Dinge, wie willst du die also integrieren? Was muss in was integriert werden? (Tietze 2001, 208)

Vor dem Hintergrund der Identität, insbesondere vor dem Hintergrund der Überzeugung, als Franzosen einen legitimen Anspruch auf das Integrationsversprechen der französischen Republik zu haben, weist Hakim auf die Benachteiligungen hin, die Einwanderer und ihre Kinder in ihren sozialen Aufstiegsanstrengungen erfahren. Dabei fasst er die soziale Gruppe dieser Benachteiligten als ein Kollektiv von Muslimen zusammen, die gegen den gesellschaftlichen, durch das Laizitätsprinzip politisch vorangetriebenen Individualismus aufbegehren. In dieser Hinsicht richtet er seine Religiosität ideologisch aus und macht aus dem Islam gewissermaßen ein Gegenkonzept zum französischen Laizitätsprinzip und zum republikanischen Gleichheitsversprechen. Zugleich entwickelt er aus dieser ideologisch ausgerichteten Religiosität heraus seine gesellschaftliche Alterität, die er affirmativ in der Öffentlichkeit manifestiert. Hakim, dessen Eltern aus Tunesien stammen, bezieht seine gesellschaftliche Alterität zudem auf den französischen

Kolonialismus und den Algerienkrieg – Themen, die nach seiner Auffassung im staatlichen Schulunterricht vermieden werden. Dadurch kann er seine affirmativ manifestierte Differenz zu den Gesellschaftsbeziehungen in Frankreich in historischen Kategorien, die Teil des französischen Selbstverständnisses sind, erläutern. Hier liegt ein großer Unterschied zu den historischen Kategorien, auf die die befragten Muslime mit einer ideologisch ausgerichteten Religiosität in Hamburg rekurrieren. Ertekin zum Beispiel rechtfertigt seine Differenz gegenüber den nichtmuslimischen Bewohnern seines Stadtteils mit Erläuterungen über die in seinen Augen verheerenden Reformen, die Atatürk in der Türkei durchgesetzt hat, um die Türken zu „verwestlichen". Atatürk steht nicht für die deutsche Geschichte. Sich auf ihn zu beziehen, vermittelt der gesellschaftlichen Alterität, die Ertekin zu manifestieren versucht, einen exterritorialen Charakter. Der Kolonialismus und der Algerienkrieg stehen jedoch für die französische Geschichte und kennzeichnen die gesellschaftliche Alterität von Hakim daher als eine innerterritoriale.

In einer mit der Ideologisierung vergleichbaren Weise rechtfertigt eine utopisch ausgerichtete muslimische Religiosität die gesellschaftliche Alterität in Frankreich. Allerdings dokumentieren die befragten Muslime, die den Islam utopisieren, Indifferenz gegenüber der staatlichen Ordnung der französischen Republik und ihren Regeln, nicht aber ein opponierendes Kollektiv wie im Fall einer ideologisch ausgerichteten Religiosität. So orientalisieren zum Beispiel viele Anhänger des *Tabligh* – einer internationalen Predigerbewegung – ihre Kleidung, indem sie auf traditionelle Elemente der Bekleidung in Pakistan zurückgreifen. Für jeden auf der Straße sichtbar, bringen sie damit zum Ausdruck, dass ihnen die sozialen ebenso wie die Normen der Laizität gleichgültig sind (vgl. Khedimellah 2004).

Nicht jede Utopisierung des Islams impliziert eine demonstrative Indifferenz. Unter den Befragten beschränken einige ihre utopisch ausgerichtete Religiosität auf bestimmte Orte (etwa auf das Leben in einer Moschee). Im gesellschaftlichen Alltag machen sie ihre muslimischen Überzeugungen unsichtbar – und zwar häufig, indem sie den Islam ethisieren. Die Alterität, die sie sich über ihre muslimische Religiosität aneignen, begrenzen sie auf die subjektive Ebene und stellen sie gewissermaßen in ein ‚republikanisches' Verhältnis zur Identität mit den Gesellschaftsbeziehungen in Frankreich. Mithilfe einer solchen subjektiven Alterität versuchen sie, der Entfremdung zu widerstehen, die ihnen, wie sie selbst erklären, durch die sozialstrukturellen Benachteiligungen und gesellschaftlichen Diskriminierungen droht. In einer ähnlichen Weise begründen die befragten Muslime die Ethisierungen des Islams. Eine solche ethisierte Religiosität gibt einen „Katalog von Verkehrsregeln" an die Hand, wie Mouloud aus Straßburg sagt.

Die Kulturalisierung des Islams bekräftigt in Frankreich das imaginierte Kollektiv der Vorstadtbewohner – der *banlieusards* –, das kein neo-nationales Kollektiv wie das der deutschen Türken in der Bundesrepublik darstellt. Gleichwohl ist die kulturalisierte muslimische Religiosität in Frankreich genauso wie in Deutschland ein Integrationsmodus in eine gesellschaftliche Gruppe, die sich mittels einer eigenen Kultur stilisiert (etwa durch *rap*, in dem auf den Islam angespielt wird, durch bestimmte Sprachformen, in die arabische Worte einfließen, oder auch eine eigene Gestik). Im Grunde entspricht sie den Bildern, die in der französischen Öffentlichkeit über die Nachkommen der Einwanderer bereitstehen – den Vorstellungen von „les jeunes" oder von den „Maghrébins".

Kulturalisierte muslimische Religiosität apostrophiert eine sozialstrukturelle Alterität innerhalb der französischen Gesellschaftsbeziehungen. Diese Alterität gründet auf der Vorstellung, dass der Islam die Religion der Armen ist, was viele der Befragten herausstellen. Sie ermöglicht den Befragten, die Ungleichheit zwischen verschiedenen sozialen Milieus herauszustellen und zugleich Selbstachtung und Handlungsmöglichkeiten trotz der Erfahrung von Prekarität und Diskriminierung zu entwickeln. In diesem Sinn erklärt Ahmed aus Straßburg:

> McEnroe ist für mich zum Beispiel ein Fundamentalist. Das ist jemand, der nur an eins denkt und eins liebt, Tennis, Tennis, Tennis. Jeder hat seinen Glauben. Wir haben leider nichts, wir können nicht Tennis spielen, das ist zu teuer. Wir können keinen Sport treiben, das ist zu teuer, wir haben nichts zu tun. Was bleibt uns? Uns bleibt Gott. Durch Gott sieht man Wege, und diese Wege müssen wir einschlagen, wir müssen sie markieren, wir müssen sie zur rechten Zeit aufzeigen, das ist etwas Objektives, nicht etwas Subjektives.

Nach dieser Konzeption wird eine Person aus einer benachteiligten Vorstadt zwangsläufig zum Muslim, ähnlich wie die Vorstellung, dass ein Arbeiter zwangsläufig kommunistisch wählt und Mitglied einer kommunistischen Gewerkschaftsorganisation ist. Die Vorstadt steht für den Islam, der wiederum für die urbane Segregation steht. Die muslimische Religiosität entwickelt sich hier in einem direkten Bezug zum städtischen Raum – zum Delikt „der schlechten Adresse", wie die Befragten sagen. In Deutschland dagegen vermittelt sie über eine neo-nationale (türkisierte) Alterität die sozialstrukturelle Differenz, die in der segregativen Struktur der Stadt zum Ausdruck kommt.

6. Muslimische Religiosität als Prozess

Die soweit skizzierten Bruchlinien sowie Diskontinuitäten der gesellschaftlichen Identitäts- und Alteritätskonstruktionen der befragten Muslime in Deutschland und Frankreich verweisen auf einen prozesshaften Charakter der muslimischen

Religiosität. Diesem stehen Stabilität und Kontinuität der islamischen Institutionen und Symbole entgegen. In der Tat halten diese Institutionen und Symbole im Sinne einer *lignée croyante* Ideologie, Kultur, Utopie und Ethik in einer spezifischen (islamischen) Weise zusammen. Vor dem Hintergrund der gesellschaftlichen Erfahrungen in der deutschen oder französischen Einwanderungsgesellschaft ist der Zusammenhalt der ideologischen, kulturellen, utopischen und ethischen Dimensionen des Islams jedoch nicht aus sich selbst heraus plausibel und manifest. Die Muslime erarbeiten sich diese Dimensionen vielmehr mit subjektiven Sinnkonstruktionen und betonen dabei die eine oder andere Dimension der islamischen Religion. Die subjektiven Sinnkonstruktionen vollziehen keinen absoluten Bruch zwischen den für die Religion konstitutiven Elementen. Es bleibt immer eine Verbindung zwischen ihnen, so schwach diese auch sein mag. Die vollständige Auflösung der Verbindung zwischen den Elementen würde eine Abkehr von der Tradition implizieren. Ali aus Hamburg zum Beispiel erklärt, dass der Islam eine Form von Humanismus ist und insofern, in seinen Augen, keine Gemeinschaft abgrenzt. Er verabsolutiert die ethische Dimension des Islams zu einem Grad, dass er diese aus dem spezifischen islamischen Zusammenhalt von Ideologie, Utopie, Kultur und Ethik herauslöst. Die anderen Befragten betonen hingegen in der Regel zwar eine Dimension, schöpfen aber auch mehr oder weniger aus den anderen.

Die Begriffe Ideologisierung, Kulturalisierung, Utopisierung und Ethisierung des Islams zielen darauf, den prozesshaften Charakter der muslimischen Religiosität zu verdeutlichen und zugleich zu differenzieren. Denn je nach gesellschaftlicher Erfahrung, Handlungssituation, biographischen Bedingungen oder subjektiven Bedürfnissen richten die jungen Muslime in Deutschland und Frankreich ihre muslimische Religiosität anders aus. Zwischen der ideologischen, kulturellen, utopischen und ethischen Dimension zu zirkulieren, ist in dieser Hinsicht konstitutiv für die Religiosität eines Muslims sowohl in Deutschland als auch in Frankreich. Es ist im Übrigen nie ausgeschlossen, dass der eine oder andere die islamische Tradition vollkommen verlässt, um sich zu einem anderen Zeitpunkt seiner Biographie oder gegenüber einem anderen Gesprächspartner wieder mit dem Islam zu identifizieren.

Das Zirkulieren zwischen den verschiedenen Dimensionen des Islams geschieht nicht willkürlich, sondern antwortet, wie anhand der Alteritätskonstruktionen der befragten Muslime oben beispielhaft ausgeführt worden ist, auf gesellschaftliche Erfahrungen, Handlungssituationen und biographische wie auch subjektive Bedürfnisse. Darüber hinaus entspricht es den gesellschaftlichen Entwicklungen, die Immigrationsgeschichte, Individualismus und Säkularisierung in Deutschland und Frankreich implizieren. Die „pluralistische Situation" führt, wie Peter L. Berger erklärt, „ipso facto zu einer Glaubwürdigkeitskrise der Religion" (Berger 1971, 237).[14] Jede Person, gleich welcher Religion sie sich zugehörig fühlt, versucht, mit der Unbestimmtheit umzugehen, die an die Stelle der Fiktion der von den Institutionen verbürgten Stabilität getreten ist:

> [...] die religiösen Inhalte werden ‚de-objektiviert', das heißt ihres Status beraubt, der aus ihnen eine objektive, im Bewußtsein als selbstverständlich anerkannte Realität machte. Sie nehmen einen subjektiven Charakter in einem doppelten Sinne an: ihre ‚Realität' wird für jedes Individuum zu einer ‚persönlichen' Angelegenheit, das heißt, sie verliert ihr intersubjektives Merkmal der Glaubwürdigkeit und Selbstverständlichkeit – so ‚kann man nicht mehr wirklich von Religion sprechen' [...] die Religion bezieht sich nicht mehr auf den Kosmos und die Geschichte, sondern auf die individuelle Existenz oder auf die Psychologie (Berger 1971, 238).

Diese Situation einer ‚de-objektivierten' Religion macht für die Befragten aus dem Islam eine persönliche Angelegenheit und entzieht dem Islam auf diese Weise die intersubjektive Selbstverständlichkeit.

Doch nicht nur Säkularisierung, Individualisierung und Immigrationsgeschichte, sondern auch die verschiedenen Dimensionen des Islams selbst dynamisieren die muslimische Religiosität. Von der kulturalisierten zu einer ideologisch ausgerichteten Religiosität zu wechseln oder umgekehrt ist eine Frage der Betonung von Nuancen. Denn beide Formen der Religiosität gründen auf der Imagination eines Kollektivs, das es zu vereinheitlichen sowie zu bekräftigen gilt, und implizieren eine eher mechanische Befolgung islamischer Lebensregeln. Ein bislang von einer kulturalisierten Religiosität geleiteter Muslim kann beispielsweise eine Ideologisierung des Islams für angemessener halten, um in einer bestimmten Situation sein Ungerechtigkeitsempfinden über soziale Ungleichheit und Diskriminierung zu artikulieren. Umgekehrt kann es angesichts bestimmter biographischer oder subjektiver Bedürfnisse günstiger erscheinen, Religiosität zugunsten eines kulturalisierten Islams zu entideologisieren.

Der Übergang von einer utopisch ausgerichteten muslimischen Religiosität zu einer Ethisierung des Islams und umgekehrt ist ebenfalls ein gradueller. Mit beiden Religiositätsformen steht für den Muslim das Handeln auf der individuellen Ebene im Vordergrund: bei einer utopischen Ausrichtung im Hinblick darauf, das eigene Selbst zu perfektionieren, und bei einer ethischen Ausrichtung im Hinblick darauf, das eigene Handeln zu moralisieren. In jedem Fall geht es darum, mit der islamischen Praxis eine Alternative zur etablierten Ordnung der Gesellschaftsbeziehungen zu entwerfen und, mit de Certeau formuliert, die Existenz

---

14 Die deutsche Übersetzung dieses Zitats aus dem Französischen stammt von Ilse Utz.

eines Anderen, das „jenseits des sozial Anerkannten liegt" (Certeau 1985, 701), zu bekräftigen. Mit einer utopisch ausgerichteten Religiosität versucht der Muslim, die in seinen Augen diffusen, widersprüchlichen und fragmentierten Gesellschaftsbeziehungen zu transzendieren, wohingegen er mit einer ethisierten Religiosität das Andere rationalisiert, das jenseits des sozial Anerkannten liegt, um Ordnung, Konformität und Kontinuität herzustellen. Im ersten Fall rechtfertigt er sein Handeln mit theologischen Ideen, im zweiten Fall mit einer moralischen Praxis. Empirisch ist ebenfalls zu beobachten, dass Muslime zwischen einer ethisierten und einer kulturalisierten Religiosität oder zwischen einer utopisch und einer ideologisch ausgerichteten Religiosität wechseln. In diesem Fall verschiebt sich der Fokus einer Person vom Kollektiv auf das eigene Selbst und *vice versa*. Dabei verändern die Muslime ihre religiöse Praxis in zum Teil grundlegender Weise und erklären, einen expliziten Bruch in ihrer Lebensweise vollzogen zu haben. Infolgedessen strukturieren sie ihre Biographien in eine Zeit vor und nach der Entdeckung des ‚wahren' Islams. Vor dem Hintergrund solcher Beschreibungen ist anzunehmen, dass ‚Vorher' und ‚Nachher' sich auch wieder umkehren können und eine weitere Religiositätsform oder aber eine zeitweise Abkehr vom Islam handlungsrelevant werden kann.

Wie beim Übergang von einer kulturalisierten zu einer ideologisch ausgerichteten Religiosität beruht ein Zirkulieren zwischen utopischer und ethisierter Religiosität wie auch ein grundlegender Wechsel zwischen einem individuellen und kollektiven Fokus der Religiosität auf gesellschaftlichen Erfahrungen, bestimmten Handlungssituationen und Handlungskontexten sowie auf biographischen und subjektiven Bedürfnissen. Von außen betrachtet, verändert sich Religiosität nicht nach bestimmten Regeln. Gleichwohl ist jeder Übergang von der einen zur anderen Form mit bestimmten Handlungsrationalitäten und Handlungsoptionen verbunden. Insofern ist der Prozess, zwischen unterschiedlichen Religiositätsformen zu zirkulieren, eine kognitive und keineswegs willkürliche Bewegung.

In der immer gegebenen Möglichkeit der Veränderung zeigt sich die Transkulturalität der muslimischen Religiositätsformen. Sie lassen sich nicht auf eine wie auch immer zu definierende Essenz zurückführen, die es erlaubt, von *dem* Islam oder *den* Muslimen in Deutschland und Frankreich zu sprechen. Öffentliche Debatten oder politische Regelungen, die von der Einheitlichkeit einer islamischen Kultur ausgehen und diese einer deutschen oder französischen (und christlich-abendländischen oder auch europäischen) Kultur gegenüberstellen, verfehlen die prozesshafte und flexible Durchdringung der in der muslimischen Religiosität junger Menschen zum Tragen kommenden unterschiedlichen Elemente.

Zitierte und weiterführende Literatur

Alisch, Monika / Dangschat, Jens (1998): Armut und soziale Integration. Strategien sozialer Stadtentwicklung und lokaler Nachhaltigkeit. Opladen: Leske+Budrich

Amir-Moazami, Schirin (2007): Politisierte Religion: Der Kopftuchstreit in Deutschland und Frankreich. Bielefeld: transcript-Verlag

Amir-Moazami, Schirin / Jouili, Jeanette (2006): Knowledge, Empowerment and Religious Authority among Pious Muslim Women in France and Germany. In: The Muslim World 96 / 4. 2006. 617-642

Bade, Klaus J. / Bommes, Michael / Münz, Rainer (Hg.) (2004): Migrationsreport 2004. Fakten – Analysen – Perspektiven. Frankfurt a. M./New York: Campus

Berger, Peter L. (1971): La religion dans la conscience moderne. Paris: Editions Centurion

Bozarslan, Hamit (1992): Etat, Religion, Politique dans l'immigration. In: Peuples Méditerranéens 60. 1992. 115-133

Calvès, Gwénaele (2001): Fin d'une hypocrisie? Quelques remarques sur la discrimination positive ,à la francaise'. In: Wieviorka / Ohana (Hg.) (2001): 461-468

Certeau, Michel de (1985): Le croyable. Préliminaires à une anthropologie des croyances. In: Parret / Ruprecht (Hg.) (1985): 689-707

Dubet, François (1994): Sociologie de l'expérience sociale. Paris: Seuil

Dubet, François / Lapeyronnie, Didier (1994): Im Aus der Vorstädte. Der Zerfall der demokratischen Gesellschaft. Stuttgart: Klett-Cotta-Verlag

Frégosi, Franck (1997): L'islam en terre concordataire. In: Hommes & Migrations 1209. 1997. 28-48

Frese, Hans-Ludwig (2002): Den Islam ausleben. Konzepte authentischer Lebensführung junger türkischer Muslime in der Diaspora. Bielefeld: transcript-Verlag

Gaspard, Françoise / Khsorokhavar, Farhad (1994): La problématique de l'exclusion: de la relation des garçons et des filles de culture musulmane dans les quartiers défavorisés. In: Revue Française des Affaires Sociales 48 / 2. 1994. 3-26

Göle, Nilüfer / Ammann, Ludwig (Hg.) (2004): Islam in Sicht. Der Auftritt der Muslime im öffentlichen Raum. Bielefeld: transcript-Verlag

Häußermann, Hartmut (1997): Armut in den Großstädten – eine neue städtische Unterklasse?. In: Leviathan 25 / 1. 1997. 12-27

Hervieu-Léger, Danièle (1993): La religion pour mémoire. Paris: Editions du cerf

Khedimellah, Moussa (2004): Die jungen Prediger der Tabligh-Bewegung in Frankreich. In: Göle / Ammann (Hg.): 265-282

Klinkhammer, Gritt (2000): Moderne Formen islamischer Lebensführung. Eine qualitativ-empirische Untersuchung zur Religiosität sunnitisch geprägter Türkinnen der zweiten Generation in Deutschland. Marburg: Diagonal-Verlag

Kohli, Martin (1985): Die Institutionalisierung des Lebenslaufs. Historische Befunde und theoretische Argumente. In: Kölner Zeitschrift für Soziologie und Sozialpsychologie 37 / 1. 1985. 1-29

Kronauer, Martin (1997): „Soziale Ausgrenzung" und „Underclass": Über neue Formen der gesellschaftlichen Spaltung. In: Leviathan 25 / 1. 1997. 28-49

Nökel, Sigrid (2002): Die Töchter der Gastarbeiter und der Islam. Zur Soziologie alltagsweltlicher Anerkennungspolitiken. Eine Fallstudie. Bielefeld: transcript-Verlag

Parret, Herman / Ruprecht, Hans-George (Hg.) (1985): Exigences et perspectives de la sémiotique. Amsterdam: John Benjamins Publishing Company

Rey, Henri (1996): La peur des banlieues. Paris: Presses de Sciences Po

Ricœur, Paul (1986): Lectures on Ideology and Utopia. New York: Columbia University Press
Schiffauer, Werner (2004): Die Islamische Gemeinschaft Milli Görüş – ein Lehrstück zum verwikkelten Zusammenhang von Migration, Religion und sozialer Integration. In: Bade et al. (Hg.) (2004): 67-96
Schröder, Bernd / Kraus, Wolfgang (Hg.) (2009): Religion im öffentlichen Raum / La religion dans l'espace public. Deutsche und französische Perspektiven / Perspectives allemandes et françaises. Bielefeld: transcript-Verlag
Tietze, Nikola (2001): Islamische Identitäten. Formen muslimischer Religiosität junger Männer in Deutschland und Frankreich. Hamburg: Hamburger Edition
Tietze, Nikola (2009): Die Muslime Frankreichs: ein gegenwartsgeschichtlicher Überblick. In: Schröder / Kraus (Hg.) (2009): 301-317
Tietze, Nikola (2011): Erfahrung, Institution und Kritik in der postindustriellen Gesellschaft: François Dubets Soziologie. In: Mittelweg 36 20 / 2. 2011. 51-58
Wieviorka, Michel / Ohana, Jocelyne (Hg.) (2001): La différence culturelle. Une réformulation des débats. Colloque de Cerisy. Paris: Balland
Wohlrab-Sahr, Monika (1992): Über den Umgang mit biographischer Unsicherheit. In: Soziale Welt 43 / 2. 1992. 217-236

Neue Männer – neue Frauen?
Zur Entstehung transkultureller Deutungsräume im Privaten im postsowjetischen Russland

Martina Ritter

Im Prozess der Transformation im postsowjetischen neuen Russland scheint eine Kombination von zwei erstaunlich gut zusammen passenden patriarchalen Systemen zu entstehen. Die patriarchalen Kennzeichen westlicher Marktgesellschaften – beispielsweise der tendenzielle Ausschluss von Frauen aus den Machtpositionen, die immer noch relativ fixierte Trennung von Privatheit und Öffentlichkeit und die damit verknüpften Genderkonstrukte – passen ohne große Irritation zum Erbe des sowjetischen patriarchalen Systems, in dem Frauen einerseits in die Erwerbswelt integriert und andererseits allein für die Gestaltung des Privaten zuständig und von den wirklichen Machpositionen ausgeschlossen waren. Die besondere Konstellation von Öffentlichkeit, Erwerbswelt und Privatheit in der Sowjetunion ist ein wichtiger Faktor, um den Verlauf des Transformationsprozesses des heutigen Russlands hinsichtlich des Geschlechterverhältnisses zu erklären. Die Genderkonstruktionen reflektieren die gesellschaftliche Struktur und den Deutungshorizont einer Gesellschaft: Die Konstruktion von Gender ist abhängig von der Gesellschaft, in der sie vorgenommen wird und sie wirkt auf diese auch wieder zurück.

Die neuen Erfahrungen, die jetzt im Prozess der ökonomischen, politischen und sozio-kulturellen Transformation gemacht werden, wirken sich auf die privaten Deutungsmuster der Menschen aus, die ihre Genderkonstrukte neu formulieren und variieren. Doch dieser Prozess ist konfliktreich, und wir können in der Analyse des empirischen Materials sehen, wie die Ausgangsbedingungen wiederum die Deutungshorizonte rahmen und die Möglichkeiten eines produktiven Neuentwurfs gestalten. Durch den Transformationsprozess in einer globalisierten Welt entstehen im Privaten transkulturelle Räume, in denen verschiedene Genderdeutungen zusammentreffen und von den Subjekten reformuliert werden. Diese transkulturellen Räume sind imaginative Räume, in denen die Subjekte neue soziale Praktiken erproben, neue Deutungsmuster, die ihnen begegnen, formulieren und diese in ihre Identitäten integrieren.

In diesem Text werde ich mich im empirischen Teil mit den Selbstdeutungen von Frauen und Männern beschäftigen. Diese Selbstdeutungen, also die Bilder und Vorstellungen von Männlichkeit und Weiblichkeit im Zusammenhang mit dem Selbst, bewegen sich *im* und sind gespeist *durch* den Horizont der kulturellen Deutungen Russlands generell. Der kulturelle Horizont einer Gesellschaft umschließt potentiell *alle* in ihr produzierten Deutungen über die Welt: Zum Bespiel sind dies Deutungen darüber, wie die Welt sein soll, wie sie ist, was gut und schlecht, wahr und falsch ist, wie man leben soll und wie man sich und die anderen versteht etc. Alle symbolischen Konstrukte sind Teil dieses kulturellen Deutungshorizontes.

Für meine Fragestellung heißt dies, dass wir es analytisch mit drei Ebenen zu tun haben: mit der *Struktur* der sowjetischen und russischen Gesellschaft, dem *Deutungshorizont* der sowjetischen und russischen Gesellschaft und den *Selbstdeutungen* der in der heutigen Gesellschaft lebenden Personen. Außerdem muss man bei einer Betrachtung Russlands von drei Zeithorizonten ausgehen: dem vorsowjetischen, dem sowjetischen und dem postsowjetischen Russland. In meiner Analyse werde ich mich auf den sowjetischen und postsowjetischen Deutungshorizont beschränken. Der radikale Prozess der gesellschaftlichen Umgestaltung auf rechtlicher, politischer und wirtschaftlicher Ebene löst die kulturellen Deutungen nicht mit derselben Geschwindigkeit auf. Kulturelle Deutungsmuster, mit denen die Menschen ihre Welt und sich interpretieren, sind tendenziell konservativ.[1] Erst in einem langsamen Prozess der Auseinandersetzung werden die Subjekte neue Muster zur Kenntnis nehmen, mit alten verknüpfen, neue Deutungen schaffen und die Deutungshorizonte miteinander verschmelzen.

Strukturell werde ich in drei Schritten vorgehen: Erstens werde ich das soziologische Begriffspaar der Öffentlichkeit und Privatheit vorstellen, mit dem ich das Geschlechterverhältnis analysieren möchte (1.). Es eignet sich besonders, weil es logisch mit der Konzeption von Demokratie verknüpft ist. Zweitens werde ich die sowjetische Konzeption von Öffentlichkeit und Privatheit rekonstruieren und dabei den kulturellen Deutungshorizont in Bezug auf die Geschlechterbilder der Gesellschaft kurz vorstellen (2.). Zuletzt werde ich am empirischen Material – der Rekonstruktion biographischer Interviews[2] – zeigen, wie in privaten

---

[1] Den dritten, frühesten Zeithorizont, das alte vorsowjetische Russland, das selbstverständlich die Sowjetunion beeinflusst hat, beziehe ich wegen der dadurch entstehenden Komplexität hier nicht mit ein.
[2] Es handelt sich um biographische Interviews, die im Rahmen eines Forschungsprojektes zur Dynamik von Öffentlichkeit und Privatheit in Russland in St. Petersburg im Zeitraum von 1996 bis 1999 durchgeführt wurden. Die Ergebnisse dieser Untersuchung sind veröffentlicht in Ritter 2008b.

Auseinandersetzungen neue transkulturelle Deutungsmuster entstehen, mit denen die Individuen versuchen, sich selbst neu zu entwerfen und die neuen Welten mitzugestalten (3.).

1. Zum Begriffspaar Privatheit und Öffentlichkeit

Das Geschlechterverhältnis einer Gesellschaft kann mit Hilfe des Kategorienpaares Privatheit – Öffentlichkeit sehr gut untersucht werden, wenn man es auf die Kategorie Gender bezieht. In der sozialwissenschaftlichen Forschung werden diese beiden Kategorien Öffentlichkeit und Privatheit verwendet, um eine Besonderheit moderner Gesellschaften zu beschreiben.[3] Moderne Gesellschaften sind gekennzeichnet durch eine Trennung in verschiedene Sphären, die zwar aufeinander bezogen, aber voneinander unabhängig sind: Die Sphäre der Ökonomie unterscheiden wir von der Sphäre des Politischen und Öffentlichen sowie von der Sphäre des Privaten.[4] Wesentliche Aspekte unseres Lebens betrachten wir als private Fragen, die innerhalb eines vorgegebenen Rahmens von uns selbst entschieden werden. Es handelt sich dabei z.B. um die Frage, welcher Religion wir angehören, welche Lebensform wir wählen, welche sexuelle Orientierung wir haben, wie wir uns kleiden etc. Andere Fragen, die das Gemeinwohl einer Gesellschaft betreffen, sind politische Fragen, die in der Sphäre des Öffentlichen diskutiert und durch gewisse Prozeduren wie z.B. Wahlen entschieden werden.[5] Der Begriff ‚Öffentlichkeit' ist im Kontext liberaler Theorien von Demokratie entwickelt worden. Er meint eine besondere gesellschaftliche Sphäre zwischen der staatlichen Macht und der schieren privaten Welt. Öffentlichkeit wurde konzeptualisiert als Sphäre der freiwilligen Assoziation von Privatpersonen oder Interessensgruppen, die sich treffen, um ihre Interessen, Vorstellungen und Wünsche im Zusammenhang mit Fragen der gesellschaftlichen oder politischen Entwicklung zu diskutieren. Im Zuge dieser Debatten wird also das Gemeinwohl der Gesellschaft erzeugt, indem individuell und kollektiv relevante Themen diskutiert und hinsichtlich ihrer allgemeinen Bedeutung für alle Mitglieder der Gesellschaft geprüft oder konzipiert werden. So gesehen können wir die Sphäre der Öffentlichkeit bzw. Öffentlichkeiten als Mediationssphäre zwischen staatlicher Macht

---

3   Zur Dynamik von Öffentlichkeit und Privatheit vgl. meine gleichnamige Arbeit: Ritter 2008b.
4   Hier beziehe ich mich auf Jürgen Habermas' Theorie des kommunikativen Handelns (1981).
5   Dies ist selbstverständlich eine idealtypische Beschreibung, an der vielerlei kritisierbar ist, wie beispielsweise dass manche Fragen private Fragen sind, der Staat aber dennoch eingreift oder, dass die öffentliche Debatte durch eine gezielte Pressepolitik gelenkt werden kann. Wichtig ist hier aber, dass wir mit diesen Kategorien argumentieren und ihre Durchsetzung einklagen.

und individuellen Fragen sehen.⁶ Diese Mediationssphäre wirkt im Idealfall nach zwei Seiten: Die politischen Entscheidungen der Staatsmacht, durchgesetzte oder projektierte Vorhaben, werden hier diskutiert, möglicherweise variiert und dabei in den Orientierungen der Subjekte verankert. Von der anderen Seite werden Themen der Privatpersonen, ihre Interessen, Probleme und Lösungsvorstellungen formuliert, zum Gemeinwohl generiert und als Aufgaben, Themen, Fragestellungen oder Ansprüche an die staatlichen Organe adressiert. In dieser Konzeption ist die Privatsphäre konstitutiv auf die Sphäre der politischen Öffentlichkeiten bezogen: Sie ist einerseits konzeptualisiert als Sphäre der körperlichen und psychischen Wiederherstellung der Person, als Sphäre der Erholung und Gestaltung von Persönlichkeit, die gerade nicht nach der Logik der Wirtschaft oder politischen Öffentlichkeiten funktioniert, sondern in der die *vorherrschenden* Orientierungen interessensfreie Kommunikation, fürsorgliche Beziehungsgestaltung und Liebe sind. Konstitutiv für die Sphäre des Privaten sind emotionale Bindungen, Beziehungen und Fürsorge. Andererseits ist sie auch das Reservoir für Impulse, aus denen die Themen oder Fragen der politischen Öffentlichkeiten gewonnen werden. Die Subjekte erleben die politischen und gesellschaftsrelevanten Themen, Fragen, Probleme und Konflikte als biographische und private Fragen und formulieren diese auch zunächst in Bezug auf ihr Leben.

Interessant ist für uns, dass in den liberaldemokratischen oder sozialstaatlich demokratischen Gesellschaften die Sphärentrennung mit einer Zuordnung der Geschlechter zu diesen Sphären einhergegangen ist: Die Frauen wurden dem Privaten zugeordnet und die Männer dem Öffentlichen. Eine genderinformierte Analyse der Gesellschaft mit diesen Kategorien hilft uns, die Geschlechterverhältnisse, Hierarchien und geschlechtsspezifischen sozialen Ordnungssysteme zu durchschauen. Besonders wichtig ist hier, das Augenmerk auf die Bedeutung des Privaten zu richten, denn die Gestaltung der privaten Sphäre ist die ‚heimliche' Basis der Funktionsfähigkeit von modernen Gesellschaften. Den Sphären des Öffentlich-Politischen und der Ökonomie wird theoretisch wie auch politisch Vorrang eingeräumt, die Sphäre des Privaten wird in der Regel als notwendiges aber unverstandenes oder nebensächliches Begleitwerk für die wichtigen gesellschaftlichen Entscheidungen gesehen. Aus gendertheoretischer Perspektive ist jedoch die private Sphäre von besonderer Bedeutung, denn sie bildet den Kern der modernen Gesellschaft: Hier werden die Traditionen und Normen der Gesellschaft weitergegeben, hier wird durch Fürsorge und Sorge den Menschen ermöglicht, sich zu erholen, auszuruhen und sich auf sich selbst zu besinnen. Die Entfaltung

---

6   Zur Debatte um Öffentlichkeit und Demokratie vgl. z. B. Dubiel et al. 1989, Cohen/Arato 1992, Benhabib 1995, Biester et al. 1993.

der Person als kreatives und sich selbst gehörendes Subjekt wird im Privaten ermöglicht, und die private Sphäre ist die konstitutive Voraussetzung politischer Partizipation und Gestaltung. Deshalb ist die Gestaltung des Privaten, die in der Regel durch die Frauen geleistet wird, für die Frage von Entwicklung und Demokratisierung besonders interessant.

Die sowjetische Dynamik von Privatheit und Öffentlichkeit unterscheidet sich jedoch von der Sphärentrennung, die typisch für westliche moderne Gesellschaften ist: Die private Sphäre ist hier zur Gegenwelt der staatlich-öffentlichen Sphäre und zum einzigen Ort von Gestaltungsmöglichkeiten für die Menschen geworden. Dies hat besondere Folgen für das Geschlechterverhältnis. Im sich transformierenden, neuen Russland verknüpfen sich nun auf der Basis dieser Deutungsmuster und dieser gesellschaftlichen Struktur neue demokratischpatriarchale Muster mit den alten Deutungen: In der Analyse der biographischen Erzählungen von Männern und Frauen und den Identitätsvorstellungen, auf die sie sich beziehen, zeigen sich Potentiale der Veränderungen hin zur Demokratisierung, aber auch eine Gegenbewegung gegen den Demokratisierungsprozess. Das Aufeinandertreffen verschiedener Deutungsmuster – sowjetisch-russische, westlich-globale – führt dazu, dass die alten Identitätskonzepte der Individuen nicht mehr zu den neuen Deutungsanforderungen und auch nicht mehr zu den eigenen Wünschen oder denen der PartnerInnen passen. In einem höchst konfliktreichen Prozess entstehen quasi imaginative Räume, in denen die Individuen versuchen, neue Identitätsaspekte zu entwickeln und zu einem Selbstbild zu integrieren. Diese imaginativen Denk- und Gefühlsräume dienen dazu, die verschiedenen aufeinanderprallenden Deutungen zu bearbeiten. Es sind Deutungen, die aus verschiedenen Welten kommen und die durch neue Medien wie das *World Wide Web*, Kommunikationsmedien generell, wandernde *Global Player*, neue Wirtschaftsunternehmen und ihre mitreisenden Eliten in nie gekannter Geschwindigkeit und Massivität auf die Subjekte einstürmen und ihre lokalen und stabilen Deutungen und Identitätsentwürfe aushebeln.

2. Öffentlichkeit und Privatheit in der Sowjetunion

Die Sphäre des Öffentlichen in der Sowjetunion wurde wesentlich bestimmt durch die Macht der Monopolpartei und ihren Anspruch, das Politische in *allen* Inhalten zu definieren. Trotz dieses hegemonialen Anspruches der Partei und der politischen Führung haben die Individuen sich auch in der Sowjetunion wie Subjekte verhalten: sie haben sich Freiräume geschaffen, in denen sie dem Allmachtsanspruch der politischen Herrschaft entkommen konnten. Allerdings waren sie gezwungen ihre wahren Motive zu verheimlichen und haben immer in einer doppelten Realität gelebt. Durch den Druck der politischen Führer und ihren Anspruch, alle gesellschaftlichen Bereiche zu definieren, konnte und musste sich das Prinzip der Vertuschung als grundlegendes Handlungsmuster etablieren. Die Vertuschung als gesellschaftliches Grundprinzip entfaltet sich in der UdSSR im politisch-öffentlichen Raum, im wirtschaftlichen Raum sowie in der privaten Sphäre.

2.1 Simulierte Öffentlichkeit, Rituale der Bestätigung und das Prinzip der Vertuschung

In der Sowjetunion wurden die Begriffe ‚staatlich' und ‚öffentlich' gezielt miteinander verschmolzen: Aus der Perspektive der UdSSR war alles, was nicht in das persönliche Leben einer Person gehörte, öffentlich. Alles, was öffentlich war, wurde vom Staat – der monopolistischen Partei – organisiert und kontrolliert. Somit war alles, was staatlich war, auch öffentlich.[7] Damit war so etwas wie eine Öffentlichkeit, die als Mediationssphäre zwischen den privaten Wünschen und staatlichen Interessen fungiert, ausgeschaltet. Gleichzeitig knüpfte die politische Führung der UdSSR selbst an einen demokratischen Begriff von Öffentlichkeit an. Allerdings tat sie das in instrumentalisierender und verschleiernder Absicht. Unter staatlicher Kontrolle wurden öffentliche Debatten, Kundgebungen und Versammlungen, Clubs und Assoziationen initiiert, organisiert und durchgeführt. Diese Öffentlichkeit wurde durch die Partei der Staatsmacht als politisches Instrument der Massenmobilisation installiert; sie war weder historisch durch die Subjekte der Gesellschaft erkämpft worden noch durch sie und ihre Interessen gestaltet. Die Öffentlichkeit der Sowjetunion war geschaffen durch den Staat bzw. durch die Macht der monopolistischen Staatspartei, die sich der Legitimations- und Bindungskraft von öffentlichen Debatten bediente.

Die in westlichen Gesellschaften permanent geführten Debatten um die Anerkennung partikularistischer Einzelinteressen und die Erzeugung von Gemeinwohl wurden in der UdSSR einfach gelöst: Das Gemeinwohl wurde durch die Partei bestimmt und die Partikularinteressen als illegitim entwertet. Autonome Öffentlichkeiten, interessenorientierte Assoziationen und Diskurse ‚von unten' über gesellschaftliche Fragen wurden immer als gefährlich begriffen und mussten entweder unterdrückt oder reguliert werden. Demokratische Phrasen, Verschleierung der tatsächlichen Vorgänge, Kontrolle und Einschüchterung, Gewalt und Fehlinformation waren von Anfang an wesentliche Elemente der sowjetischen Öffentlichkeit. Ebenso kennzeichnete der Widerspruch zwischen tatsächlichen

---

7 Vgl. dazu Garcelon 1997 oder Shlapentokh 1989.

Absichten, öffentlichen Verlautbarungen und der Erzeugung einer verschleiernden Scheinrealität die politische Kultur der frühen Sowjetunion.[8] Vertuschung ist ein Begriff, mit dem dieses Prinzip umschrieben werden kann.[9]

Auch die wirtschaftliche Sphäre wurde letztlich diesem Muster der Vertuschung unterworfen. Die Subjekte waren in der Sphäre der Wirtschaft den Irrationalitäten der politischen Vertuschungen und Interessen von konkurrierenden Machtzentren unterworfen, so dass diese gesellschaftliche Sphäre durch Unsicherheit, Betrug und unkalkulierbare Risiken für die eigenen Biographien gekennzeichnet war. Der Entwurf eines tätigen Selbst, das sich als gestaltungs- und entscheidungsfähiges sowie wirkmächtiges Subjekt entwirft, findet hier keinen Ort.

2.2 Die Konzeption und Entwicklung von Privatheit in der Sowjetunion

Die Gestaltung des Privaten war in der Sowjetunion ebenso ambivalent wie auch in den westlichen Gesellschaften. Hier besteht eine gewisse Ähnlichkeit. Das Private wurde in der Sowjetunion im politischen Diskurs als ‚bourgeois' entwertet und war in gewisser Hinsicht unerwünscht. Einzelne Elemente des Privaten, wie z. B. die Regeneration der Person oder persönliche Vorlieben, wurden allerdings akzeptiert und mit dem Begriff des Persönlichen bezeichnet. Charakterzüge und Besonderheiten der Person waren zugelassen, während sich die Aspekte von Privatheit, die sich affirmativ auf Autonomie, Reflexion und Selbstverortung beziehen, als bürgerliche Abgrenzung vom kollektiven Selbst diskreditiert wurden. Gleichzeitig war die private Sphäre als Welt der Liebes- und Freundschaftsbeziehungen wie auch des Familienlebens die notwendige Basis der kommunistischen Gesellschaft. Doch auch im sowjetischen Russland blieb diese Basis – wie im Westen – in gewisser Weise ungedeutet und wurde in die Fragestellungen hinsichtlich des politisch Relevanten nicht miteinbezogen. Je nach gesellschaftlicher Epoche und dem darin vorherrschenden autoritären oder diktatorischen politischen System wurde die Privatheit mehr oder weniger entwertet, kontrolliert oder instrumentell in die Gestaltung der Gesellschaft mit einbezogen. Von Anbeginn an war die private Sphäre ein Ort des Rückzugs, der – anders als in westlichen Gesellschaften, die die Privatsphäre unter diesem Gesichtspunkt schützten und schätzten – gegen die Einflussnahme und die Kontrollansprüche der Machthaber von den Subjekten erkämpft worden war. Auch in der Sowjetunion waren die Frauen die Gestalterinnen und Hüterinnen des Privaten – es war ihre Aufgabe, die Beziehungen zu

---

8 Davon gehen auch Holzer 1998 oder Shlapentokh 2001 aus.
9 Zu dieser breiten Diskussion um die Fehlentwicklungen in der grundlegenden Konzeption der neuen sowjetischen Gesellschaft vgl. z. B. McDaniel 1996.

pflegen, die Familie zu erhalten, die Alten, Kinder und Männer zu versorgen und die sozialistische Moral in den Köpfen und Identitäten zu verankern.[10]

Im Folgenden werde ich, nach Epochen unterschieden, die Entwicklung und Gestaltung des Privaten rekonstruieren und mit dem Geschlechterverhältnis in Beziehung bringen.

2.2.1 Privatheit in der frühen Sowjetunion: Erziehung zum neuen Menschen

In den frühen bolschewikischen Konzeptionen von Gesellschaft stand die Gestaltung des Privaten nicht im Zentrum der politischen Debatte. Die Transformation von einer agrarischen Gesellschaft in eine moderne Industriegesellschaft unter den Bedingungen des Bürgerkriegs fokussierte die Interessen in Debatten und die Umsetzung auf andere Themen: Politische und professionelle Erziehung, staatliche und gesellschaftliche Konsolidierung, der Aufbau der Partei und ihrer kontrollierenden Organe, der Aufbau der Industrie und Wirtschaft und die Integration der Bevölkerung in die politische Arbeit standen im Zentrum der Überlegungen. Dennoch kann man einige Debatten innerhalb der intellektuellen Elite über die Gestaltung des privaten Lebens der sowjetischen Menschen finden. Die wohl berühmteste Person in dieser Debatte ist Aleksandra Kollontai,[11] die eine Konzeption eines kommunistischen Typs des privaten Lebens entwickelt hat. Ihre Idee war, dass freie sexuelle Beziehungen zwischen den Menschen nach den Mustern der kommunistischen Kameradschaft gestaltet werden sollten. Kollontai argumentierte deutlich gegen die traditionelle Geschlechterhierarchie in Russland. Sie eröffnete eine Diskussion über eine explizit nicht-westliche, das heißt nicht-bourgeoise Art des privaten Lebens. Der Kern ihrer Konzeption von sowjetischer Privatheit war die Idee, dass emotional freie Genossen einander als freie und gleiche Menschen begegnen und, außer ihrer privaten Liebesbeziehung zu folgen, gemeinsam an politischen Themen arbeiten würden. Auch sexuelle Freiheit und Freizügigkeit war ein wichtiger Bestandteil ihrer Vorstellungen von individueller Freiheit. Kollontai verstand Ehe und lebenslange Treue als den basalen Aspekt der Hierarchie zwischen Menschen und als eine Barriere gegen die Entwicklung zum reifen Subjekt. Sie verstand Hausarbeit, Erziehung und Familienarbeit als öffentliche Fragen, die durch staatliche Organisationen geregelt werden sollten. Niemand – so ihr Credo – sollte einer anderen Person *dienen*, nicht als Mutter und nicht als Hausfrau.

Besonders interessant für unsere Fragestellung ist, dass Kollontai zwar ein Verständnis vom Individuum und seinen Bedürfnissen hat, aber ein sehr beschränk-

---
10   Zur Konzeption von Mütterlichkeit und Weiblichkeit vgl. Ritter 2001a.
11   Andere wichtige Personen sind z. B. Ines Armand und Klara Zetkin.

tes Konzept von Privatheit vorlegt. Sie konzeptualisiert Liebe, emotionale und sexuelle Beziehungen im Rahmen der politischen Genossenbeziehung und reduziert die Vielfältigkeit der Beziehungen im Privaten – wie intellektuelle Auseinandersetzung, Fürsorge, Anerkennung und Wertschätzung – auf die instrumentellen Bereiche der Hausarbeit und Versorgung. In der politischen Diskussion der frühen Jahre um die Entwicklung des neuen Menschen war ihre Konzeption der freien Lieber allerdings umstritten, und es zeigt sich schnell der repressive Kern des sowjetischen Konzepts des Individuums: Individuelle Entwicklung hat keinen Wert für sich, sondern nur in Relation ihres Gebrauchs für politische Arbeit, die durch die Kommunistische Partei definiert ist.[12]

Schon in der frühen Sowjetunion gab es die Tendenz, das private und das öffentliche Leben zu *einem* zu verschmelzen, nämlich zu dem *sowjetischen* Leben. Neue und alte Genderdifferenzen standen nicht im Zentrum der Aufmerksamkeit. Die Debatte konzentrierte sich stattdessen auf die Erziehung des Menschen mit dem Ziel, politisch hoch motivierte und funktionsfähige Personen zu erzeugen, die der neue Staat brauchte. Privatheit wird hier also tendenziell als bürgerliches Privileg verstanden, das die politische Integration bedroht.

2.2.2 Das Private ist öffentlich – Die Familie als Kollektiv und Nukleus der neuen Gesellschaft

Die unter Stalin forcierte Schaffung eines neuen sowjetischen Menschen und einer neuen Zivilisation war ein enormer Prozess, der fast alle Bereiche des Lebens änderte. Für die Frage nach der Entwicklung des Privaten möchte ich hier die Konzeption der Familie etwas genauer betrachten.[13] Unter Stalin wurden die Idee eines sexuell freien Menschen, der in politischen Bindungen mit Genossen lebt, sowie die Idee der gesellschaftlichen Bereitstellung von familiärer Versorgung abgeschafft. Die Familie wird nun zum Nukleus des sowjetischen Privatlebens und zum sozialistischen Mikrokosmos, in dem die neue Gesellschaft aufgebaut werden sollte. Damit entwickelte sich nicht nur eine Idealisierung der Familie als basales Kollektiv, sondern ein sehr traditionelles Verständnis von Familie: Scheidung wurde schwierig und das Recht auf Abtreibung – einst wichtiger Freiheitsgewinn für Frauen – wurde abgeschafft. Die patriarchale Familie sollte der wichtigste Stabilisator der neuen Gesellschaft werden und glückliche Mitglieder erzeugen, die arbeitsfähig und politisch aktiv ohne Differenz und Eigenheit die

---

12   Vgl. dazu die Arbeit über das sowjetische Individuum von Kharkhordin 1999 sowie Brunner 1977.
13   Dabei beziehe ich mich im Wesentlichen auf Mänicke-Gyöngyösi 1993, Schmitt 1997 und Köbberling 1993 bzw. 1997.

sowjetischen Ziele erringen konnten. Obwohl eines der zentralen Elemente der stalinistischen Frauenpolitik die Integration von Frauen in den Arbeitsmarkt war, zeichnete sich gerade das Familienkonzept durch seine Aufgabenstellung besonders für Frauen aus. Sie sollten die Familie fürsorglich organisieren und die Verankerung der sozialistischen Moral besorgen. Hier, in dieser Phase, entsteht das widersprüchliche Bild der sowjetischen Weiblichkeit: Frauen sind einerseits Teil des Produktionsprozesses und der politischen Aktivität, aber andererseits sind sie vor allem die Mütter sowjetischer Helden, liebende und sorgende Gattinnen und gut organisierte Hausfrauen. Die für ein solches Konzept notwendige Geschlechterdifferenz wurde mit biologischen Begriffen legitimiert.[14] Männlichkeit wurde definiert als Kern des sowjetischen Helden, der sein Leben für die Gesellschaft opfert, während Frauen die Gestaltung des Privaten zu übernehmen hatten und sich so zum sowjetischen Menschen zweiter Ordnung wandelten. Als Resultat dieser Konstruktion entwickelt sich eine besondere Dynamik von Männlichkeits- und Weiblichkeitsstereotypen: Der männliche Held bewegte sich im Öffentlichen und hatte hier unter Parteikontrolle sein Aktionsfeld, während die Frauen die private Sphäre zu organisieren begannen und zur mächtigen Familienmutter werden konnten. Obwohl der stalinistische Terror Öffentlichkeit und Privatheit miteinander verschmelzen wollte, entstand gleichzeitig unterhalb dieser lebensbedrohlichen Kontrolle eine weitere Ebene der Wirklichkeit: Aufgefordert, ihr Inneres nach dem Ideal des Kollektivs zu formen, haben die Menschen angefangen, dieses Innere vor dem Zugriff der Partei zu schützen. Öffentliche Bekenntnisse und private Wünschen differenzieren sich voneinander gerade in dieser Phase der stalinistischen Diktatur.[15] Die Familie und vertraute Beziehungen bieten hier den Raum für die Selbstdefinition als Subjekt. Die private Sphäre entwickelte sich zum zentralen symbolischen Raum für die Entfaltung der Person – dieser wurde von den Frauen gestaltet und dominiert.

2.2.3 Die Ära Brežnev: Wucherungen des Privaten

In vielen wissenschaftlichen Arbeiten wird die Zeit in der Sowjetunion unter Brežnev als eine Ära der Privatisierung beschrieben.[16] Die Stagnation der gesellschaftlichen Entwicklung hinsichtlich Ökonomie, Politik und Bedingungen des Alltagslebens, während die Lobpreisung der sowjetischen Entwicklung und der Glückseligkeit der Menschen blühten, erzeugte in den Menschen ein tiefes Ge-

---

14 Atwood 1990 zeichnet diese biologischen Begründungen in der wissenschaftlichen Konzeptionen der Psychologie nach.
15 Diesen Vorgang – die Entstehung des sowjetischen Begriffs des Individuums im Kontext von Zwang und Vertuschung – rekonstruiert Kharkhordin 1999.
16 Vgl. dazu z. B. Shlapetokh1989 oder Zaslavsky 1982.

fühl der Frustration. Sie begannen, sich auf private Fragen zu konzentrieren und folgten ihren gesellschaftlichen Pflichten nur noch im sinnentleerten Ritual. Wir können uns vorstellen, dass die Bedeutung des privaten Lebens als Sphäre des Erfolgs, der Subjektivität und Wahrhaftigkeit in dem Maße wächst, in dem die Frustration über die gesellschaftliche Perspektivlosigkeit und die Undurchdringlichkeit bürokratischer Macht Raum greift. Die Menschen erfuhren die Sphäre der Arbeit und der Politik immer mehr als Räume ihrer Einflusslosigkeit und Irrationalität, und sie konnten diese Räume nicht nutzen, um sich selbst als kreative und handlungsfähige Subjekte zu entwerfen.

Diese Entwicklung führte zu einer Aufwertung der privaten Welt und lud sie als einzige Sphäre der Wahrhaftigkeit, Authentizität und Bedeutung moralisch auf. Doch diese Aufwertung und Aufladung hatte für Männer und Frauen unterschiedliche Konsequenzen. Frauen, als die mächtigen Organisatorinnen der privaten Welt und als Führungsfiguren in Familienfragen, konnten in dieser Sphäre des Privaten ihre Frustration über die äußere Welt kompensieren. Im Gegensatz dazu fühlten sich Männer auch in ihrer privaten Sphäre unter Kontrolle, denn sie wurden wie Kinder behandelt und nicht als autonome Subjekte anerkannt. Beispielsweise forderten Benimmbücher aus den 1950er, 60er, 70er und 80er Jahren junge Frauen auf, ihre Männer aufgrund deren mangelnder Reife wie Kinder zu behandeln und für sie zu sorgen (Schor-Tschudnowskaja 2001). Die mit biologistischen Mustern begründete Zuständigkeit der Frauen für die Privatheit, Beziehungen und Fürsorge mündete in eine Kontrolle des inneren Lebens der Männer durch die Frauen. Die Dissidentenkreise der 1970er und 80er Jahre fanden ihren Ort der ‚privaten Öffentlichkeit' in der ‚russischen Küche' da die Öffentlichkeit staatlich dominiert wurde. Obwohl es einige herausragende Frauenfiguren gab, wiederholte sich hier jedoch die patriarchale Struktur der Gesellschaft: männliche Denker und Diskutanten dominierten, während die Frauen die begleitenden Arbeiten leisteten (Zdravomyslova/Voronkov 2002).

2.2.4 Neue Ideen in der Zeit der Perestroika

Als Fazit bis hierher möchte ich festhalten, wie fundamental sich die Sowjetunion von Gesellschaften der westlichen Welt unterschied. Mit der bolschewistischen Revolution von 1917 hat sich eine Partei etablieren können, die unabhängig von ihrer jeweiligen konkreten Politik an einem immer festgehalten hat, nämlich an ihrer absoluten Definitionsmacht hinsichtlich ökonomischer Rationalität, politischer Praxis und moralischer Fragen. Während sich im Westen im 20. Jahrhundert in liberal-demokratischen Gesellschaften ein Verständnis von Moral und Politik, Privatheit, Öffentlichkeit und Alltag herauskristallisierte, das die offene *Debatte* um Normen und Werte ins Zentrum stellte, hat in der Sowjetunion die Kommunistische Partei bis in die achtziger Jahre hinein daran festgehalten, dass sie die moralischen Normen, die politische Wahrheit und den Sinn des Lebens vorformuliert. Durch unzählige Institutionen (Schule, Jugendorganisationen, politische und berufsbezogene Gruppen, freizeitgestaltende Gruppen etc.) wurde dann versucht, diese ‚Wahrheit' und diese Normen – also den kollektiven Deutungshorizont – im individuellen Deutungshorizont der Menschen zu verankern. Dies ist niemals vollständig gelungen, denn die Menschen haben dem Staat immer Freiräume abgerungen und eigene, kritische Deutungen hervorgebracht. Dennoch ist der *hegemoniale Anspruch* der Monopolpartei bedeutsam für die Menschen gewesen: Der neue sowjetische Mensch, den die Sowjetunion mit aller Macht hervorbringen wollte, hat sich auch in konkreten Personen realisiert, die gelernt haben, mit einem bestimmten Blick und mit bestimmten Mustern ihre Welt zu interpretieren.

Eines der basalen politischen Ziele der Sowjetunion war die Gleichheit von Männern und Frauen. Der Weg, über den diese Gleichheit erreicht werden sollte, war die Integration der Frauen in die Erwerbsarbeit. Wir gehen davon aus, dass bis zu 90% der Frauen in der UdSSR, unabhängig von der Anzahl ihrer Kinder, erwerbstätig waren. Durch viele gesellschaftliche Institutionen wie Krippen, Kindergärten, Wochenheime etc. wurde diese Integration ermöglicht. Auch die politische Gleichheit sollte in der kommunistischen Gesellschaft erreicht werden. Dies sollte über Quotenregelungen und die berufliche Qualifikation von Frauen geleistet werden. Allerdings zeigt sich bei genauerer Analyse eine massive Schieflage, was die berufliche, politische und gesellschaftliche Partizipation von Frauen angeht: ihre Gehälter waren niedriger als die gleich qualifizierter Männer und sie hatten kaum wirkliche Machtpositionen und Leitungsfunktionen in den politisch und ökonomisch entscheidungsrelevanten Bereichen inne. Am wahrscheinlich folgenreichsten war und ist, dass die Frauen zwar in die Erwerbsarbeit integriert wurden, aber die Männer nicht in die Familienarbeit. Die Gestaltung der Beziehungen und des privaten Lebens, die Organisation des Alltags, die Versorgung der Kinder und die liebende Sorge um die Mitglieder der Familie war und ist fast vollständig die Sache der Frauen. Trotz der Idee, die Gleichheit der Geschlechter zu verwirklichen, hatte sich in der Sowjetunion eine massive Ungleichheit und Hierarchie zwischen den Geschlechtern etabliert. Dies ist die Ausgangslage, die die Neugestaltung der Gesellschaft mitbestimmt

In den Zeiten der Perestroika unter Gorbačev veränderte sich nun die gesellschaftliche Situation radikal. Nach der Zeit der Langweile und Frustration der 1970er bis Mitte der 80er Jahre hofften die Menschen auf eine machtvolle Entwicklung. In den neuen Medien wurden die sowjetische Gesellschaftsordnung und das Verhältnis von Privatheit und Öffentlichkeit thematisiert: Öffentlichkeiten sollten virtuelle Räume bieten, in denen die Entwicklungen der Gesellschaft diskutiert werden könnten, während die Privatsphäre endlich vom politischen Einfluss befreit werden sollte. Ein neues Verständnis der Privatsphäre wurde entwickelte, das im Wesentlichen durch die Entstehung privater ökonomischer Märkte beeinflusst wurde. Eine der wichtigsten Ideen war, dass das neue Ideal der Privatheit von der neuen öffentlichen und ökonomischen Welt zu trennen sei; die private Sphäre sollte vor allem Raum für die Erziehung der Kinder, für liebevolle Beziehungen sowie für Erholung bieten. Ganz offensichtlich basiert dieses neue Ideal der Privatheit auf der klassischen Genderstruktur: Die neue Aufgabe der russischen Frau war nun, eine bürgerliche, liebende Hausfrau zu werden. Obwohl wir auch Vorstellungen von neuen Partnerschaftsbeziehungen finden, gerieten die Hauptdiskurse über die Privatheit in den Bann der Klage über die sowjetische Vermännlichung der Frauen, die Entmännlichung der Männer und die notwendige biologische Differenzierung der Geschlechter und ihrer Aufgaben in der Gesellschaft.[17]

3. Heute: Die Entstehung von neuen Gender-Deutungen in transkulturellen Räumen des Privaten

Die Rekonstruktion der Dynamik von Öffentlichkeit und Privatheit in der Sowjetunion stellt den Rahmen für meine Analyse der biographischen Interviews dar, in denen die Befragten ihre heutige Situation, die Gestaltung der Privatsphäre und ihre Beziehungen reflektieren.

Ausgangspunkt meiner Interpretation ist ein besonderes Muster, das sich für die Subjekte in der Sowjetunion herauskristallisiert hat: Die Integration der Frauen in die Erwerbswelt zum einen, das Weiblichkeitsideal der russischen Hausherrin und Mutter, die das Heim besorgt, die Kinder und ihren Ehemann fürsorglich umsorgt und deren innere wie äußere Welt gestaltet zum zweiten und die damit einhergehende Macht in der privaten Welt, die eine Gegenwelt zur staatlichen Öffentlichkeit darstellt, hat im neuen Russland zu einem besonderen Geschlechterverhältnis geführt. Während die Frauen zwar patriarchal aus öffentlich-politischen und ökonomischen Machtpositionen ausgeschlossen wurden, konnten sie sich als mächtige Subjekte des Privaten entwerfen. Den Männern hingegen stand keine Sphäre zur Verfügung, in der sie sich als tätige und gestaltungsfähige Subjekte erfahren konnten. Ihnen standen zwar mit dem Männlichkeitskonzept des

---
17 Vgl. dazu die Analyse von Zdravomylsova 1999.

sowjetischen Helden, der sich für die Gesellschaft und den Kommunismus opfert, die Machtpositionen des Staates offen, doch hier waren sie den irrationalen Wegen von Bürokratie, Korruption und politischen Machtzentren ausgeliefert. In der Sphäre des Privaten waren sie der Gestaltungsmacht und der Manipulationskraft der Frauen ausgesetzt und fanden daher auch hier keinen Raum, sich als Subjekte zu entwerfen.[18]

In meinen Interviews zeigen sich zwei Aspekte der Gestaltung des Privaten besonders deutlich: die Verwandlung von Hausherrinnen in Hausfrauen und die damit verbundene Gestaltung des emotional überfrachteten Heims (1) und die Individualisierung der Männer, die ihre innere Natur ‚rationalisieren' (2). Besonders gut sichtbar wird dieser Veränderungsprozess durch die Gegenüberstellung von zwei Paaren zweier Altersgruppen aus einer sozialen Schicht; dabei handelt es sich um die Trägerschicht des Transformationsprozesses im postsowjetischen Russland: die Mittelschicht. In den biographischen Erzählungen der Individuen entstehen vor unseren Augen die neuen transkulturellen Deutungen, in denen alte Muster und neue Ideen miteinander verschmolzen und zu neuen integrierenden Mustern generiert werden.

Beide Paare, die ich im Folgenden vorstellen werde, haben sich zumindest als Paar erfolgreich an die Anforderungen der Marktwirtschaft angepasst. Sie gehören zur neuen Mittelschicht, erzielen ein ausreichendes Einkommen und können sich eine Wohnung, ein Auto und Urlaubsreisen leisten. Allerdings gehören sie zwei Generationen an: Galina und Jurij, das ältere Paar, waren zum Zeitpunkt des Interviews (1997) 35 Jahre bzw. 38 Jahre alt, während Ludmilla und Aleksej, das jüngere Paar, beide 24 Jahre alt waren. Durch den Transformationsprozess Russlands machen diese zehn Jahre Altersunterschied quasi einen Generationenunterschied aus.[19]

3.1 Galina und Jurij: Die Herrin des Hauses und die Rationalisierung des Inneren

Das Ehepaar befindet sich in einer Krise, die jedoch nur von Galina inhaltlich beschrieben werden kann. Sie sind seit ca. 17 Jahren verheiratet. Galina hat den Anpassungsprozess an die Marktwirtschaft nur durch eine ‚Hausfrauisierung' leisten können. Jurij, ihr Mann, arbeitet 14-16 Stunden am Tag als Geschäftsführer

---

18 Zu den Geschlechterstereotypen und ihrer Wirksamkeit vgl. z. B. Cheauré/Engel 1991, Trepper 1990 und Köbberling 1997.
19 Auch Levada 2004 geht von kürzeren Generationensprüngen aufgrund der Geschwindigkeit der Veränderungen aus. Er teilt vier Erwachsenengenerationen in die Altersstufen von 18-24, 25-39, 40-54 und über 55 Jahre ein.

einer Chemiefirma, während sie die private Sphäre der Familie (sie haben einen 14-jährigen Sohn) gestaltet. In ihrer Biographie zeigt Galina, wie sie in den Sog der Notwendigkeiten kapitalistischer Lebensorganisation geraten ist; ein Problem, das auftaucht, wenn staatliche Regulierungen zur Absicherung von Familien nicht vorhanden sind oder die Gestaltung des Privaten als Naturverhältnis konzipiert ist.

Galina hat Geschichte auf Lehramt studiert, kam jedoch mit der Schulsituation nicht zurecht. Nach Zusatzkursen arbeitete sie als *Guide* in Leningrad, doch dann wechselte sie aus finanziellen Gründen in eine Firma und arbeitete dort als Chefsekretärin. Probleme in der Firma löste sie mit ihrem Ausstieg aus der Erwerbswelt. Bis hierher hat sie einen für russische (sowjetische) Frauen typischen Erwerbsverlauf: häufige Wechsel, Kind, neue Interessen, neue Chancen. In den 1990er Jahren ergreift sie die Möglichkeit, die ihr Ehemann ihr – aus beruflichen Gründen – bietet: Sie gibt die Erwerbstätigkeit auf und geht mit ihm als mitreisende Ehefrau für ein Jahr ins Ausland. Interessant in ihrem Interview ist, dass sie immer ein ‚Wir' benennt, das ins Ausland ging, Erfahrungen machte, dann zurückkam, eine Firma gründete und aufbaute. Nach ihrer Rückkehr nach Russland erfährt sie jedoch ihre Situation als Hausfrau als hoch prekär. Im ganzen Interview zeigt sie unterschwellige oder offene Wut über ihren Mann, da ihre jetzige Lebenssituation sich nicht mit ihren Vorstellungen von der russischen Frau, die als *Chasjaika* (Herrin des Hauses) für das Private zuständig ist und neben ihrer Erwerbstätigkeit über das Haus herrscht, vereinbaren lässt. Ihre Zwei-Welten-Theorie besagt, dass Frauen und Männer zwei verschiedene Rassen sind und unterschiedliche Ziele und Aufgaben im Leben haben: Männer sind romantische Helden, die Verantwortung für die Welt übernehmen und die Frauen in ihren Aufgaben unterstützen und anerkennen, während Frauen mütterlich die Familie leiten sowie das Haus und ihre Männer gestalten. Diese Vorstellung ist im neuen Zusammenleben mit Jurij nicht mehr funktionsfähig. Als zentrale Gründe für ihre prekäre Situation nennt sie zwei: Geld und seine neue Unabhängigkeit. Auf die Frage, wer der Kopf der Familie sei,[20] antwortet sie so:

> Nun er. Als er aus England zurückkam, bekam er viel Geld, er entschied, dass er der Kopf der Familie ist. Bevor er nach England ging, haben wir gleich viel verdient, ich habe sogar manchmal mehr verdient. (Nachfrage des Interviewers: Wer ist denn nun der Kopf der Familie?): Offensichtlich der Ehemann, weil er ist hauptsächlich der Ernährer der Familie und ich gehe spazieren. Ich bin für die Kleinigkeiten zuständig (Squ 39).[21]

---

20 Diese Frage nimmt eine in Russland übliche Redewendung über die führende Person in der Familie – oder einer anderen Gruppe – auf.
21 Den Regeln der Biographieforschung (Flick u. a. 1995) entsprechend gebe ich hier die wörtliche Rede der Person unkorrigiert wieder, allerdings habe ich zur besseren Lesbarkeit Satzzeichen eingefügt. Die Übersetzung wurde von der Autorin besorgt.

Ihre Wahl, Probleme im Erwerbsfeld durch einen Ausstieg zu lösen, hat sie in eine aussichtslose Situation gebracht, denn durch seinen Rückzug aus der Gestaltung des Privaten (das sowjetische Muster) und seine Betonung von Unabhängigkeit (das westliche Muster) hat sie keinen Zugriff mehr auf ihn. Sie erzählt von einem Gespräch mit ihm, in dem sie sich beklagt, dass in ihrer Familie keine gemeinsamen Spiele, Theater, Musik mit ihrem Sohn stattfinden. Sie gibt uns voller Empörung seine Antwort wieder:

> (...) Wissen Sie, wie mir mein Mann erklärt, ich habe verstanden, dass ich niemandem etwas schulde, ich bin ein freier Mann. Und ich? Du schuldest auch niemandem etwas. Gut mein Lieber, wenn du deine schmutzige Wäsche dahin legst, wo sie liegt, dann sollte ich sie nicht waschen, ich sollte sie nicht bügeln, du hast gut reden ((...) Nachfrage: was hat er geantwortet. (...)) er hat nichts dazu gesagt, er schuldet nichts. Das war's, verstehen Sie, er schuldet nichts (Squ 58).

In den Auseinandersetzungen versucht sie mit Schreien, Drohen, Kofferpacken oder Manipulation ihre Wünsche nach Anerkennung und Verantwortung durchzusetzen. Doch sie erreicht ihn nicht mehr. Ihr Identitätsentwurf als Herrin des Hauses passt weder zu seinen neuen Konzepten von Identität noch zu den neuen Deutungen, die mit der Marktwirtschaft und den Deutungsmustern von Privatheit, Öffentlichkeit, Autonomie und Unabhängigkeit in Russland Einzug gehalten haben.

Die sowjetische Privatheit, die den Frauen die Erfahrung von machtvoller, mütterlicher Subjekthaftigkeit und Kompetenz (im Regeln, Organisieren, Gestalten) bot, hat sich auf die Privatheit des Gefühls reduziert. Am Ende des Interviews setzt sie an, um von ihren großen Plänen zu erzählen, aber sie endet im romantischen Gefühl. Auf die Frage, ob sie mit ihrem Leben zufrieden sei, antwortet sie zunächst mit einem Verweis auf ihre großen Pläne, ihre Wünsche danach, etwas zu sein in der Welt, etwas zu leisten, zu bewegen, einen Effekt zu erzielen. Doch dann endet sie mit einer rührend anmutenden Phantasie, in der sich die Reduktion auf die Gefühligkeit spiegelt:

> I: „Sind Sie mit ihrem Leben zufrieden?"
> G: „Nein, ich wollte Berge versetzen, wissen Sie. Ich wollte Berge versetzen.
> I: „Was hindert Sie?"
> G: „Wissen Sie, ich will eine vernünftige, gute und ewige, ich will eine riesige, leuchtende Liebe" (Squ 79).

Jurij begegnet uns in seinem Interview als isoliertes Ich, das aufgeht in seiner Erwerbsidentität und die private Sphäre als notwendigen Hintergrund braucht, aber nicht gestaltet. Seine Stimulusantwort[22] enthält nur Daten über seine Ausbildung

---

22 Im biographischen Interview der qualitativen empirischen Sozialforschung wird zuerst ein Stimulus gegeben – dabei handelt es sich um die Aufforderung: Bitte erzählen sie ihr Leben.

und berufliche Entwicklung. Auf die Nachfrage des Interviewers, er habe nur Betriebliches aber nichts Persönliches erzählt, antwortet er:

> Bei mir ist alles Persönliche das Betriebliche, deshalb spiegelt das alles adäquat wieder, was gemacht wurde (Squ 2).

Seine Frau und seine Familie erwähnt er zum ersten Mal in Sequenz 29 und er kann keine Kontexte der Familie erzählen: wie sie sich kennen lernten, wie sie heirateten, das Kind bekamen, Freunde, Familiengestaltung etc. Auch kann er im Interview im Gegensatz zu seiner Frau keinen der Konflikte konkret erzählen; sie erscheinen ihm als Streit um überflüssige „Kleinigkeiten", deren Sinn er nicht versteht. Die geschlechtsspezifische Arbeitsteilung, die ihr die Gestaltung des Privaten zuspielt, ist seines Erachtens gewählt, sie ist „im Leben so gekommen", weil seine Frau „mehr Zeit hat" und „die Hausarbeit an sich genommen hat" (Squ 33). Während seine Frau sich nicht mehr als Subjekt anerkannt fühlt, wünscht er sich eine emphatische Frau und eine glückliche Ehe, aber er sieht keinen Zusammenhang zwischen seinem Handeln und dem Unglück in seiner Ehe. In seiner Antwort auf die Frage nach der Definition der idealen Weiblichkeit macht er deutlich, dass die Verbindung mit einer Frau für ihn die notwendige, aber ungedeutete Basis seines Wohlbefindens ist: Er antwortet, dass eine Frau durch das Begehren und die Bindung an einen Mann zur Frau wird. Weiblichkeit ist damit relational durch ihn als Mann bestimmt. Hingegen definiert er die ideale Männlichkeit sehr einfach durch ein Charakteristikum, das unabhängig existiert: „Richtige Männlichkeit wird durch Entscheidungskompetenz bestimmt." Über die Basis seines Lebens aber hat sich der Schleier der Versachlichung gelegt: Er weiß nicht, was die Konflikte beinhalten, weiß nicht, wie er sie lösen soll und versteht nicht, wo das Problem in seinem Leben liegt. Auf die Frage, ob die Konflikte sich von selbst lösen, antwortet er so:

> Ich denke, dass (...) am ehesten ist das, was geschieht (...) sie gehen auf eine andere Ebene über. Das heißt, wenn sie auf der Ebene der einfachen alltäglichen Adaption geschehen, dann erscheinen sie auf einer anderen Ebene, auf der Ebene, sagen wir der emotionalen Existenz. Dann gehen sie auf eine dritte Ebene über und so weiter. Sie verschwinden nicht und ich begreife das sehr gut, dass sie nicht verschwinden (Squ 33).

Jurij wehrt sich gegen die sowjetische Konzeption des Privaten, in dem die Frauen mit Macht und Spielraum zur Gestaltung von Beziehungen ausgestattet waren. Er interpretiert sich und seine Privatsphäre nun nach dem (neuen) Modell des Berufsmenschen: als gewünschter Hort der schönen Emotion, dessen Gestaltung

---

Die Antwort auf den Stimulus wird als eigenständiger Abschnitt analysiert und spielt eine große Rolle in der Interpretation des Interviews. Vgl. dazu Flick et al. 1995.

jedoch ungedeutet bleibt und die unverstandene Basis seiner entscheidungs- und verantwortungsfähigen Subjektivität darstellt. Auch für ihn ist die Privatsphäre der imaginative transkulturelle Raum geworden, in dem er die neuen, mit seiner Arbeitswelt verknüpften Deutungsmuster der Autonomie und Unabhängigkeit in der Auseinandersetzung mit seiner Frau und ihren Mustern der Beziehungsgestaltung durch die Hausherrin, die das Private und alle Beziehungen kontrolliert, zu Identitätsaspekten generiert und in seinen neuen Selbstentwurf integriert.

3.2 Ludmilla und Aleksej: Die Arbeit der Frauen in neuem Gewand und der Traum von der Hausfrau

Ich komme nun kurz noch zum jüngeren Paar, Ludmilla und Aleksej, deren Interviews davon bestimmt sind, dass sie in sehr kurzer Zeit ein Kind erwarten (in einem Monat) und gerade eine eigene Wohnung bezogen haben. Beide sind 24 Jahre alt, haben an einem polytechnischen Institut studiert und sind beide Ingenieure. Beide zeigen sich im Interview als sehr erzählfreudig, selbstreflektiert und zielorientiert.

Ludmilla befindet sich seit einem Tag im Mutterschaftsurlaub und beschreibt ihre Situation im Interview sehr eindrucksvoll: „Gestern habe ich noch gearbeitet und morgen arbeite ich schon nicht mehr". Sie befindet sich in der buchstäblichen Zwischenphase zwischen zwei Welten und kann noch nicht einschätzen, was die neue Welt für sie bedeuten wird. Mit vielen anderen meiner InterviewpartnerInnen – auch der älteren – hat sie gemeinsam, dass sie eine wundervolle Kindheit hatte. Sie schildert ein Bild von Harmonie, denn sie war als Kind eingehüllt in die Liebe der Eltern und Großeltern. Konflikte, Auseinandersetzungen, Streit, Abgrenzung hat es ihrer Erzählung nach nicht gegeben, nur manchmal zeigt sich eine kleine Bruchstelle, in der Differenzen aufscheinen. Eine dieser Differenzen bezieht sich auf ihre Eltern, von denen sie zunächst erzählt, dass ihre Mutter im XY-Institut arbeitete und ihr Vater heute in einer Z-Firma tätig ist. Sehr viel später, bei einer Erzählung über ihre Familie, erzählt sie, dass es ihrem Vater nicht gelingt, Arbeit zu finden, so dass der ganze Familienunterhalt an ihrer Mutter hängt. Ihre Mutter sei „so stark", das führe dazu, dass ihr Vater „so schwach" sei und sich nicht wirklich bewegen müsse. Wir finden hier noch das sehr sowjetische Muster, der starken russischen Frau, die die Männer ‚entmännlicht'. Die Ambivalenz dieser Geschlechterbilder zeigt sich allerdings auch darin, dass sie erzählt, ihr Vater habe ihre Mutter „dazu dressiert/abgerichtet", Drei-Gänge-Menüs zu kochen. Da seine Mutter Hausfrau war, hat er dies von ihrer Mutter verlangt und sie hat es auch getan. Interessant ist hier für uns, dass keinerlei Kritik an dieser Konstruktion bei Ludmilla sichtbar wird.

Die Beziehung mit ihrem Ehemann Aleksej schildert sie in einnehmenden Bildern großer Harmonie und tiefen Gefühls. Eine Differenz zwischen ihnen ist, dass sie sehr aktiv war und sehr gerne in Musikclubs ging, während Aleksej daran kein großes Interesse hatte. In der Zeit ihrer Beziehungsanfänge hat er sehr „zärtlich" und „schön" um sie geworben, „alles haben wir so gemacht, wie ich es wollte" (Squ 25). Eine Art Bruch in dieser schönen harmonischen Welt deutet sich an, als sie über ihre Zukunft spricht:

> Meine nahe Zukunft sehe ich darin, dass wir bald einen Sohn oder eine Tochter haben werden. Für einen Zeitraum von ungefähr 3-4 Monaten werde ich zu Hause sein, dann möchte ich eine Firma finden, in der ich viel arbeiten muss und in der man viel bezahlt (Squ 36).

Sie plant, dass ihre Mutter bei dem Kind sein wird, findet es jetzt aber noch zu früh, um genau darüber nachzudenken. Die Frage, wie ihre erwerbstätige Mutter, die ja das Einkommen der Familie erzielt, dies machen soll, stellt sie im Interview nicht.

Die sowjetisch-russische Konstruktion des Privaten ganz in der Hand der Ehefrauen, Mütter, Großmütter und Tanten findet sich bei ihr kombiniert mit großer Zielstrebigkeit und einer klaren Orientierung an Erwerb und Konsum. Sie bedenkt die Gestaltung des Privaten – Kind, Mutter, Wohnung, Nahrung, Freizeit –, bezieht aber ihren Mann in die Organisation nicht mit ein. Bezogen auf die Arbeitsteilung im Haushalt vertritt sie ein klassisches liberales Modell: Keiner sollte zu etwas gezwungen werden, jeder macht es so wie er/sie Lust hat. Sie ist wegen des Kindes jetzt zu Hause, dies ist aber quasi zufällig. Damit grenzt sie sich von der früheren sowjetischen Begründung der Geschlechterdifferenz ab, die die Zuständigkeit der Frauen für Kinder aus der Biologie ableitete.

Aleksej möchte ich hier unter zwei Gesichtspunkten kurz anführen. Zum einen zeigt er eine sehr klare berufliche Zielorientierung: Er ist ein junger, dynamischer Bankangestellter. Er will sich entwickeln, will etwas leisten und weiß, dass man sein Leben in die Hand nehmen und planen muss:

> (...) bei mir arbeitet die ganze Zeit der Kopf in der Bank, ich lerne die ganze Zeit etwas dazu, aber das Gefühl von Stabilität ist in meinem Alter eine Gefahr. Man darf nicht nachlassen, sonst kann man sein ganzes Leben da bleiben und Angestellter bleiben. Ich habe natürlich ein Ziel, entweder ein gutes Gehalt erzielen, aber das ist hier im Land nicht möglich (...), oder eine eigene Firma aufmachen (...), das wird mit dem Internet verknüpft sein (...) ich verfolge diese Frage sehr aufmerksam (...) die Fortbildung (...). (Squ 37).

Die oben zitierte Sequenz habe ich nur in Auszügen angeführt, denn sie ist eine lange Erzählung über seine berufliche Entwicklung und seine Pläne. Seine starke Erwerbsorientierung lässt ihn in der Phantasie Grenzen überschreiten und ein

Leben in den globalisierten Welten visionieren. Interessant ist für uns, dass er zwar im Interview viel über sein neues Heim, die glückliche Ehe und das Kind spricht; auch erzählt er, dass er seine Frau dazu gebracht hat, nicht mehr in Clubs und Ausstellungen zu gehen („wir waren in allen Ausstellungen in St. P. und 90 % davon waren überflüssig" (Squ 14)). Dennoch bezieht er die Gestaltung des Privaten in seine beruflichen Pläne, in seine sehr klaren und konkreten Phantasien über die Zukunft nicht mit ein. Wenn er so viele Weiterbildungen macht, so viel arbeitet, die Firmen wechselt und Erfahrungen sammelt, wie er sich vorgenommen hat, wer kümmert sich um die Ehe, die Familie, das Heim, das Kind, den Haushalt? Hier entsteht ein Widerspruch zwischen der transkulturellen Orientierung – die Aufnahme verschiedener Deutungsmuster über Lebenspläne, Berufstätigkeit und Zukunft – und seinen Wünschen nach einem traditionellen russisch-sowjetischen Heim, das die Gegenwelt gegen die kontrollierte und kontrollierende Welt des Staatlich-Öffentlichen und der Ökonomie darstellt.

An anderer Stelle erzählt er von seinem unfähigen Vater, der trank und seine Mutter in keiner Weise unterstützte. Er selbst beschreibt sich als einen anderen Typ Mann, der Verantwortung übernimmt, gut verdient und seine Frau unterstützt. Die Arbeitsteilung im Haushalt begründet auch er sehr westlich-liberal: Sie ergibt sich von selbst. Er meint, dass es keine klaren Regeln für die Haus- und Familienarbeit geben sollte, denn jeder wählt das, was er gerne macht. Zufällig ist es nun in ihrer Beziehung so, dass er sehr viel arbeitet und Ludmilla wegen des Kindes zu Hause bleibt und den Haushalt übernommen hat. Doch dann verliert er sich einen Moment lang in einer rosigen Phantasie über die Zukunft, seinen Erfolg und sein glückliches Leben:

> A: „Wenn es so kommen sollte, ich wäre nicht dagegen. Nicht, dass ich das möchte, aber wenn es so kommt, dass ich genug verdiene, dass Ludmilla es könnte, nicht zu arbeiten, oder mein heutiges Gehalt ist ihr vollkommen genug, sie sagt, dass uns nichts mehr fehlt, besser zu Hause bleiben, werde ich nicht dagegen sein".
>
> I: „Und anders herum?"
>
> A: „Das würde ich nicht tun, ich würde sowieso arbeiten. Ich sehe mich nicht in dieser Rolle, so etwas kann nicht sein" (Squ 27).

4. Resümee: Transkulturelle Räume der Privatheit

In den Interviews zeigen sich soziale Ungleichheiten, die sowjetische Elemente mit neuen marktwirtschaftlich begründeten Elementen verknüpfen: Beide Mittelschichtsmänner zeigen eine klare Berufsorientierung, Zielorientierung und die

Idee des Privaten nach dem westlichen Modell der Gefühlswelt, die sie brauchen, aber an deren Gestaltung sie kaum teilnehmen. Die ältere Frau, Galina, kämpft einen aussichtslosen Kampf mit den Strategien und Mustern der russischen Vorstellung von einer Herrin des Hauses, deren Arbeit anerkannt und gewürdigt wird. Die Macht in dieser Sphäre soll ihr ein Ausgleich sein für den Verzicht auf Subjekthaftigkeit in der Erwerbswelt und in der Öffentlichkeit.

Die jüngere Frau, Ludmilla, behält auf der einen Seite Aspekte der alten Privatheitskonstruktion der Sowjetunion bei: Kinderversorgung ist in der Hand der Frauen, der fraglose Rückgriff auf die Großmutter, die Schonung und den Ausschluss des Gatten aus dieser Frage. Sie zeigt auf der anderen Seite aber gleichzeitig auch ein neues Muster der sehr klaren Berufs- und Konsumorientierung, deren Durchsetzung sie allerdings noch nicht erreicht hat.

Im postsowjetischen Russland wird eine neue Privatheit erzeugt. Der Zusammenbruch der Versorgungsinstitutionen für Kinder und Familien führt dazu, dass die Frauen eine besondere Art der Privatisierung erfahren: ihre Anliegen sind nicht mehr gesellschaftsrelevant. Gleichzeitig entsteht eine Sphäre des Privaten, in der die Mütter als machtlose Ehefrauen die Gefühle verwalten und mit den unabhängigen Ehemännern in Konflikt geraten.

Die Konflikte zwischen Prozessen, die zum einen mit der ökonomischen Globalisierung, zum zweiten mit den sowjetisch-russischen Deutungsmustern und zum dritten mit den *global imaginations*[23] – also den Interpretationen der wandernden Deutungsmuster – zu tun haben, erzeugen in Russland eine neue Form von Privatheit, neue Geschlechterarrangements und neue Genderbilder.

Privatheit wird so zum transkulturellen Raum, in dem diese neuen Deutungen ausgehandelt, in die neuen Selbstentwürfe integriert und in neuen sozialen Praxen erprobt werden. Die männlichen Befragten überqueren nationale und kulturelle Grenzen in ihren Selbstbildern als ein Resultat ihrer starken Berufsorientierung. So reflektieren sie die Zwänge der globalen Ökonomie als Chancen für ihre eigene Entwicklung. Aber ihre Interpretation des Selbst als autonom und unabhängig basiert auf privaten Beziehungen, für die sie nicht sorgen. Während der jüngere Mann, Aleksej, es leicht findet, die neuen Aspekte des Selbst in die symbolischen Räume der Transkulturalität zu integrieren, lebt der ältere Mann, Jurij, bereits

---

23   In ihrer Arbeit zur Globalisierung und Transnationalisierung unterscheiden Burrawoy (2000) und seine Arbeitsgruppe zwischen *global forces, global connections* und *global imaginations,* um die verschiedenen Aspekte der Globalisierung zu erfassen. Unter *global forces* werden die ökonomischen Zwänge verstanden, die durch national unabhängige Wirtschaftsunternehmen ausgeübt werden, unter *global connections* die Momente der Bindungen, die die Subjekte durch die neuen Medien weltweit eingehen können und unter *global imaginations* die kulturellen Deutungsaspekte, also die Deutungen, die die Menschen in ihren Erfahrungen mit Globalisierungsprozessen entwickeln.

seit längerem in einer Lebensbeziehung, die er nun verändern möchte. Er gerät in Konflikt mit seinen und Galinas Wünschen, Bildern und Forderungen. Seine Frau Galina befindet sich in einem scharfen Konflikt, während sie diesen Prozess der Transnationalisierung erlebt. Sie konzentriert sich mit aller Kraft auf die Gestaltung der privaten Sphäre, in der allerdings ihre Selbstbilder zutiefst inkongruent sind, und auf die Bilder ihres Mannes und seiner Verarbeitung der neuen, transkulturellen Muster von Männlichkeit. Ludmilla, die jüngere Frau, beschreibt in ihrem Interview keine Konflikte hinsichtlich dieser Frage. Aber sie zeigt einen starken Widerspruch in ihrer Erzählung über ihre Lebenspläne. Dieser Widerspruch entsteht durch ihre Idee, sowohl Mutter als auch Gestalterin des Heimes zu sein, und durch ihre starke Berufs- und Konsumorientierung. Ihre Mutter, die fraglos eingeplant wird, soll in der Imagination jedenfalls den Widerspruch lösen. Man könnte sagen, dass Galina trotz ihrer konfliktreichen Situation stärker in den Prozess der Transkulturalität integriert ist, da sie sich der Konflikte und Differenzen bewusst ist, während Ludmilla noch nicht weiß, dass sie einen Widerspruch erzeugt. Ludmilla lebt im Moment in einer Art Übergangspassage, in der Alltagsregeln und die Gestaltung der privaten Beziehungen noch nicht ausformuliert sind. Betrachtet man jedoch ihr Interview und das ihres Mannes, dann kann man Konflikte um die Gestaltung des Privaten antizipieren.

Meine Interviews zeigen, dass die globalen Zwänge des Ökonomischen und die globalen Deutungsmuster von den Subjekten im Rahmen ihres kulturellen Horizontes rekonstruiert und reformuliert werden. Sie tun dies in imaginativen Räumen des Privaten, in denen sie in einen Prozess der transkulturellen Deutung des Selbst eintreten und neue Identitätsaspekte und Interpretationen über sich und ihre Beziehungen aushandeln.

Zitierte und weiterführende Literatur

Attwood, Lynne (1990): The New Soviet Man and Woman. Sex-Role Socialization in the USSR. Bloomington/Indianapolis: Indiana University Press

Benhabib, Seyla (1995): Selbst im Kontext. Kommunikative Ethik im Spannungsfeld von Feminismus, Kommunitarismus und Postmoderne. Frankfurt a.M.: Suhrkamp Verlag

Biester, Elke / Holland-Cunz, Barbara / Sauer, Birgit (Hg.) (1994): Demokratie oder Androkratie. Theorie und Praxis demokratischer Herrschaft in der feministischen Diskussion. Frankfurt a.M./New York: Campus Verlag

Brunner, Georg (1977): Politische Soziologie der UdSSR, Teil I & II. Wiesbaden: Akademische Verlagsanstalt
Burrawoy, Michael et al. (2000): Global Ethnography. Forces, Connections and Imaginations in a Postmodern World. Berkeley: University of California Press
Cheauré, Elisabeth / Engel, Christine (1992): Russin sucht Russen. Wertvorstellungen und Rollenzuweisungen in Moskauer Heiratsanzeigen. In: Osteuropa 42. Jg. H. 1. 1992. 410-430
Cohen, Jean / Arato, Andrew (1992): Civil Society and Political Theory. Massachusetts: Cambridge University Press
Dubiel, Helmut / Frankenberg, Günter / Rödel, Ulrich (1989): Die demokratische Frage. Frankfurt a. M.: Suhrkamp Verlag
Eckart, Christel (2004): Zeit für Privatheit. Bedingungen einer demokratischen Zeitpolitik. In: Aus Politik und Zeitgeschichte. Beilage zur Wochenzeitschrift Das Parlament, B 31-32. 2004. 13-18
Flick, Uwe et al. (1995): Handbuch Qualitative Sozialforschung Weinheim: Beltz Verlag
Garcelon, Marc (1997): The Shadow of the Leviathan: Public and Private in Communist and Post-Communist Society. In: Weintraub / Kumar (Hg.) (1997): 303-332
Habermas, Jürgen (1981): Theorie des kommunikativen Handelns, Bd. 1 & 2. Frankfurt a. M.: Suhrkamp Verlag
Holzer, Jerzy (1998): Der Kommunismus in Europa. Politische Bewegung und Herrschaftssystem. Frankfurt a. M.: Fischer Verlag
Kharkhordin, Oleg (1999): The Collective and the Individual in Russia: A Study of Practices. Berkely/Los Angeles: University of California Press
Köbberling, Anna (1993): Zwischen Liquidation und Wiedergeburt: Frauenbewegung in Russland von 1917 bis heute. Frankfurt a. M./New York: Campus Verlag
Köbberling, Anna (1997): Das Klischee der Sowjetfrau: Stereotyp und Selbstverständnis Moskauer Frauen zwischen Stalinära und Perestroika. Frankfurt a. M./New York: Campus Verlag
Levada, Jurij (2004): ‚Tschelovek sowetskij': tschetwertaja volna. Ramki samoopredelenija [‚Der sowjetische Mensch': Die vierte Welle. Muster der Selbstdefinition]. In: Vestnik obschtschestvennogo mnenija No. 3. 2004. 8-18
Mänicke-Gyöngyösi, Krisztina (1993): Soziale Rationalisierung und Geschlechterverhältnisse in der Sowjetunion der zwanziger und dreißiger Jahre. In: Reese / Sachse / Siegel (Hg.) (1993): 319-343
Margolina, Sonja (1994): Russland. Die unzivile Gesellschaft. Frankfurt a. M.: Rowohlt Verlag
McDaniel, Timothy (1996): The Agony of the Russian Idea. Princeton: University Press
Reese, Dagmar / Sachse, Carola / Siegel, Tilla (Hg.) (1993): Rationale Beziehungen? Geschlechterverhältnisse im Rationalisierungsprozess. Frankfurt a. M.: Suhrkamp Verlag
Ritter, Martina (Hg.) (2001): Zivilgesellschaft und Gender-Politik in Russland, Frankfurt a. M./New York: Campus Verlag
Ritter, Martina (2001a): Müttermacht im Patriarchat – Geschlechterverhältnisse in Russland. In: Ritter (Hg.) (2001): 21-40
Ritter, Martina (2008a): Zur Dynamik von Öffentlichkeit und Privatheit in modernen Gesellschaften. Wiesbaden: VS Verlag für Sozialwissenschaften
Ritter, Martina (2008b): Leben im Umbruch. Zur Dynamik von Öffentlichkeit und Privatheit im neuen Russland. Hamburg: Krämer Verlag
Schmitt, Britta (1997): Zivilgesellschaft, Frauenpolitik und Frauenbewegung in Rußland von 1917 bis zur Gegenwart. Königstein/Taunus: Ulrike Helmer Verlag
Schor-Tschudnowskaja, Anna (2001): Das Ideal der Frau. Eine qualitative Analyse sowjetische Benimmbücher. In: Ritter (Hg.) (2001): 67-97

Shlapentokh, Vladimir (1989): Public and Private Life of the Soviet People. Changing Values in Post-Stalinist Russia. Oxford: University Press
Shlapentokh, Vladimir (2001): A Normal Totalitarian Society. How the Soviet Union Functioned and How it Collapsed. New York: Sharpe Publications
Trepper, Hartmute (1990): Madonna mit Brecheisen. Neue Diskussionen um die Frau in der sowjetischen Gesellschaft. In: Osteuropa 40. Jg. H. 1. 1990. 141-155
Weintraub, Jeff / Kumar, Krishan (Hg.): Public and Private in Thought and Practice. Perspectives on a Grand Dichotomy. Chicago: University of Chicago Press
Zaslavsky, Viktor (1982): In geschlossener Gesellschaft. Gleichgewicht und Widerspruch im sowjetischen Alltag. Berlin: Wagenbach Verlag
Zdravomyslova, Elena (1999): Die Konstruktion der arbeitenden Mutter und die Krise der Männlichkeit. Zur Unterscheidung von Öffentlichkeit und Privatheit im Kontext der Geschlechterkonstruktionen im spätsowjetischen Russland. In: Geschlechterverhältnisse in Rußland. Schwerpunktheft Feministische Studien 1/99. 1999. 23-34
Zdravomyslova, Elena / Voronkov, Viktor (2002): The Informal Public in Soviet Society: Double Morality at Work. In: Social Research Vol. 69 No.1. 49-69

Feminismus in China im Kontext von Postsozialismus und internationalem Feminismus

Nicola Spakowski

In der Volksrepublik China der Gegenwart ist *gender* integrativer Bestandteil eines umfassenden Transformationsprozesses, der unter dem Motto „Reform und Öffnung" 1978 von Deng Xiaoping eingeleitet wurde und bis heute andauert.[1] Die Reformen haben tiefgreifend in die Geschlechterordnung eingegriffen und die „Frauenfrage" neu aufgeworfen. Als Reaktion auf diese Entwicklungen nahm seit circa Mitte der 1980er Jahre eine „neue" Frauenbewegung in China Gestalt an, die sich den veränderten Gegebenheiten stellte und sich seitdem den immer neuen Entwicklungen immer neu stellen muss. Im Rückblick einer mittlerweile fast dreißigjährigen Geschichte bildete sich dabei das Profil dieser neuen Frauenbewegung in der dynamischen Wechselwirkung von zwei übergreifenden Kennzeichen des Transformationsprozesses heraus: Postsozialismus und Globalisierung.

Mit „Postsozialismus" ist hier eine Gesellschaftsformation gemeint, in der Kernelemente des Sozialismus (Planwirtschaft, staatliche Kontrolle der Gesellschaft, revolutionärer Anspruch des Staates) aufgegeben wurden, aber der Sozialismus als „Erbe" präsent bleibt, sei es strukturell oder sei es auf der Ebene der vom Parteistaat gesetzten Ideologeme oder gesellschaftlicher Diskurse.[2] Der Begriff „Postsozialismus" gehört dabei aus naheliegenden Gründen nicht in das ideologische Repertoire des Parteistaates, der China weiterhin als sozialistische Gesellschaft bzw. seit 1992 als „sozialistische Marktwirtschaft" bezeichnet. Unter den konkreten Strukturen des Postsozialismus sind für unseren Zusammenhang der Übergang zur Marktwirtschaft sowie der weitgehende (aber keineswegs vollständige) Rückzug des Staates aus Ökonomie und Gesellschaft zentral. Für gesellschaftliche Interessengruppen hatte dieser Prozess zur Folge, dass sich bisher nicht existierende diskursive und organisatorische Freiräume herausbildeten,

---
1 Zum Verlauf des Reformprozesses siehe Gilley 2010.
2 Der Begriff „Postsozialismus" ist in Bezug auf China bisher leider weitaus weniger präzise definiert als in der Diskussion der osteuropäischen Länder. Erstmals Verwendung fand er bei Dirlik 1989. In China selbst ist er ideologisch heikel, weil er als vollkommene Abkehr vom Sozialismus gedeutet werden könnte (Zheng 2009), und findet deshalb kaum Verwendung.

wodurch vom Staat unabhängige gesellschaftliche Bewegungen überhaupt erst entstehen konnten. Die Kehrseite des Prozesses war der Verlust von Fürsorge und Protektion der schwächeren gesellschaftlichen Gruppen, die vom Staat der Eigenverantwortung anheimgestellt wurden. Die Herausbildung der neuen Frauenbewegung ist ein besonders eindrücklicher Fall dieser Ambivalenz zwischen neuen Freiheiten und neuer Verantwortung. Gleichwohl haben sich gerade in der Frauenfrage sozialistische Ideologeme (Gleichberechtigung von Mann und Frau) und Institutionen (der staatliche Frauenverband) erhalten und tragen wesentlich zum besonderen Profil des Feminismus in China bei. Auch gesellschaftliche Diskurse jenseits der ideologischen Setzungen des Parteistaates gehören zum postsozialistischen Kontext der Frauenbewegung und spielen in deren Theoriebildung hinein. Anstatt Feminismus isoliert zu betrachten, ist es deshalb sinnvoller, den Diskursgegenstand „Frau" im weitesten Sinn in den Blick zu nehmen und die Verwobenheit der Frauenbewegung mit ihren diskursiven Kontexten zu beleuchten.[3]

„Globalisierung" wird hier im weitesten Sinne verstanden als Intensivierung der Interaktion mit der Welt und zunehmende Integration in globale Strukturen – mit der Besonderheit (oder geradezu dem Paradoxon), dass es sich im Falle Chinas um eine staatlich initiierte und staatlich gelenkte Globalisierung handelt (Knight 2008). Die so verstandene Globalisierung manifestiert sich in China zunächst als Integration in den Weltmarkt. Dabei ist bemerkenswert, dass China genau zu dem Zeitpunkt gezielt für ausländische Investitionen geöffnet wurde, als Unternehmen westlicher Industrieländer neue Märkte suchten und Billiglohnländer als Stätten arbeitsintensiver Produktion zu nutzen begannen. China passte sich somit optimal in die Strukturen eines arbeitsteiligen, neoliberal verfassten globalen Kapitalismus ein – ein Prozess, der sich auch in genderspezifischen Beschäftigungsmustern niederschlägt (Pun 2005). Interaktion und Integration finden aber auch in anderen Bereichen statt und unterliegen ebenfalls der ambivalenten Dynamik von Förderung, aber auch Kontrolle durch den Staat. Hierzu gehören Bildung und Wissenschaft, aus denen ein globaler Horizont heute nicht mehr wegzudenken ist – so auch in der Frauenforschung. Und schließlich manifestiert sich Globalisierung in der zunehmenden Beteiligung Chinas an internationalen Institutionen und Regimen. Dass sich die Volksrepublik China als Veranstalter der Vierten Weltfrauenkonferenz von 1995 anbot, ist ein herausragendes Beispiel dieser Öffnungsstrategie. Mit der Weltfrauenkonferenz wurde der chinesische Feminismus einem enormen Internationalisierungsschub ausgesetzt. Chinesischen Forscherinnen und Aktivistinnen war es zwar bereits in den 1980er Jahren theoretisch möglich, sich mit Feministinnen anderer Länder auszutauschen. Erst mit

---

3   Dieser Ansatz wurde eindrücklich von Tani Barlow verfolgt (Barlow 2004).

den finanziellen Mitteln, die im Zuge und in der Folge der Weltfrauenkonferenz zur Verfügung standen, wurde jedoch aus dieser Möglichkeit auch Realität. Teilhabe am „internationalen"[4] Feminismus ist seither konstitutiv für feministische Diskurse und Aktivitäten in China.

Postsozialismus und Globalisierung sind komplex verwobene Kontexte, in denen sich spezifische Lebenswirklichkeiten sowie Fremd- und Selbstreflexionen von Frauen herausgebildet haben. Mehr als dreißig Jahre „Reform und Öffnung" haben dabei – synchron – zu einer Diversifizierung der chinesischen Gesellschaft beigetragen und waren – diachron – von einer extremen Dynamik gekennzeichnet. Dies gilt auch für den Feminismus in China, der nicht essentialistisch als „der chinesische Feminismus" gedacht werden darf, sondern dynamisch und plural verfasst ist. Ich habe mich jüngst an anderer Stelle mit der synchronen Dimension befasst, indem ich aufgezeigt habe, wie verschieden die Antworten chinesischer Feministinnen auf die Theorieangebote des Westens, insbesondere auf den Import des *gender*-Konzeptes nach China, ausfallen (Spakowski 2011). Der vorliegende Beitrag soll demgegenüber die diachrone Dimension beleuchten. Im Einklang mit jüngsten Bestrebungen in China selbst wird versucht, die Historizität der chinesischen Frauenbewegung herauszuarbeiten. Es soll dabei insbesondere gezeigt werden, wie sich in drei distinkten Entwicklungsphasen Postsozialismus und internationaler Feminismus mit unterschiedlichem Gewicht und je eigener Deutung in feministische Diskurse eingeschrieben haben.[5]

1. Die liberale Wende der frühen Reformphase: Neue Frauenbewegung in Abgrenzung zum Maoismus

Die aktuelle chinesische Frauenbewegung hat ihre Wurzeln in der frühen Reformphase, genauer in der Mitte der 1980er Jahre, als sich eine „neue" Frauenbewegung herausbildete. Diese war neu insofern, als nach Jahren der Leugnung spezifischer

---

4   Es wurde hier bewusst der Begriff „international" gewählt, um die Bedeutung der Weltfrauenkonferenz und die spezifische Ausrichtung eines an diese angebundenen Feminismus (Frauenrechte, *gender*-Konzept, NGO-Aktivismus, fehlende kritische Auseinandersetzung mit kapitalistischen Strukturen) hervorzuheben (Zhang 2010: 73-76, Fraser 2009: 112-113, Barlow 2007). In der chinesischen Frauenforschung selbst ist mittlerweile ebenfalls der Begriff „Internationalisierung" (*guojihua*) für die grenzüberschreitende Vernetzung chinesischer Feministinnen üblich, nachdem in einer ersten Phase vorsichtiger von *jiegui* die Rede war. *Jiegui* bedeutet wörtlich das Verbinden von Eisenbahnschienen und war die metaphorische Umschreibung für die Maßgabe, anschlussfähig an internationale Entwicklungen zu werden (Hsiung/Wong 1998, Min 2008: 84-85).
5   Der Beitrag konzentriert sich auf generelle Entwicklungen und dominante Strömungen. Differenzierungen und Gegenpositionen sind in der zitierten Forschungsliteratur nachzulesen.

Frauenbelange während der Kulturrevolution die Frauenfrage erneut aufgeworfen wurde. Diese neue Frauenbewegung hatte weitestgehend indigene Ursprünge und spiegelte – trotz aller Kritik an neuen Phänomenen der Diskriminierung von Frauen – in ihrer begrifflichen und theoretischen Ausrichtung auf gewisse Weise den ideologischen und diskursiven Mainstream der frühen Reformphase wider (Spakowski 1996, Barlow 2004: Kap. 6, Dong 2012). Hierzu gehören die vehemente Abwertung des Maoismus als ein Konzept von Revolution und politischer Intervention, der Einzug von „Modernisierung" und „Entwicklung" als neue übergreifende Paradigmen der Gesellschaftsentwicklung mit starkem liberalem Einschlag und die Entdeckung des Individuums als auf den Modernisierungsprozess zuzuschneidendes Humankapital (Leutner 1995, Spakowski 1996, Anagnost 2004, Jacka 2009, Sigley 2009). „Postsozialismus" manifestierte sich in dieser Phase in der Ambivalenz zwischen der Aufrechterhaltung des staatlichen Gleichberechtigungsgebotes und der Wiederbelebung des Frauenverbandes als staatlichem Organ der Frauenpolitik auf der einen Seite und der Identifizierung des Sozialismus bzw. seiner Überreste als Wurzel der Problematik von Frauen auf der anderen Seite. Die transnationale Dimension des Feminismus spielte demgegenüber in dieser Phase eine untergeordnete Rolle. Direkte Kontakte bestanden bis in die frühen 1990er Jahre kaum, und die Perzeption des westlichen Feminismus fiel eher schemenhaft und entsprechend widersprüchlich aus.[6]

Unter den größeren diskursiven und organisatorischen Freiheiten der Reformphase entfaltete sich die neue Frauenbewegung im Zusammenspiel von Frauenverband und nichtstaatlichen, meist an den Universitäten tätigen Aktivistinnen und Theoretikerinnen (Spakowski 1993). Ihre Aktivitäten und theoretischen Bemühungen konzentrierten sich im Wesentlichen auf zwei Bereiche. Der erste waren die sogenannten „Frauenprobleme" (*funü wenti*) – ein Begriff, mit dem verschiedenste Manifestationen einer neuen Diskriminierung von Frauen zusammengefasst wurden. Die „Frauenprobleme" sind bereits an verschiedenster Stelle von der chinesischen und westlichen Forschung erfasst worden (Jacka 1990, Cohen 1992, Bauer et al. 1992, Rai 1993, Rosen 1994, Leutner/Spakowski 1996). Im Zentrum standen die schlechteren Chancen von Frauen auf dem sich liberalisierenden Arbeitsmarkt, der Rückgang des Frauenanteils in der Politik, schlechtere Bildungschancen von Mädchen, die unter den Bedingungen der Ein-Kind-Politik

---

6 Symptomatisch für diese Widersprüchlichkeit sind Äußerungen der damaligen Wortführerin der neuen Frauenbewegung, Li Xiaojiang, die zum einen implizit die westliche Frauenbewegung zum Normalfall erhob (Li betont dabei, dass Frauenrechte im Westen nicht vom Staat „von oben" gewährt, sondern von den Frauen selbst „von unten" erkämpft wurden), und zum anderen der lokalen Spezifik und Unabhängigkeit der chinesischen Frauenbewegung das Wort redete (Spakowski 1993: 22-23).

eklatant zu Tage tretende Geringschätzung von Mädchen und das Wiederaufleben von Prostitution und Frauenhandel – Phänomene, die man für längst ausgemerzt gehalten hatte. Der zweite Bereich bestand in der Entdeckung von Frauen als Subjekte bzw. im Ruf nach der Herausbildung eines „Subjektbewusstseins" (*zhuti yishi*) von Frauen. Dieser Begriff richtete sich gegen die maoistische Frauenpolitik, der vorgeworfen wurde, ein Frauenbild der Gleichmacherei, nämlich der Anpassung an männliche Normen, propagiert und Frauen somit zur Leugnung ihres Geschlechtes gezwungen zu haben. Den Frauen selbst wurde vorgeworfen, unter diesen Bedingungen kein Bewusstsein ihres Subjektstatus entwickelt zu haben. In der Addition von neuen „Frauenproblemen" und mangelndem Subjektbewusstsein wurde geschlossen, dass das Parteidiktum von der erfolgreichen Befreiung der Frauen im Sozialismus nicht haltbar sei (Spakowski 1993).

Die Theoretisierung der neuen Problematik fand im Rahmen der neuen Paradigmen von „Modernisierung" und „Entwicklung" statt. Mit diesen Begriffen reihte sich China in eine neoliberal gefärbte entwicklungspolitische Logik der „nachholenden Entwicklung" ein, bei der westliche Industriestaaten das universale Modell abgeben und Integration in den Weltmarkt als Hebel der Entwicklung betrachtet wird. Rückständigkeit ist in dieser Sicht Ergebnis mangelnder Wettbewerbsfähigkeit, die wiederum auf internen Anpassungsdefiziten beruht (Bonder 1994). Deng Xiaoping, der die Reformen mit dem Leitbild der „Modernisierung" vorantreiben wollte, erklärte ökonomisches Wachstum zum Angelpunkt des Fortschritts und nahm dabei – in Abkehr vom maoistischen Egalitarismus – eine interne ungleiche Entwicklung ausdrücklich in Kauf: einige dürfen schneller reich werden als andere.[7] Typisch für die liberale Wende in der Entwicklungspolitik war auch die Herausbildung eines neuen Gesellschafts- und Menschenbildes, das mit dem Begriff der „Qualität" (*suzhi*) nicht mehr die beliebig manipulierbare „Masse", sondern den Einzelnen in seinen gegebenen und auf die Bedürfnisse der Reformen hin zu entwickelnden Potentialen in den Blick nahm (Anagnost 2004, Sigley 2009, Jacka 2009).

In der Frauenforschung wurde dieses Gesellschaftsverständnis aufgegriffen und in einer Weise weiterentwickelt, dass die „Frauenprobleme" im Prinzip mit der Frau als Problem gleichgesetzt wurden. Typisch für diese Phase ist zunächst die dezidierte Abgrenzung vom Maoismus und ein affirmatives Verhältnis zu den Reformen – eine Haltung, die wenig verwundert, hatten Feministinnen dieser Generation doch die Kulturrevolution am eigenen Leibe erlebt und von der schnellen Erhöhung des Lebensstandards unter Deng Xiaoping selbst profitiert. Konkret wurde die maoistische Politik der „Gleichberechtigung von Männern und

---

7 Der exakte Wortlaut findet sich bei Deng Xiaoping 1984.

Frauen" (*nan nü pingdeng*) angegriffen, die im Empfinden dieser Forscherinnen selbst nichts als eine Angleichung der Geschlechterrollen bzw. eine Anpassung von Frauen an männliche Rollen und damit eine Leugnung der Besonderheiten der Frauen gewesen sei. Es ging also jetzt um die Entdeckung von „Differenz" und um die „Freiheit" eines weiblichen Erscheinungsbildes:

> [Women's studies scholars] now recognize that the guiding principle of ‚whatever men can do, women can do also,' while inspirational, in fact helped to conceal a male standard for women's equality. In other words, women's equality meant that women were equated with men. A male standard, however, only creates an illusion of equality, since women ultimately have no distinct gender identity within the context of so-called liberation. Thus these scholars now conclude that the first task of women's liberation is to allow women themselves to discover who they are, where they come from, and how much they have been influenced by distorted, patriarchal images of their gender. This is the first step in breaking through the patriarchal line of dominant ideology (Li/Zhang 1994: 146).

Diese Entdeckung der Differenz ging allerdings Hand in Hand mit Phänomenen, die ihren Ursprung weniger in den Bedürfnissen von Frauen, sondern vielmehr in denjenigen von Kommerz und Arbeitswelt hatten, etwa dem Einzug einer feminin apostrophierten Konsumkultur oder der Zuordnung von Frauen zu bestimmten beruflichen Tätigkeitsfeldern (Spakowski 1996: 23-24 u. 28, Qu 2002: 163-167).

Auf allgemeinerer Ebene wurde die maoistische Gesellschaft als interventionistisch und überpolitisiert kritisiert, und „Revolution" wurde durch „Reform", „Modernisierung" und „Entwicklung" ersetzt. Die neuen Paradigmen standen für ein naturalisiertes Gesellschaftsbild, ausgedrückt etwa in der Metapher des „Stroms", dem es sich anzupassen gelte: „Der Strom der Reformen: seine Gezeiten tosen, seine Wogen spülen den Sand; er stählt diejenigen, die sich mutig in die Fluten stürzen, einige verstößt er aber auch, verschlingt sie oder scheidet sie aus" (Tao 1993: 16). Auf der Grundlage des neuen, liberalen Gesellschaftsbildes erschien die maoistische Frauenpolitik dann als bloße Befreiung „von oben" (*zi shang er xia*), die mit einem westlichen Muster der von den Frauen selbst erkämpften Befreiung „von unten" (*zi xia er shang*) kontrastiert wurde. Chinesische Frauen hätten unter den Bedingungen des Sozialismus nur formale Befreiung erlangt, ohne diese subjektiv auszufüllen. Hier hatte der Begriff des „Subjektbewusstseins" seine argumentative Grundlage (Spakowski 1993: 22). Die Abkehr von politischer Intervention wurde entsprechend als „Normalisierung (*zhengchanghua*) des gesellschaftlichen Lebens" (Zhao 1994: 20) ausgegeben. Entsprechend mutete die Rücknahme der Frauenquote in den Entscheidungsgremien von Staat und Partei als Abkehr von einer „künstlichen" Frauenförderung und damit positiv an. Es bildete sich ein Diskurs der „Normalisierung" und des „Realismus" heraus, für den dieses Textbeispiel typisch ist:

> Tatsächlich stellt das durch die Anwendung normaler Wahlkriterien zustande gekommene Phänomen des Rückgangs des Frauenanteils in der Politik eine Korrektur des früheren Phänomens der künstlichen Förderung dar, es ist ein realistisches, normales Phänomen, ja man kann sogar sagen ein Fortschritt. Es führt schließlich dazu, dass die politische Partizipation von Frauen zu einem normalen Ausgangspunkt, auf den Boden der Realität zurückkehrt. Hinsichtlich der Frauen selbst kann die Wahlniederlage einen Druck erzeugen, die Frauen anstacheln, sich um die Erhöhung ihrer eigenen Qualität zu bemühen, sich am Wettbewerb zu beteiligen. Nur diejenigen Ergebnisse der Befreiung, die die Frauen auf der Grundlage ihres natürlichen Heranwachsens errungen haben, besitzen wahrhaft Vitalität (Zhao 1994: 19).

Wie bereits aus diesem Zitat hervorgeht, wurden Frauen als defizitär dargestellt, und die Besserung ihrer Lage musste bei ihnen selbst, bei der Erhöhung ihrer eigenen „Qualität", und nicht bei der Gesellschaft ansetzen. Der Begriff der „Frauenbefreiung" (*funü jiefang*), der eine Umstrukturierung der Gesellschaft implizierte, wurde entsprechend durch den Begriff der „Entwicklung der Frauen" (*funü fazhan*) ersetzt, welcher das defizitär gedachte Individuum zum Ansatzpunkt nahm (Spakowski 1996). Viele feministische Texte dieser Zeit waren von einem negativen Frauenbild durchsetzt. Zu den Vorwürfen gehörten: Isolation, Stagnation, Zurückgebliebenheit, geistige Enge, mangelnde Anpassungsfähigkeit, mangelnde Flexibilität, Abhängigkeitsmentalität usw. (Spakowski 1996: 24-36). Frauen galten somit im Vergleich zur Gesamtgesellschaft als das, was China im Vergleich zur Weltgesellschaft darstellte: eine zurückgebliebene Gruppe, die dem Imperativ der nachholenden Entwicklung zu folgen hatte:

> Den Gesichtskreis der Frauen öffnen. Ausgehend von der Ökonomie haben Reform und Öffnung Vorstellungen und Handeln der Menschen verändert. Das provinzielle und isolationistische Wesen der Kleinbauernwirtschaft der Vergangenheit hat dazu geführt, dass der Horizont der Menschen eng, ihr Tun provinziell war und es ihrem Denken an Weite fehlte – ein Zustand, [in dem China] nicht an die Verhältnisse der internationalen Entwicklung angeschlossen werden kann. Reform und Öffnung müssen die Menschen unter dem großen Gedankengang der Öffnung in den internationalen Großwirtschaftsraum drängen, sie müssen den Menschen in seinem Tun in den Bereich der ‚Weltbürger' ziehen. Dies erfordert die Fähigkeit, sich in die Welt zu begeben. Aber die frühere Kleinbauernwirtschaft hinderte die Entwicklung der Menschen, was insbesondere für die Frauen gilt (Tao 1993: 14).

Der neue Ansatz der nachholenden Entwicklung manifestierte sich in der Diktion der damaligen Frauenforschung in Begriffen wie „Selbstrevolutionierung von Frauen" (*nüxing ziwo geming*), „Selbsterschließung" (*ziwo kaifa*), „Entfaltung der latenten Fähigkeiten" (*fahui qianli*) oder „Erhöhung der Qualität der Frauen" (*tigao funü suzhi*) (Spakowski 1996: 27). In der Begrifflichkeit des Frauenverbandes wurde daraus bereits 1983 die Parole der „Vier Selbst" (*si zi*), die Frauen sich zu Eigen machen sollten. In der heute gültigen Form, zurückgehend auf eine Neuformulierung aus dem Jahr 1988, umfassen diese: „Selbstachtung, Selbstvertrauen, Unabhängigkeit und Selbststärkung" (*zizun, zixin, zili, ziqiang*) (Min/Liu 2010: 6). Die praktischen Maßnahmen der Frauenbewegung lagen konsequenterweise in dem für einen liberalen Ansatz typischen Maßnahmenkatalog der Hilfe zur Selbsthilfe, also Bildung, Ausbildung und Weiterbildung, begleitet von Beratungsangeboten und flankiert von rechtlichen Maßnahmen, welche die direkte Diskriminierung von Frauen im Arbeitsleben zu unterbinden suchten (Leutner/ Spakowski 1996: 175-276).

2. Die transnationale Wende im Umfeld der Vierten Weltfrauenkonferenz von 1995: *Gender* und die Selbstverortung in einer Logik von „globalem" und „lokalem" Feminismus

Waren die 1980er Jahre noch eine Experimentierphase der Reformen, die mit der Niederschlagung der Studentenproteste von 1989 zunächst auch erst einmal eingefroren wurden, so stehen die 1990er Jahre für den Übergang zu entschlossenen und tiefgreifenden Umstrukturierungen (Naughton 2007: 90-91). Mit der 1992 vorgenommenen Festschreibung der „sozialistischen Marktwirtschaft" als systemischem Rahmen, besonders aber mit dem WTO-Beitritt 2001 wurde der Reformprozess unumkehrbar. Internationalisierung und globale Integration, wie sie mit dem WTO-Beitritt auf ökonomischer Ebene vorgenommen wurden, setzten sich in anderen Bereichen fort, nicht zuletzt in der Frauenbewegung, für welche die Interaktion mit dem „westlichen" Feminismus seither konstitutiv ist.

Der größte Impuls für diese „Öffnung" der chinesischen Frauenbewegung ging von der Vierten Weltfrauenkonferenz 1995 aus (Spakowski 2001, Wang/Zhang 2010, Zhang 2009), für deren Veranstaltung die dringend nach Aufwertung ihres internationalen Images verlangende chinesische Regierung 1991 den Zuschlag erhalten hatte. Die von der UN finanzierten regionalen Vorbereitungskonferenzen ermöglichten es chinesischen Aktivistinnen, mit Feministinnen weltweit in Kontakt zu treten (*Ford Foundation* 1995). Die amerikanische *Ford Foundation* trat längerfristig als zusätzlicher und großzügiger Sponsor für die Vermittlung zwischen westlichem und chinesischem Feminismus in Erscheinung und hat, wie Akteure rückblickend zugeben, die Institutionalisierung der Frauenforschung in China, die in den 1990er Jahren gezielt vorangetrieben wurde, finanziell überhaupt erst möglich gemacht (Spakowski 2001: 83-84, Min 2008: 88). Eine Vielzahl von Akteuren in und außerhalb Chinas war aktiv am Prozess der Internationalisierung beteiligt (Spakowski 2001, Zhang 2009).

Mit dem „internationalen" – de facto aber US-dominierten[8] – Feminismus wurden neue feministische Begrifflichkeiten, Themen und Strategien nach China eingeführt, die im Kleide einer universalen Rhetorik doch als sehr spezifische und politisch nicht unproblematische Agenda betrachtet werden können (Barlow 2000, Barlow 2001, Spakowski 2005, 2011, Min 2008). Nancy Fraser ist in ihrem Beitrag „Feminism, Capitalism and the Cunning of History" sogar so weit gegangen, dem (westlichen) Feminismus der zweiten Welle im Kontext der neoliberalen Weltordnung vorzuwerfen, er sei „susceptible to serving the legitimation of a new form of capitalism" (Fraser 2009: 113). Dieser Feminismus der zweiten Welle, der transnational über die UN und die Weltfrauenkonferenzen aktiv wurde, hat Fraser zufolge die Strukturen der globalen Wirtschaftsordnung vernachlässigt und sich in seinen Aktivitäten stattdessen auf den Bereich der Rechte, der Kultur und Identitätspolitik konzentriert (Fraser 2009). Gerade in Bezug auf die Entwicklungsländer wurde einer „NGOisierung" Vorschub geleistet, mit der makrostrukturelle Programme der Armutsbekämpfung durch individuelle Hilfestellungen ersetzt wurden (Fraser 2009: 111-112).

Unter dem Eindruck der neuen Theorien, die auf dem Wege direkter Begegnungen auf politischen und wissenschaftlichen Foren sowie durch Übersetzungen nach China gelangten, wurde der Feminismus in China einer starken internationalen Dynamik sowie völlig neuen Begründungszusammenhängen ausgesetzt – ein Prozess, der bei aller positiv verzeichneten Erweiterung des Horizontes aber keineswegs reibungslos verlief. Vielmehr zeugen Texte chinesischer Feministinnen von erheblichen Irritationen, die auf Bruchstellen der scheinbar universalen Rhetorik und Agenda des internationalen Feminismus verweisen (Min 2007, Min 2008, Spakowski 2011).[9] Dies betrifft bezeichnenderweise die zentralsten Fragen der Theoriebildung.

Hierzu gehört zunächst das grundsätzliche Problem, wie „Feminismus" zu definieren sei, mit welcher Übersetzung des Begriffes der Charakter des Feminismus in China am besten ausgedrückt werden könne und worin konkret die Gemeinsamkeiten von Frauen und von Feministinnen weltweit bestünden (Min

---

8   Alternativorientierungen bestehen, sind bisher aber marginal oder untergeordnet geblieben. Hierzu gehören Süd-Süd-Verbindungen, die im Vorfeld der Weltfrauenkonferenz eine größere Rolle spielten (Spakowski 2005: 55), die Selbstverortung in einem „asiatischen" Feminismus, die ihre Wurzeln ebenfalls in der Weltfrauenkonferenz hat (Barlow 2007, Spakowski 2011: 42-43), sowie die stärkere Vernetzung mit europäischen Forscherinnen, so z.B. durch die *Sino-Nordic Women and Gender Studies Conferences* (siehe deren Webseite <http://www.sino-nordic.feministtheory.aau.dk/Previous+Sino-Nordic+Conferences/>).
9   Siehe auch Spakowski 2005, wo Selektion, Modifikation, Minimalkonsens und definitorische Verschiebungen als Strategien der Selbstbehauptung chinesischer Feministinnen aufgezeigt werden.

2007, Spakowski 2005). Die damalige Aktivistin Luo Xiaolu kam zu einer Minimaldefinition des Begriffes „Feminismus" im Sinne eines engagierten Einsatzes für andere Frauen. Ihre Äußerungen zu einem Treffen mit Feministinnen in Finnland zeugen von den unterschiedlichen Erwartungshaltungen und Verständigungs- bzw. Verständnisschwierigkeiten zwischen beiden Seiten:

> I have many impressions of northern Europe. When I introduced myself in the first workshop, I said 'I am not a feminist'. However, the moderator had begun the meeting by saying: 'We are a group of feminists.' So I felt very silly [...]. In the past, I had learned about feminists from newspapers and thought they were against men. When we left Finland, the woman who had accompanied us during the visit, said: 'We are giving you the title of honorary feminist, because you have done so much for women, although you declared you were not a feminist'. I felt that her definition was comparatively accurate. In the past, we did not understand the evolution of 'feminism'. Actually, when feminism was founded, feminists regarded men as their enemies. Women could not find the source of their problems, so they supposed men were the enemies. Later they found they were wrong. Feminism also has undergone a process of development. At present, many feminists believe that the women who work hard for other women can be called feminists (Ford Foundation 1995: 301-2).

Ein zweites grundsätzliches Problem lag in dem für die Frauenbewegung so zentralen NGO-Begriff, der in seiner wörtlichen Bedeutung von „non-governmental" kaum auf die chinesische Wirklichkeit passt, weder hinsichtlich der Frauenbewegung noch in irgendeinem anderen Bereich (Spakowski 2005, Li 1997: 68-72; Zhang 2001). In China wird eher von Organisationen gesprochen, die „aus dem Volk" (*minjian*) entstanden sind, ohne dass damit eine strikte Trennung von Staat und Gesellschaft impliziert wäre. Dies ist aus politischen Gründen nicht möglich und wird aus praktischen Gründen auch gar nicht unbedingt angestrebt – man denke etwa an die größere Finanzkraft und bessere Infrastruktur des staatlich kontrollierten Frauenverbandes, der als Kooperationspartner bestimmte Aktivitäten überhaupt erst möglich macht. Die NGO-Frage entzündete sich nun aber ausgerechnet am Status genau dieser Organisation: Als westliche NGO-Aktivistinnen in der Vorbereitungsphase der Weltfrauenkonferenz herauszufinden versuchten, welches ihre Ansprechpartnerinnen auf NGO-Ebene in China seien, wurde der Frauenverband von der chinesischen Regierung als „größte NGO" Chinas ins Feld geschickt. Diese Definition wird vom Frauenverband bis heute aufrechterhalten, was seinen ambivalenten Charakter zwischen staatlicher Kontrolle und stärker auf die Fraueninteressen ausgerichteter Mission verschleiert. Die NGO-Freundlichkeit, die in dieser Selbstbezeichnung zum Ausdruck kommt und vor allem im Außenbild gepflegt wird, entspringt dabei durchaus auch einem finanziellen Kalkül, denn der NGO-Status ist Voraussetzung dafür, von bestimmten internationalen Förderprogrammen zu profitieren.

Die größte Irritation ging und geht aber von dem zentralen Importprodukt der 1990er Jahre aus, dem Begriff *gender* (Min 2008, Spakowski 2011). *Gender* als soziales Geschlecht traf in China auf die sozialistische Tradition von „Gleichberechtigung von Mann und Frau" (*nan nü pingdeng*) und dem Marxismus als Leittheorie, dem die grundsätzliche Tendenz anhaftete, die Geschlechterfrage der Klassenfrage unterzuordnen. Mit dem marxistischen Ansatz, so die chinesischen Befürworterinnen des *gender*-Konzeptes, sei nur ein enges Spektrum an Frauenproblemen erfassbar. Die *gender*-Perspektive erlaube es demgegenüber, Fragen der Geschlechterordnung umfassender zu artikulieren und damit auch kritischer zu wirken:

> Ich denke, dass den Chinesen in ihrem Umgang mit Problemen die ‚gender'-Perspektive fehlt. Bezüglich der Arbeitslosigkeit wollte ich zum Beispiel genderspezifische Daten für [die Stadt] Tianjin erhalten. Nichts dergleichen existierte. Vom Büro für Beschäftigung in Tianjin erfuhr ich, dass sie nie genderspezifische Daten gesammelt hatten. Obwohl sich der Marxismus mit der Frauenbefreiung befasst, ist die Klassenanalyse doch seine Hauptkategorie. Die Frauenbefreiung ist Teil der proletarischen Befreiung, und Frauen werden als Teil einer Klasse behandelt. Dies unterscheidet sich deutlich von unserer heutigen Bewertung aus der ‚gender'-Perspektive (Jin/Liu 1998: 94).

Der *gender*-Begriff wurde in der Richtlinie des *gender mainstreaming* im Jahr nach der Weltfrauenkonferenz 1996 auch vom Frauenverband übernommen (Min/ Liu 1996: 8).

Nicht alle Frauenforscherinnen akzeptierten allerdings *gender* widerstandslos. Die vehementeste Kritikerin war und ist Li Xiaojiang, die sich um die Neukonstituierung eines weiblichen Subjektes bemüht hatte und die biologischen Differenzen zwischen den Geschlechtern nicht einem rein konstruktivistischen Verständnis von Geschlecht preisgeben wollte (Spakowski 2011: 34-38). Ein zweites Problem liegt in der Abgehobenheit von *gender* im Vergleich zu einem – bei allen Schwächen des Ansatzes – klar formulierten und gesellschaftlich verankerten staatlichen Gleichberechtigungsgebot. Es gibt viele mündliche und schriftliche Äußerungen aus den Reihen der chinesischen Frauenbewegung, die davon zeugen, dass die Frauenforschung unter dem Leitbegriff *gender* als zu abgehoben oder zu radikal empfunden wurde (Spakowski 2001: 96, Spakowski 2011: 39-42). Mit der finanziellen Unterstützung des Westens konnte die Frauenforschung also an den chinesischen Universitäten überhaupt erst als Disziplin etabliert werden; der theoretische Input des Westens hat sie dabei jedoch gleichzeitig in die Isolation geführt (Sun 2005).

Als Augenzeugin eines Theorieworkshops, der 1999 in der Nähe von Tianjin abgehalten wurde und dessen zentrales Anliegen in der Vermittlung von *gender* als elementarer Kategorie der Frauenforschung bestand, kann ich selbst berichten, dass im Widerstand gegen *gender* neben den inhaltlichen Einwänden noch ein zweites Moment zum Tragen kam: das Unbehagen gegenüber dem großen Anpassungs- und Standardisierungsdruck, der vom Import von *gender* ausging. *Gender* als thematisch neutrale Kategorie kann letztlich als Voraussetzung dafür verstanden werden, Forschungsagenden zu standardisieren und im Zweifelsfall indigene Forschungstraditionen zu verwerfen. *Gender* gewährleistet auch die theoretische Durchlässigkeit zwischen „lokalen" und „globalen" empirischen Befunden zur Situation von Frauen. China und die Welt können dann in ein Muster von lokal-global bzw. von „Einheit in der Vielfalt" oder „Vielfalt in der Einheit" eingeordnet werden, wobei die Definitionsmacht darüber, was die Situation von Frauen ausmacht und wie sie politisch zu verändern sei, gerade nicht auf der lokalen Ebene liegt (Barlow 2001, Spakowski 2011). Auf der Gegenseite eines Modells der „Einheit in der Vielfalt" stehen Theoretikerinnen wie Li Xiaojiang, die auf den historisch und kulturell begründeten Besonderheiten der Situation chinesischer Frauen besteht und auch dem chinesischen Feminismus linguistisch-diskursive Spezifik zuschreibt (Li 1999). Ihr Argument historischer, kultureller und linguistischer Besonderheiten baut Grenzen auf, die einen nahtlosen Übergang von „lokal" zu „global" verbieten. Trotz aller Vorbehalte gehört Internationalisierung aber zum Kern der Identität des Feminismus in China. Dieser grenzte sich in der Phase der Internationalisierung nicht mehr – diachron – vom Maoismus ab, sondern verortete sich – synchron – in der Welt, als „lokaler" (*bentu*) oder „lokalisierter" (*bentuhua*) Feminismus (Spakowski 2011).

3. Postsozialistische Wende? Jüngste Anzeichen einer Neubewertung der sozialistischen Erfahrung und Historisierung der neuen Frauenbewegung[10]

Das China der 2010er Jahre ist in widersprüchliche, gleichwohl weiterhin postsozialistische Realitäten und Perzeptionen eingespannt. Beschäftigt sich der Westen vorrangig mit dem „Aufstieg" Chinas, der an immer höheren Rangstufen in immer mehr Feldern des internationalen Wettbewerbs festgemacht wird, so hat sich in China selbst – neben der durchaus existenten und vom Parteistaat manipulierten Begeisterung für Chinas wachsende Bedeutung in der Welt – auch ein Diskurs der *inneren* Problematik herausgebildet. Seit der zweiten Hälfte der 1990er Jahre entstand unter chinesischen Intellektuellen eine „neue Linke", die die Kosten von

---

10 Die Verfasserin bedankt sich bei Min Dongchao und Dong Limin für Hinweise auf Veröffentlichungen und Einschätzungen zu den in diesem Teil nachgezeichneten Trends innerhalb der feministischen Theoriebildung.

Marktradikalismus und Wachstumsfetischismus thematisierte (Carter 2010), und die 2003 eingesetzte Regierung unter Partei- und Staatschef Hu Jintao sowie Premierminister Wen Jiabao erhob sozialen Ausgleich („harmonische Gesellschaft") und Nachhaltigkeit („wissenschaftliche Entwicklung") zu den zentralen Aufgaben der politischen Führung (Gilley 2010: 120-123). Diese vom Parteistaat mit vollzogene „linke" Wende manifestiert sich in einem Diskurs der inneren „Widersprüche" (*maodun*) (z. B. Hu/Feng 2010) sowie allgemein in der Rückkehr der Frage der sozialen Gerechtigkeit (Min/Liu 2010).

Eine zweite, für unseren Kontext wichtige Neuerung ist die Artikulierung einer wie auch immer begrifflich erfassten Spezifik Chinas, die über die schon lange bekannte, vom Parteistaat verordnete, aber eher inhaltsleere Formel der „chinesischen Prägung" (*you Zhongguo tese*) insbesondere der soziopolitischen Ordnung Chinas hinausgeht. Begriffe wie „Beijing Consensus", „chinesisches Modell", „chinesische Erfahrung" und „chinesischer Weg" stehen für internationale und nationale Teilströmungen einer breiten Auseinandersetzung darüber, inwiefern die Erfolge Chinas auf spezifische historische und aktuelle politische Ansätze zurückzuführen seien. Befeuert wurde diese Debatte durch die großen politischen Jubiläen der letzten Jahre – dreißig Jahre Reformpolitik 2008, sechzig Jahre Volksrepublik 2009 –, in deren Zuge auch die Erfahrung der „zweimal dreißig Jahre" von Sozialismus und reformiertem Sozialismus reflektiert wurde (Breslin 2011, Fewsmith 2011). Alle Begriffe waren zunächst positiv konnotiert, wurden im Zuge der Auseinandersetzung aber auch durchaus angegriffen. Bezeichnend ist auch, dass die potentielle Modellhaftigkeit Chinas größtenteils auf das postsozialistische China bezogen wird. Es finden sich aber auch Gegenbeispiele in, kaum verwunderlich, parteinahen Veröffentlichungen, wie z. B. dem Sammelband *China Model. A New Developmental Model From the Sixty Years of the People's Republic* (Pan 2009).[11] In diesem und anderen Bänden spiegelt sich das Bedürfnis wider, eine Bilanz des besonderen „chinesischen Weges" zu ziehen, der die sozialistische Erfahrung einbezieht und nicht *a priori* von der weitgehend positiv konnotierten Reformphase abspaltet. In diesem Sinne scheint die postsozialistische Realität Chinas in ihrer ganzen Widersprüchlichkeit auch in den politischen Diskursen des Landes angekommen zu sein.

Dieser allgemeine Hintergrund von „linker" Wende und die Frage nach der Spezifik des chinesischen Weges wird in der Frauenforschung zwar nur im Ausnahmefall direkt angesprochen (Min/Liu 2010). Beides hat aber mit Sicherheit die erneute und jetzt unbefangenere Zuwendung zur sozialistischen Phase des chi-

---

11 Hierbei handelt es sich um einen chinesischsprachigen Band, der zusätzlich mit einem englischen Titel versehen ist.

nesischen Feminismus mit angestoßen. Postsozialismus manifestiert sich jetzt in der Historisierung des Sozialismus, die gleichzeitig in eine reflektierte Wiederanknüpfung an denselben zu münden scheint. Neu ist dabei, dass in der Frage der Spezifik des chinesischen Feminismus nicht mehr oberflächliche Modelle einer durchlässigen Beziehung zwischen „globalem" und „lokalem" Feminismus oder einer „Einheit in der Vielfalt" bedient werden, sondern dass nach selbstbestimmten Definitionen gesucht wird. Ob bisher vereinzelt vorgetragene Äußerungen in diese Richtung für eine umfassende Trendwende stehen, bleibt abzuwarten. Fakt ist, dass sie von einflussreichen Stimmen vorangetrieben oder mit getragen wird. Wegweisend scheint die im Juli 2010 an der Volksuniversität in Beijing veranstaltete Tagung „Der Unterschied zwischen der sozialistischen Frauenbefreiung und dem westlichen Feminismus: Theorie und Praxis" zu sein (Song 2011). Bereits der Tagungstitel bringt zum Ausdruck, dass hier gezielt neue Stimmen eines eigenen, die sozialistische Erfahrung nicht länger leugnenden Feminismus versammelt waren. Unter den Hauptprotagonistinnen befanden sich auch Mitglieder der in den USA angesiedelten *Chinese Society for Women's Studies* (CSWS), also Auslandschinesinnen, die in dem Tagungsbericht ausführlich zitiert werden. Dies ist insofern bemerkenswert, als Mitglieder dieser Vereinigung in den 1990er und 2000er Jahren instrumentell in der Einführung des *gender*-Begriffes gewesen waren (Spakowski 2001: 84), von dem man sich jetzt gerade abzugrenzen versucht.[12]

Welche Positionen werden nun konkret vertreten, und wie lassen sie sich generalisieren? Historisierung und Differenzierung scheinen mir hier zentral zu sein – sowohl in der Diskussion des sozialistischen Feminismus vor 1966 als auch des westlich beeinflussten Feminismus der vergangenen Jahre.

Zunächst zur Kritik des westlichen Feminismus, der sich bisher aus der westlichen Kapitalismuskritik, speziell dem marxistischen Feminismus und ganz konkret dem oben bereits zitierten Beitrag von Nancy Fraser (2009), zu speisen scheint.[13] Aus Frasers Beitrag werden insbesondere zwei Ideen aufgenommen. Bei der einen handelt es sich um den Vorwurf eines impliziten Bündnisses zwischen Feminismus und Neoliberalismus. Fragt Fraser „Was it mere coincidence that second-wave feminism and neoliberalism prospered in tandem?" (Fraser 2009: 108), so wird in chinesischen Texten die Frage gestellt, ob die Gleichzeitigkeit des Übergangs zu kapitalistischen Formen und die Herausbildung eines neuen Feminismus in China ein Zufall sei (Song 2011: 146). Zum zweiten werden die kulturelle Wende im Feminismus und dessen Blindheit gegenüber den Problemen

---

12 Die Frage, wie diese Wende innerhalb der CSWS zu erklären ist, muss einer späteren Untersuchung vorbehalten bleiben.
13 Direkte Bezüge zu Fraser finden sich in diversen Redebeiträgen, die bei Song 2011 dokumentiert sind, und bei Min/Liu 2010:10.

der ökonomischen Ordnung thematisiert, wie sie Fraser in den Formeln „cultural success-cum-institutional failure" (Fraser 2009: 99) oder „from redistribution to recognition" (Fraser 2009: 108) zugespitzt formuliert hatte (Song 2011). Insgesamt wird der Feminismus westlicher Prägung historisiert, indem er nach seinen Entstehungsbedingungen befragt und in seiner Partikularität hinterfragt wird:

> Wenn man jetzt nach dreißig Jahren erneut zurückschaut, wie muss man diesen Import [des westlichen Feminismus] bewerten? Was hat man damals mit der feministischen Theorie eigentlich importiert? Was hat man rezipiert? Was hat man übersehen? Welche Bereiche hat man damals für nicht so wichtig gehalten? Zum Beispiel scheint der ‚marxistische Feminismus' aus heutiger Sicht sehr wichtig, aber als er damals vorgestellt wurde, hat ihn niemand beachtet, und man meinte, Marxismus und Feminismus seien sehr gegensätzlich; ja man ging sogar so weit, von einer ‚unglücklichen Ehe' zu reden. Heute, wo Chinas Theoriewelt wieder über den Sozialismus und über die Auseinandersetzung [shuli, wörtlich: das Durchkämmen] mit dem sozialistischen Erbe redet, muss man sich auch neu über die Geschichte der Verbreitung und die Rezeption des westlichen Feminismus in China in den 80er Jahren auseinandersetzten [shuli] (Bo Di, zit. nach Song 2011:144).

Ergänzend wird die Vielfalt von Feminismen im Westen erkannt und dargelegt (Zhang 2010). *Gender* wird damit die universale Gültigkeit entzogen, und die Kategorie wird mit einem partikularen, nämlich dem „liberalen Feminismus" assoziiert, der wie bei Fraser eng mit dem Kapitalismus in Verbindung gebracht wird (Song 2011, Dong 2012: 33). Sowohl die Differenzierung des westlichen Feminismus als auch die Partikularisierung speziell von *gender* lassen schließlich den distanzierten Rückblick auf die Rezeption des Begriffs vom Import bis zur Ablehnung zu: „Von der begeisterten Annahme zu Reflexion bis hin zum Widerstand – chinesische Frauen haben [gegenüber *gender*] schrittweise Unklarheit empfunden, Zweifel gehegt und [den Begriff] herausgefordert. Dies ist vielleicht eine zwangsläufige Reaktion" (Song 2011: 146).[14] Wie in dem Zitat anklingt, rückt mit der Verwerfung von *gender* der Marxismus wieder in den Blick. Hier wird der frühere „Verlust des Klassenbegriffs" (*qu jiejihua*) ausdrücklich bedauert. Eine Überbetonung der Identitätspolitik habe das Individuum in den Vordergrund gerückt und dadurch die Möglichkeit politischer Bündnisse zerstört (Song 2011: 146). An anderer Stelle ist von einem „Verlust des Problems" (*quwentihua*) innerhalb der Frauenforschung unter westlichem Einfluss die Rede (Min/Liu 2010: 10).

Im Mittelpunkt steht aber die Auseinandersetzung mit der eigenen, der sozialistischen Erfahrung, die es nicht länger abzuspalten gelte:

---

14 Nur am Rande sei hier erwähnt, dass unter die neuen Kritikerinnen des *gender*-Begriffes auch Du Fangqin zu rechnen ist (Song 2011: 144) – eine bekannte Frauenforscherin, die in den 1990er und 2000er Jahren zu den vehementesten Propagandistinnen von *gender* gehört hatte (Spakowski 2011: 34-38).

Wie kann man das historische Erbe des sozialistischen Feminismus überdenken und daran anknüpfen? Die sozialistische Geschichte Chinas nach Gründung des Neuen China [im Jahre 1949] ist auch eine Geschichte der Erlangung einer umfassenden Gleichberechtigung der Frauen auf der Ebene von Politik, Ökonomie und Gesetz. Aber seit Reform und Öffnung und infolge der Öffnung Chinas gegenüber der Welt hat die Einfuhr des ausländischen (vor allem westlichen) Feminismus dazu geführt, dass wir allmählich diese Phase der Geschichte in unserer Erinnerung verblassen ließen. Dies ging so weit, dass sich für die chinesischen Frauen in Theorie und Praxis ein historischer Bruch zwischen den ersten und den letzten dreißig Jahren des Sozialismus vollzogen hat. Deshalb wurde unter den „postrevolutionären" Bedingungen die Frage, wie man das historische Erbe des sozialistischen Feminismus reflektieren und daran anknüpfen kann, bereits ein Punkt auf der [feministischen] Agenda (Min/Liu 2010: 10).

Die Reflexion der sozialistischen Erfahrung hat dabei neben den vielen eher politisch motivierten Beiträgen zum chinesischen Weg auch wissenschaftliche Vorläufer in der Literatur- und Kulturwissenschaft. Hier ist der Beitrag „'Historisierung' des Geschlechts" (*‚lishihua' xingbie*) der Literaturwissenschaftlerin Dong Limin aufschlussreich (Dong Limin 2012),[15] die zwei kulturwissenschaftliche Strömungen zusammenführt, welche sich bereits Mitte der 1990er Jahre herausgebildet hatten. Hierzu gehört zum einen die Beschäftigung mit der Kulturproduktion der „siebzehn Jahre" (*shiqi nian*), also der Zeit von der Staatsgründung 1949 bis zum Ausbruch der Kulturrevolution 1966. Dies ist genau diejenige historische Periode, die in der früheren Frauenforschung als Zeit der „Befreiung von oben" oder „Instrumentalisierung" der Frauen verworfen und als Forschungsgegenstand marginalisiert worden war. Zum anderen erhielt speziell die Literaturwissenschaft der letzten Jahre unter dem Begriff der „Historisierung" (*lishihua*) neue Impulse. Historisierung bedeutet, „[…] dass der Gegenstand der historischen Forschung nicht mehr die historische Realität, sondern das historische Narrativ ist, dass aus dem ahistorischen Werturteil eine historische Analyse der Begriffe wird […]" (Yan 2011: 20). In anderen Worten: Historisierung impliziert eine höhere Reflexionsebene, für die Kontextualisierung und Werterelativismus konstitutiv sind. Dong fordert in ihrem Beitrag, die sozialistische Literatur und die Erfahrung der Frauenbewegung der „siebzehn Jahre" zu historisieren, was in der Essenz ihrer Ausführungen bedeutet, die Komplexität der sozialistischen feministischen Erfahrung anzuerkennen und die Historizität spezifischer feministischer Theoreme aufzudecken.[16]

---

15   Dong Limin verweist selbst auf gewisse Vorläufer ihrer eigenen Ideen, wie z.B. auf die Kulturwissenschaftlerin Dai Jinhua (Email-Wechsel vom 29.5.2012). Siehe auch den Verweis auf Dai Jinhua als Vorläuferin aktueller Strömungen bei Min/Liu 2010: 10.
16   Für das differenzierte Vorgehen Dongs ist aber auch bezeichnend, dass sie ausdrücklich davor warnt, jetzt umgekehrt den Sozialismus zu idealisieren (Dong 2012: 35).

Im Einklang mit Dongs Forderung der Historisierung und dem allgemeinen Bemühen, den sozialistischen Feminismus neu zu bewerten, wird speziell der frühere Vorwurf der bloßen Instrumentalisierung der Frauen durch den sozialistischen Staat zurückgenommen und die simplifizierende Dichotomisierung von chinesischer („Befreiung von oben") und westlicher („Befreiung von unten") Erfahrung aufgehoben (Song 2011: 145). Demgegenüber werden komplexere Modelle befürwortet, denen zufolge chinesische Frauen selbst und in Auseinandersetzung mit dem Staat ihre Befreiung erkämpft hätten. Dong Limin verweist darauf, dass die Idee der Befreiung durch Arbeit ein komplexes Phänomen gewesen sei, in das verschiedenste Aspekte hineingespielt hätten, wie z.B. neue Arbeitsformen, das revolutionäre Bewusstsein der Arbeiterklasse, das neue Familienbild, ein von den Frauen selbst ausgehendes neues Frauenbild etc. (Dong 2012: 34).[17] Auch dem für den Maoismus typischen neuen Frauenbild, wie es sich z.B. in den Modellopern der Kulturrevolution, in den sozialistischen Vorbildern, im Bild der Soldatin etc. manifestiert hatte und in der ersten Phase des neuen Feminismus als „Gleichmacherei" kritisiert wurde, wird jetzt eine positive Wirkung auf das Selbstverständnis von Frauen attestiert (Zhong 2009: 63). Diese neue, komplexere Sicht speist sich zum einen aus historischer Forschung (z.B. Cui 2011), vor allem aber aus der eigenen, nicht durchweg negativen Lebenserfahrung im maoistischen China bzw. aus Erinnerungsliteratur, in der andere ihre Erfahrungen zum Ausdruck gebracht haben (Song 2011: 144, Zhong 2009: 59).

4. Schluss

In den vorangegangenen Ausführungen wurde versucht, Spezifik und Entwicklung des chinesischen Feminismus seit Mitte der 1980er Jahre in seiner engen Verflechtung mit übergreifenden gesellschaftlichen Realitäten und Diskursen darzulegen. Auf nationaler Ebene ist dies der Postsozialismus, der sich in der ambivalenten Haltung des Staates zur Frauenfrage (Aufgabe der direkten Protektion, Erhalt des Gleichberechtigungsgebotes) sowie der Auseinandersetzung mit der sozialistischen Erfahrung als Konstituens des chinesischen Feminismus niederschlägt. Die sozialistische Erfahrung folgte dabei dem Richtungswechsel auf allgemeiner Ebene: von der Verwerfung des Sozialismus zur kritischen Anknüpfung daran. Auf internationaler Ebene, und nicht weniger konstitutiv, ist es der internationale Feminismus, in dessen Rahmen mit dem *gender*-Begriff ein grundsätzlich neues Verständnis der Geschlechterfrage nach China importiert wurde. Nach

---

17 Siehe auch die Aufwertung der Befreiung durch Arbeit bei Zhong 2009: 59-61.

anfänglicher Euphorie über die Erweiterung des akademischen Horizontes durch *gender* machten zunächst unscharf artikulierte Zweifel an seiner Angemessenheit für China schließlich der Kritik an der politischen Färbung des *gender*-Feminismus und einer Suche nach alternativen internationalen Orientierungen Platz.

Im Fazit erweist sich der chinesische Feminismus als wandelbar, plural, national geprägt und international eingebunden; Transkulturalität gehört zu seinen durchgängigen Kennzeichen. Die Transkulturalität des chinesischen Feminismus hat dabei Globalisierung im Sinne von zunehmender transnationaler Interaktion als zentralen Antrieb, kann aber nicht einer simplen Wechselbeziehung von „lokalem" und „globalem" Feminismus und einem durchlässigen Modell von „Einheit in der Vielfalt" oder „Vielfalt in der Einheit" subsumiert werden.[18] Transkulturalität bietet sich chinesischen Feministinnen vielmehr als Chance an, aus größeren Beständen feministischer Theorie und Praxis zu schöpfen, ohne dem Standardisierungsdruck des internationalen Feminismus zu unterliegen. Dabei stellen die Reflexion von „eigen" und „fremd", von Machtbeziehungen im internationalen Feminismus und von der Relevanz importierter Theorien und Praktiken für China ein wichtiges Moment in der hohen Dynamik der feministischen Theoriebildung in China dar. Kritische Reflexion von Transkulturalität ist somit eine wesentliche Dimension der transkulturellen Verfasstheit des chinesischen Feminismus.

Zitierte und weiterführende Literatur

(Alle Internetquellen wurden zuletzt geprüft im August 2013.)

Anagnost, Ann (2004): The Corporeal Politics of Quality (*Suzhi*). In: Public Culture 16. 2. 189-208
Barlow, Tani E. (2000): International Feminism of the Future. In: Signs: Journal of Women in Culture and Society 25. 4. 1099-1105
Barlow, Tani E. (2001): Globalization, China, and International Feminism. In: Signs: Journal of Women in Culture and Society 26. 4. 1286-1291
Barlow, Tani E. (2004): The Question of Women in Chinese Feminism. Durham: Duke University Press
Barlow, Tani E. (2007): Asian Women in Reregionalization. In: positions: east asia cultures critique 15. 2. 285-318
Bauer, John / Wang, Feng / Riley, Nancy E. / Zhao, Xiaohua (1992): Gender Inequality in Urban China. Education and Employment. In: Modern China 18. 3. 333-369

---

18 Siehe hierzu auch meine kritischen Ausführungen in Spakowski 2011.

Bonder, Michael (1994): Der Weltmarkt wird es richten. Nachholende Modernisierung als neue Entwicklungsstrategische Orthodoxie. In: Asien, Afrika, Lateinamerika 22. 2. 117-148
Breslin, Shaun (2011): The „China Model" and the Global Crisis. From Friedrich List to a Chinese Mode of Governance? In: International Affairs 87. 6. 1323-1343
Brosseau, Maurice / Lo, Chi Kin (Hrsg.) (1994): China Review. 1994. Hong Kong: Chinese University Press
Carter, Lance (2010): A Chinese Alternative? Interpreting the Chinese New Left. In: Insurgent Notes 1. http://insurgentnotes.com/2010/06/chinese-new-left/
Cohen, Myron L. (1992): Family Management and Family Division in Contemporary Rural China. In: The China Quarterly 130. 357-377
Cui, Yingling (2011): Kangzheng yu juelie. Jiti shidai nüxing canyu yu jiangou zishen diwei de zai renshi. Yi Hubei Enshi Tujia zu Shuanglong cun nüxing wei li (Widerstand und Separierung. Neue Überlegungen zur Beteiligung von Frauen an der Neukonstituierung ihres eigenen Status im kollektivistischen Zeitalter. Eine Fallstudie von Frauen der Tujia des Dorfes Shuanglong im Gebiet Enshi in der Provinz Hubei). In: Funü yanjiu luncong 103.1. 23-33
Deng, Xiaoping (1984): Emancipate the Mind, Seek Truth from Facts and Unite as One in Looking to the Future. In: Selected Works of Deng Xiaoping (1975-1982). Beijing: Foreign Language Press. 151-165
Dirlik, Arif (1989): Postsocialism? Reflection on „Socialism with Chinese Characteristics". In: Dirlik/Meisner (1989): 362-384
Dirlik, Arif / Meisner, Maurice (Hrsg.) (1989): Marxism and the Chinese Experience. Issues in Contemporary Chinese Socialism. Armonk: M. E. Sharpe
Dong, Limin (2005): Nüxingzhuyi. Bentuhua ji qi weidu (Feminismus. Indigenisierung und der Grad derselben). In: Nankai xuebao (zhexue shehui kexue ban) 2. 7-12
Dong, Limin (2012): „Lishihua" xingbie. „Guanlian" ruhe keneng (Die „Historisierung" von Geschlecht. Wie kann ein „innerer Zusammenhang" hergestellt werden?). In: Wenyi zhengming 4. 31-35
Ferguson, Kathy E. / Mironesco, Monique (Hrsg.) (2008): Gender and Globalization in Asia and the Pacific. Method, Practice, Theory. Honolulu: University of Hawaii Press
Fewsmith, Joseph (2011): Debating „the China Model". In: China Leadership Monitor 35. http://www.hoover.org/publications/china-leadership-monitor/article/93636
Ford Foundation (Hrsg.) (1995): Reflections and Resonance. Stories of Chinese Women Involved in International Preparatory Activities for the 1995 NGO Forum on Women. Beijing: Ford Foundation
Fraser, Nancy (2009): Feminism, Capitalism and the Cunning of History. In: New Left Review 56. 97-117
Frick, Heike / Leutner, Mechthild / Spakowski, Nicola (Hrsg.) (1995): Frauenforschung in China. Analysen, Texte, Bibliographie. München: Minerva
Gilley, Bruce (2010): Deng Xiaoping and his Successors (1976 to the Present). In: Joseph (2010): 103–125
Hsiung, Ping-Chun / Wong, Renita Yuk-Lin (1998): Jie Gui – Connecting the Tracks. Chinese Women's Activism Surrounding the 1995 World Conference on Women in Beijing. In: Gender and History 10. 3. 470-497
Hsiung, Ping-Chun / Jaschok, Maria / Milwertz, Cecilia (Hrsg.) (2001): Chinese Women Organizing. Cadres, Feminists, Muslims, Queers. Oxford; New York: Berg
Hu, Angang / Feng, Yilong (2010): Zhongguo. Zouxiang 2015 (China. Auf 2015 zugehen). Hangzhou: Zhejiang renmin chubanshe
Jacka, Tamara (1990): Back to the Work. Women and Employment in Chinese Industry in the 1980s. In: Australian Journal of Chinese Affairs 24. 1. 1-23

Jacka, Tamara (2009): Cultivating Citizens. *Suzhi* (Quality) Discourse in the PRC. In: positions: east asia cultures critique 17. 3. 523-535

Jin, Yihong / Liu, Bohong (Hrsg.) (1998): Shiji zhi jiao de Zhongguo funü yu fazhan. Lilun, jingji, wenhua, jiankang (Chinesische Frauen und Entwicklung zur Jahrhundertwende. Theorie, Ökonomie, Kultur, Gesundheit). Nanjng: Nanjing daxue chubanshe

Joseph, William A. (Hrsg.) (2010): Politics in China. Oxford; New York: Oxford University Press

Knight, Nick (2008): Imagining Globalisation in China. Debates on Ideology, Politics and Culture. Cheltenham: Edward Elgar

Leutner, Mechthild (1995): „Frauen-Talentwissenschaft". Strategie zur Heranbildung talentierter Frauen. In: Frick/Leutner/Spakowski (1995): 151-157

Leutner, Mechthild / Spakowski, Nicola (1996): „Die Komplexität der Realität". Chancen und Rückschritte von Frauen im Transformationsprozeß Chinas. In: Asien, Afrika, Lateinamerika 24. 253-285

Li, Xiaojiang (1997): Guanyü nüren de dawen (Fragen und Antworten [zum Thema] Frauen). Nanjing: Jiangsu renmin chubanshe

Li, Xiaojiang (1999): With What Discourse Do We Reflect on Chinese Women? Thoughts on Transnational Feminism in China. In: Yang (1999): 261-277

Li, Xiaojiang (Hrsg.) (2002): Wenhua, jiaoyu yu xingbie. Bentu jingyan yu xueke jianshe (Kultur, Bildung und Geschlecht. Die indigene Erfahrung und die Begründung einer Disziplin). Nanjing: Jiangsu renmin chubanshe

Li, Xiaojiang / Zhang, Xiaodan (1994): Creating a Space for Women: Women's Studies in China in the 1980s. In: Signs: Journal of Women in Culture and Society 20. 1. 137-151

Min, Dongchao (2007): Duihua (Dialogue) In-Between. In: Interventions 9. 2. 174-193

Min, Dongchao (2008): "What about other Translation Routes (East-West)?" The Concept of the Term "Gender" Travelling into and throughout China. In: Ferguson/Mironesco (2008) : 79-100

Min, Dongchao / Liu, Weiwei (2010): Zhihui, tiaozhan, fanxi. Cong nannü pingdeng dao xingbie gongzheng (Zweifel, Herausforderungen, Reflexionen. Von der Gleichberechtigung der Geschlechter zur Geschlechtergerechtigkeit). In: Funü yanjiu luncong 5. 101. 5-11

Naughton, Barry (2007): The Chinese Economy. Transitions and Growth. Cambridge; London: MIT Press

Odag, Özen / Pershai, Alexander (Hrsg.) (2005): Negotiating Space for Gender Studies. Frameworks and Applications. Hamburg: Peter Lang

Pan, Wei (Hrsg.) (2009): Zhongguo moshi. Jiedu renmin gongheguo de 60 nian (Das chinesische Modell. Eine Interpretation der sechzig Jahre der Volksrepublik). Beijing: Zhongyang bianyi chubanshe

Pun, Ngai (2005): Made in China. Women Factory Workers in a Global Workplace. Durham: Duke University Press

Qu, Yajun (2002): Nüxingzhuyi wenxue piping bentuhua guocheng zhong ying zhuyi de wenti (Probleme, die im Prozess der Indigenisierung der feministischen Literaturkritik beachtet werden müssen). In: Li (2002): 154-178

Rai, Shirin (1993): Gender, Education and Employment in Post-Mao China. Issues in Modernisation. In: Brosseau/Lo (1994): 1-14

Rosen, Stanley (1994): Chinese Women in the 1990s. Images and Roles in Contention. In: Brosseau/Lo (1994): Kap. 17

Sigley, Gary (2009): Suzhi, the Body, and the Fortunes of Technoscientific Reasoning in Contemporary China. In: positions: east asia cultures critique 17. 3. 537-566

Song, Shaopeng (2011): „Shehuizhuyi funü jiefang yu xifang nüquanzhuyi de qubie: lilun yu shijian" zuotanhui zongshu (Bericht über die Konferenz „Unterschiede zwischen sozialistischer Frauenbefreiung und westlichem Feminismus: Theorie und Praxis"). In: Shanxi shifan daxue bao (shehui kexueban) 38. 4. 143-149

Spakowski, Nicola (1993): „Frauenforschung chinesischer Prägung"? Ursprung, Themen und Theorien der aktuellen Frauenforschung in China. In: Newsletter Frauen und China (FU Berlin) 4. 13-25

Spakowski, Nicola (1996): Von der Befreiung zur Entwicklung. Modernisierungsbegriff und Emanzipationsstrategie im feministischen Diskurs der VR China (mit englischem Abstract). In: Berliner China-Hefte (FU Berlin) 10. 11-47

Spakowski, Nicola (2001): The Internationalization of China's Women's Studies. In: Berliner China-Hefte 20. 79-100

Spakowski, Nicola (2005): The Internationalisation of China's Women's Movement. „Global Sisterhood" between Western Domination and Chinese Self-Definition. In: Odag/Pershai (2005): 47-65

Spakowski, Nicola (2011): „Gender" Trouble. Feminism in China under the Impact of Western Theory and the Spatialization of Identity. In: positions: east asia cultures critique 19. 1. 31-54

Sun, Shaoxian (2005): „Guizuhua" de Zhongguo „nüxingzhuyi" (Der aristokratische chinesische Feminismus). In: Tianya 1. 23-25

Tao, Chunfang (1993): Funü shehui diwei yu funü fazhan (Der soziale Status von Frauen und die Entwicklung von Frauen). In: Beijing Daxue zhong wai funü wenti yanjiu zhongxin (Hrsg.) (Aufsatzsammlung der zweiten internationalen Konferenz an der Peking-Universität zu den Frauenproblemen). Peking. 10-16

Wang, Zheng / Zhang, Ying (2010): Global Concepts, Local Practices. Chinese Feminism since the Fourth UN Conference on Women. In: Feminist Studies 36. 1. 40-70

Yan, Shuisheng (2011): Lun dangdai „lishihua" sichao ji qi fansi (Diskussion und Reflexion der aktuellen Strömung der „Historisierung"). In: Nanfang Wentan 2. 20-23

Yang, Mayfair Mei-hui (1999): Spaces of Their Own: Women's Public Sphere in Transnational China. Minneapolis: University of Minneapolis Press

Zhang, Lu (2009): Chinese Women Protesting Domestic Violence. The Beijing Conference, International Donor Agencies, and the Making of a Chinese Women's NGO. In: Meridians: Feminism, Race, Transnationalism 9. 2. 66-99

Zhang, Lu (2010): Quanqiu nüquanzhuyi. Guanyu nüquanzhuyi de quanqiu xiangxiang (Der globale Feminismus. Globale Vorstellungen des Feminismus). In: Funü yanjiu luncong 98. 2. 68-78

Zhang, Naihua (2001): Searching for „Authentic" NGOs. The NGO Discourse and Women's Organizations in China. In: Hsiung/Jaschok/Milwertz (2001): 159-179

Zhao, Huizhu (1994): Nüxing yanjiu de zouxiang yu tuozhan (Die Richtung und Entwicklung der Frauenforschung). In: Funü yanjiu 1. 18-23

Zhao, Jie / He, Zhonghua (1992): Dangdai Zhongguo funü jiefang de mubiao, daolu ji qi tedian (Ziel, Weg und Besonderheiten der Frauenbefreiung im China der Gegenwart). In: Funü zuzhi yu huodong 5. 5-10

Zheng, Hangsheng (2009): Gaige kaifang sanshi nian. Shehui fazhan lilun he shehui zhuanxing lilun (30 Jahre Reform und Öffnung. Theorien der Entwicklungssoziologie und Theorien der Gesellschaftstransformation). In: Zhongguo shehui kexue 2. 10-19

Zhong, Xueping (2009): „Funü neng ding ban bian tian". Yige you si zhong shuofa de gushi („Frauen können die Hälfte des Himmels tragen". Eine Geschichte mit vier Interpretationen). In: Nankai xuebao 4. 54-64

Menschenrechte und kulturelle Positionierungen in asiatischen Frauennetzwerken.
Zur Diffusion des Menschenrechtsdiskurses in der reflexiven Moderne

Joanna Pfaff-Czarnecka

Weltweit gewinnt die Frauenbewegung an Bedeutung. Wir beobachten eine zunehmende Vernetzung von Organisationen, die auf Frauenanliegen spezialisiert sind und die geschlechtsspezifische Forderungen zur Sprache bringen (vgl. u. a. Lenz/Mae/Klose 2000, Basu 1995, Ruf 1998, Merry 2006b, Levitt/Merry 2009). Weltweit werden die Öffentlichkeiten zunehmend mit Problemlagen konfrontiert, die Frauen betreffen. Das Unrechtsempfinden wird geschärft. Zahlreiche anwaltschaftliche und solidarische Vereinigungen sind an vielen Orten der Welt entstanden und sie wirken erfolgreich in internationalen, transnationalen und translokalen Räumen (vgl. u. a. Lachenmann/Dannecker 2002). Immer mehr Trägerinnen von Bewegungen und Organisationen gelangen in die Lage, Menschenrechtsverletzungen öffentlich anzuprangern, Problemlösungsstrategien vorzuschlagen und bei der Bekämpfung des Unrechts aktiv mitzuwirken. Neben der anwachsenden Vernetzung, die über die größtmöglichen Distanzen (geographische Distanzen, soziale Klassen, Kulturräume, politische Grenzen) hinweg stattfindet, ist insbesondere auch der Umstand beachtlich, dass die Frauenrechtsaktivistinnen zunehmend Rechte einklagen und auf die Sprache der Rechte zurückgreifen, um auf Marginalisierung, Ungleichheit und Ungerechtigkeit hinzuweisen (McFarland 1998, Ruppert 2001). Dabei schafft der universelle Diskurs der Menschenrechte einen gemeinsamen globalen Bezugshorizont. Aus dem gemeinsamen Deutungsrepertoire können die Aktivistinnen schöpfen. Die Bezugnahmen geschehen jedoch – so die diesem Aufsatz zugrunde liegende These – stets aus spezifischen kulturellen Positionen und aus spezifischen lokalen Optiken heraus, die hier anhand von Beispielen aus Asien dargestellt werden sollen. Insbesondere geht es mir darum zu zeigen, dass in Konfrontationen mit dem universellen Diskurs der Menschenrechte die Aktivistinnen kulturelle Positionierungen vornehmen.

Viel ist in den letzten Jahren über die *‚Asian Values'* geschrieben und debattiert worden. Dieser Diskurs betont insbesondere die Unvereinbarkeit des dem

Menschenrechtsgefüge zugrunde liegenden Universalismus mit den kulturellen Partikularismen der asiatischen Gesellschaften. Spezifische kulturelle Formen, insbesondere die kollektivistischen Orientierungen, wurden von den Verfechtern der asiatischen Werte benutzt, um eine klare Gegenposition zu westlichen Auffassungen zu markieren. Im Zuge dieser Debatten ist der Umstand ausgeblendet worden, dass es in asiatischen Ländern eine immer größere Zahl von Menschen und Organisationen gibt, welche auf das Instrument der Menschenrechte zurückgreifen und zu ihrer Realisierung beitragen. Allerdings kommt dabei die näher zu betrachtende Entwicklung zum Vorschein, dass Menschenrechte mit lokalen kulturellen Repertoires verschränkt werden. Um einen vielfach verwendeten Begriff aufzugreifen: Es findet eine ‚Vernakularisierung' der Menschenrechte statt (vgl. dazu u. a. Wilson 1999, Merry 2006b). Das heißt, der breite Korpus der Menschenrechtsdokumente bietet Raum für vielfältige Interpretationen, so dass die Menschenrechte in die jeweiligen gesellschaftlichen Kontexte übersetzt werden können. Wie Sally Engle Merry betont: „[…] these texts are open to multiple readings. They have been mined by activists in various parts of the world in quite different ways" (Merry 2006a: 4). Sie werden vor der Folie spezifischer Religionen, Staatszugehörigkeiten und intellektuellen Positionen gedeutet und neu interpretiert. Widersprüche werden thematisiert. Es finden ferner Auseinandersetzungen darüber statt, wie das Spannungsverhältnis zwischen den Menschenrechten und den lokalen Kulturen in den politischen Aktionsfeldern für die eigene Positionierung fruchtbar gemacht werden kann.

Die Menschenrechtsdebatten tangieren alle zentralen gesellschaftlichen Sphären, insbesondere die Religion und die Verwandtschaftsbeziehungen, die Politik und die Öffentlichkeit der Zivilgesellschaft, die Wirtschaft und die sozialen Sicherungssysteme. In all diesen Sphären beobachten wir heute kulturelle Auseinandersetzungen, die ich als ‚Positionierungen' bezeichne. Es handelt sich in den mich interessierenden Fällen um mehr oder weniger explizit gemachte Bezugnahmen auf die Werte der Menschenrechte, vor deren Folie asiatische Aktivistinnen die lokalen Werte einer Evaluation unterziehen. Umgekehrt wird danach gefragt, inwiefern die den Menschenrechten zugrunde liegenden Werte mit den eigenen politischen, religiösen, kulturellen und intellektuellen Positionen kompatibel sind. Aus der Gegenüberstellung der unterschiedlichen Repertoires kommt es zu Auswahlprozessen. Eine Option liegt in der Aneignung, das heißt in der Übernahme fremder kultureller Elemente und deren Inkorporierung in das vorhandene kulturelle Schema. Ihr Gegenstück bildet die Zurückweisung unter der expliziten Betonung des Eigenen, wie etwa dann, wenn asiatische Werte als unvereinbar mit dem Universalismus der Menschenrechte hervorgehoben werden. Beide

Formen der Positionierung können zu Repräsentationen führen, das heißt zu bewusst sich an Öffentlichkeiten richtenden Bestrebungen zur kulturellen Selbstbeschreibung und Selbstdarstellung. Sie geschehen vor dem Hintergrund nicht oder schwer zu vereinbarender Werte und Normen, die immer wieder neu verhandelt werden. Die mich in diesem Aufsatz interessierenden Positionierungen betreffen nicht die konservativen Rückzugsoptionen auf traditionelle kulturelle Gewissheiten, zu denen die fundamentalen Kritiker der Menschenrechte greifen, sondern vielmehr die kreativen Auswahlprozesse, in denen sich asiatische Frauenaktivistinnen befinden, um im transkulturellen Spannungsverhältnis handeln zu können.

Meine Überlegungen basieren auf einigen Prämissen: Ich gehe erstens davon aus, dass viele kulturelle Botschaften immer weiter entlegene Teile der Welt erreichen. Anders jedoch als Appadurai, spreche ich nicht vom „freien Flottieren" kultureller Elemente, Landschaften (*scapes*) oder diskursiver Formeln, weil die beweglichen kulturellen Botschaften im jeweiligen Kontext erst angeeignet werden müssen, was einer Aushandlung von Bedeutungen bedarf. Zweitens werden solche Aushandlungen stets konfliktiv geführt, und sie sind durch gesellschaftliche Kräfteverhältnisse und Interessenlagen strukturiert (siehe hierzu auch Wimmer 2005: 14). Diese komplexen gesellschaftlichen Dynamiken liegen den Prozessen der Transkulturalität zugrunde. Ein solcher Prozess findet z. B. dann statt, wenn die Werte der Menschenrechte mit asiatischen Werthaltungen konfrontiert sind und wenn die asiatischen Aktivistinnen ihre Positionen einer Reflexion unterziehen und in gesellschaftlichen Konfrontationen ihre Positionen behaupten.

Drittens schließlich finden die hier interessierenden Aneignungen und Positionierungen nicht in einem, sondern in diversen Kommunikationsräumen statt; die Frauenrechtsaktivistinnen operieren nämlich in höchst unterschiedlichen gesellschaftlichen Räumen. Kulturelle Aneignungsprozesse und Positionierungen werden einerseits innerhalb solch kleiner Handlungszusammenhänge wie in Familien oder in lokalen Basisorganisationen ausgetragen. Im Falle einer Frauenorganisation müssen sich ihre Trägerinnen auf eine gemeinsame Selbstrepräsentation einigen. In familiären oder dörflichen Kontexten betreffen die Auseinandersetzungen lokale Machtmonopole und fest etablierte kommunitäre Diskurse. Andererseits operieren Frauenorganisationen in nationalstaatlichen Kontexten, wenn sie spezifische Anliegen gegenüber ‚dem Staat' vorbringen, oder wenn sie staatliche Praktiken anprangern und zurückweisen. Immer häufiger operieren sie auch in internationalen und transnationalen sozialen Räumen, beispielsweise anlässlich von UN-Frauenkonferenzen und in Frauennetzwerken. Angesichts dieser Vielfalt an Bezugshorizonten (lokal, staatlich, global) werden Positionierungen in

Bezug auf unterschiedliche Öffentlichkeiten vorgenommen, wie ich weiter unten an meinem ersten Beispiel zum feministischen Islam exemplifizieren werde. Indem Aktivistinnen in unterschiedlichen Kommunikationskontexten operieren, sind sie deshalb nicht nur mit dem Problem konfrontiert, sich zu positionieren, sondern auch damit, die vertretenen Anliegen gegenüber verschiedenen Öffentlichkeiten verständlich zu machen. Auch wenn die Frauenanliegen sich zunehmend einer hohen Legitimität erfreuen, so handeln die Aktivistinnen doch in solchen öffentlichen Räumen, wo Aufmerksamkeit ein knappes Gut darstellt. Zusammen mit einer Vielzahl anderer Bewegungen haben sie sich auf einem Markt von Aufmerksamkeiten (Wicker 2006) zu behaupten, so dass die verwendeten Symbole und Rhetoriken sorgfältig ausgewählt werden müssen. Indem die anvisierten Öffentlichkeiten je nach Kontext wechseln, müssen die Aktivistinnen und Frauenorganisationen ihre Repräsentationen entweder jeweils modifizieren, oder aber auf einen möglichst breiten gemeinsamen Nenner bringen und eine allgemeinverständliche Botschaft produzieren, um sich Gehör zu verschaffen. So sind die Kommunikationsräume – in der Familie, in einer lokalen Frauenorganisation, in den nationalen Massenmedien, anlässlich internationaler UNO-Konferenzen – erstens durch eine Vielfalt an Inhalten und Zeichenrepertoires geprägt und zweitens durch eine Vielzahl an Konstellationen, in denen kulturelle Botschaften formuliert, verbreitet und empfangen werden. Die jeweiligen Botschaften werden durch unterschiedliche Kanäle kommuniziert, und je nach Bezugshorizont werden unterschiedliche Reichweiten der eigenen Botschaft anvisiert, was die Verwendung unterschiedlicher diskursiver Formeln nahe legt.

Die von Frauenorganisationen in ihren Kommunikationsstrategien angepeilten Öffentlichkeiten bieten daher ein disparates Spektrum. An einem Ende finden sich solche Bezugsgrößen wie ‚globale Öffentlichkeit' oder ‚Weltgemeinschaft', die zunehmend einen Bezugshorizont für transkulturelle Kommunikation darstellen; am anderen Ende des Spektrums finden sich lokale Foren wie dörfliche Verbände, die immer mehr in weitläufige Kommunikationen eingebunden sind. In diesen Kommunikationsräumen bewegen sich die kulturellen Botschaften scheinbar frei. Doch die grenzüberschreitend expandierenden Nachrichten werden von sich als distinkt begreifenden kollektiven und individuellen Akteuren aufgegriffen und an deren eigene kulturelle Formen und Wertvorstellungen rückgekoppelt. Häufig gehen diese Koppelungen mit auf Wertekonflikten basierenden Dilemmata einher, die ich anhand einiger Beispiele für Positionierungen von asiatischen Menschenrechtlerinnen aufzeigen möchte. Zunächst möchte ich jedoch auf die Herstellung von Globalität in Frauennetzwerken eingehen.

1. Aushandeln der Geschlechterbeziehungen – Zunahme an Globalität als Rahmenbedingung

In den Auseinandersetzungen um die Realisierung von Frauenrechten als Menschenrechte können die Aktivistinnen davon ausgehen, dass die Menschen weltweit viele Vorstellungen teilen, welche die Frauen betreffen. Über die Stellung der Frau kann zwar weitgehend Dissens herrschen, doch es existieren gesellschaftliche Universalien in Bezug auf Geschlecht und in Bezug auf Geschlechterrollen. In jeder Gesellschaft gibt es Geschlechterkonstruktionen, Statusrollen und solche Figuren wie ‚Mütter', ‚Ehefrauen' oder ‚Töchter'. Jede Gesellschaft konzeptualisiert die Geschlechterdifferenz, die Geschlechterungleichheit und das Statusgefälle. Es handelt sich insofern um Konzepte, die recht selbstverständlich, gar ‚natürlich' in den globalen Kanon von Vorstellungen aufgenommen werden.

Im Verlauf des 20. Jahrhunderts sind die Geschlechterdifferenz betreffende Diskurse zunehmend in einen globalen Zusammenhang eingebracht worden. Genannt sei eine gemeinsame diskursive Formel wie z.B. der „Internationale Frauentag". Im Jahr 1945 hat ferner die UN-Charta die Gleichberechtigung von Männern und Frauen verankert, womit nicht nur ein gemeinsamer Deutungshorizont, sondern auch ein Handlungszusammenhang entstanden ist, um die Verwirklichung dieser Forderung voranzutreiben. Vor diesem Hintergrund überrascht es nicht, dass in der Weltgesellschaft zunehmend gemeinsame Problemlagen wahrgenommen werden.[1]

Die sich aus der gemeinsamen Problemwahrnehmung ergebenden Handlungsfelder haben die internationale Frauenbewegung enorm anwachsen, sich vernetzen und sich ausdifferenzieren lassen. In den verschiedenen Teilen der Welt formulieren Aktivistinnen zwar unterschiedliche Anliegen, doch es herrscht die Wahrnehmung vor, dass die Mütter auf der *Plaza Mayor* in Buenos Aires, die Umweltaktivistinnen in Indien und die Fabrikarbeiterinnen in China alle mit Marginalisierung und Unterdrückung, ja, mit Unrecht konfrontiert sind. Diese Benachteiligungen hängen mit der Schichtzugehörigkeit, mit Rassenkonstruktionen oder mit der Irregularität in Migrationskontexten zusammen, aber auch damit, dass kraft ihrer Geschlechtszugehörigkeit Frauen noch zusätzlich benachteiligt werden.

---

1 Als zentrale Problemfelder seien hier beispielsweise genannt: Gewalt gegen Frauen, Beeinträchtigung persönlicher Autonomie, Benachteiligung auf den Arbeitsmärkten oder geringe Teilhabe an politischer Meinungsbildung, Repräsentation und Entscheidungsfindung. Die Disparitäten zwischen Männern und Frauen können beispielsweise den UN-*Development Reports* entnommen werden: <http://hdr.undp.org/reports/>. Diese belegen, dass Frauen weit weniger als Männer alphabetisiert sind, dass Männer anteilsmäßig beträchtlich stärker an der höheren Bildung partizipieren, dass Frauen wesentlich mehr Schwierigkeiten haben, eine Anstellung zu finden und dass ihre Löhne viel tiefer liegen, etc.

Ungeachtet der Wahrnehmung gemeinsamer Problemlagen herrschen innerhalb der Frauennetzwerke aber auch wichtige Kontroversen und Konflikte vor. So entfachen sich in den transnationalen Frauennetzwerken immer wieder Auseinandersetzungen darüber, dass der westliche Feminismus immer noch allzu stark tonangebend ist, während Stimmen aus dem ‚Süden' oder ‚Osten' weniger Gehör finden. Verstärkt wird dieser Eindruck dadurch, dass viele Frauennetzwerke von westlichen Sponsoren finanziell unterstützt werden, was Abhängigkeiten schafft. Der zweite Dissens-Punkt ist die Mittelschichts-*Bias*. Die Kritikerinnen monieren in diesem Zusammenhang, dass viele wichtige Statuspositionen in Frauenorganisationen und -netzwerken von Angehörigen der Mittelschicht besetzt sind und prangern deren mangelnde Sensitivität gegenüber Anliegen von Frauen, die aufgrund ihres sozioökonomischen Status' besonders benachteiligt sind, an. Ein weiterer Konflikt entsteht aus der Kritik, dass die Werte der westlichen Moderne zu dominant seien – auf diesen Aspekt werde ich in meinem dritten Beispiel weiter unten ausführlich zurückkommen. In diesen kritischen Positionen ist eine Ambivalenz unübersehbar: Der gemeinsame Nenner, den die Konzepte ‚Frau', ‚Frauenanliegen' und ‚Frauenrechte' bieten, fasst eine Vielzahl an gemeinsamen Unrechtsdiskursen, aber auch eine Vielfalt an Positionen zusammen. So paradox dies klingen mag: Die Globalität wird nicht nur durch gemeinsame Wahrnehmungen und Anliegen, sondern ebenfalls durch Kontroversen und Konflikte hergestellt, die zunehmend in transnationalen Räumen zur Sprache gebracht und debattiert werden.

Doch zurück zu den gemeinsamen Anliegen und zu den Grundtendenzen in der Globalisierung des Frauenrechtsaktivismus. Die starke Frauenrechtsbewegung hat dazu beigetragen, dass das Menschenrechtsregime, wie ich das komplexe Gebilde aus Gesetzestexten, Instanzen, wo Rechte eingeklagt werden, sowie Menschenrechtsbewegungen und -netzwerke nenne, in den letzten beiden Jahrzehnten eine bedeutende Expansion und Ausdifferenzierung erfahren hat. Diese ist vor allem in drei Bereichen feststellbar.

1.1 Erweiterung und Ausdifferenzierung der Gesetzgebung

Seit die Menschenrechtserklärung ausgerufen wurde (1948), entstand ein komplexes Gesetzeswerk, das kontinuierlich durch neue Artikel, neue Konventionen und Zusatzprotokolle ergänzt worden ist. Auch hat sich der Geltungsbereich der Menschenrechte beträchtlich erweitert, indem immer mehr Länder seine Instrumente ratifiziert haben. Dass es immer mehr und immer feinere Gesetze gibt, garantiert jedoch nicht, dass diese auch realisiert werden. Dennoch wird allein die Existenz dieser Gesetzestexte von immer mehr Menschen weltweit als ein wichtiger Schritt auf dem Weg zur Realisierung der Menschenrechte begrüßt (auf die Diskrepanz zwischen der Existenz von Rechten und den Defiziten ihrer Realisierung kann ich in diesem Aufsatz leider nicht eingehen; siehe hierzu u. a. Pfaff-Czarnecka 2000).

Zu den wichtigsten Dokumenten, die Frauenrechte betreffen, gehören die Menschenrechtspakte, die politische, bürgerliche, soziale, ökonomische und kulturelle Rechte, das Recht zum Schutz vor Folter, das Recht zum Schutz vor Rassen- und Geschlechterdiskriminierung sowie die Kinderrechte schützen. Eine besondere Bedeutung kommt der *Convention on the Elimination of all Forms of Discrimination against Women* (fortan: CEDAW) zu, welche die UNO-Generalversammlung im Jahr 1979 verabschiedet hat. Sie ist seither von 183 Mitgliedsstaaten der UNO (das sind 90%) ratifiziert worden; zu den restlichen 10% gehören die USA.[2] Dieser Pakt definiert die Diskriminierung von Frauen als „any distinction, exclusion or restriction made on the basis of sex which has the effect or purpose of impairing or nullifying the recognition, enjoyment or exercise by women, irrespective of their marital status, on a basis of equality of men and women, of human rights and fundamental freedoms in the political, economic, social, cultural, civil or any other field".[3]

Diejenigen Staaten, welche diese Konvention anerkennen, verpflichten sich zu Maßnahmen, die der Diskriminierung von Frauen entgegenwirken sollen. Jedes Mitgliedsland verpflichtet sich durch die Annahme der Konvention zur Einhaltung des Grundsatzes der Gleichberechtigung von Mann und Frau in allen Gesetzestexten dazu, alle diskriminierenden Gesetze aufzuheben und Gesetze zu verabschieden, die die Diskriminierung von Frauen verbieten. Jedes Land verpflichtet sich zur Beseitigung aller diskriminierenden Handlungen gegen Frauen durch Personen, Organisationen oder Unternehmen. So schafft die Konvention die Grundvoraussetzung für die Herstellung der Geschlechtergleichheit. Sie verankert durch ihre Grundsätze gleiche Chancen und den gleichen Zugang zum politischen und öffentlichen Leben sowie zur Bildung und Beschäftigung. Staaten, die die Konvention ratifiziert haben, sind verpflichtet, ihre Vorschriften umzusetzen. Jeder Mitgliedstaat muss alle vier Jahre dem CEDAW-Komitee einen Bericht über gesetzliche, administrative und andere Maßnahmen erstatten, die der Diskriminierung der Frauen entgegenwirken.

---

2   Siehe: *Division for the Advancement of Women*: <http://www.un.org/womenwatch/daw/cedaw/states.htm>.
3   Ebd.

1.2 Vervielfältigung von Instanzen zum Schutz der Menschenrechte

Es entstanden und entstehen in den letzten Jahren immer mehr Instanzen, insbesondere Gerichte, wo Menschenrechte eingeklagt werden können. Es sind ferner Institutionen ins Leben gerufen worden, die auf spezifische Problemlagen der Frauen antworten. Es sind in vielen Ländern der Welt Menschenrechtsinstitute gegründet worden, ferner Kommissionen, Ombudsstellen sowie Rechtsberatungsstellen, wo sogenannte *paralegals,* das heißt auf spezifische Rechtsfragen spezialisierte Personen ohne abgeschlossene juristische Ausbildung, arbeiten. Ein wichtiges Instrument stellt der *Special Rapporteur on Violence against Women* dar, eine Funktion, die im Jahr 1994 etabliert wurde. Basierend auf der CEDAW zielt das Mandat des *Special Rapporteurs* auf die Kontrolle von Staaten ab. Sie sollen angehalten werden, von Gewalt an Frauen abzusehen, ihr entgegenzuwirken, sie zu ahnden und zu bestrafen. Bei jeglichen Akten der Gewalt sollen die Regierungen darum besorgt sein, von Gewalt betroffenen Frauen Unterstützung einschließlich medizinischer Versorgung zukommen zu lassen. Zu den besonderen Aufgaben des *Special Repporteurs* gehören die Beschaffung von Informationen über Gewaltakte gegenüber Frauen, Vorschläge von Hilfsmaßnahmen sowie die Kooperation mit anderen Körperschaften, die ähnliche Aufgaben wahrnehmen.

1.3 Expansion von zivilgesellschaftlichen Handlungszusammenhängen

Zu solchen Handlungszusammenhängen gehören unter anderem die Frauenorganisationen und Frauennetzwerke. Die erhebliche Transnationalisierung der gesellschaftlichen Räume ist Ausdruck der neuen Verflechtungen zwischen der lokalen, nationalen und globalen Sphäre, und sie begleitet den Wandel staatlicher Zuständigkeitsbereiche. Zivilgesellschaftliche Netzwerke, die in den letzten 10-15 Jahren sehr viel an Legitimität gewonnen haben (aber auch kritischer Würdigung unterzogen wurden), konnten dank neuartiger Formen der Ressourcenmobilisierung expandieren und – insbesondere im Süden – auf die Zuwendungen hoch industrialisierter Länder sowie internationaler Institutionen (UNO, Weltbank, etc.) bauen. Mit diesen Finanzmitteln war es möglich, neue Formen der Vernetzung und des gegenseitigen Austausches zu schaffen. Eine große Bedeutung erlangen zunehmend internationale Konferenzen (v. a. die internationalen UN-Frauenkonferenzen), die man als Weltereignisse in dem Sinne begreifen kann, dass sie in sehr kurzen Zeiträumen Weltaufmerksamkeit erlangen. Nicht nur nehmen daran Menschen aus der ganzen Welt teil; die verhandelten Anliegen haben auch einen sehr breiten Geltungsbereich. Indem die Aufmerksamkeit der Massenmedien für eine kurze Zeit sehr intensiv auf solche Ereignisse gerichtet ist, wird es für die

Aktivistinnen möglich, auf ihre Ziele und Anliegen aufmerksam zu machen. Zudem kommt es bereits im Vorfeld der Beratungen zu Netzwerkbildungen, die am Ort des Geschehens verfestigt werden.

Andererseits fand in den letzten Jahren auch eine wichtige Veränderung statt, die einen qualitativen Wandel darstellt. Das Novum liegt darin, dass die Anliegen der Frauen heute nunmehr seltener als *grievances*, das heißt als Listen von Benachteiligung und Marginalisierung formuliert, sondern vermehrt in die Sprache der Rechte gekleidet werden. Die Menschenrechte sind zu einem verbindlichen globalen Instrument geworden und ihre Sprache zum weit verbreiten Diskurs. Die Sprache des Unrechts bietet eine verbindliche Terminologie, welche die gesellschaftlichen Missstände kategorisiert und sie in einen Handlungszusammenhang setzt, der Gerechtigkeit verheißt.

Im Zuge der Ausdifferenzierung gelangten allerdings viele Aktivistinnen zu der Überzeugung, dass der Begriff ‚Mensch', wie er etwa in der Allgemeinen Deklaration der Menschenrechte festgehalten ist, allzu sehr den Blick auf die spezifischen Probleme und Anliegen von Frauen verstellt. Viele Aktivistinnen sprechen heute daher von Frauenrechten als Menschenrechte. Sie wollen damit zum Ausdruck bringen, dass spezifische Frauenanliegen besonders hervorgehoben werden müssen und dass allgemein mehr Sensibilität gegenüber dem spezifisch an Frauen begangenen Unrecht notwendig ist.

Die Frauenrechtlerinnen sehen die enorme Bedeutung der Menschenrechte in der Ausdifferenzierung rechtlicher Statusgarantien und der Mittel ihrer Realisierung, um allen Formen von Diskriminierungen gegen Frauen entgegenzuwirken.[4] Die andere qualitative Neuerung liegt in der Wahrnehmung der Globalität, in deren Rahmen sich die Frauenorganisationen vernetzen. Das Instrument der *Menschen*rechte etabliert zunehmend einen globalen Deutungshorizont. Vor diesem Hintergrund entsteht ein zunehmend ausdifferenziertes begriffliches Repertoire. Allerdings sind die Gesetzestexte offen für unterschiedliche Lesarten. Je verbreiteter der Menschenrechtsaktivismus, desto weitläufiger wird auch das populäre Verständnis der Menschenrechte. Die Auslegungen können sich stark von den legalen Dokumenten entfernen.

Kulturelle Konfrontationen werden in diesem Prozess gewissermaßen zum Alltag der Menschenrechtsarbeit. Aus vielen Teilen der Welt werden beispielsweise Auseinandersetzungen um den Stellenwert der lokalen Kulturen berichtet, da manche als ‚traditionell' begriffene Praktiken mit den Frauenrechten kollidieren. Dies ist insbesondere der Fall, wenn körperliche Eingriffe vorgenommen werden (z. B. Klitorisbeschneidung), bei der Ungleichbehandlung im Privatleben

---

4   Siehe hierzu beispielsweise Schmidt-Häuer 1998: 130.

(z. B. Besitzverhältnisse, Erben) und bei den Einschränkungen der persönlichen Freiheit (z. B. Unterstellung der Frau unter die Vormundschaft des Ehemannes). Man könnte meinen, dass die Frauenrechtlerinnen die kulturellen Traditionen ihrer Gesellschaften, die der Frauenbenachteiligung Vorschub leisten, grundsätzlich zurückweisen. Doch ein solcher Schluss wäre verkürzt, gar falsch. Frauenaktivistinnen kämpfen alle um die Ausdehnung der weiblichen Handlungsräume und um körperliche Integrität und Unversehrtheit. Doch sie operieren unter beträchtlichen Sachzwängen, die differenziertere Positionierungen erfordern. So reagieren z. B. viele Aktionen zum Schutz der Menschenrechte auf Missstände in lokalen, familiären Verbänden: eheliche Gewalt, Brautverbrennungen, *de facto* Leibeigenschaft etc. Klagen gegen männliche Verwandte können zwar kurzfristig zu einem Sieg verhelfen, doch der Preis kann für eine Frau sehr hoch sein, wenn dadurch langfristige Konflikte und gar ein Ausschluss aus dem lokalen Verband resultieren (vgl. dazu Griffith 1997). Frauenrechtlerinnen müssen deshalb langfristig vorgehen und Kompromisse erwägen. Einen anderen wichtigen Sachzwang führt Sally Engle Merry an, wenn sie den westlichen Überlegenheitsanspruch, der in vielen Menschenrechtsaktionen mitschwingt, betont:

> [...] human rights initiatives are often framed in imperial terms: the „civilised" West saves the „rest" from their backward customs and practices. Even when human rights activists deplore this framework, they are driven to use it by the need to please donors and garner media attention. Indeed, the practice of human rights occurs within the sharply uneven power balance of global North and South, in which wealthy donors fund programs in the global South that promote their ideas of social justice, whether or not such ideas conform with the needs and desires of the South (Merry 2006a: 4).

2. Beispiele kultureller Positionierungen

Gerade angesichts solcher unreflektierten Zurschaustellungen westlicher Visionen, wie im Zitat von Merry angedeutet, können die Aktivistinnen im Süden mehr Anreiz verspüren, sich lokalen Projekten anzuschließen, die beispielsweise die Partikularismen der ethnischen oder religiösen Zugehörigkeit betonen. Vor diesem Hintergrund zeichnet sich in Asien, aber nicht nur dort, eine tief greifende Entwicklung ab. Je mehr die Menschenrechte einen gemeinsamen Deutungs- und Verständigungsrahmen stellen, desto dringlicher erscheint es vielen Aktivistinnen, diese mit den in ihren gesellschaftlichen Kontexten dominanten Wertvorstellungen und kulturellen Selbstverständlichkeiten zu konfrontieren. Unübersehbar ist ferner der Trend, dass das in der westlichen Wahrnehmung dominierende Bild einer sich in erster Linie als freies Individuum begreifenden säkularisierten Persona mit anderen Vorstellungen konfrontiert wird. Menschenrechtsarbeit lässt in vielen Teilen der Welt beispielsweise alternative Visionen der sozialen Gerechtigkeit erkennen, die mehr Wert auf soziale Vernetzung sowie Verpflichtung gegenüber der Verwandtschaft, dem lokalen Verband und der eigenen religiösen Gemeinschaft legen. Solche Konfrontationen resultieren daher in Reflexionen darüber, wie im Spannungsfeld scheinbar unvereinbarer Wertvorstellungen ausdifferenzierte Positionen formuliert und umgesetzt werden können. Aus diesen Reflexionen leiten sich neue Positionierungen ab: sei es gegenüber patriarchalen Haltungen innerhalb der eigenen Glaubensgemeinschaft, sei es gegenüber benachteiligenden Regierungspolitiken oder sei es gegenüber intellektuellen Positionen, die als Ausdruck ‚westlicher Dominanz' gedeutet werden. Dieses Phänomen will ich anhand dreier Beispiele durchleuchten.

2.1 Religion – Feministischer Islam

Die westlichen Konzeptualisierungen der Moderne gingen mehrheitlich von der – als „Entzauberung" bezeichneten – Vorstellung aus, dass zumindest im öffentlichen Leben die Religion an Bedeutung verlieren wird. Die Internationale Deklaration der Menschenrechte und die beiden internationalen Pakte garantieren zwar die Freiheit der religiösen Überzeugung und der auf religiöse Inhalte bezogenen Kulturpflege, doch es schien zum Zeitpunkt ihrer Entstehung, dass der auf Religion bezogene Freiheitsschutz insbesondere die private Sphäre der Individuen tangieren würde. Zudem schien es kurz nach dem Zweiten Weltkrieg den Konsensus zu geben, die Menschenrechtsinstrumente hätten einen dezidiert säkularen Charakter. Als religiöse Aktivistinnen und Aktivisten zunehmend ihre Ansicht zum Ausdruck brachten, dass die Menschenrechte erstens durchaus mit religiösen Wertvorstellungen – und zweitens nicht nur mit christlichen – vereint werden könnten, kam es deshalb zu Irritationen. Diese machen nun der Einsicht Platz, dass Religiosität und Menschenrechtsaktivismus in der gegenwärtigen Welt vielfältig verflochten werden.

Tiefgreifende und folgenreiche Auseinandersetzungen religiöser Organisationen und ihrer TrägerInnen mit den Menschenrechten sind im Verlauf der letzten beiden Dekaden vermehrt zutage getreten. Eine wichtige Zäsur stellte in diesem Prozess die Proklamierung der *Universal Islamic Human Rights Declaration* dar, die im Jahr 1991 verabschiedet wurde. Im Verlauf der letzten Jahre haben sich ferner in einigen westlichen Ländern islamische Menschenrechtskommissionen herausgebildet, wie etwa in England.[5] Auch wenn in den meisten westlichen

---

5 Siehe dazu die *Islamic Human Rights Commission*: <http://www.ihrc.org/>.

Ländern die öffentlichen Institutionen eine – mehr oder weniger trennscharfe – Absonderung der Religion und der öffentlichen Sphäre vornehmen, so sind religiöse Anliegen und Zurschaustellungen religiöser Werte und Symbole in den letzten Jahren weltweit vermehrt an die Öffentlichkeit gedrungen und tangieren das öffentliche Recht. Die Vereinbarkeit der religiösen Überzeugung mit den in den westlichen Verfassungen garantierten individuellen Freiheitsrechten und dem Gebot der öffentlichen Ordnung ist beispielsweise anhand der Frage überprüft worden, ob islamische Schülerinnen oder gar Lehrerinnen an den öffentlichen Schulen ein Kopftuch tragen dürfen (siehe dazu Pfaff-Czarnecka 2005).

Islamische Aktivistinnen sind hingegen in einigen asiatischen Ländern mit dem Problem konfrontiert worden, Freiheitsrechte gegenüber religiösen Rechtsordnungen behaupten zu müssen. Viele von ihnen berufen sich auf die Tradition, fordern aber eine neue Auslegung der Gesetzestexte. So greifen insbesondere Musliminnen in ihrem Kampf um gesellschaftliche Emanzipation und ein modernes Rollenverständnis auf den Koran und die Geschichte des Islams zurück – auch wenn sie damit teilweise mächtigen überlieferten Koraninterpretationen widersprechen. Schauen wir uns die Homepage der malaysischen Organisation *Sisters in Islam* an, um frappante Aspekte einer solchen Positionierung einzufangen:

> Mission & Objectives: Sisters in Islam (SIS) is a group of Muslim professional women committed to promoting the rights of women within the framework of Islam. Our efforts to promote the rights of Muslim women are based on the principles of equality, justice and freedom enjoined by the Qur'an as made evident during our study of the holy text. We uphold the revolutionary spirit of Islam, a religion which uplifted the status of women when it was revealed 1400 years ago. We believe that Islam does not endorse the oppression of women and denial of their basic rights of equality and human dignity. We are deeply saddened that religion has been used to justify cultural practices and values that regard women as inferior and subordinate to men and we believe that this has been made possible because men have had exclusive control over the interpretation of the text of the Qur'an.[6]

Dieses Dokument besticht durch die klaren Formulierungen, die scheinbar Unvereinbares zusammenzufügen vermögen. Die Verfasserinnen postulieren, dass es notwendig ist, den Islam gemäß neuer Parameter auszulegen, und sie legen nahe, dass es möglich ist. Der kurze Text lässt jedoch die Inhalte des Islams in den Hintergrund treten, während diejenigen Werte im Fokus stehen, auf denen das Fundament der Menschenrechte ruht. Vor dieser Folie wird die Kompatibilität des Islams mit den Werten der westlichen Aufklärung geltend gemacht, die spätestens seit der Französischen Revolution zu den zentralen Leitideen der Moderne zählen. Weil diese Selbstdarstellung im Internet aufgeschaltet ist und in englischer

---

6 Siehe die Website der *Sisters in Islam*: <http://www.sistersinislam.org.my/>.

Sprache erfolgt, liegt der Schluss nahe, dass hier internationale Öffentlichkeiten anvisiert werden. Die eigene Betroffenheit darüber, dass nach patriarchalischer Lesart des Korans Frauen als den Männern untergeordnet betrachtet werden, ist an die Öffentlichkeiten adressiert, die diese Homepage anklicken und des Englischen mächtig sind. Die Autorinnen dieser Botschaft adressieren dabei den westlichen Diskurs, der den Islam in höchst verkürzter Form wahrnimmt. Die eigene Position, die Freiheit, Gleichheit und Gerechtigkeit als zentrale Werte betont, wird gegenüber dem patriarchalen Islam so zum Kontrastprogramm. Differenzierte Haltungen männlicher Koran-Ausleger werden aus dieser Selbstdarstellung ausgeblendet. Recht plakativ werden so patriarchalische Werte des Islams den als positiv konnotierten Werten der Aufklärung gegenübergestellt. Es ist mir leider nicht bekannt, ob die malaiische Version dieser Homepage die gleichen Konnotationen aufweist. Dennoch erscheint mir hier das Bestreben zur Vereinigung disparater Diskurse (Koran vs. individuelle Freiheitsrechte), bei der das Gedankengut der Aufklärung die Grundlage bietet, besonders aufschlussreich.

Die Positionierung der *Sisters in Islam* stellt einen wichtigen Schritt dar, eine Brücke zwischen gemeinhin als unvereinbar geltenden Werten zu etablieren. Welch konfliktives Feld damit betreten wurde, zeigt sich anhand anhaltender Konflikte, die aus Asien berichtet werden, die Frauen in äußerst prekäre Situationen geraten lassen. Dazu eine Bemerkung: Vielerorts in Asien werden die Menschenrechtlerinnen mit Barrieren konfrontiert, die den Charakter kultureller Argumente haben. Zu den wichtigsten kulturellen Argumenten, die gegen Frauenrechte vorgebracht werden, zählt paradoxerweise der Verweis auf einen anderen Korpus der Menschenrechte: den der Minderheitenrechte. Die Konkurrenz von Rechtsansprüchen ergibt sich dort, wo hierarchische und paternalistische, nicht selten patriarchalische Ordnungsmuster zur Unterdrückung und Marginalisierung von Frauen führen. Zu den besonders problematischen Auffassungen traditionaler Ordnungen gehört die Idee, dass keine Einmischung in die häusliche Sphäre geduldet werden könne, in der die Männer (Ehemänner, deren ältere männliche Angehörige, aber auch Väter und Brüder) das Sagen haben. Dadurch kommt es zu umfassenden Diskriminierungen der Frauen in weiten Teilen Asiens, insbesondere was das Erben, die Regelung der Nachfolge für Ämter oder die Absicherung von Frauen im Falle von Witwenschaft und Scheidung anbetrifft. Die srilankische Menschenrechtlerin Radhika Coomaraswamy bringt die außerordentliche Sprengkraft kultureller Konfrontationen, die Frauenrechte tangieren, folgendermaßen zum Ausdruck:

> The national struggle is the difficult fight, not the international one. Unless human rights discourse finds legitimacy in these areas of a country's national life, women's rights and human

rights will remain mere words on paper. Therefore, in Asia especially, this is the paradox that we have to face. International standards of women's rights, which are at the frontier of human rights development, collide with cultural movements at the national level that question the very articulation of women's rights in human rights terms. This contradiction provides the women's movement with the promise of ultimate liberation, but it also contains a darker possibility where women's rights are subsumed by national upheavals that have little respect for the international formulation of women's rights as human rights. The next decade will witness this confrontation (Coomaraswamy 1999a: 182).

Eine andere Facette religiöser Positionierungen bringen die vehementen Debatten ans Licht, die sich an der Kollision zwischen religiöser Gesetzgebung und der individuellen Freiheit entzünden. In Indien sorgte der Fall „Shah Bano" für großes Aufsehen. Der Wunsch der verstoßenen Ehefrau Shah Bano, nach dem indischen säkularen öffentlichen Recht geschieden zu werden und im Rahmen dieser Rechtsprechung Alimente über einer für die Muslime bestimmten Höchstzahlung zugesprochen zu bekommen, anstatt nach dem *sharia*-Recht verstoßen und ohne finanziellen Schutz aus der Ehegemeinschaft entlassen zu werden, wurde von den meisten sich als säkular begreifenden indischen Feministinnen, aber auch aus dem Lager indischer Hindu-Fundamentalisten begrüßt und unterstützt. Dieser Fall brachte aber auch Komplexitäten zum Vorschein, denen sich insbesondere diejenigen Musliminnen stellen mussten, die sich zugleich als religiös *und* als Feministinnen begriffen. Der Fall Shah Bano stellte diese Aktivistinnen vor ein beträchtliches Dilemma.

Nach 46 Ehejahren wurde Shah Bano Begum im Jahr 1978 auf Veranlassung ihres Ehemanns Mohammad Ahmad Khan gemäß dem nicht rückgängig zu machenden *talaq*-Scheidungsspruch in Konformität mit dem islamischen Privatrecht geschieden.[7] Da sie, sich auf § 125 des indischen Strafrechts berufend, eine nachträgliche Alimentenzahlung verlangte, ging Mohammad Ahmad Khan im Jahr 1985 vor den Obersten Gerichtshof. Er machte geltend, dass er gemäß dem islamischen Recht in den ersten beiden Jahren nach der Scheidung seiner geschiedenen Frau Unterhalt gezahlt hätte. Doch der Oberste Richter Chandrachud brachte öffentlich sein Befremden gegenüber der Unrechtsbehandlung von Frauen aller Religionen zum Ausdruck und entschied, dass fortan bei Auseinandersetzungen um Unterhaltsansprüche bei Scheidungen das öffentliche Recht dem *sharia*-Recht übergeordnet werden soll. Mit dieser Haltung eröffnete der *Supreme Court of India* Tür und Tor für vehement geführte Debatten 1) zwischen den muslimischen Glaubensgemeinschaften und der Mehrheit der Inder, die dieser Religion nicht angehören, 2) unter den Muslimen selbst, insbesondere zwischen

---

7 Zu diesem Fall siehe auch Seyla Benhabib (2002).

den ‚Progressiven' und den ‚Fundamentalisten', und 3) zwischen Frauengruppen und muslimischen Führern.

Nach dem Sieg Shah Banos geriet die Regierung unter Druck. Die politischen Kontroversen und *pressure politics* führten schließlich dazu, dass in Indien im Jahr 1986 die *Muslim Women (Protection of Rights and Divorce) Bill* verabschiedet wurde.[8] Dieses Gesetz verlangt, dass eine geschiedene muslimische Frau, die nicht in der Lage ist, für sich selbst zu sorgen, der Obhut ihrer Blutsverwandten – Brüder oder Söhne – unterstellt werden soll, welche unter die Kategorie der ‚Erben' fallen. Falls diese dazu nicht in der Lage sind, obliegt die Verantwortung der religiösen Gemeinden, der sogenannten *waqf* – obligatorische Aufsichtsräte von Wohltätigkeitsorganisationen. Dieses Gesetz unterstellt also die Frauen nicht nur dem Familienvorstand, sondern im Fall der Scheidung sogar der religiösen Gemeinde. Verwehrt wird damit den muslimischen Frauen – und dieses Verdikt sollte auch auf Frauen aus anderen Glaubensgemeinschaften ausgedehnt werden – die Unabhängigkeit, indem ihnen nicht ermöglicht wird, in den Genuss wohlfahrtsstaatlicher Einrichtungen zu gelangen.[9] Radhika Coomaraswamy wertet den Umstand als besonders problematisch, dass die Benachteiligung von Frauen eng gekoppelt ist mit dem Schutz von Minderheiten, denen sie angehören: „As in the agitation against rape, the problems and needs of women were soon lost to the discourse of ‚community'" (Coomaraswamy 1999a: 183). Obwohl Shah Bano unter dem Druck der eigenen religiösen Gemeinschaft ihre Klage zurückzog und den früher festgelegten Unterhalt akzeptierte, erregte der Fall auch weiterhin die Gemüter.[10]

Je nach politischer Zugehörigkeit und je nach religiöser Disposition brachten die indischen Aktivistinnen eine große Vielfalt an Haltungen gegenüber diesem Urteil zum Ausdruck. Eine Stoßrichtung der Kritik richtete sich gegen die Ungleichbehandlung von muslimischen Frauen und all denjenigen Frauen, die gemäß

---

8   Die renommierte indische Soziologin Veena Das kommentiert diesen Fall folgendermaßen: „The motives of the leaders of the Muslim community who sided with Mohammed Ahmad Khan were counterbalanced by those of the Indian Supreme Court justices, who saw this case as an opportunity to reflect upon the unfinished task of the nation in its evolution toward a common civil code, thus ending the autonomy of the Muslim community in determining personal and family law. Ironically, the codification of the Shariat for the purposes of administering personal law was created through the colonial British courts in 1937. The subsumption of Shah Bano's request for increased alimony maintenance under the Code of Criminal Procedure followed colonial legacy as well, in that section 125 of the Criminal Code was intended to prevent ‚vagrancy or at least prevent its consequences', according to the intentions of Sir James Fitzjames Stephen, the architect of the code" (Das 1994: 128).
9   Siehe hierzu auch Benhabib 2002: 167.
10   Siehe hierzu z. B. Kumar 1998: 164 und 168 sowie *The Frontline*, Vol. 18, Issue 14, July 07-20, 2001.

dem säkularen Recht geschieden werden konnten. Nicht wenige muslimische Feministinnen begrüßten hingegen den Umstand, dass der kommunale Zusammenhalt einer religiösen Gemeinschaft mit diesem Urteil sanktioniert wurde. Aus orthodoxen religiösen Kreisen äußerten sich wiederum weibliche Anhängerinnen kritisch gegenüber dem neuen Gesetz, weil es sich ihrer Auffassung nach gegen die gültige religiöse Vorschrift wendet, wonach kein Unterhalt an geschiedene Frauen zu zahlen sei. Eine andere Gruppierung sprach sich wiederum für eine Verschärfung von Scheidungsgesetzen in allen religiösen Gemeinschaften aus. All diese Auseinandersetzungen machen deutlich, wie vielfältig die Dilemmata sind, mit denen Feministinnen konfrontiert sind, wenn es zu einer Konfrontation religiöser Gesetze mit säkularen Rechtsordnungen kommt.

2.2 Staat – Offiziell sanktionierte Werte und zivilgesellschaftliche Gegenpositionen

Die Positionierungen gegenüber dem Staat – seien es solche gegenüber spezifischen Politiken, gegenüber einzelnen Staatsträger oder gegenüber dem abstrakten und in seiner Einheit wahrgenommenen Gebilde ‚Staat' – folgen unterschiedlichen Logiken. Drei solcher Positionierungen möchte ich hier besonders herausgreifen.

Eine Form zeigt sich in den wiederholten Klagen gegenüber Regierungen, die des Sanktionierens, ja gar Schürens chauvinistischer und frauenfeindlicher Haltungen bezichtigt werden. Nicht nur in Asien, auch in Ex-Jugoslavien oder Brasilien haben Aktivistinnen und Aktivisten vehement und wiederholt zum Ausdruck gebracht, dass gewaltsame Übergriffe auf Frauen nicht als Einzeldelikte betrachtet werden können. Die pejorativen Haltungen gegenüber Frauen und die Zurschaustellung männlicher Dominanz haben in vielen Teilen Asiens, so das Argument, zu einer enormen Zahl an Vergewaltigungen geführt (vgl. u. a. Coomaraswamy 1999b, Schmidt-Häuer 2000). Vielerorts war zudem die Tendenz zu beobachten, dass Vergewaltigungen an Frauen als Mittel zur Entehrung und Schwächung der männlichen Feinde, gewissermaßen als Mittel zum Zweck gebraucht wurden. Eine Form des Frauenprotests besteht deshalb in Klagen gegenüber Regierungen, die Gewalt an Frauen nicht oder nicht dezidiert genug verfolgen. Eine andere Form hat sich im Verlauf der letzten zehn Jahre herauskristallisiert: Regierungen werden angeklagt, frauenfeindliche Wertvorstellungen und Diskurse zu sanktionieren, indem sie diese öffentlich nicht zurückwiesen und, nicht selten auch implizit, in staatlicher Rhetorik aufgriffen. Dass es in den letzten Jahren möglich war, überhaupt solche Klagen zu erheben, ist als ein Sieg der Aktivistinnen zu sehen, denen es gelungen ist, weitreichende argumentative Zusammenhänge herzustellen und diese durchzusetzen.

Positionierungen gegenüber dem Staat geschehen, zweitens, häufig im Zuge der Ratifizierung der Frauen betreffenden Gesetzgebungen und Konventionen. Die CEDAW, das, wie schon weiter oben ausgeführt, wichtigste, ganz spezifisch die Rechte der Frauen betreffende Dokument, ist mittlerweile von 183 Ländern ratifiziert worden, doch tendenziell war der Weg zur Ratifizierung steinig und durch großen Widerstand sowie durch Festhalten an Vorbehalten begleitet. Nicht nur Aktivistinnen haben wiederholt gegenüber ihren Regierungen, die sich gegen die Ratifizierung sperrten, ihre Haltung zum Ausdruck gebracht; auch die Regierungen erhalten im Zuge der Aushandlungen um Frauenrechte die Möglichkeit, die offizielle politische Haltung zum Ausdruck zu bringen. Solche Länder, wie z. B. mehrere pazifische Inselstaaten, welche der UNO nicht beigetreten sind, erhalten mit der Auseinandersetzung um den rechtlichen Status der CEDAW die (fragwürdige) Gelegenheit, die eigene unabhängige Position sowohl im außen- als auch im innenpolitischen Raum darzulegen.

In einigen Ländern wiederum, wie etwa in Malaysia, wandte sich die offizielle Rhetorik über einen längeren Zeitrahmen gegen die Frauenrechte und wies im gleichen Atemzug auf die hohe Bedeutung der *Asian Values* hin. Nageeb, Sieveking und Spiegel zeigen in diesem Zusammenhang, dass der starke Fokus der malaysischen Regierung auf ökonomische Entwicklung in Verbindung mit dem Islam, das heißt der Religion der gesellschaftlichen Mehrheit, die Stimmen der kritischen NGOs, die ihre Menschenrechtsarbeit als Bestrebung zur Demokratisierung begreifen, zum Verstummen brachte. Sie zitieren beispielsweise eine Aktivistin, die auf die Schwierigkeit ihrer Arbeit hinweist: „We find it very difficult at the local level to use the word human rights, which is such a bad word, when you are talking about human rights, wow!" (Nageeb/Sieveking/Spiegel 2005: 6). Nachdem im Jahr 1995 die CEDAW auch in Malaysia (wenngleich mit Vorbehalten) ratifiziert wurde (vgl. Camroux 1996), konstatieren Aktivistinnen dennoch immer wieder offizielle Bestrebungen zur Vereinnahmung. Immer mehr Regierungsleute und Politiker schreiben die Sache der Frauen auf ihre politischen Banner, wovon sie sich einen Legitimitätszuwachs erhoffen. Auf diese Weise profitieren die gleichen Regierungsbeamten und Politiker, die die Ratifizierung der CEDAW vorher hintertrieben, von Ressourcen (insbesondere von finanzieller Unterstützung aus dem Ausland), die eigentlich den Frauennetzwerken zugedacht sind. Solche Dynamiken machen eine neue Positionierung von Frauenorganisationen erforderlich: Mussten diese zuvor staatliche Übergriffe auf ihr Recht zur Selbstorganisation und zur Meinungsäußerung zurückweisen, so gilt es nun, sich ‚freundlichen Übernahmen' zu erwehren.

Die Aushandlungen zwischen der Zivilgesellschaft und dem Staat zeichnen sich auf diesem Feld ferner durch ein Paradoxon aus, das der (im Jahr 1999 ermordete) srilankische Menschenrechtler Neelan Tiruchelvam thematisiert hat: Die meisten Kampagnen gegen die nationalen und lokalen Regierungen führen einheimische AktivistInnen durch, indem sie auf den Beistand ausländischer, meist westlicher Verbündeter und Förderer zurückgreifen.[11] Die asiatischen Aktivistinnen und Aktivisten werden mit dem Dilemma konfrontiert, dass sie Druck auf die eigene Regierung mit Beistand westlicher Regierungen und Gremien ausüben. So wichtig das Ergebnis auch ist, es stellt für die Bewegung jeweils ein Problem dar, dass ausländische und vielfach kritisierte ‚Verbündete' in innenpolitische Belange eingreifen. Nicht nur bestehen erhebliche Vorbehalte gegenüber westlichen Akteuren und dem, was sie repräsentieren (s. u.), sondern die externe Einmischung wird, so gespannt das Verhältnis zwischen dem Staat und den Bürgern auch ist, in der Regel von beiden Seiten als negativ gewertet. Die nationale Souveränität gilt vielen Frauenaktivistinnen in Asien als ein hoher Wert. Dies gilt umso mehr, als externe Menschenrechtsinterventionen westliche Werthaltungen offenbaren, mit denen sich asiatische Menschenrechtsaktivistinnen und -aktivisten immer wieder sehr schwer tun (vgl. auch Ignatieff 2004).

2.3 ‚Westliche Werte' und Gegenentwürfe

Inwiefern die Menschenrechte ein westliches Produkt sind, ob sie in andere gesellschaftliche Kontexte übertragen werden können bzw. werden sollen und ob sie mit den ‚Asiatischen Werten' kompatibel sind oder weshalb nicht, ist bereits vielerorts ausgiebig diskutiert worden. Auf diese Debatten will ich daher nur sehr verkürzt eingehen und mich dann mit dem hier interessierenden Thema der Positionierung gegenüber den als westlich empfundenen Werten beschäftigen, die den Menschenrechten zugrunde liegen.

Der indische Nobelpreisträger Amartya Sen benötigt nur wenige Worte, um den *Asian Values* eine Absage zu erteilen (siehe Sen 1997). Dabei stellt er nicht in Abrede, dass Mitglieder asiatischer Gesellschaften teilweise anderen Wertvorstellungen als Menschen im Westen anhängen und dass einige dieser Werte in der jeweiligen Gesellschaft zentral sind. Das Problem ist aus seiner Sicht jedoch vielmehr, dass die Opponenten der Menschenrechte die asiatischen Werte instrumentalisieren, um unhaltbare politische oder moralische Positionen zu stützen. Als die

---

11 Eine solche Verknüpfung zeigt sich beispielsweise an der Agitation gegen das riesige Staudammprojekt Sardar Sarovar in West-Indien (siehe Pfaff-Czarnecka 2007).

sogenannten *Asian Tigers*[12] ökonomisch boomten, stellten sich Regierungsvertreter und ihre Anhänger auf den Standpunkt, dass ökonomischer Aufschwung nur dann gelingen könne, wenn es den Regierungen erlaubt werde, autoritär zu regieren. Auch könne es nur dann gelingen, der westlichen Hegemonie entgegen zu treten, wenn asiatische Werte geschützt und gefördert würden. Die Formel lautete: Zuerst Aufschwung, dann Rechte. Mit diesen rhetorischen Wendungen erteilten die betreffenden Regierungen eine Absage an die Menschenrechte. Amartya Sen verwarf diese Argumente, indem er die postulierte Inkompatibilität der den Menschenrechten zugrunde liegenden Werte mit den asiatischen Werten verneinte. Er hielt Folgendes fest: „[T]he presence of conscious theorizing about tolerance and freedom is a substantial and important element of Asian tradition"; „[t]he view that the basic ideas underlying freedom and rights in a tolerant society are ‚Western' notions, and somehow alien to Asia, is hard to make sense of, even though that view has been championed by both Asian authoritarians and Western chauvinists" (zitiert aus van Ness 1999a: 10).

Damit sind bereits zwei sehr unterschiedliche asiatische Positionierungen gegenüber den Menschenrechten genannt: die Zurückweisung der Menschenrechte, die auf autoritären und meist kommunitaristischen Positionen beruht, sowie die Betonung der moralischen Äquivalenz von Werten. Peter van Ness spricht in diesem Zusammenhang von der Notwendigkeit zur Anerkennung von „moral equivalence between and among the various religious and philosophical traditions represented in different countries East and West" (van Ness 1999a: 11). Es gibt jedoch noch zwei weitere Typen von Positionierungen gegenüber den als westlichen Ursprungs aufgefassten Menschenrechten in Asien, die unterschiedliche Dilemmata zum Ausdruck bringen. So vertritt beispielsweise der Rechtsprofessor Onuma Yasuaki von der Universität Tokyo die Auffassung, dass es fundamentale Unterschiede zwischen westlichen und nicht-westlichen Werten gebe, weswegen die Entwicklung von Strategien und die Schaffung von Differenzen überschreitende Kooperationsformen notwendig seien, um diese Unterschiede zu vereinen (*accommodate*). Onuma bezeichnet dabei die individualistischen und legalistischen Aspekte der Menschenrechte als „*West-centric*" und betrachtet vor allem diese als Hauptgründe für den Widerstand gegen die Idee der Menschenrechte in nicht-westlichen Gesellschaften. Dieser Widerstand gegenüber Individualismus und Legalismus beruht seiner Ansicht nach sowohl auf „civilizational differences" als auch auf der hegemonialen Vorreiterrolle des Westens (siehe Onuma 1996).

---

12 Mit diesem Ausdruck werden einige Länder Süd- und Ostasiens bezeichnet, die seit den 1960er Jahren einen deutlichen wirtschaftlichen Aufstieg verzeichneten.

Auch wenn Onuma die globale Geltung der Menschenrechte akzeptiert, „because we have not yet found a better alternative" (zitiert aus van Ness 1999a: 10), versucht er mit seinem „intercivilizational" Konzept der Menschenrechte die Kluft zwischen Universalismus und Relativismus zu überbrücken. Dabei gilt es, die in der Dritten Welt vielfach geäußerte Forderung, die Entwicklung (mit ihren ökonomischen, sozialen und kulturellen Dimensionen) als ein zentrales Anliegen in den Bemühungen um die Verwirklichung der Menschenrechte zu begreifen, zu berücksichtigen und den politischen und bürgerlichen Rechten keinen Vorrang gegenüber den wirtschaftlichen, politischen und kulturellen Rechten einzuräumen. Unübersehbar ist in dieser Haltung das Bestreben, die fremden Kulturelemente vor der Folie der eigenen Kultur zu betrachten. Damit ihre Aneignung möglich ist, müssen zunächst Inkompatibilitäten und Übereinstimmungen geprüft werden.

Das Bestreben zur Annerkennung der Menschenrechte in Asien, das bei Onuma als ein interkulturelles Projekt zur Darstellung gelangt, beschränkt sich allerdings nicht nur auf die Auseinandersetzung um die Kompatibilität der Menschenrechte mit den asiatischen Kulturelementen. So betreffen die Konfrontationen oftmals gerade auch die generellen Haltungen gegenüber dem westlichen Gedankengut, das der Entstehung der Menschenrechte zugrunde liegt. Die renommierte Menschenrechtlerin Radhika Coomaraswamy, die von 1994 bis 2004 als erste das Amt des *Special Rapporteurs on Violence against Women* (vgl. oben) bekleidete, präsentiert sich z. B. in ihrem Beitrag im Band *Debating Human Rights*, der an ein internationales Fachpublikum adressiert ist (siehe van Ness 1999), als eine leidenschaftliche Befürworterin der Menschenrechte. Dennoch gibt sie zu bedenken, dass die Menschenrechte nicht nur ein westliches Produkt, sondern das Produkt der europäischen Aufklärung sind, die für außereuropäische Regionen weit reichende negative Auswirkungen zur Folge hatte. Diese vierte Variante der Positionierung soll im Folgenden etwas näher betrachtet werden, da auch sie eine Positionierung ist, die Konfliktpotenziale in sich birgt. Von Interesse ist hier, erstens, das Unbehagen dieser weltweit tätigen und sehr einflussreichen Menschenrechtlerin, sich in einem Feld scheinbar unvereinbarer kultureller Werte bewegen zu müssen. Zweitens soll gezeigt werden, mit welchen Überlegungen Coomaraswamy dieses Dilemma aufzulösen sucht. Drittens schließlich soll damit ihre verkürzte, ja gar karikaturhafte Wiedergabe der Werte der Aufklärung zum Ausdruck gebracht werden.

Radhika Coomaraswamy knüpft die eigene Auseinandersetzung mit den Menschenrechten an die gängigen Debatten in den Ländern des Südens um die Unvereinbarkeit von westlichen und nicht-westlichen Wertvorstellungen an: Viele Gelehrte der Dritten Welt argumentieren, dass der Menschenrechtsdiskurs das

Produkt der westlichen Aufklärung sei und deshalb nicht universell sein könne. Diese kulturrelativistische Argumentation verortet sie vor allem in solchen gesellschaftlichen Feldern, wo Frauenrechte verhandelt werden; denn nicht zuletzt stehen Frauen für kulturelle Symbole kultureller Ordnungen, die durch paternalistische Strukturen geprägt sind. Da jedoch mit der kulturrelativistischen Position in erster Linie solche Institutionen als schützenswert erachtet und verteidigt werden, die Frauen klar benachteiligen – wie z. B. Genitalverstümmelung, *sati* (Witwenverbrennung) oder die Bestrafung gemäß den Gesetzen der *sharia* –, weist Coomaraswamy den Kulturrelativismus entschieden zurück. Sie folgert: „It is therefore necessary to underscore the universality of human rights as an essential first step in the recognition of human rights as women's rights" (Coomaraswamy 1999a: 168). Damit weiterhin Frauenrechte als universell anerkannt werden können, müssen einheimische kulturelle Ordnungen unterminiert werden. Hier verzeichnet Coomaraswamy ihr grundsätzliches Dilemma, als Menschenrechtlerin tätig zu sein, während sie zugleich dem westlichen Gedankengut, das ihrem Instrumentarium zugrunde liegt, kritisch gegenüber steht.

Die Idee des Universalismus der Menschenrechte ist ihr zufolge der westlichen Aufklärung entsprungen, die sie in vieler Hinsicht als problematisch sieht. Insbesondere stört sie die implizite Annahme, dass der Mensch der Aufklärung ein Mann ist, begriffen als rational, ungebunden und den anderen Männern gegenüber gleichgestellt (Coomaraswamy 1999a: 168). Diese Konstruktion der Realität liege den meisten Instrumenten der internationalen Gesetzgebung der Menschenrechte zugrunde. Der von Coomaraswamy unterstützte ‚liberale Feminismus' bemüht sich dagegen, den Geltungsbereich der Menschenrechte auch auf Frauen auszudehnen, das heißt, die Menschenrechte so weit auszudifferenzieren, damit sie den besonderen Frauenanliegen entsprechen, um so schließlich die Gleichbehandlung beider Geschlechter zu gewährleisten. Das Projekt, das Ideal der Aufklärung auf Frauen zu übertragen, hat Coomaraswamy zufolge eine breite Unterstützung in der Frauenbewegung erlangt, und diese Unterstützung hat sich als ein wichtiger Schritt zur Ausdehnung der Diskussion um die Frauenrechte und der Expansion der Frauenrechtsbewegung auf der internationalen Ebene erwiesen. Rechte bieten ein anerkanntes Vokabular, um politische und soziale Missstände zu konzeptualisieren. Frauen greifen auf dieses Vokabular zunehmend zurück, um ihre Beschwerden (*grievances*) zu formulieren. Dabei erweist es sich als ausgesprochen günstig, dass die Sprache der Menschenrechte die Möglichkeit bietet, Frauenanliegen in international anerkannte Normen zu übersetzen, was ihnen mehr Sichtbarkeit verleiht. Zudem ist es den Frauenaktivistinnen zunehmend möglich, die vielfältigen Instrumente der Menschenrechte zu nutzen. Doch dieses zu akzeptieren bedeute, so Coomaraswamy, den kulturellen Sieg des aufgeklärten Europas anzuerkennen. Sie formuliert die aus ihrer Sicht zentrale Frage:

> If human rights doctrine has its origins in Enlightenment Europe and in North America, should we work toward its universalization? This dilemma is a real one for all academics who are concerned with the development of political values in the non-Western world. On the one hand there is the intellectual quest that is a result of colonialism and the experience of the Enlightenment as a colonial subject. Throughout my academic career I have agreed with thinkers like Foucault that there was a need to demystify the Enlightenment project. In addition, writers such as Partha Chatterjee and Ronald Inden have shown the negative aspect of this project in the colonial world. The colonial venture, imbued by the philosophy of the Enlightenment, has led to morbid structures and developments in these postcolonial societies. Many scholars, including Sri Lanka's Gananath Obeyesekere, have described this morbidity and contradiction in very clear and unambiguous terms (Coomaraswamy 1999a: 168-169).

Die enge Kausalität zwischen der Aufklärung und der Kolonialisierung überrascht. Die diskursive Figur des *Enlightenment project* postuliert, dass dieses bewusst auf den Weg gebracht wurde, um die Unterwerfung der nicht-westlichen Welt voranzutreiben. Radhika Coomaraswamy verknüpft die Schattenseiten der Moderne, die ja auf zentralen Werten der Aufklärung baut, sehr eng mit den Idealen, welche letztere hervorgebracht hat. Sie reiht sich damit in die lange Reihe okzidentalistischer Kritiker ein, die westliche Werte *en gros* als dem verheerenden Kolonialismus unterliegend ansehen (siehe dazu Buruma/Maergalit 2004). Die konfliktiven Potentiale dieser Position liegen auf der Hand. Erst nachdem sie eingenommen wurde, war es Radhika Coomaraswamy möglich, ihre positive Haltung gegenüber den Menschenrechten zu begründen:

> I myself have strong reservations about Enlightenment ideas in their defining, classifying, and excluding large segments of the world's population. I have objections to the notions of order and discipline couched in terms of a paternalistic enterprise that perhaps was the greatest contribution of Enlightenment ideas in the field of law. Nonetheless, I am today an active instrument of the Enlightenment, promoting international standards, urging people to discipline and punish the violators of those standards, especially those who are the perpetrators of violence against women (Coomaraswamy 1999a: 169).

Angesichts dieser Haltung stellt die Autorin sich selbst die Frage, wie sie sich gegenüber diesem philosophischen Dilemma zu verhalten habe, das heißt, wie man eine Kritikerin der negativen Aspekte der Aufklärung sein könne und zugleich eine überzeugte Anhängerin (*a fervent believer*) der Menschenrechte. Sie antwortet folgendermaßen: Obwohl (*sic!*) die Menschenrechte ein Produkt der Aufklärung sind, lässt sich nicht von der Hand weisen, dass sie universell sind – sowohl in ihrer Geltung als auch in ihrem Anwendungsbereich. An dieser Stelle geht Coomaraswamy nicht weiter darauf ein, dass die Idee des Universalismus selbst einen zentralen Wert der Aufklärung darstellt. Ferner verwendet sie selbst den zuvor kritisierten Begriff der Aufklärung, indem sie festhält, dass in bestimmten Kontexten und in sozialen Erfahrungen das Aufklärungsprojekt der Menschenrechte (*Enlightenment project of human rights – sic!*) uns ein Instrument an die Hand gibt, mit dem man nicht nur der Brutalität und Gewalt, sondern auch der Willkür und der Ungerechtigkeit entgegenwirken kann. Doch damit verstrickt sich Coomaraswamy in sichtliche Widersprüche.

Eine andere Möglichkeit, diesem Dilemma beizukommen, leitet Coomaraswamy von der Tatsache her, dass Menschenrechte und ihr Postulat der gleichen Würde der Menschen in allen kulturellen Traditionen Entsprechungen finden. In diesem Sinn gibt es in allen kulturellen Traditionen ausreichend ähnliche moralische Haltungen und Wertvorstellungen, um die Menschenrechte anerkennen und unterstützen zu können: „[T]he spirit of human rights may be said to have universal appeal" (Coomaraswamy 1999a: 169). Der Diskurs der Menschenrechte, so fährt sie fort, erlaubt uns nicht nur, Gewalt und Ungerechtigkeit im jeweiligen Idiom einer einheimischen Tradition anzuprangern. Die Sprache des Universalismus und der gemeinsamen Humanität bietet auch eine Rückbindung an die zentralen Werte der Menschheit. Coomaraswamy scheint zu implizieren, dass nicht nur der Universalismus als der zentrale Wert der Aufklärung für die enorme Ausweitung der Anerkennung der Menschenrechte ausschlaggebend ist, sondern vielmehr auch der Umstand, dass der Diskurs der Menschenwürde in den Alltagserfahrungen der Individuen eine Entsprechung findet; andernfalls, argumentiert sie, hätte er sich nicht so dynamisch entfaltet und wäre nicht von so vielen unterschiedlichen Gruppen auf der ganzen Welt übernommen worden:

> In other words yes, perhaps human rights in their present-day incarnation are a product of the Enlightenment, but its general thrust has resonance in diverse spiritual and cultural experiences. In terms of political values, like the concept of democracy, it is an important civilizational step forward for all human beings and all cultures. If one accepts the proposition that human rights are universal, then the acceptance of women's rights as human rights is a major landmark in the international struggle for women's rights. (Coomaraswamy 1999a: 169-170)

3. Fazit

Dieser Aufsatz schilderte den Prozess der weltweiten Ausbreitung und Ausdifferenzierung der Menschenrechte. Er brachte zum Ausdruck, dass es in den letzten Jahren zunehmend zur weltweiten Verbreitung des Diskurses der Menschenrechte und zu einer gesteigerten Anerkennung seiner Instrumente kam. Dabei wurde deutlich, dass die weltweite Diffusion der Menschenrechte keineswegs zur kulturellen Nivellierung führt (Othman 1997). Vielmehr belegen die diskutierten Beispiele, dass global ‚wandernde' kulturelle Elemente und Werthaltungen in lokalen Kontexten einer kritischen Prüfung unterzogen werden. Diejenigen Personen und Kollektivitäten, die mit den globalen Botschaften konfrontiert werden, bewerten diese in Bezug auf lokale kulturelle Formen und Werte. In diesem Prozess setzen sich spezifische Formen durch, während andere zurückgewiesen werden. Nicht selten kommt es dabei zu Konflikten. Die oben diskutierten Fälle bringen zum Ausdruck, dass asiatische Frauenrechtlerinnen in den vergangenen Jahren immer wieder mit dem Problem konfrontiert waren, Kulturelemente und Werthaltungen in Übereinstimmung zu bringen, die kaum kompatibel sind. Die geringe Kompatibilität ergibt sich insbesondere daraus, dass diese von konkurrierenden Interessengruppen vertreten werden, die beispielsweise die Menschenrechte und einheimische kulturelle Ordnungen als Alternativen begreifen.

Diese Konflikte sind in einer erschreckenden Weise in den öffentlichen Auseinandersetzungen sichtbar geworden, nachdem am 16. Dezember 2012 eine indische Studentin in Delhi von sechs Männern vergewaltigt und dabei so schwer misshandelt wurde, dass sie Wochen später verstorben ist. Dieser Fall bringt deutlich zum Ausdruck, wie schnell die heutigen Kontroversen um Recht und Unrecht in einer Evaluation kultureller Werte resultieren. Die indische Öffentlichkeit ist offensichtlich bei der Frage gespalten, inwiefern der westliche Lebensstil (Kleidung, Freizeitgestaltung, öffentliches Auftreten als Paar) von Frauen deren Vergewaltigungen Vorschub leistet und so einen Teil der Schuld bei ihnen sucht. Kultureller Konservatismus hat im Nachgang dieser schrecklichen Tat mindestens gleich viel massenmediale Aufmerksamkeit erfahren wie frauenrechtliche Positionierungen, die Würde, Schutz, Gleichheit und Autonomie einfordern. Dieser Fall hat der indischen und der Weltöffentlichkeit auch deutlich vor Augen geführt, welche Abgründe in der Benachteiligung und Dominierung indischer Frauen in einer Gesellschaft immer noch vorhanden sind, in der sich die Frauenbewegung als besonders stark etablieren und entfalten konnte.

Die asiatischen Menschenrechtsaktivistinnen operieren daher in konfliktiven sozialen Feldern, wo sie sich gegen patriarchalische Haltungen genauso wie gegen staatliche Repression (auch in Form von Vergewaltigungen im Polizeigewahrsam) durchzusetzen haben. Zudem ist auch das ‚Kollektiv' der Frauenrechtlerinnen durch eine Vielfalt an politischen, religiösen und intellektuellen Positionen gekennzeichnet, was auch interne Konflikte, Aushandlungen und Positionierungen zur Folge hat. Dass das Angebot der Menschenrechte in asiatischen Gesellschaften erst in Konfrontation mit den eigenen kulturellen Repertoires angenommen wird, überrascht angesichts der lokalen Komplexitäten kaum. Denn die Menschenrechtsarbeit spielt sich in transkulturellen globalen Räumen ab, wo Werte und Handlungsnormen kollidieren.

Zudem belegen meine Beispiele die These von Ulrich Beck, wonach Reflexion eine notwendige Begleiterscheinung der weltweiten Diffusion von Institutionen ist, die mit der Moderne assoziiert werden. Es ist nicht damit getan, dass westliche Zentren ihre Institutionen exportieren. Erst die Reflexion macht es möglich, ‚externe' kulturelle Botschaften und Institutionen zu überprüfen, zu bewerten und sie in den einheimischen Kanon zu inkorporieren. Die kreativen Prozesse der lokalen Aneignung aus asiatischen Positionen heraus sind Wege zur Modernisierung, die die Möglichkeit der Wahl und Transkulturalität voraussetzen. Postulierten noch die großen Narrativen der Moderne einen fortschreitenden Prozess von Anpassung und Angleichung mit kulturnivellierenden Wirkungen, so kommt gegenwärtig deutlich zum Ausdruck, dass auch solche (wenngleich nicht von allen) positiv bewerteten ‚Angebote' wie die Menschenrechte stets aus lokalen kulturellen Positionen bewertet und erst durch das Prisma eigener kultureller Formen und Werte angeeignet werden. Diese transkulturellen Dynamiken spielen sich in konfliktiven sozialen Feldern ab und sind, wie ich anhand der oben diskutierten Positionierungen zu zeigen versucht habe, auch durch Dilemmata und Paradoxien gekennzeichnet.

Leider war es hier nicht möglich, die komplexen Kommunikationszusammenhänge zu schildern und zu analysieren, die diese Aneignungspraktiken begleiten. Es dürfte aber deutlich geworden sein, dass die Positionierungen in unterschiedlichen gesellschaftlichen Räumen verhandelt werden. Manche Kommunikationsplattformen sind besser dafür geeignet, um in einen Austausch von Informationen und Argumenten zu treten und Verständigung zu erzielen; andere wiederum bieten sich hauptsächlich dafür an, Botschaften zur Schau zu stellen. Je breiter der anvisierte Adressatenkreis ist, umso allgemein verständlicher müssen solche Botschaften ausfallen. So war zu sehen, dass die Homepage der Organisation *Sisters in Islam* zugleich auf sehr allgemein formulierte Vorurteile gegenüber dem Islam Bezug nimmt, als auch die eigene Botschaft auf einen möglichst breiten gemeinsamen Nenner bringt, während ich vermute, dass die Aushandlungen ‚vor Ort' weit subtilerer Natur sind. Inwiefern solche global verbreiteten Repräsentationen zu Kürzeln oder gar Labels erstarren können, wird in Zukunft zu untersuchen sein. Fest steht, dass öffentliche Zurschaustellungen Eindeutigkeiten schaffen, die viele der hier skizzierten Verunsicherungen und Konflikte verdecken.

Schließlich zeichnen sich die in diesem Aufsatz beschriebenen Positionierungen durch eine Tendenz aus, die nicht mit den bekanntesten Formen kultureller Positionierung übereinstimmt. Die globalen Imaginationen sind heute hauptsächlich an scharfen Grenzziehungen zwischen Großkollektiven orientiert: Die Wahrnehmungen sind geprägt durch Konflikte zwischen Ost und West bzw. durch häufige Gegenüberstellungen von Orientalismus und Okzidentalismus (Buruma/ Margalit 2004) oder gar durch den ‚Kampf der Zivilisationen'. Die Positionierungen in den asiatischen Frauennetzwerken, so konfliktiv sie auch verlaufen mögen, bringen jedoch eine andere Tendenz ans Licht: Das Bestreben, zwischen schier unvereinbaren Positionen zu vermitteln, flexibel zu bleiben und transkulturelle Brücken zu schaffen.

Zitierte und weiterführende Literatur:

(Alle Internetquellen wurden zuletzt geprüft im August 2013.)

Aziz, Nikhil (1999): Asia as a Fount of Universal Human Rights. In: Ness (Hrsg.) (1999): 56-97

Basu, Amrita (Hrsg.) (1995): Women's Movements in global perspective. Boulder / San Francisco / Oxford: Westview Press

Benda-Beckmann, Franz von; Benda-Beckmann, Keebet von; Griffith, Anne (Hrsg.) (2005): Mobile People, Mobile Laws. Expanding Legal Relations in a Contracting World. Aldershot (Hampshire): Ashgate

Benhabib, Seyla (2002): The Claims of Culture. Equality and Diversity in the Global Era. Princeton: Princeton University Press

Buruma, Ian; Maergalit, Avishai (2004): Occidentalism. The West in the eyes of its enemies. London: Penguin

Camroux, David (1996): State Responses to Islamic Resurgence in Malaysia. Accommodation, Co-option, and Confrontation. In: Asian Survey, Vol. 36 (9). 1996. 852-868

Coomaraswamy,Radhika (1999a): Reinventing International Law. Women's Rights as Human Rights in the International Community. In: Ness (Hrsg.) (1999): 167-183

Coomaraswamy, Radhika (1999b): Report of the Special Rapporteur on violence against women, its causes and consequences. Ms. Radhika Coomaraswamy. Mission to Indonesia and East Timor on the issue of violence against women. E/CN.4/1999/68/Add.3 part 2, 21 January 1999

Das, Veena (1994): Cultural rights and the definition of community. In: Mendelsohn/Baxi (Hrsg.) (1994): 117-158

Griffith, Anne M.O. (1997): In the Shadow of Marriage. Gender Justice in an African Community. Chicago: The University of Chicago Press

Ignatieff, Michael (2004): The Lesser Evil: Political Ethics in an Age of Terror. Princeton (NJ): Princeton University Press

Ishii, Hiroshi; Gellner, David N.; Nawa, Katsuo (Hrsg.) (2007): Political and Social Transformations in North India and Nepal. Social Dynamics in Northern South Asia, Vol. 2. Japanese Studies on South Asia 6. Delhi: Manohar

Klingebiel, Ruth; Randeria, Shalini (Hrsg.) (1998): Globalisierung aus Frauensicht: Bilanzen & Visionen. Bonn: Dietz
Kumar, Radha (1998): Personal Law and Communal Law. In: Radha Kumar: The History of Doing. An Illustrated Account of Movements for Women's Rights and Feminism in India 1800-1990. Delhi: Kali for Women. 169-171
Lachenmann, Gudrun; Dannecker, Petra (2002): Negotiating Development: translocal gendered spaces in Muslim societies. Antrag an die Volkswagen Stiftung. Zentrum für Entwicklungssoziologie, Universität Bielefeld
Lenz, Ilse; Mae, Michiko; Klose, Karin (Hrsg.) (2000): Frauenbewegungen weltweit. Aufbrüche, Kontinuitäten, Veränderungen. Opladen: Leske und Budrich
Levitt, Peggy; Merry, Sally E. (2009): Vernacularization on the Ground: local uses of global women's rights in Peru, China, India and the United States. In: Global Networks 9 (4). 2009. 441-461
McFarland, Joan (1998): From Feminism to Women's Human Rights: The best way forward? In: Atlantis, Vol. 22 (2). 1998. 50-61
Mendelsohn, Oliver; Baxi, Upendra (Hrsg.) (1994): The Rights of Subordinated Peoples. Dehli: Oxford University Press
Merry, Sally Engle (2006a): Fluidity of Human Rights in Practice. In: Anthropology News 47 (5). 2006. 4
Merry, Sally Engle (2006b): Human Rights & Gender Violence. Translating International Law into Local Justice. Chicago: Chicago University Press
Nageeb, Salma; Siveking Nadine; Spiegel Anna (2005): Engendering Development in Muslim Societies: Actors, Discourses and Networks in Malaysia, Senegal and Sudan. Bielefeld: Working Paper Nr. 353
Ness, Peter van (Hrsg.) (1999): Debating Human Rights. Critical Essays from the United States and Asia. London/New York: Routledge
Ness, Peter van (1999a): Introduction. In: Ness (Hrsg.) (1999): 1-21
Onuma Yasuaki (1996): In Quest of Intercivilisational Human Rights: „Universal" vs. „Relative" Human Rights Viewed from an Asian Perspective. San Francisco: The Asia Foundation's Center for Asian Pacific Affairs Occasional Paper No. 2
Othman, Norani (1997): Shari'a and the citizenship rights of women in a modern nation-state. Grounding human rights arguments in non-western cultural terms. IKMAS Working Papers No. 10. Institute of Malaysian and International Studies. Bangi: University Kebangsan
Pfaff-Czarnecka, Joanna (2000): Human Rights and Development. ZEF-News (Zentrum für Entwicklungsforschung, Bonn) 4, 8
Pfaff-Czarnecka, Joanna (2005): School and religious difference: Current negotiations within the Swiss immigrant society – a comparative perspective. In: Benda-Beckmann/Benda-Beckmann/Griffith (Hrsg.) (2005): 257-276
Pfaff-Czarnecka, Joanna (2007): Challenging Goliath: People, Dams, and the Paradoxes of Transnational Critical Movements. In: Ishii/Gellner/Nawa (Hrsg.) (2007): 399-433
Ruf, Anja (1998): Frauennetzwerke im Spannungsfeld von Globalisierung und Vielfalt. In: Klingebiel/Randeria (Hrsg.) (1998): 66-85
Ruppert, Uta (Hrsg.) (1998): Lokal Bewegen und Global Handeln. Internationale Politik und Geschlecht. Frankfurt a.M.: Campus
Ruppert, Uta (2001): Von Frauenbewegungen zu Frauenorganisationen, von Empowerment zu FrauenMenschenrechten. Über das Globalwerden internationaler Frauenbewegungspolitik. In: Österreichische Zeitschrift für Politikwissenschaft, Vol. 30 (2). 2001. 203-219

Schmidt-Häuer, Julia (1998): Feministische Herausforderungen an das herkömmliche Menschenrechtsparadigma. In: Ruppert (Hrsg.) (1998): 130-155
Schmidt-Häuer, Julia (2000): Menschenrechte-Männerrechte-Frauenrechte. Gewalt gegen Frauen als Menschenrechtsproblem. Hamburg: LIT
Sen, Amartya (1997): Human Rights and Asian Values: Sixteenth Morgenthau Memorial Lecture. New York: Carnegie Council on Ethics and International Affairs
Wicker, Hans-Rudolf (2006): Neue soziale Bewegungen als Träger der Zukunftsgesellschaft? In: UniPress, 129. 2006. 7-8
Wilson, Richard (1999): Human rights, culture and context. London: Pluto press
Wimmer, Andreas (2005): Kultur als Prozess: Zur Dynamik des Aushandelns von Bedeutungen. Wiesbaden: VS-Verlag

Japan zwischen Asien und dem Westen.
Transkulturelle Grenzüberschreitungen auf dem Weg zu einer machtfreien Gendergestaltung

Michiko Mae

Der japanische Modernisierungsprozess, der Mitte des 19. Jahrhunderts begann, kann als ein Beispiel dafür betrachtet werden, wie das westliche Modell des Nexus zwischen Nationsbildung, (nationsbezogenem) Kulturkonzept und (nationsund kulturbestimmter) Genderordnung in einem nicht-westlichen Land erprobt wurde. Darüber hinaus zeigt dieses Beispiel einer nicht-westlichen Modernisierung, dass die mit Nationsbildungsprozessen verbundenen Grenzziehungen im Fall Japans auch zu einer Abgrenzung gegenüber dem Westen und gegenüber Asien geführt haben. Japan hätte als ein durch Kolonisierung bedrohtes Land (durch die von den westlichen Mächten erzwungene Öffnung des Landes, das sich zuvor über 200 Jahre lang fast vollständig von der Außenwelt abgeschlossen hatte) durchaus die Chance gehabt, einen anderen Weg als den eines Kolonisators nach westlichem Vorbild einzuschlagen.[1] Dies geschah aber nicht. Stattdessen besetzte und kolonisierte Japan Anfang des 20. Jahrhunderts Korea und begann, einen eigenen Orientalismus – im Sinn Edward Saids – gegenüber Asien zu entwickeln. Dabei hat es die Repräsentationsmacht über andere asiatische Länder für sich beansprucht und diesen Ländern gegenüber systematisch eingesetzt.

Dies geschah durch das Kaisersystem der Meiji-Zeit (1868-1912), das zwar auf einer alten Tradition beruhte, aber in Wirklichkeit ein modernes Konstrukt war. Dieses Konstrukt war einerseits als Grundlage für den modernen japanischen Nationalstaat geeignet und bildete andererseits zugleich auch eine Brücke zwischen ‚Tradition' und ‚Moderne'. Es konnte auf diese Weise zum Kern einer imaginierten Gemeinschaft und Identität stilisiert werden und durch die Be-

---

1 Die erste offizielle japanische Delegation, die zwischen 1871 und 1873 die USA und verschiedene europäische Länder besuchte, um für den Aufbau des modernen japanischen Staats zu lernen, beachtete nicht nur die großen Nationalstaaten, sondern zeigte großes Interesse gerade auch für kleine Staaten wie Belgien, Holland, die Schweiz etc. Als dann Anfang des 20. Jahrhunderts Japan einen imperialistisch-expansiven Kurs einleitete, gab es Intellektuelle, die die japanische Großmachtpolitik kritisierten (vgl. Tanaka 1999); für sie waren solche Kleinstaaten auch für Japan ein Vorbild.

hauptung seiner mythologischen Herkunft den Überlegenheitsanspruch der japanischen Nation legitimieren. Auf dieser Basis konnte das Familienstaatssystem (*kazoku kokka*) gegründet werden, das die im Umbruch befindliche japanische Gesellschaft vereinheitlichen und stabilisieren sollte. Die Frauen, die im modernen Nationalstaat keine politischen Rechte besaßen und damit Staatsbürgerinnen mit eingeschränkten Rechten waren, sollten durch ihre spezifischen Pflichten und ihre Verantwortung als Mütter ihren Beitrag für den Aufbau des Staates leisten. Darüber hinaus sollte im Familienstaatssystem das weiblich-mütterliche Prinzip der Harmonie nach innen (innerhalb Japans) einheitsstiftend und nach außen (anderen asiatischen Ländern gegenüber) integrativ und die kolonialistisch-aggressive Expansionsintention kaschierend wirken.

Dieser hier kurz skizzierte Zusammenhang gilt für das moderne Japan nur bis zum Ende des Zweiten Weltkriegs. Er lässt in einer modellhaften Weise die innere Wechselbezogenheit zwischen Nation, Kultur und Gender erkennen. Im folgenden Beitrag soll es im ersten Teil vor allem darum gehen, diese Wechselbeziehung zwischen dem Nationsbildungsprozess und der auf die Nation bezogenen Kultur im historischen Zusammenhang zu analysieren und diskursiv zu dekonstruieren, indem die damit verbundene Genderordnung sichtbar gemacht wird, um dann auch diese dekonstruieren zu können. Durch diese Dekonstruktionen auf der Basis eines neuen Verständnisses von Kultur und Grenze(n) nach dem Paradigma der Transkulturalität und des neuen Genderparadigmas soll die Instrumentalisierung von Gender als diskriminierende Machtkategorie aufgezeigt werden. Dies wird im zweiten Teil des Beitrags – ebenfalls an einem japanischen Beispiel: dem Aufarbeitungsprozess der so genannten *jūgun-ianfu*-Thematik[2] seit den 1990er Jahren – herausgearbeitet. Mit dem internationalen Kriegsverbrechertribunal in Tokyo im Jahr 2000 wird die Bewegung, die zu Beginn der japanischen Modernisierung mit der genannten Nexusbildung einsetzte, an einen Punkt geführt, an dem die Grenzen der Nation(en), der national bestimmten Kultur(en) und der durch diese Kultur(en) festgelegten Genderordnung(en) durchbrochen werden. Dadurch öffnet sich ein neuer Horizont, der den Wandel zu einer neuen globalen Zivilgesellschaft, zur Transkulturalität und zu einer machtfreien Gendergestaltung sichtbar macht.

---

2   Dabei handelt es sich um die Zwangsprostituierung asiatischer, vor allem koreanischer Frauen durch das japanische Militär während des Zweiten Weltkriegs.

1. Japan als Modellfall

In seinem Buch *Was ist Kultur?* formuliert der englische Literaturwissenschaftler Terry Eagleton den fast provozierend wirkenden Satz: „Unsere moderne Vorstellung von Kultur haben wir großenteils dem Nationalismus und Kolonialismus zu verdanken" (Eagleton 2001: 40). Er meint, mit dem Entstehen des modernen Nationalstaats könne die Gesellschaft nicht mehr durch die Struktur traditioneller Rollen zusammengehalten werden; als „einheitsstiftendes Grundprinzip" springe deshalb die Kultur „im Sinne einer Gemeinsamkeit der Sprache, des Erbes, des Bildungssystems, der Werte und dergleichen" ein (ebd.). Gleichzeitig werde mit der Entfaltung des Kolonialismus im 19. Jahrhundert Kultur in einer anthropologischen Bedeutung verstanden als jeweils einzigartige Lebensweise, die ihr eigenes Entwicklungsgesetz in sich trägt. Kultur in diesem Sinn durchdringt alle Lebensbereiche, und die Menschen können sich in ihr verwurzelt fühlen. Damit beschreibt Eagleton den modernen Begriff der Identitätskultur, wie er vor allem von Herder geprägt wurde und der die Grundlage für den Nationalismus darstellt. Dabei handelt es sich um eine eher romantische Vorstellung von Kultur, in der diese als eine ganzheitliche geschlossene Lebensform gesehen wird, die in sich kohärent, homogen und widerspruchsfrei ist. Genau dieses Kulturverständnis konnte in Japan von den Reformern der Meiji-Zeit, in der die japanische Modernisierung begann, für den Aufbau eines Nationalstaats funktionalisiert werden. Und noch ein anderes Konzept erhielt im japanischen Modernisierungs- und Nationsbildungsprozess eine zugehörigkeits- und identitätsstiftende Funktion: das Genderkonzept.

Japan kann als ein Modell dafür vorgestellt werden, wie die auf die Nation bezogenen Schlüsselkategorien Kultur und Gender im Modernisierungsprozess konstitutiv gewirkt haben und für die Modernisierung effektiv eingesetzt wurden. Man muss diesen Prozess verstehen, um sich aus dem Nexus, den Kultur, Gender und Nation im Modernisierungsprozess gebildet haben, befreien zu können. In Japan musste in sehr kurzer Zeit ein moderner Nationalstaat gegründet werden, und dies geschah auf der Grundlage dieses Nexus. Dieser Prozess ging auch aus der Konstellation hervor, dass Japan, das nie kolonisiert wurde, dennoch am Anfang seiner Modernisierung gegenüber dem Westen die Position eines subalternen Kolonisierten verstehen lernen musste.[3] Gleichzeitig versuchte der japanische Staat, selbst die Rolle des Kolonisators zu übernehmen, der für die anderen asiatischen Länder sprach und diese gegenüber dem Westen zu repräsentieren be-

---

3 Japan konnte zwar dem Schicksal der Kolonialisierung entgehen, wurde jedoch durch die erzwungene Öffnung, die ungleichen Verträge und wegen seines Bewusstseins seiner zivilisatorischen Unterlegenheit in eine ähnliche Lage wie die der Kolonisierten gebracht.

anspruchte. Mit dieser eigenen Form des Orientalismus wollte man in Japan den Westen dazu bringen, die Gleichwertigkeit, ja sogar die Überlegenheit Japans anzuerkennen, was zumindest teilweise auch gelungen ist.

In dieser Phase der Modernisierung waren die Nationsbildung und der Nexus von Nation, Kultur und Gender(ordnung) nicht nur in Japan, sondern generell ein gültiges und wirksames Strukturmerkmal der Moderne. Der Fall Japan ist in diesem Zusammenhang also nicht als ein Sonderfall, sondern als ein sehr geeignetes Beispiel anzusehen, um die Wirkungsweise des Nexus deutlich zu machen. Der Modernisierungsprozess setzte in Japan sehr plötzlich um 1868 ein, und deshalb ist die Gesellschaftsstruktur vor und nach diesem Zeitpunkt relativ klar abgrenzbar. Darüber hinaus kann man eine Übergangsphase nach 1868 bis zur vollständigen Herausbildung des modernen Systems beobachten, in der noch keine eindeutig moderne Genderordnung festgelegt war; in dieser Phase konnten verschiedene Genderkonzepte erprobt werden (vgl. Nolte/Hastings 1991, Getreuer-Kargl 1997).

2. Japan zwischen dem Westen und Asien

Den Zusammenhang zwischen Kulturidentität, Gender und Nationsbildung am Beispiel des japanischen Modernisierungsprozesses herauszuarbeiten, ist auch deshalb sinnvoll und aufschlussreich, weil Japan in verschiedener Hinsicht in einem ‚Zwischen' steht: Als eines der wenigen nichtwestlichen Länder wurde Japan im Zeitalter des europäischen Kolonialisierungsprozesses nicht kolonisiert und wird auch aus diesem Grund noch heute als zwischen dem Westen und Asien und als zwischen seiner eigenen Tradition und der westlichen Moderne stehend verstanden. Kurz nach seiner erzwungenen Öffnung durch den Westen übernahm allerdings Japan dann selbst die Rolle eines Kolonisators gegenüber Korea, die es nach 1930 auch auf andere asiatische Länder ausweitete. Obwohl Japan seit 1854 selbst unter den ungleichen Verträgen mit den Westmächten litt, zwang es Korea bereits 1876 zur Öffnung des Landes und zu ähnlichen ungleichen Verträgen. Durch diese Doppelgesichtigkeit im Modernisierungsprozess kann man am Beispiel Japans die Problematik beider Seiten – der des Kolonisators und der des Kolonisierten – erkennen. In dieser ambivalenten Situation gewinnt von Beginn des Modernisierungsprozesses an auch die Rolle der Frau bzw. die Geschlechterordnung eine neue komplexe Bedeutung.

Wie kaum ein anderes Land hat sich Japan mit der westlichen Moderne so radikal auseinandergesetzt und sich diese fremde Kultur so intensiv angeeignet, dass seine eigene Gesellschaft und Kultur dadurch tiefgreifend transformiert wurden. Zu dieser japanischen Modernisierung gibt es zwei Interpretationen: Die eine besagt, dass Japan sich unter den nichtwestlichen Ländern am erfolgreichsten modernisiert habe. Nach dieser japanzentrierten Betrachtungsweise gehen manche sogar so weit zu behaupten – wie es in den 1980er Jahren oft der Fall war –, Japan sei schon vor seiner Modernisierung nach westlichem Vorbild eine ‚postmoderne Gesellschaft' gewesen und die westliche Moderne habe Japan nur in die Irre geführt; Japan habe aber nun Europa überholt und sei dem Westen überlegen. Dagegen behauptet die zweite Interpretation, in Japan sei die moderne Welt- und Wertanschauung überhaupt nicht wirklich angenommen worden und es herrsche immer noch ein vormodernes kulturelles Klima. Dies ist eine eher eurozentrische bzw. westlich orientierte Betrachtungsweise, die auch von vielen japanischen Intellektuellen, wie z. B. dem repräsentativen Nachkriegsphilosophen und Politikwissenschaftler Maruyama Masao, vertreten wird. Auch die Philosophin Ōgoshi Aiko urteilt sehr kritisch, dass in Japan eine Tendenz bestehe, die Erfahrung der Konfrontation, mit welcher Kultur auch immer, niemals zu einer wirklichen Begegnung und Aneignung zu vertiefen, was zu einem grundlegenden Wandel der eigenen Kultur führen würde. Vielmehr begnüge man sich mit einem nur oberflächlichen und sehr eigenwilligen Verständnis der anderen Kultur, was schließlich, so Ōgoshi, zu einer verschlossenen, ‚nicht-internationalen' Mentalität der Japaner geführt habe.

Diese beiden gegensätzlichen Interpretationen zeigen, wie ambivalent das Selbstverständnis der Japaner im Modernisierungsprozess war und ist. Um dies besser verstehen zu können, muss man sich deutlich vor Augen halten, dass Japan in der schon angedeuteten Doppelgesichtigkeit seiner Modernisierung nicht nur als das ‚Andere' Europas, als Objekt des europäischen Blicks erscheint, sondern selbst als Subjekt auftritt, das den europäischen Blick übernimmt und auf andere richtet. Ähnlich wie der Westen versuchte auch Japan, sich durch die Konstituierung eines kolonialen Anderen selbst als Subjekt (gegenüber dem Westen) zu konstituieren.

3. Der japanische Nationsbildungsprozess und der Nexus von Nation, Kultur und Gender

3.1 Japanische Modernisierung und Nationsbildung

Bereits im 18. Jahrhundert begründete die Nationale Schule (*kokugaku*) eine wissenschaftlich-philologische Methode zur Erforschung der japanischen Klassik, mit der gegenüber China eine Ideologie der Überlegenheit Japans geschaffen werden sollte. Der Grund für diese angebliche Überlegenheit wurde in der ewigen Herrschaft der kaiserlichen Familie gesehen. Von Motoori Norinaga (1730-1801), dem repräsentativsten Gelehrten der Nationalen Schule, wurde China, dessen konfuzianische Lehre den Kern der damaligen japanischen feudalistischen Moral bildete, mit einem negativen Bild des ‚Anderen' besetzt, in dessen Spiegel Japan positiv dargestellt wurde. Das Bewusstsein einer ‚japanischen Nation' entstand aber erst in der Krise Mitte des 19. Jahrhunderts, als Japan vor der Gefahr stand, kolonisiert zu werden. Davor, in der Edo-Zeit (1603-1868), gab es das relativ zentralistisch kontrollierte feudalistische Herrschaftssystem des Hauses Tokugawa; für das Bewusstsein der allgemeinen Bevölkerung waren aber die etwa 270 einzelnen Daimyate (*han*; Fürstentümer) der Bezugsrahmen für ihre Identität. Das Kaisersystem existierte zwar als Legitimationsinstanz auch in der Edo-Zeit, der Kaiser war aber, seinem kaum vorhandenen politischen Einfluss entsprechend, dem Volk nicht präsent.

In dem Prozess der Nationsbildung während der Meiji-Zeit wurde dann eine neue Tradition geschaffen („*invention of tradition*", Hobsbawm/Ranger 1983), indem das Kaisersystem als eine die nationale Einheit herstellende und repräsentierende Instanz ‚neu entdeckt' wurde. Die mythische Geschichte der fiktiven kaiserlichen Herrschaft in der vorgeschichtlichen Zeit Japans wurde als eine Tradition, die von den mythischen Anfängen bis in die Gegenwart reicht, erklärt. Auf diese Weise wurde die Legitimation für die göttliche Herkunft und die Besonderheit der Japaner geschaffen. Mit dieser Erschaffung eines neuen Mythos' der Nation wurden zum einen die eigene Überlegenheit und zum anderen die Verachtung den anderen gegenüber begründet. Der moderne japanische Nationalstaat wurde also gebildet durch Grenzziehung und durch Ausgrenzung der Anderen, indem ein durch Zeit und Raum abgegrenzter gemeinsamer Ort geschaffen wurde – im Fall Japans noch verstärkt durch seine geographische Insellage. Diese Ab- und Ausgrenzung schafft aber nicht nur außerhalb, sondern auch innerhalb der Grenzen ‚Andere' und ‚Fremde'. Gerade für die Frauen wirkte sich diese Aus- und Einschließungsdynamik sehr ambivalent aus, was weiter unten näher erörtert wird.

3.2 Die Bedeutung der Kultur/Zivilisation: Japan vs. Asien (Korea)

Der repräsentativste Modernisierer und Aufklärer der Meiji-Zeit, Fukuzawa Yukichi (1835-1901), erkannte in dem durch Kolonisierung bedrohten Japan sehr schnell, dass die moderne Kultur (im Sinne der modernen Zivilisation)[4] Welthegemonie bedeutete und schrieb 1875 seinen *Abriss der Zivilisationstheorie (Bun-*

---

4 Vgl. dazu in diesem Band: 55f.

meiron no gairyaku). Fukuzawa akzeptiert darin das hierarchische System einer Weltordnung nach Zivilisationsgraden: Europa und Amerika als die am höchsten zivilisierten Länder, asiatische Länder wie die Türkei, China und Japan als halbentwickelte Länder (*hankai no kuni*) und Afrika, Australien und andere als ‚barbarische' Länder (*yaban no kuni*). Diese Ordnung sei ein Konsens, den auch die in dieser Hierarchie untergeordneten Länder akzeptierten. Fukuzawa wird heute oft als derjenige kritisiert, der diese einseitige Sichtweise der Kulturhegemonie selbst internalisierte und in diesem Sinne Japans Weg zur Kolonialherrschaft in Asien vorbereitete. Aber in seiner Zivilisationstheorie stellt er auch kritisch die westliche Überlegenheit nach dem Kriterium der Zivilisation in Frage, indem er festhält: Obwohl der Krieg das größte Übel der Welt sei, führten westliche Länder ständig Krieg. In diesem Zusammenhang thematisiert er auch die brutale, menschenverachtende Kolonialherrschaft Englands in Indien, indem er als Beispiel über einen Prozess berichtet: Ein Engländer hatte einen Inder erschossen und wurde trotzdem freigesprochen mit dem Argument, er habe den Inder für einen Affen gehalten. Aus solchen Beispielen schließt Fukuzawa, dass die europäische Kultur (Zivilisation) nur den Höhepunkt des Entwicklungstandes der damaligen Welt darstelle, keineswegs aber die höchst mögliche Entwicklungsstufe sei (Fukuzawa 1959: 18-19).

Angesichts dieser Situation betrachtete es Fukuzawa als die dringendste Aufgabe Japans, durch Kultur (Zivilisation) einen Nationalstaat zu begründen, obwohl er kritisch anmerkt, dass das eigentliche Ziel der Kultur (Zivilisation) niemals nur der Aufbau einer Nation sein dürfe. Denn auch, wenn in der aktuellen Situation der Aufbau einer Nation als das wichtigste Ziel Japans anzusehen sei, so stelle doch der Patriotismus eine einseitige Parteinahme für ein Land dar und sei damit mit der moralischen Idee der Gleichheit aller Menschen und der Brüderlichkeit in der ganzen Welt (*isshi dōjin shikai kyōdai*) unvereinbar. Bei der Frage, wie man die Unabhängigkeit und Autonomie der japanischen Nation erreichen und sichern könne, kommt Fukuzawa zu dem überraschenden Schluss: Nichts anderes als die westliche Kultur (Zivilisation) festige das japanische Nationalwesen (*kokutai*) und steigere den Glanz der kaiserlichen Tradition, weshalb man mit Entschlossenheit die westliche Kultur aufnehmen müsse (Fukuzawa 1959: 33). Insgesamt geht es also in den nüchternen Überlegungen Fukuzawas um die Aufgabe, wie man sich einerseits dem Westen gleichstellen und andererseits in Asien die Hegemonie gewinnen kann.

In einer Arbeit von 1999 untersucht der japanisch-koreanische Politologe Kang Sangjung, wie in Japan die so genannte Asienwissenschaft (*tōyōgaku*) als eine Kolonialwissenschaft – in Verbindung mit anderen Wissenschaften wie der

Volkswirtschaft und den Sozialwissenschaften – eine Grundlage für Japans Kolonialpolitik schuf. Ähnlich wie es Edward Said in seinem Buch *Orientalismus* zur „imaginativen Geografie und ihren Repräsentationen" herausgearbeitet hat, stellt Kang fest, dass man in Japan durch die Begründung der Asienwissenschaft mit der Macht des Wissens und der Wissenschaft Asien zu beherrschen versuchte. Man kann hier in der Art, wie Asien als *object of knowledge* im japanischen Diskurs repräsentiert wird, ein Beispiel für *epistemic violence* im Sinne von Spivak sehen (Spivak 1988). Zunehmend entwickelte sich in Japan ein Bewusstsein der Kolonialherrschaft als Kulturmission, das einerseits zwischen dem ‚zivilisierten' Japan und den ‚weniger zivilisierten' Ländern China und Korea eine deutliche Grenze zog und das andererseits beanspruchte, Asien gegenüber dem Westen zu repräsentieren und für Asien zu sprechen (Kang 1999: 94-96).

In einer Dialektik zwischen der Differenz zum Westen und der Identität mit dem Westen wurde in Japan ‚Asien' geschaffen; dazu verhalf auch das Wissenssystem der imaginären Geographie und der Asienwissenschaft. Zwischen der Differenz zum und der gleichzeitigen Identität mit dem Westen in Bezug auf das imaginierte Asien wurde die japanische nationale Identität aufgebaut. In dieser Konstellation, so meint Kang, war für die Japaner nur der Westen der ‚Andere', mit dem sie einen Dialog führen wollten, während sie andere Asiaten niemals als gleichgestellt ansahen. Damit wurde auf ganz ähnliche Weise, wie der ‚Westen' den ‚Orient' für seine Identitätsbildung gebraucht hatte, in Japan versucht, die eigene Geschichte mit „Japans Asien" (Kang 1999: 142) zu begründen. Japan wird dabei zwar als ein Teil von Asien gesehen, wird aber als ein Sonderfall erklärt:

> Wie Japan auf dem asiatischen Kontinent ethnisch absolut isoliert ist, [...] gibt es auch historisch gesehen kein ähnliches Land außerhalb dieses Kontinents; aber auch im Vergleich mit China, Indien, Persien oder mit irgendeinem anderen asiatischen Land ist Japan ganz anders. [...] Japan ist in einer Lage, in der es alle Vorzüge der Welt aufnehmen kann" (Shiratori, zit. bei Kang 1999: 138-139).

In diesem Zitat kommt sehr stark das Bewusstsein der Einmaligkeit und Einzigartigkeit Japans zum Ausdruck, wie dies auch nach dem Zweiten Weltkrieg in so genannten Japandiskursen (*nihonjinron*) wieder lebendig wurde. Aber anders als in den Japandiskursen wird hier noch nicht die Homogenität der japanischen Kultur betont, sondern durchaus ihr hybrider Charakter als eine besondere Stärke gesehen. Das Problem dabei ist allerdings, dass der hybride Charakter nicht in einem dialogischen Austausch und in der Vermischung mit anderen Kulturen gesehen wird, sondern einseitig nur in der Rezeptionsfähigkeit, in Japans selektivem Nehmen und Benutzen, also in einer monologischen, und deshalb letztlich doch homogenen Struktur.

3.3 Genderideologie und das japanische Kaisersystem

Es ist symptomatisch, dass der Modernisierer Fukuzawa, der, wie gezeigt wurde, als einer der ersten die Nationsbildung als die dringendste Aufgabe Japans erkannte und die hierarchische Differenzsetzung zwischen Japan und Asien durch seine Schriften unterstützte, gleichzeitig auch auf die innerjapanische genderbezogene Differenzsetzung einen großen Einfluss hatte, indem er sich, nach westlichem Vorbild, für eine bessere Stellung der Frauen engagierte. Er und andere westlich beeinflusste Intellektuelle erkannten, dass für den Nationsbildungsprozess die japanischen Frauen, die unter der konfuzianischen Lehre der Edo-Zeit besonders im herrschenden *samurai*(Krieger)-Stand als unmündige Gebärerinnen behandelt wurden, zu Partnerinnen und Erzieherinnen der modernen Staatsbürger gemacht werden mussten. Um eine moderne Nation zu bilden, wurde auch die Erziehung der modernen Staatsbürger zu einer dringenden Aufgabe. Westlich beeinflusste Modernisierer, wie Fukuzawa und auch der erste japanische Kultusminister Mori Arinori, sahen in den Frauen die zukünftigen Trägerinnen dieser wichtigen nationalen Aufgabe. Um die Frauen in den Modernisierungsprozess einzubeziehen und sie dafür einzusetzen, hat sich seit den 1880er Jahren allmählich in den darauf bezogenen Diskursen das Konzept der *ryōsai kenbo* (gute Ehefrau und weise Mutter) herausgebildet, das als leitendes Erziehungsprinzip für die Mädchenbildung in das Bildungssystem eingeführt wurde. Das Schulsystem und die Erziehungsinhalte wurden – soweit sie auf die Mädchenbildung bezogen waren – in erster Linie als Vorbereitung für die Rolle der Ehefrau und die Rolle der Mutter ausgerichtet. Aus heutiger Sicht wird das *ryōsai-kenbo*-Prinzip oft als das traditionelle japanische Frauenbild bis zum Ende des Zweiten Weltkriegs betrachtet. Tatsächlich wurde es aber erst Ende des 19. Jahrhunderts als ein diskursives Konstrukt und schließlich als das Leitprinzip für die Erziehung der Mädchen und der jungen Frauen entwickelt. Das moderne Mutterbild der *kenbo* weicht in dieser neuen wichtigen Aufgabe der Kindererziehung stark vom Mutterbild der Edo-Zeit ab (Nolte/Hastings 1991, Uno 1999). Deshalb ist das Mutterkonzept der *kenbo* keineswegs ein traditionell japanisches, sondern ein hybrides Gebilde, in dem zwar auch traditionelle japanische Elemente enthalten sind, aber westliche Elemente und Erfordernisse der modernen Gesellschaft eine ebenso wichtige Rolle spielen – es ist ein modernes Konstrukt.

Im Meiji-Reformprozess stellte sich die Frage, wie man aus der sehr heterogenen (im Hinblick auf Region, sozialen Stand etc.) Gruppe der Frauen (wie auch der Männer) eine Nation bilden bzw. wie man sie in den Nationsbildungsprozess einbeziehen konnte. Juristisch wurden die Frauen nach dem japanischen BGB als eine einheitliche Gruppe behandelt; ihnen wurde aber nicht der vollwertige Status als Staatsbürgerinnen zuerkannt. Ohne politische und wirtschaftliche Rechte waren sie jedoch nur eingeschränkt Staatsbürgerinnen in dem neuen Nationalstaat. Wie konnte man also die Frauen, ohne ihnen die vollen Rechte zuzuerkennen, trotzdem für den Nationsbildungsprozess einsetzen? Genau dafür war die neu konstruierte Identität als ‚gute Ehefrau und weise Mutter' sehr zweckmäßig. Vor allem als Mütter konnte man die Frauen voll für das neue Unternehmen der Nationsbildung gewinnen und vereinnahmen.

Das Konzept der ‚weisen Mutter' war jedoch keineswegs ein einheitliches Konzept, sondern wurde im Diskurs immer wieder leicht modifiziert. So wurde das *kenbo*-Konzept 1891 in der Zeitschrift *Onna Kagami* (Frauenspiegel) in einem sehr konservativen Sinn als ‚keusche Frau' (*teijo*) verstanden, und dies galt als Besonderheit der japanischen Frau. Auch sollten Frauen als ‚weise Mütter' innerhalb der Familie bleiben. Es herrschte also eine klare Vorstellung von der geschlechtlichen Arbeitsteilung. Westlich orientierte liberale Pädagogen wie Iwamoto Yoshiharu oder Naruse Jinzō versuchten dagegen, die Aufgabenbereiche und die Verantwortung der Frauen zu erweitern, indem sie die Wichtigkeit der ‚weisen Mutter' für den Nationalstaat betonten, also ihre nationalstaatlichen Aufgaben als Mutter hervorhoben. So haben ironischerweise oft gerade westlich orientierte, fortschrittlich-liberale Intellektuelle im Ergebnis mehr als die Konservativen dazu beigetragen, dass Frauen als Mütter dem nationalen Zweck dienen sollten und auch konnten. Auf diese Weise etablierte sich allmählich das moderne japanische weibliche Genderkonzept der *kenbo*, das in einem Wechselverhältnis zur modernen Nation und zur nationsbezogen definierten japanischen Kultur stand.

Aber nicht nur durch die Erziehung wurde dieses Gender-, genauer: Mutterkonzept massiv vorangetrieben. Im Hintergrund gab es noch ein weiteres wichtiges Motiv für die Frauen, dieses Genderkonzept als ihre Identität anzunehmen: Die Mutter-Kind-Beziehung zwischen Amaterasu (der Sonnengöttin in der japanischen Mythologie) und dem japanischen Kaiser und die sich daraus ergebende Bedeutung der Mutterrolle in der damaligen japanischen Gesellschaft und für die japanische Nation. Bereits im 18. Jahrhundert wurde von dem oben erwähnten repräsentativen Gelehrten der Nationalen Schule, Motoori Norinaga, das Kaisersystem als der Ursprung des „kulturellen Weiblichkeitsprinzips" (*bunkateki joseigenri*; Ōgoshi 1997: 135ff.) begründet. Nach Motoori wurde die religiöse Autorität dem Kaiser von der Sonnengöttin Amaterasu als Ahn- und Muttergöttin verliehen.[5] Um eine solche mythologische Autorität im modernen Japan nutzbar

---

5   Für Motoori war es wichtig, die japanische Eigenständigkeit und die Überlegenheit gegenüber China zu betonen. Er stellte dabei der konfuzianisch geprägten chinesischen Kultur, die von ihm

machen zu können, wurde weniger das Religiöse darin betont, sondern sie wurde vielmehr als Familienstaats(*kazoku kokka*)ideologie kaschiert.
Die volkstümliche Religion des Shintō wurde in der Meiji-Zeit als Staatsshintō zur formalen Grundlage des modernen Staats gemacht und dafür neu formiert. In diesem Prozess wurde aus dem pantheistischen Shintō durch die Hervorhebung der Sonnengöttin Amaterasu eine quasi monotheistische Religion, und es wurde deren ‚direkte' Verbindung zum Kaiser hergestellt (Ōe 1984: 65-67).[6] Japans Überlegenheit wurde durch diese religiöse Autorität auf der Grundlage des Kaisersystems gegenüber dem Westen begründet. In den *Grundprinzipien des Nationalwesens* (*kokutai no hongi*), die 1937 vom japanischen Kultusministerium herausgegeben wurden, wird gesagt: Während im Westen der Herrscher nach den Kriterien der Intelligenz, Tugend und Macht seine Herrschaft aufrechterhalte oder verliere, werde das (japanische) Kaisersystem auf der Grundlage der einen ununterbrochenen Linie über Generationen hinweg übertragen und sei deshalb unveränderbar. Deshalb sei der Kaiser von Natur aus tugendhaft und seine Herrschaft heilig. Dass die Untertanen dem Kaiser dienen, geschehe nicht aus Pflicht, nicht als Unterwerfung unter die Macht, sondern sei der „ununterdrückbare Ausdruck des natürlichen Empfindens und der spontanen Loyalität gegenüber dem ehrwürdigen Kaiser" (Monbushō 1978: 74).[7] Zu Beginn der Modernisierung gab es ernste Konflikte und Streit um die Richtung des Staatsshintō und damit auch um das Bild des Kaisers zwischen seinem die Religion betonenden Charakter und seinem Charakter als „Vater und Mutter" des Volks (*tami no chichi-haha*) (vgl. Haga 1994: 118). Die endgültige Entscheidung für die zweite Sichtweise macht deutlich, dass es hier um die Gründung und Modernisierung eines Staates ging und dass dabei das Konzept des Familienstaats (*kazoku kokka*) als zweckmäßig betrachtet wurde. Die Charakterisierung des Kaisers als „Vater und Mutter" und die Betonung der Beziehung zwischen ihm und dem Volk scheinen allerdings nach dem modernen westlichen Kernfamilienmodell geformt worden zu sein. So wird z. B. in den *Grundprinzipien des Nationalwesens* (*kokutai no hongi*) betont, dass der Kaiser das Volk als seinen „Schatz" (*ōmitakara*) liebe (*aigo shitamau*). Es ist schwer zu beurteilen, ob an dieser Stelle die altjapanische Elternliebe gegenüber den Kin-

---

     als „männlich" bezeichnet wurde, die als „weiblich" bezeichnete japanische Kultur gegenüber, wie sie z. B. in dem ästhetischen Konzept *mono no aware* zum Ausdruck kommt, das Motoori durch seine Analyse des klassischen Romans *Die Geschichte vom Prinzen Genji* (Anfang des 11. Jahrhunderts von der Hofdame Murasaki Shikibu verfasst) herausarbeitete.

6   Ōe weist darauf hin, dass für die Legitimierung der kaiserlichen Autorität – der Kaiser war zu Beginn der Modernisierung im Volk so gut wie nicht bekannt – der schlichte Glaube des Volks an die Sonnengöttin Amaterasu genutzt wurde, die bis dahin nicht als Ahngöttin, sondern als Schutzgöttin für die Landwirtschaft verehrt wurde (Ōe 1984: 65-67).

7   Diese Argumentationsweise lehnt sich ganz an die Erklärung Motooris an.

dern zum Ausdruck kommt oder ob andere Quellen zu Grunde liegen – typisch für die damalige japanische Familienstruktur war diese Vorstellung sicher nicht und sie war auch nicht typisch für die Familienstruktur der vormodernen konfuzianisch geprägten Edo-Zeit. Ungewöhnlich und auffallend ist jedoch, dass eine solche eher ‚mütterliche' Liebe in der patriarchalen Familienstruktur der Zeit bis zum Zweiten Weltkrieg so stark betont wurde. Dieser das Volk wie seine Kinder liebende Kaiser scheint, wie oben schon gesagt, deshalb eher nach dem westlichen Kernfamilienmodell geformt zu sein, in dem die Mutter das liebende Zentrum der Familie darstellt. Unter dieser Voraussetzung wird eine These wie die von Ōgoshi verständlich, die annimmt, dass im Herrschaftsprinzip des Kaisers das mütterlich-weibliche Prinzip instrumentalisiert wurde.[8]

Festzuhalten ist, dass für das moderne kaiserliche Herrschaftssystem die *Familie* als Schlüsselkategorie benutzt wurde, um die ‚natürliche' (auch symbolisch gemeinte) blutsverwandtschaftliche Bindungskraft zwischen dem Herrscher und den Untertanen (*shinmin*) nutzbar zu machen. Dies mutet einerseits vormodern an, scheint jedoch andererseits mit der modernen westlichen Familienvorstellung und ihrer emotionalen Mutterzentrierung eng verbunden zu sein. Hier könnte die Ursache dafür liegen, dass für die Gründung des modernen japanischen Staates das Familiensystem als ein wirksames Instrument eingesetzt wurde, mit dem man zwischen dem Volk, das ja bis dahin keineswegs eine Einheit gebildet hatte, sondern vielmehr aus heterogenen regionalen und standesbezogenen etc. Identitäten bestand, und dem ihm eher unbekannten Kaiser eine Bindung, ja sogar eine Loyalitätsbeziehung herstellten konnte. Die Loyalität den Eltern gegenüber ist zwar ein konfuzianisches Grundprinzip, aber dieses Prinzip wurde modifiziert durch die Vorstellung eines das Volk wie eine Mutter liebenden Kaisers.

Diese Familienbeziehung wurde später auf die Beziehung Japans zu den Kolonialländern erweitert. Es war damit möglich, bei der Kolonisierung in Asien nicht die gewaltsame Eroberung in den Vordergrund zu stellen, sondern man konnte mit der Familienideologie Harmonie und Assimilation betonen. In diesem

---

8   Die Betonung des mütterlich-weiblichen Prinzips der Herrschaft, nach dem der Kaiser als Sohn der Sonnengöttin das Volk wie seine Kinder liebt, macht nach Ōgoshi jeden Widerstand oder gar eine Rebellion von Seiten des Volks unmöglich. Sie kommt zu der Schlussfolgerung, dass hinter der Fassade dieses angeblich friedfertigen und gewaltfreien mütterlichen Herrschaftsprinzips ein gewaltsames männliches Prinzip steckt. So wie Motoori Norinaga im 18. Jahrhundert mit dem weiblichen Prinzip der japanischen Kultur die Unabhängigkeit und Loslösung vom männlichen Prinzip der chinesischen Kultur zu erreichen versuchte, vermutet Ōgoshi in diesem Fall den Versuch, das weibliche Prinzip der japanischen Kultur dem männlichen Prinzip der (diesmal) westlichen Kultur entgegenzustellen und so ihre Besonderheit zu behaupten (Ōgoshi 1997: 149). Ich möchte an dieser Stelle aber hinzufügen, dass das hier als weiblich bezeichnete Prinzip nichts mit realen Frauen zu tun hat, sondern nur ein symbolisches Konstrukt und Mittel des männlichen Herrschaftssystems war.

Sinne vollzog sich der Kolonisierungsprozess unter dem Motto „Die ganze Welt unter einem Dach" (*hakkō ichiu*), und sein Ziel war die euphemistisch so bezeichnete „Großostasiatische Wohlfahrtssphäre" (*daitōa kyōeiken*).

Innerhalb Japans konnte man mit der Hervorhebung ihrer besonderen Stellung im Familiensystem den Frauen das Gefühl geben, dass sie als Mütter große Anerkennung und Würdigung erfahren. Dies hatte eine besondere Bedeutung, weil die Frauen keine vollwertig anerkannten Staatsbürgerinnen waren. Es ist deshalb nicht verwunderlich, dass auch die Vertreterinnen der ersten japanischen feministischen Bewegung um 1910, die zunächst gegen das Familiensystem (*ie seido*) gekämpft hatten, allmählich in diese Familienstaatsideologie mit hinein gezogen wurden. So wurde z. B. die Historikerin Takamure Itsue, die die historischen Eheformen und die matrilineare japanische Familientradition erforschte, eine leidenschaftliche Verfechterin des Kaisersystems, da für sie der Kaiser den Kern der weiblichen Familienliebe (*kazoku-ai*) verkörperte. Darin sah sie sogar ein erlösendes Prinzip, mit dem man die sich in imperialistischen Kriegen befindende Welt retten könne. Dieses Mutterprinzip reichte aber für Takamure nur bis zur Grenze des großen nationalen Familienstaats und nicht darüber hinaus.

Seit den 1930er Jahren wurde die Mutterverehrung massiv betrieben, und es wurden solche Begriffe wie „Mütter des Volks" (*minzoku no haha*), „staatliche Mütterlichkeit" (*kokkateki bosei*) und „Mütter des Militärstaates" (*gunkoku no haha*) propagiert. Das Modell für die japanische Familie war aber nicht die kaiserliche Familie, sondern nur die Mutter-Sohn-Beziehung zwischen der Ahngöttin Amaterasu und dem Kaiser. Für die japanischen Frauen bedeutete dieses Vorbild die Möglichkeit, durch den Sohn in eine ideelle Machtposition innerhalb des Familiensystems kommen zu können. Das Höchste für eine Mutter war es während der Kriegszeit, wenn der Sohn im Krieg gefallen war und in den Yasukuni-Schrein als „Kriegsgott" (*gunshin*) aufgenommen wurde; dann war sie „Mutter eines Kriegsgottes" (*gunshin no haha*).

Man könnte hier zu folgender Schlussfolgerung kommen: Das, was für die Ideologie der Kriegsbejahung wirksam war, war im westlichen Kontext das männliche Prinzip der Unterwerfung und die Kolonisierung durch gewaltsame ‚Zivilisierung'. Im Fall Japans aber war es das Prinzip der Harmonie und Assimilierung, die „Familisierung der Welt", wie Ōgoshi es formuliert. Dieses japanische Prinzip wurde in zwei Richtungen eingesetzt: Nach innen, für den japaninternen Diskurs, war das weibliche Prinzip der Familien(staats)ideologie ein wirksames Mittel zur Vereinnahmung der Frauen. Nach außen wollte man mit der weiblichen Familienliebe die ganze Welt mit einbeziehen. Aber da die Grundlage der Familie die Blutsverwandtschaft ist, enden die Familienliebe und die mütterliche

Liebe an der Grenze der Familie; über diese Grenze hinaus können sie sich zu einer auch den Krieg bejahenden Ideologie verwandeln.

4. Der *Jūgun-Ianfu*-Diskurs

4.1 Japanische Zwangsprostitution[9] im Zweiten Weltkrieg

Bei der Kolonisierung der Mandschurei und Koreas wurden auch Frauen eingesetzt, um die ‚Großostasiatische Wohlfahrtssphäre' aufzubauen. In einem Aufruf hieß es: „Frauen für den Aufbau Asiens". Junge Frauen wurden geworben, um als Kolonistinnen in Asien Familien zu gründen und Landwirtschaft zu betreiben (vgl. Suzuki 1992). Die Eheschließung zwischen einem koreanischen Prinzen und einer japanischen Adligen war der Beginn dafür, dass Verheiratungen zwischen Japanerinnen und Koreanern massiv vorangetrieben wurden, damit das koreanische Volk auf diese Weise mit dem japanischen vereint würde. Andererseits wurden koreanische Frauen in die sexuelle Versklavung als *jūgun ianfu*, das heißt als Zwangsprostituierte für die Frontsoldaten, gezwungen. Sie wurden nicht nur misshandelt und missbraucht, sondern ihnen wurde auch die Identifizierung mit der japanischen Invasionsideologie abverlangt. Dies kam einer völligen Vernichtung des koreanischen Volks gleich und bedeutete damit die Auslöschung aller Differenzen – mit Hilfe der Familienideologie.

Damit kommt nun die Kehrseite dieser japanischen Familien- und Mutterideologie in den Blick: Während die japanischen Frauen als Mütter zum Kern der kulturellen Identität Japans stilisiert wurden, wurden gleichzeitig viele Frauen aus anderen asiatischen Ländern für die japanischen Frontsoldaten als Zwangsprostituierte eingesetzt. Beide Seiten hängen, wie die neue Frauenbewegung Anfang der 1970er Jahre erkannt hat, eng zusammen.

Für patriarchale nationalistische Herrschaftsstrukturen ist es charakteristisch, dass man die eigenen Frauen zum symbolischen Kern der kulturellen Identität macht, während man fremde Frauen der zu unterwerfenden Länder als Prostituierte behandelt. So wurde im Fall der *jūgun ianfu* die Vorstellung, das zu erobernde bzw. eroberte Land als Frau zu sehen, nicht nur als Metapher benutzt, sondern fremde Frauen wurden tatsächlich vergewaltigt und erniedrigt, auch um die kulturelle Identität der Feinde zu brechen. Und dieser Vorgang wurde von den koreanischen Männern auch so verstanden. Sie verschwiegen ihn oder betrachteten ihn als Schande für die Familie und auch als Verletzung des nationalen Stolzes, also ihres kulturellen Identitätsbewusstseins. Nicht nur sie, sondern auch die be-

---

9 Siehe Anmerkung 2 dieses Beitrags.

troffenen Koreanerinnen selbst, die ganz nach der konfuzianischen Moral erzogen worden waren, empfanden ihre Vergewaltigung als ihre eigene Schande und sich selbst als Beschmutzte. Erst durch die Entwicklung der koreanischen Frauenbewegung wurde das Thema der Zwangsprostitution seit den 1980er Jahren in die Öffentlichkeit gebracht und konnte nun in einer neuen Weise gesehen werden: als ein Kriegsverbrechen.

In der Zeit zwischen 1930 und 1945, in der Japan ständig Krieg führte, wurde das von Japan besetzte und annektierte Korea als eine Art Basis für die Kriegsführung betrachtet; deshalb wurde eine Japanisierungspolitik (*kōminka seisaku*) gegenüber den Koreanern vorangetrieben, durch die die Koreaner zu kaiserlichen Untertanen gemacht werden sollten. Sie wurden gezwungen, jeden Tag den Eid zu schwören, gute kaiserliche Untertanen zu sein, sie mussten einen Shintōschrein besuchen, die japanische Sprache benutzen und einen japanischen Namen annehmen. Darüber hinaus wurden sie im Krieg als Soldaten, als ArbeiterInnen und Schülerhilfskräfte eingesetzt. Besonders perfide war die Bezeichnung *teishintai* (freiwillige ArbeiterInnentruppen), die in Korea heute noch als eine andere Bezeichnung für *jūgun ianfu* verstanden wird. *Jūgun ianfu* selbst ist eine euphemistische Bezeichnung, die einseitig die Repräsentation von der Täterseite aus verkörpert. Wörtlich bedeutet der Begriff: Frauen, die die Militärtruppe begleiten (*jūgun*) – dies soll ihre angebliche Freiwilligkeit zum Ausdruck bringen – und, was noch infamer ist, dieser Militärtruppe Trost und Erholung spenden (*ianfu*).[10]

4.2 Perspektivenwechsel in der japanischen Frauenbewegung

Die Problematik der *ianfu* wurde zwar bereits in der japanischen Frauenbewegung Anfang der 1970er Jahre thematisiert (vgl. Mizoguchi/Saeki/Miki 1992: 123), wurde aber während der folgenden zwanzig Jahre kein öffentliches Thema. Das zeigt, wie schwierig und belastend es für die Beteiligten – vor allem für die betroffenen Frauen selbst – war und wie stark die Mauer des Schweigens war. Erst als die Koreanerin Kim Hak-Sun, die während des Zweiten Weltkriegs als *ianfu* missbraucht worden war, 1991 ihr Schweigen über ihre Vergangenheit durchbrach und von der japanischen Regierung eine Entschuldigung verlangte, kam dieses Kriegsverbrechen nach und nach ins Bewusstsein der Öffentlichkeit.

Der Hintergrund dafür, dass endlich über die *ianfu*-Problematik gesprochen und politische Wege zur Wiedergutmachung eingeschlagen werden konnten, ist,

---

10 Aus diesem Grund sollte die Bezeichnung *jūgun ianfu* eigentlich nicht gebraucht werden; sie wird aber im Folgenden nicht nur des einfacheren Verständnisses wegen, sondern mit voller Absicht benutzt, um bewusst zu machen, was es heißt, von den Machthabern fremdbestimmt zu werden.

dass die koreanische Frauenbewegung als eine treibende Kraft des Demokratisierungsprozesses in Korea eine neue Macht gewonnen hatte. Sie hat in den 1970er Jahren gegen den japanischen Sextourismus nach Korea gekämpft und in diesem Sextourismus eine andere Form der *ianfu*-Problematik erkannt. Einige Koreanerinnen um die Wissenschaftlerin Yun Chung-Ok begannen 1980 in Japan, Thailand und Papua-Neuguinea Spuren der *ianfu* zu suchen, Betroffene zu interviewen und die Ergebnisse zu dokumentieren. Die koreanische Frauenbewegung hat sich in diesem Prozess zu einer Demokratisierungs- und Emanzipationsbewegung entwickelt, die die Problematisierung der *ianfu*-Frage und der Kriegsverbrechen vom Standpunkt der Frauen aus ermöglichte, und sie hat sie gegen die eigenen koreanischen Politiker, die sie lieber verschwiegen hätten, zu einem internationalen Menschenrechtsproblem gemacht.

Der von koreanischen Frauen erkämpfte Wandel brachte auch für japanische Frauen eine bedeutende Wende in ihrer Geschichte. Japaner betrachten sich nach dem Ende des Zweiten Weltkriegs oft als Opfer und nicht als Verursacher, weil sie am Kriegsende durch den Atombombenabwurf auf Hiroshima und Nagasaki viele zivile Opfer zu beklagen hatten, und japanische Frauen, die bis 1947 keine politischen Rechte hatten, fühlten sich erst recht als Opfer des gesamten Kriegsgeschehens. Zu Beginn der neuen japanischen Frauenbewegung Anfang der 1970er Jahre wurde die Rolle der japanischen Frauen im Modernisierungsprozess und im Zweiten Weltkrieg intensiv thematisiert und sehr kritisch reflektiert. Dabei wurde die Rolle der Japanerinnen als Mütter, die an der ‚Heimatfront' die Kriegsführung des Staates unterstützten, und die Rolle der koreanischen Frauen, die auf der ‚anderen' Seite gezwungen wurden, an der Front das Militär zu unterstützen und als Prostituierte missbraucht wurden, in einem Zusammenhang betrachtet. Diese Reflexionen über die Genderrollen im nationalistischen Krieg, in dem die Sexualität der Menschen – sowohl die der Frauen als auch die der Männer – vom Militärstaat kontrolliert und beherrscht wurde, führte zu der Forderung, das Leben der Frauen dürfe nicht in Funktionen unterteilt und gespalten werden. Sie wollten ihr Leben als Ganzheit leben und eine Gesellschaft anstreben, in der dies möglich ist. Dieser Perspektivenwechsel vom Opfer zur Mittäterin, mit dem die japanischen Frauen die Mitverantwortung für das Kriegsverbrechen an den *ianfu* übernahmen, bedeutet, dass sie sich nun als Subjekte der Geschichte sehen und konstituieren konnten.

4.3 Das Internationale BürgerInnentribunal gegen Kriegsverbrecher in Tokyo

Obwohl die japanische Regierung 1993 die Beteiligung des japanischen Militärs und damit der damaligen Regierung an der Organisierung und Durchführung der

Zwangsprostitution zugegeben hat, wurde eine Entschädigung an die Opfer mit dem Argument verweigert, dass diese Frage durch den San Francisco Friedensvertrag von 1951 und durch die einzelnen zwischenstaatlichen Abkommen bereits erledigt sei. Die von ehemaligen *ianfu*-Frauen eingereichten Klagen wurden aus diesem und ähnlichen Gründen meist bereits von einer unteren gerichtlichen Instanz zurückgewiesen. Abgesehen vom dem durch die Alliierten durchgeführten Tokyoter Kriegsprozess von 1946 kam in Japan selbst bisher kein einziger Prozess gegen Kriegsverbrecher zustande. Als Antwort auf die Stimmen der betroffenen *ianfu*-Frauen, die forderten, die Kriegsverbrecher zur Verantwortung zu ziehen, schlug 1998 auf der fünften Asiatischen Konferenz für Solidarität von Frauen in Seoul die Vertreterin der japanischen Frauenorganisation *Violence-Against-Women-in-War-Network Japan* (VAWW-NET), Matsui Yayori, vor, in Japan, dem Land der Täter, ein internationales Volks- bzw. BürgerInnen-Tribunal durchzuführen. Nach zweieinhalbjähriger intensiver Vorbereitungsarbeit konnte im Dezember 2000 das Internationale Tribunal gegen Kriegsverbrechen in Tokyo stattfinden. Die Organisation wurde vom VAWW-NET und von sechs Unterstützungsorganisationen aus Ländern, aus denen die *ianfu*-Frauen stammten (Nord- und Südkorea, China, Taiwan, Philippinen, Indonesien) durchgeführt. International anerkannte MenschenrechtsaktivistInnen gehörten zum Beratungsausschuss.

Eine gemeinsame Charta für das Tribunal wurde in Beratung mit JuristInnen und ExpertInnen aus allen beteiligten Ländern verfasst. Jedes dieser Länder (Nord- und Südkorea, China, Taiwan, Philippinen, Malaysia, Holland, Indonesien, Osttimor und Japan) bildete eine Staatsanwaltschaftsgruppe und formulierte jeweils eine eigene und zusätzlich eine gemeinsame Anklageschrift gegen die damals verantwortlichen Militär- und Regierungsvertreter einschließlich des Shōwa-Kaisers Hirohito. Aus den genannten Ländern kamen 64 ehemalige *ianfu*-Frauen, die als Zeuginnen sprachen. Stellvertretend für die japanische Regierung, die zwar zum Tribunal geladen wurde, aber keinerlei Reaktion zeigte, wurden vom Gericht *amici curiae* bestellt, um die Regierungsposition darzustellen. Die fünf RichterInnen und zwei Hauptanwälte waren international hoch angesehene JuristInnen und ExpertInnen aus den USA, England, Argentinien, Kenia, Indien (der indische Richter fehlte beim Tribunal wegen Krankheit) und Australien.

Die Institution des BürgerInnentribunals geht gemäß dem Prinzip „Das Recht ist ein Werkzeug der Zivilgesellschaft" davon aus, dass das Recht nicht nur dem Staat allein gehört. Nach dieser Interpretation kann und soll die Zivilgesellschaft dann eingreifen, wenn der Staat seine Pflicht nicht erfüllt, für Gerechtigkeit zu sorgen. Da bis heute nur die einzelnen Staaten die Zuständigkeit auch für die nach internationalem Recht organisierten öffentlichen Institutionen besitzen, hat ein internationales BürgerInnentribunal zwar keine Befugnis, Strafen zu verhängen oder Entschädigungszahlungen anzuordnen, aber es kann auf der Grundlage des Internationalen Rechts Urteile fällen und moralische Autorität ausüben. Deshalb sind die BürgerInnentribunale immer wichtiger werdende Instrumente der globalen Zivilgesellschaft und können so in eine neue Richtung weisen, die nationalen Organisationsstrukturen zu überwinden und in transnationale zivilgesellschaftliche Strukturen umzuwandeln.

Ein BürgerInnentribunal kann deutlich machen, dass Verbrechen gegen die Menschlichkeit, die ein Staat an einzelnen Individuen begangen hat, moralisch und rechtlich verurteilt werden sollten, auch wenn dieses Urteil keine rechtlich bindenden Konsequenzen für den verurteilten Staat und seine Repräsentanten hat. Christine Chinkin, die als Richterin an dem Tokyoter Tribunal beteiligt war, weist auf drei markante Besonderheiten, die dieses Tribunal auszeichneten, hin: Erstens fand das Tribunal in dem Land statt, das angeklagt wurde, zweitens war es ein „Frauentribunal", das die Genderperspektive zur Geltung kommen ließ, und drittens wurde es nicht von international bekannten Intellektuellen initiiert und durchgeführt, sondern von den Organisatorinnen der so genannten Graswurzelbewegungen in Ländern, aus denen die Opfer stammten. In den 1990er Jahren näherten sich verschiedene soziale Bewegungen für das *Empowerment* von Frauen und Bewegungen für die Weiterentwicklung der Menschenrechte gegenseitig an. Auf diese Weise wurden, nach Chinkin, Reformen in den nationalen Rechtsstrukturen und in der Struktur des internationalen Rechts vorangetrieben (Chinkin 2001: 65).

Die *ianfu*-Problematik macht die Grenzen der Nationalstaatlichkeit deutlich. Sie zeigt, wer über Menschenrechtsverletzungen und Verbrechen gegen die Menschlichkeit durch einen Staat Recht sprechen kann und soll. 1992 forderte der Rechtsanwalt Totsuka Etsurō als Vertreter verschiedener NGOs im UNO-Menschenrechtsausschuss die Behandlung der *ianfu*-Problematik als ‚sexuelle Versklavung' im Rahmen der UNO. Damals wurde sie aber lediglich als ein Problem von Frauen betrachtet, die während des Kriegs gezwungen wurden, sich zu prostituieren. Auf der UNO-Menschenrechtskonferenz von 1993 in Wien wurde jedoch ein Abschlussdokument verabschiedet, in dem festgelegt wurde, dass gegen jegliche, das heißt auch lange zurückliegende, Gewalt gegen Frauen im Krieg wirksame Maßnahmen eingeleitet werden müssen. In diesem Dokument wurde eine Problematik wie die der *ianfu* nicht mehr als Prostitution, sondern als *sexual slavery* bezeichnet, womit ein Paradigmenwechsel von der Prostitution zur Versklavung von Menschen eingeleitet wurde. In ähnlicher Weise wurde in den Berichten von

Radhika Coomaraswamy[11] (1996) und Gay J. McDougall[12] (1998) für den Menschenrechtsausschuss der UNO die *ianfu*-Problematik aufgenommen und als ein Problem der Versklavung anerkannt. Der Bericht von McDougall machte sogar deutlich, dass auch nach dem in der Zeit des Zweiten Weltkriegs geltenden internationalen Gewohnheitsrecht des Verbots der Versklavung, der Vergewaltigung und der Verbrechen gegen die Menschlichkeit die *ianfu*-Thematik hätte verurteilt werden müssen. Und auch in der Konvention zur Einrichtung des Internationalen Strafgerichtshofs von 1998 wird sexuelle Gewalt wie Vergewaltigung und Versklavung von Frauen im Zusammenhang mit Krieg als Kriegsverbrechen anerkannt. Auf die Entstehung dieser Konvention hatte die Weltfrauenkonferenz von 1995 in Peking einen großen Einfluss.

Bereits der Tokyoter Kriegsverbrecherprozess von 1946 hat das *ianfu*-Problem behandelt und die Täter verurteilt. Aber in diesem Fall waren die Opfer Holländerinnen. Dass die asiatischen Frauen nicht als Opfer anerkannt werden konnten, lag nach Kim Pu-Ja daran, dass die Alliierten die Menschen aus den von Japan besetzten Gebieten als ‚JapanerInnen' betrachteten und kein Verständnis für die dortige Kolonialproblematik (durch die Japaner) hatten (Kim 2001: 238). Es scheint aber nicht nur ein kolonialpolitisches, sondern auch ein ethnisches und sexistisches Vorurteil dazu geführt zu haben, dass die an dem Prozess beteiligten alliierten Männer nur die Verbrechen der Japaner gegen Europäerinnen, nicht aber gegen Asiatinnen anerkannten und verurteilten. Dagegen war das Tokyoter Tribunal von 2000 ein Versuch, den Rahmen des nationalstaats- und männerzentrierten sowie ethnozentrischen Rechtssystems zu überwinden und das Recht in die Hände der BürgerInnen zurückzugeben.

Das transnationale und transkulturelle Tribunal stieß bereits in der Vorbereitungsphase häufig an die Grenzen der Nationen. Obwohl die *ianfu*-Unterstützergruppen keine Vertreter der Nationalstaaten waren, gab es nationsbezogene Konflikte, die überwunden werden mussten. Dies war auch ein Grund für die langwierige Vorbereitungszeit. Hauptgrund für die Konflikte war, dass die Organisationsform, wie es auch sonst bei internationalen Veranstaltungen der Fall ist, national strukturiert war; ein Beispiel dafür waren die nach Nationalitäten organisierten Staatsanwaltschaftsgruppen und ihre einzelnen Anklageschriften. Obwohl die *ianfu*-Frauen aus verschiedenen Ländern als Gewaltopfer eine Gruppe bildeten, wurden sie als verschiedene nationale Gruppen betrachtet und behandelt. Die Soziologin Kim Pu-Ja, die an der Vorbereitungsarbeit beteiligt war,

---

11 E/CN.4/1996/53/Add.1. Die PDF-Datei kann über folgenden Link gefunden werden: http://ap.ohchr.org/documents/gmainec.aspx
12 E/CN.4/Sub.2/1998/13. PDF-Datei siehe Linkangabe in FN 11.

berichtet über den schwierigen Fall der Koreanerin Ha Sang-Suk, die heute noch in China lebt, wohin sie als *ianfu* gebracht wurde. Die südkoreanische Unterstützergruppe *Teitaikyō* beauftragte Kim mit der Untersuchung von Has Fall. Kim lehnte aber nach der Untersuchung die Aufnahme Has als südkoreanisches Opfer mit der Begründung ab, dass sie die nordkoreanische Staatsangehörigkeit habe.[13] Schließlich konnte jedoch auch dieses Problem überwunden werden, weil sich vor dem Hintergrund der gemeinsamen Gipfelkonferenz zwischen Vertretern Nord- und Südkoreas im Juni 2000 die beiden Anwaltschaftsgruppen des Tribunals einigten, eine gemeinsame nord- und südkoreanische Gruppe mit einer gemeinsamen Anklageschrift zu bilden, und so auch Frau Ha in diese Gruppe aufgenommen werden konnte (Kim 2001: 244-245). Wie dieses Beispiel zeigt, konnte im Prozess des Tokyoter Tribunals zumindest eine teilweise Überschreitung der nationalen Grenzen erreicht werden. Auch wenn es nicht, wie im Falle Nord- und Südkoreas, zu einer gemeinsamen Klageschrift kam, haben dennoch auch die chinesische und die taiwanesische sowie die indonesische und die osttimorische Staatsanwaltschaft zusammengearbeitet.

Im Bewusstmachungsprozess im Zusammenhang mit der *jūgun-ianfu*-Thematik hat zuerst die koreanische Frauenbewegung von der japanischen Regierung eine Entschuldigung und die Übernahme der Verantwortung für das Kriegsverbrechen verlangt. Dadurch konnte die bis dahin gültige Geschichtsbetrachtung revidiert werden: aus der Sicht der Opfer. Das ermöglichte den betroffenen Koreanerinnen, die bis dahin tot geschwiegen wurden, als Subjekte zu sprechen, und es führte dazu, dass auch *ianfu*-Frauen aus anderen asiatischen Ländern angefangen haben, zu sprechen. Das Tokyoter Tribunal hat die Stimmen der Opfer, die bis dahin von niemandem gehört wurden, hörbar gemacht. Am Tag der Urteilssprechung lasen die RichterInnen die Zeuginnenaussagen noch einmal vor, womit sie die Bedeutung des Tribunals in seinem gesamten Ausmaß deutlich machten: Durch das Tribunal wurde auf diese Weise die Aussage Gayatri Spivaks: „The subaltern has no history and can not speak" (Spivak 1988) gerade für *ianfu*-Frauen als Subalterne ins Positive gewendet.

Auch die aufgezwungene Fremdrepräsentation in der patriarchalen Gesellschaft konnte nun von Frauen zurückgewiesen werden. Die koreanische Frauenbewegung kämpfte nämlich in ihrer patriarchalen Gesellschaft dagegen, dass die Geschichte der *jūgun ianfu* als Vergewaltigung und Erniedrigung des koreanischen Volks in einem nationalistischen und ethnozentrischen Zusammenhang

---

13   Korea wurde nach dem Zweiten Weltkrieg in zwei Besatzungsgebiete, ein amerikanisches (Südkorea) und ein russisches (Nordkorea), aufgeteilt. Die KoreanerInnen erhielten später eine nord- oder südkoreanische Staatsangehörigkeit, obwohl diese Trennung für die Situation vor 1945 keine Relevanz hat.

verstanden und missbraucht wurde. Hätte die koreanische Frauenbewegung dies nicht verhindert, wäre der Genderaspekt verdeckt und das Problem der Menschenrechte von Frauen unsichtbar gemacht worden.

Die am Tribunal beteiligten japanischen Frauen erkannten die Gemeinsamkeiten mit den Koreanerinnen und anderen Asiatinnen, von denen sie vor dem Zweiten Weltkrieg durch nationale, kulturelle und ethnische Differenzsetzungen getrennt waren, und solidarisierten sich grenzüberschreitend mit ihnen. Andererseits sahen sie aber auch die unüberwindbaren und anzuerkennenden Differenzen zwischen sich und den nicht-japanischen Frauen durch ihre Mitverantwortung für das Kriegsgeschehen. In diesem Spannungsfeld zwischen Gemeinsamkeiten und Differenzen wurde ihnen bewusst, dass sie im Kampf für andere Frauen um die Anerkennung von deren Rechten als Menschenrechte sich selbst ermächtigten (im Sinn von *Empowerment*). Durch das Sprechen der Koreanerinnen konnten auch die Japanerinnen als Subjekte sprechen. Indem sie die Rechte anderer anerkannten und dafür kämpften, konnten sie ihre eigene Mitverantwortung übernehmen und sich durch Solidarität zu ‚neuen' Subjekten machen.

Mit dem internationalen Tribunal zur *jūgun-ianfu*-Problematik und ihrer Bewertung als Kriegsverbrechen konnten japanische und andere asiatische Frauen, die dieses Tribunal durchführten, schließlich erreichen, dass der Shōwa-Kaiser als der für den Zweiten Weltkrieg und für die Verbrechen gegen die *ianfu*-Frauen verantwortliche oberste Machthaber mit neun anderen Kriegsverbrechern schuldig gesprochen wurde im Sinne der Anklage. Und damit konnten japanische Frauen zugleich auch die magische Struktur des Kaisersystems durchbrechen. Denn innerhalb dieses „Systems der Verantwortungslosigkeit", wie der Philosoph und Politikwissenschaftler Maruyama Masao es nannte, konnte der Kaiser als eine zugleich historische und ahistorische Existenz nicht als Person gefasst und damit auch nicht zur Verantwortung gezogen werden. Es waren die *ianfu*-Frauen, die im Zweiten Weltkrieg als Subalterne an unterster Stelle in der Machthierarchie standen, die nun als Individuen dem mächtigen Staat mit dem Kaisersystem den Kampf angesagt haben. Das Tokyoter Tribunal war ein Ort, an dem sie zum ersten Mal als Subjekte sprechen konnten und als solche gehört wurden.

5. Schluss

Man kann den Vorgang des *jūgun ianfu*-Prozesses als einen Weg der Grenzüberschreitung und des Aufbrechens einer kulturellen, sozialen und politischen Struktur verstehen, in deren Kern das japanische Kaisersystem stand. Durch seinen Bann waren auch die japanischen Frauen in ein Kultursystem eingebunden, das aufs engste verknüpft war mit der Bildung des japanischen Nationalstaats als Grundlage und Bezugsrahmen des Modernisierungsprozesses.

In dem dargestellten und analysierten Prozess konnte es zu einer Grenzüberschreitung kommen, in der zumindest in einem ersten Ansatz der Schritt in die Transkulturalität gelungen ist. Kulturen werden hier nicht als voneinander abgegrenzte, abgeschlossene Einheiten, sondern als offen und sich gegenseitig durchdringend vorgestellt. Der Schritt gelang, weil Frauen im Rückblick auf eine kolonialistische Struktur nach 50 Jahren doch noch sprechen konnten, und zwar auf beiden Seiten: der ehemaligen Kolonisierten und der ehemaligen Kolonisatoren, im gemeinsamen Kampf um die Menschenrechte und um die eigene Würde. Im Netzwerk um das Menschenrechtskomitee Asiatischer Frauen (AWHRC) haben Frauen aus verschiedenen Ländern und Kulturen zusammengearbeitet, ohne dass die Differenzen zwischen ihnen verwischt oder nivelliert worden wären. Vielmehr ging das gemeinsame Bewusstsein der Menschenrechte durch diese Differenzen hindurch.

Für den Zusammenhang von Transkulturalität und Genderforschung sind der *ianfu*-Diskurs und das Tokyoter Tribunal deshalb ein aufschlussreiches Beispiel. An der *ianfu*-Problematik wird die Überschneidung verschiedener Differenzsetzungen im Modernisierungsprozess in einer konzentrierten Form deutlich. Dieser Modernisierungsprozess hing in Japan eng mit dem Kaisersystem zusammen, und das Kaisersystem wiederum repräsentierte und legitimierte nicht nur als politisches und staatliches Zentrum, sondern vor allem als der kulturelle Kern Japans diese Differenzsetzungen.

In dem Tokyoter Tribunal wurde, angestoßen von einer koreanischen *ianfu*, also von einem in dem alten System in der Hierarchie am untersten Ende stehenden Menschen, letztendlich das ganze hierarchisch aufgebaute System angeklagt, in dessen Zentrum der Kaiser stand. Die Urteilssprechung im Jahr 2001 in Den Haag, in der der japanische Kaiser und die neun hauptverantwortlichen Personen schuldig gesprochen wurden, kommt so im symbolischen Sinn einer Befreiung von dem Bann des Kaisersystems und der damit verbundenen Nationalstaatlichkeit, nationsbezogenen Kultur und Genderordnung gleich. Man kann sie als einen zivilgesellschaftlichen revolutionären Akt verstehen.

Was unter der Verfassung der Nationalität und der nationsbezogenen Kulturalität in einer den expansionistischen Nationalismus und Kulturalismus und die damit verbundene Genderideologie ins äußerste Extrem treibenden Weise begangen wurde, wurde in diesem Prozess ‚von unten' aufgedeckt. Die *ianfu*-Problematik steht am Kreuzungspunkt verschiedener Differenzsetzungen: der nationalen, ethnischen, genderbezogenen und sozialen Differenz. In der durch diesen

Prozess in Gang gesetzten transnationalen und transkulturellen Bewegung konnten ungerechte Differenzierungen erkannt und teilweise sogar überwunden werden. Im *ianfu*-Prozess waren die Menschenrechte ein starker Wirkfaktor über die nationalen Grenzen hinweg und durch nationsbezogene Kulturen hindurch. Er zeigt, wie man in einer transnationalen und transkulturellen Struktur für die Opfer eine moralische und symbolische, aber auch eine zivilgesellschaftliche Gerechtigkeit herstellen, ihnen ihre Menschenrechte wieder zuerkennen und ihre Würde zurückgeben kann. Das Tribunal eröffnete aber auch neue Möglichkeiten für eine grenzüberschreitende Solidarität und Empathie, die einen Wandel hin zu einer globalen Zivilgesellschaft und zu einer machtfreien Gendergestaltung in Gang setzen können.

Zitierte und weiterführende Literatur

(Alle Internetquellen wurden zuletzt geprüft im August 2013.)

Bernstein, Gail Lee (Hrsg.) (1991): Recreating Japanese Women, 1600-1945. Berkeley: University of California Press.

Chinkin, Christine (2001): Women's International Tribunal on Japanese Military Sexual Slavery. In: American Journal of International Law. Vol. 95. No. 2. 2001. 335-40. Hier in der Übersetzung aus: VAWW-NET Japan (2001): Sabakareta senji sei bōryoku. [Die rechtlich verurteilte sexuelle Gewalt im Krieg]. Tokyo: Hakutakusha. 54-71.

Eagleton, Terry (2001): Was ist Kultur? Eine Einführung. 2. Auflage. München: Beck Verlag.

Fukuzawa, Yukichi (1959): Bunmei-ron no gairyaku. Tokyo: Iwanami Shoten.

Getreuer-Kargl, Ingrid (1997): Geschlechterverhältnis und Modernisierung. In: Lenz/Mae (Hrsg.) (1997): 19-58.

Haga, Shōji (1994): Meiji ishin to shūkyō. [Meiji-Restauration und Religion]. Tokyo: Chikuma Shobō.

Hobsbawm, Eric / Ranger, Terence (Hrsg.) (1983): The Invention of Tradition. Cambridge: Cambridge University Press.

Kang, Sang-Jung (1999): Orientarizumu no kanata e. [Jenseits des Orientalismus]. Tokyo: Iwanami Shoten.

Kim, Pu-Ja (2001): Josei kokusai senpanhōtei ga noeikoeta mono to norikoenakatta mono. [Was durch das Internationale Kriegsverbrechertribunal überwunden wurde und was nicht]. In: VAWW-NET Japan (2001): Sabakareta senji sei bōryoku. [Die rechtlich verurteilte sexuelle Gewalt im Krieg]. Tokyo: Hakutakusha. 230-253.

Lenz, Ilse / Mae, Michiko (Hrsg.) (1997): Getrennte Welten, gemeinsame Moderne? Geschlechterverhältnisse in Japan. Opladen: Leske + Budrich.

Mizoguchi, Akiyo / Saeki, Yōko / Miki, Sōko (1992): Shiryō nihon ūman ribushi. [Materialien. Geschichte der japanischen Frauenbewegung.], Bd. I. Kyoto: Shōkadō Shoten.

Monbushō Kyōgakukyoku [Kultusministerium Bildungsabteilung] (1978): Kokutai no hongi [Die Grundprinzipien des Nationalwesens]. In: Kindai nihon shisōtaikei. Tokyo: Chikuma Shobō.
Nelson, Cary / Grossberg, Lawrence (Hrsg.) (1988): Marxism and the Interpretation of Culture. Houndmills et al.: Macmillan Education LTD.
Nolte, Sharon H. / Hastings, Sally Ann (1991): The Meiji State's Policy Toward Women, 1890-1919. In: Bernstein (Hrsg.) (1991): 151-174.
Ōe, Shinobu (1984): Yasukuni Jinja. [Der Yasukuni Schrein]. Tokyo: Iwanami Shoten.
Ōgoshi, Aiko (1997): Kindai Nihon no jendā. [Gender im modernen Japan]. Tokyo: San'ichi Shobō.
Said, Edward (1981): Orientalismus. Frankfurt a. M.: Ullstein Verlag.
Schneider, Irmela / Thomson, Christian W. (Hrsg.) (1997): Hybridkultur: Medien, Netze, Künste. Köln: Wienand Verlag.
Spivak, Gayatri Chakravorty (1988): Can the Subaltern Speak? In: Nelson/Grossberg (Hrsg.) (1988): 271-313.
Suzuki, Yūko (1992): Jūgun ianfu – naisen-kekkon. [Zwangsprostituierte – Japanisch-koreanische Eheschließungen]. Tokyo: Miraisha.
Tanaka, Akira (1999): Shōkokushugi – Nihon no kindai o yominaosu. [Kleinstaatenpolitik – die japanische Moderne reinterpretieren]. Tokyo: Iwanami Shinsho.
Uno, Kathleen S. (1999): Passages to Modernity: Motherhood, Childhood, and Social Reform in Early Twentieth Century Japan. Honolulu: University of Hawai'i Press.
Welsch, Wolfgang (1997): Transkulturalität. Zur veränderten Verfassung heutiger Kulturen. In: Schneider/Thomson (Hrsg.) (1997): 67-90.

Autorinnen

Vittoria Borsò, Prof. Dr., Inhaberin des Lehrstuhls Romanistik I (Literatur- und Kulturwissenschaft) der Heinrich-Heine-Universität Düsseldorf.

Forschungsgebiete: Topologie, Transkulturalität und Migration, Hybridität, Medialität und Gedächtnis, Modernität/Moderne (Ästhetik, Medien, Intermedialität), Lateinamerika-Studien (Mexiko, Kolumbien, Venezuela, Argentinien), Literatur und visuelle Kultur des Barock, Literaturen des 19. Jahrhunderts (Spanien, Italien, Frankreich)

Vera Elisabeth Gerling, Dr., wissenschaftliche Mitarbeiterin am Lehrstuhl Romanistik I (Literatur- und Kulturwissenschaft) der Heinrich-Heine-Universität Düsseldorf.

Forschungsgebiete: Übersetzung und Kulturtransfer, *Postcolonial Studies*, Literaturtheorie (z. B. Historiographie vs. Fiktion, Intermedialität), Neophantastik in Lateinamerika (Jorge Luis Borges und Julio Cortázar)

Susanne Kröhnert-Othman, Prof. Dr., Professorin im Lehrgebiet *Diversity und Management* an der Fliedner Fachhochschule in Düsseldorf.

Forschungsgebiete: Soziologin und Ethnologin mit Arbeitsschwerpunkten zu Gender, Migration und Interkulturalität, Ethnologie des arabischen Nahen Ostens, Religion und Religiositäten, Islam und Moderne

Michiko Mae, Prof. Dr. Dr. h.c., Inhaberin des Lehrstuhls Modernes Japan I (Kulturwissenschaften) der Heinrich-Heine-Universität Düsseldorf.

Forschungsgebiete: Kulturwissenschaftliche Japanforschung, *Gender Studies* (Japan und Deutschland in vergleichender Sicht), Interkulturalitäts- und Transkulturalitätsforschung, kulturelle Identität und Subjektivitätskonzepte im japanischen Modernisierungsprozess

Joanna Pfaff-Czarnecka, Prof. Dr., Professorin für Sozialanthropologie an der Fakultät für Soziologie der Universität Bielefeld.
Forschungsgebiete: Politische Anthropologie (v. a. Integrations- und Minderheitenforschung, Demokratisierungsprozesse auf subnationaler Ebene), Rechtsethnologie (v. a. Menschenrechte und Minderheitenrechte), sozialanthropologische Perspektiven auf Prozesse der Globalisierung. Regionale Forschungsschwerpunkte: Himalaya, Südasien, mitteleuropäische Zuwanderungsgesellschaften

Martina Ritter, Prof. Dr. habil., Professorin für Gender- und Alltagssoziologie, Politische Soziologie am Fachbereich Sozialwesen der Hochschule Fulda.
Forschungsgebiete: Identitätsbildungsprozesse, Diversityprozesse, Privatheit, Öffentlichkeit, lebenswelt- und sozialraumorientierte Soziale Arbeit, Identität und Konflikt im neuen Russland

Britta Saal, Dr., wissenschaftliche Mitarbeiterin am Lehrstuhl Modernes Japan I (Kulturwissenschaften) der Heinrich-Heine-Universität Düsseldorf und Redaktionsmitglied von *polylog. Zeitschrift für interkulturelles Philosophieren.*
Forschungsgebiete: Interkulturelle Philosophie (Theorie der Interkulturalität, Theorie des interkulturellen Dialogs/Polylogs, moderne Philosophie und Ideenproduktion in Japan und Afrika, Postkoloniale Theorie und *Postcolonial Studies*, Kulturtheorie und *Cultural Studies, Gender Studies,* Moderne- und Postmodernediskurs

Elisabeth Schäfer-Wünsche, PD Dr., Akademische Oberrätin am Institut für Anglistik, Amerikanistik und Keltologie der Rheinischen Friedrich-Wilhelms-Universität Bonn. Schwerpunkte: nordamerikanische Autobiografie, transnationale Moderne, Afroamerikastudien, Gender, visuelle Kultur und Populärkultur, Interdisziplinarität und Netzwerke, Migration, Diaspora und Globalisierung

Nicole Maruo-Schröder, Prof. Dr., Professorin für *Cultural Studies* am Institut für Anglistik an der Universität Koblenz-Landau (Campus Koblenz)
Forschungsgebiete: Konsum und *Material Culture* in der amerikanischen Literatur des 19. Jahrhunderts, *Women* und *Gender Studies* (v. a. Gender, Ethnizität und Raum), *Postcolonial Studies,* (kulturelle) Räume und narrative Identität, *Popular* und *Visual Culture* (v. a. zeitgenössischer amerikanischer Film)

Dorothea Schulz, Prof. Dr., Professorin am Institut für Ethnologie, Universität zu Köln. Forschungsgebiete: Islam in Afrika (Schwerpunkt West-Afrika: Mali/ Ostafrika: Uganda), *Gender* und *Media Studies*, Gender und Religion als Formen von Differenzkonstruktion in transnationalem Kontext, *Social Theory*, politische Anthropologie/Anthropologie des Staates

Nicola Spakowski, Prof. Dr., Professorin für Sinologie an der Universität Freiburg. Forschungsgebiete: Geschichte Chinas seit dem 20. Jahrhundert bis zur Gegenwart, insbesondere Konzepte von Zeit, Geschichte und Zukunft in China sowie chinabezogene Frauenforschung

Nikola Tietze, PD Dr., Soziologin am Hamburger Institut für Sozialforschung. Forschungsgebiete: Zugehörigkeitskonstruktionen mit Hilfe von Sprache, Religion und Territorium, normative Konflikte in europäischen Gesellschaftszusammenhängen

The manufacturer's authorised representative in the EU is Springer Nature Customer Service Centre GmbH, Europaplatz 3, 69115 Heidelberg, Germany. If you have any concerns regarding our products, please contact ProductSafety@springernature.com

Printed and bound by CPI Group (UK) Ltd, Croydon, CR0 4YY
28/04/2026
02098478-0001